공기업
일반상식

단기완성 + 무료동영상

시대에듀

2026 시대에듀 공기업 일반상식 단기완성

Always **with you**

사람의 인연은 길에서 우연하게 만나거나 함께 살아가는 것만을 의미하지는 않습니다.
책을 펴내는 출판사와 그 책을 읽는 독자의 만남도 소중한 인연입니다.
시대에듀는 항상 독자의 마음을 헤아리기 위해 노력하고 있습니다. 늘 독자와 함께하겠습니다.

자격증·공무원·금융/보험·면허증·언어/외국어·검정고시/독학사·기업체/취업
이 시대의 모든 합격! 시대에듀에서 합격하세요!
www.youtube.com ➜ 시대에듀 ➜ 구독

머리말

신의 직장 공기업에 취업하고 싶다면 꼭 봐야 할 책!

공기업은 높은 연봉, 안정성, 좋은 근무환경 등으로 취업준비생들이 가장 선호하는 '꿈의 직장'입니다. 최근에는 대부분의 공기업이 학력 · 나이 · 성별에 대한 차별 없이 균등한 기회를 제공하는 '블라인드 채용'을 실시함에 따라 더 많은 인원이 공기업의 취업문을 두드리고 있습니다. 330여 개의 공공기관이 있지만 블라인드 채용으로 여성, 고졸 채용 인원도 지속적으로 늘어나면서 해마다 경쟁률이 치열해지고 있는데요.

이처럼 점점 치열해지는 공기업의 입사 경쟁에서 승리하는 데 도움이 되고자 시대에듀 시사상식연구소가 오랜 기간 축적한 일반상식의 노하우를 담아 〈2026 시대에듀 공기업 일반상식 단기완성〉을 준비했습니다.

공기업의 각양각색 필기시험 전형에 합격의 마스터키를 제시합니다!

다양한 공기업의 유형만큼 채용전형도 천차만별입니다. 대다수의 공기업이 NCS를 도입하긴 했지만 여전히 기업별로 필기시험의 과목과 전형 방법이 서로 다르기 때문에 기업별 전형에 맞춰 각각의 책으로 일반상식을 공부하기에는 비용도 만만치 않고 시간도 부족한 것이 현실입니다.

이러한 수험생들의 고충을 덜기 위해 〈2026 시대에듀 공기업 일반상식 단기완성〉에서는 가장 빈출되는 상식을 선별하여 핵심적인 내용을 단기간에 학습할 수 있도록 했으며, 출제비율이 높은 최신시사용어도 함께 제공합니다. 또한 시험 후기를 바탕으로 복원한 최신기출문제를 기반으로 공략비법을 정리하여 최신기출 트렌드를 한눈에 파악해 수험생 여러분의 효율적인 학습이 가능하도록 했습니다. 출제예상문제에서는 분야별 상식과 함께 나오는 한국사와 세계사를 추가해 빈틈없이 상식을 채우고, 실전모의고사를 통해 학습한 내용을 복습해볼 수 있습니다.

공기업 취업의 문을 보다 빠르게, 보다 효율적으로 열 수 있도록 〈2026 시대에듀 공기업 일반상식 단기완성〉이라는 마스터키를 제시합니다. 이 책으로 공부하는 공기업 취업준비생 모두에게 합격의 영광이 돌아가기를 진심으로 기원합니다.

시사상식연구소 씀

이 책의 구성과 특징

1 공기업 최신상식 총정리

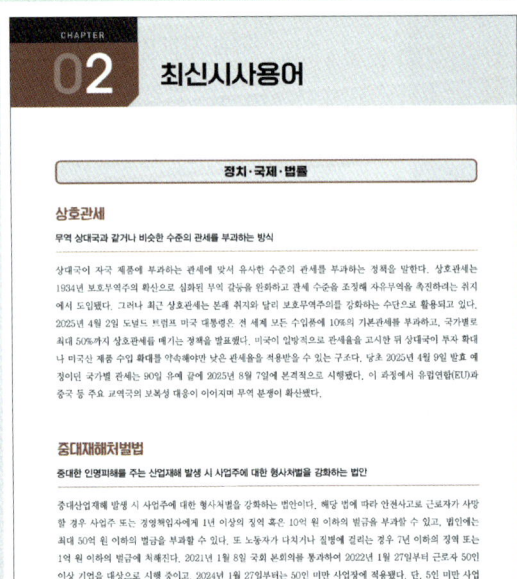

▶ 공기업 상식문제는 일반상식은 물론 최신시사상식 출제빈도 역시 높은 편입니다. 그래서 공기업 필기시험에서 출제될 확률이 높은 최신시사용어들을 정리하여 출제확률 100%의 예상문제로 시험에 대비할 수 있도록 했습니다.

2 HOT한 최신기출 분석하기

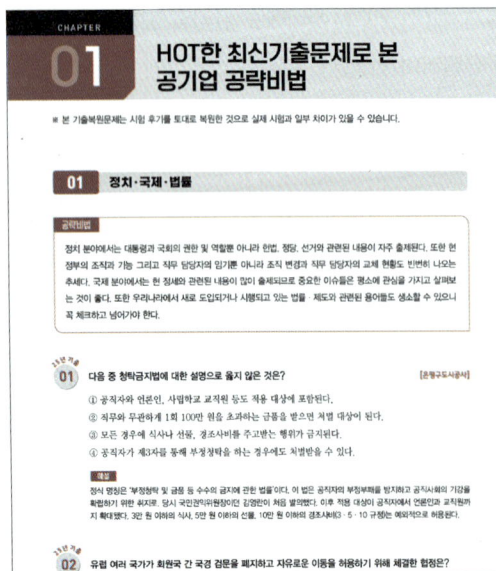

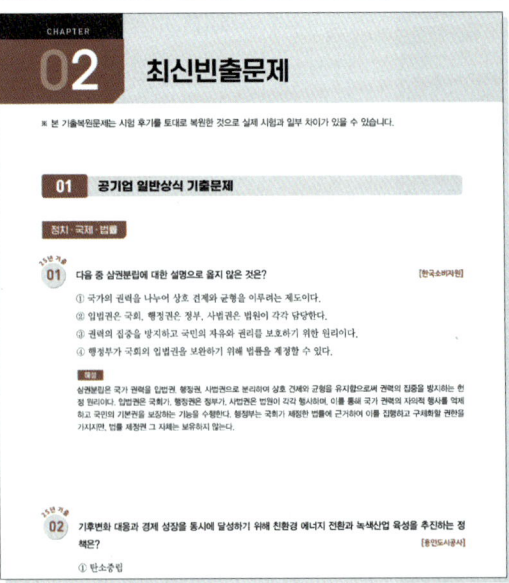

▶ 최근 치러진 공기업 일반상식 필기시험에서 출제된 각 분야별 문제를 복원하여 선별·수록하고, 분야별 공략비법을 정리함으로써 공기업 일반상식의 최신트렌드와 출제경향을 한눈에 파악할 수 있도록 했습니다.

STRUCTURES

3 실전문제로 최종 마무리

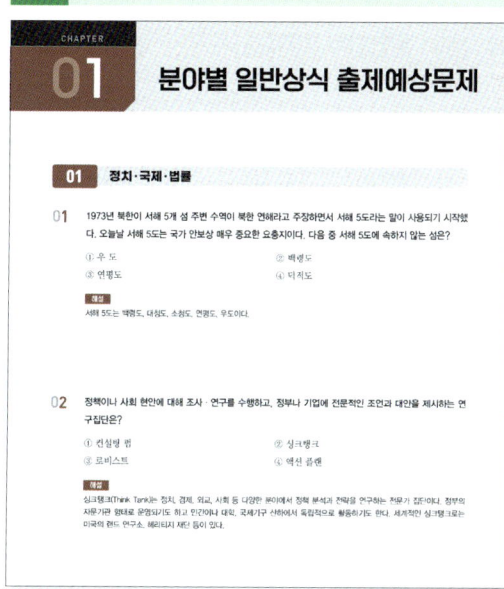

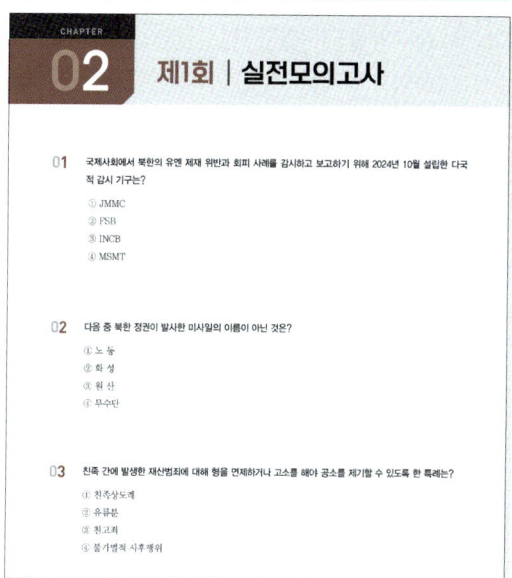

▶ 시대에듀 시사상식연구소가 오랜 시간 동안 축적한 일반상식 시험의 노하우를 활용해 각 분야별 출제예상문제와 실전모의고사를 제시합니다. 선별된 빈출상식을 통해 핵심적인 내용을 단기간에 학습할 수 있습니다.

4 시험 전날 펴보는 필수상식

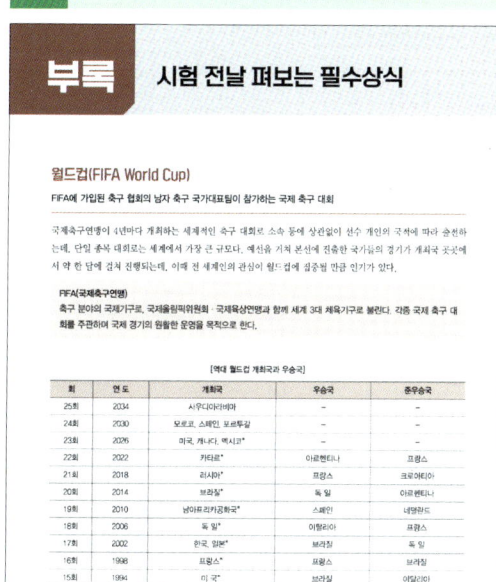

▶ 역대 월드컵·올림픽의 개최지 및 우승국, 각종 수상내역, 상식시험 빈출인물 리스트를 부록으로 수록해 시험 전날 빠르게 훑어볼 수 있도록 구성했습니다.

공공기관 현황

■ 공공기관의 의미(공공기관의 운영에 관한 법률 제4조)

> 정부의 출연·출자 또는 정부의 재정지원 등으로 설립·운영되는 기관으로서 일정 요건에 해당하여 기획재정부 장관이 지정한 기관(매년 1월)

■ 2025년도 공공기관(총 331개)

- 공기업: 31개
- 준정부기관: 57개
- 기타 공공기관: 243개

■ 공공기관의 유형분류

- **공기업**: 시장형, 준시장형
- **준정부기관**: 기금관리형, 위탁집행형

■ 공공기관

구분	내용
공기업	직원정원이 300명, 총수입액 200억 원, 자산규모가 30억 원 이상이면서 총수입액 중 자체수입액이 차지하는 비중이 50%(기금관리기관은 85%) 이상인 공공기관 • **시장형**: 자산규모가 2조 원 이상이고, 총수입액 중 자체수입액이 85% 이상인 공기업(한국전력공사, 한국가스공사 등) • **준시장형**: 시장형 공기업이 아닌 공기업(한국조폐공사, 한국방송광고진흥공사 등)
준정부기관	직원정원이 300명, 총수입액이 200억 원, 자산규모가 30억 원 이상이면서 총수입액 중 자체수입액이 차지하는 비중이 50% 미만인 공공기관 • **기금관리형**: 국가재정법에 따라 중앙정부의 기금을 관리하거나, 기금의 관리를 위탁받은 준정부기관(국민연금공단, 근로복지공단 등) • **위탁집행형**: 기금관리형 준정부기관이 아닌 준정부기관(한국국제협력단, 한국장학재단 등)
기타 공공기관	공기업·준정부기관이 아닌 공공기관

이 책의 차례

PART 1 공기업 최신상식 총정리

Chapter 1 주요 국제 Awards
- 노벨상 ··········· 3
- 세계 3대 영화제 ··········· 6

Chapter 2 최신시사용어 ··········· 9

Chapter 3 자주 출제되는 용어 ··········· 44

PART 2 HOT한 최신기출 분석하기

Chapter 1 HOT한 최신기출문제로 본 공기업 공략비법
1. 정치·국제·법률 ··········· 131
2. 경제·경영·금융 ··········· 134
3. 사회·노동·환경 ··········· 136
4. 문화·예술·미디어·스포츠 ··········· 138
5. 과학·컴퓨터·IT·우주 ··········· 140
6. 한국사·세계사 ··········· 142

Chapter 2 최신빈출문제
1. 공기업 일반상식 기출문제 ··········· 145
2. 공기업 한국사 기출문제 ··········· 181

이 책의 차례

PART 3 실전문제로 최종 마무리

Chapter 1 분야별 일반상식 출제예상문제
1. 정치 · 국제 · 법률 · · · · · · · · · · · · · · · 195
2. 경제 · 경영 · 금융 · · · · · · · · · · · · · · · 220
3. 사회 · 노동 · 환경 · · · · · · · · · · · · · · · 246
4. 문화 · 예술 · 미디어 · 스포츠 · · · · · · · · 269
5. 과학 · 컴퓨터 · IT · 우주 · · · · · · · · · · · 294
6. 한국사 · 세계사 · · · · · · · · · · · · · · · · 317

Chapter 2 실전모의고사
제1회 실전모의고사 · · · · · · · · · · · · · · · · 331
제2회 실전모의고사 · · · · · · · · · · · · · · · · 336
실전모의고사 정답 및 해설 · · · · · · · · · · · 341

부록 시험 전날 펴보는 필수상식   347

PART 1

공기업 최신상식 총정리

CHAPTER 01 　주요 국제 Awards

CHAPTER 02 　최신시사용어

CHAPTER 03 　자주 출제되는 용어

교육은 우리 자신의 무지를 점차 발견해 가는 과정이다.

– 윌 듀란트 –

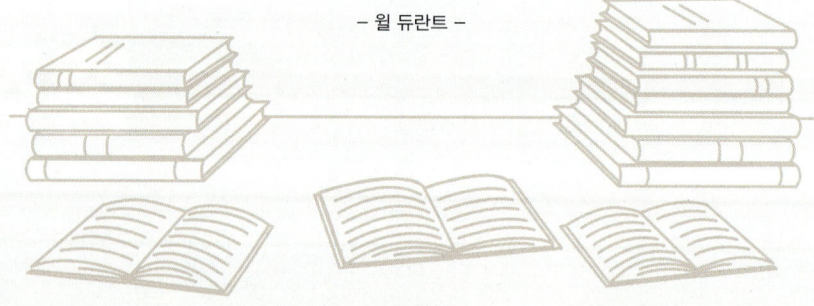

CHAPTER 01 주요 국제 Awards

노벨상(Nobel Prize)

수상 부문		생리의학, 물리학, 화학, 경제학, 문학, 평화
주 최		스웨덴 왕립과학아카데미, 노르웨이 노벨위원회
시작연도		1901년
시상식 장소		스웨덴 스톡홀름(단, 평화상은 노르웨이 오슬로)
시상식 일정		매년 12월 10일
심 사	생리의학	카롤린스카 의학연구소
	물리학 · 화학 · 경제학	스웨덴 왕립과학아카데미
	문 학	스웨덴 아카데미(한림원)
	평 화	노르웨이 노벨위원회

• 노벨생리의학상

메리 브런코 프레드 램즈델 사카구치 시몬

2025년 노벨생리의학상은 메리 브런코 미국 시스템생물학연구소 박사, 프레드 램즈델 소노마 바이오테라퓨틱스 박사, 사카구치 시몬 일본 오사카대 석좌교수 3인에게 돌아갔다. 이들은 면역체계의 경비병 '조절 T세포'의 존재를 밝혀내고 연구했다. 조절 T세포는 다른 면역세포들을 감시하면서 우리의 면역체계가 외부 침입자들은 공격하고 자가 조직에 대한 공격을 억제하도록 조절한다. 수상자들은 자가면역 질환 치료법의 개발을 촉진한 것은 물론 장기이식 수술의 성공률을 높이는 데 기여했다는 공로를 인정받았다.

• 노벨물리학상

존 클라크   미셸 드보레   존 마티니스

노벨물리학상은 존 클라크 미국 UC버클리 교수, 미셸 드보레 미국 예일대 교수, 존 마티니스 미국 UC샌타바버라 교수가 선정됐다. 세 사람은 각각 버클리 캘리포니아대 교수와 박사후연구원, 박사과정생으로 만났다. 이들은 두 개의 초전도체 사이에 전류가 흐르지 않는 얇은 부도체를 삽입한 '조셉슨 접합' 구조를 활용해 양자 터널링이 거시적 세계에서도 확인됨을 증명했다. 이런 거시적 양자 시스템 구현을 통해 양자컴퓨터 등 새로운 양자 기술이 개발될 토대를 이끌었다고 평가받는다.

• 노벨화학상

기타가와 스스무   리처드 롭슨   오마르 야기

노벨화학상은 '금속-유기 골격체(MOF)'라는 새로운 분자 구조를 연구한 기타가와 스스무 일본 교토대 교수, 리처드 롭슨 호주 멜버른대 교수, 오마르 야기 미국 UC버클리대 교수에게 돌아갔다. MOF는 금속 이온을 유기 분자로 연결해 만든 결정 구조체로, 내부에 수많은 미세한 구멍이 있어 이 구멍을 통해 다른 분자들이 드나들 수 있다. 이는 겉보기와 달리 엄청나게 넓은 내부 표면적을 숨기고 있어 지구온난화를 막기 위한 이산화탄소 포집, 사막의 물 부족 해결을 위한 공기 중 수분 채취 등 인류의 주요 난제를 해결할 수 있는 새로운 기회를 열었다.

• 노벨경제학상

조엘 모키어   필립 아기옹   피터 하윗

노벨경제학상은 조엘 모키어 미국 노스웨스턴대 교수, 필립 아기옹 프랑스 콜레주 드 프랑스 교수, 피터 하윗 미국 브라운대 교수에게 돌아갔다. 스웨덴 왕립과학원은 모키어 교수의 연구에 대해 '기술 진보를 통해 지속 가능한 성장의 전제조건'을 규명한 공로를 인정했다. 아기옹 교수와 하윗 교수에 대해서는 '창조적 파괴를 통한 지속 가능한 성장 이론'을 정립한 공로를 높이 평가했다. 노벨위원회는 이번 수상이 "혁신 주도의 성장이 인류 번영의 핵심 과제임을 보여준다"고 강조했다. 세 학자의 연구는 특히 인공지능을 비롯한 새로운 기술 혁신이 확산하는 지금, 지속 성장의 메커니즘을 다시 생각하게 만드는 중요한 통찰을 제공한다.

• 노벨문학상

크러스너호르커이 라슬로

헝가리 현대문학 거장인 크러스너호르커이 라슬로가 2025년 노벨문학상 수상의 영예를 안았다. 헝가리 작가가 노벨문학상을 받는 것은 2002년 임레 케르테스 이후 두 번째다. 라슬로는 현존하는 묵시록 문학 최고 거장으로 꼽힌다. 그는 2015년 헝가리 작가 최초로 맨부커상(현 부커상) 인터내셔널 부문을 수상한 바 있다. 한림원은 "종말론적 두려움 속에서도 예술의 힘을 재확인하는 그의 강렬하고 선구적인 전작(全作)에 상을 수여한다"고 설명했다.

• 노벨평화상

마리아 코리나 마차도

노벨평화상은 베네수엘라의 니콜라스 마두로 대통령 독재 정권에 항거해 온 야권 지도자 마리아 코리나 마차도가 받았다. 마차도는 20년간 베네수엘라 민주화 투쟁을 이끌었으며 '베네수엘라 철의 여인'으로 불린다. 1992년 취약계층을 지원하는 '아테네아 재단'을 설립했고, 이후 투표 감시 시민단체 '수마테'를 공동 창립하며 정계에 입문했다. 2010년 총선에서는 역대 최다 득표로 국회의원에 당선되며 마두로 정권에 맞서는 상징적 인물로 부상했다. 노르웨이 노벨위원회는 "베네수엘라인들의 민주적 권리를 증진시키기 위한 끊임없는 노력과 독재에서 민주주의로의 정의롭고 평화로운 전환을 이루기 위한 노력"을 선정 이유로 밝혔다.

세계 3대 영화제

01 베니스 영화제

〈제82회 수상내역〉

개최 장소	이탈리아 베네치아
개최 시기	매년 8월 말 ~ 9월 초
시작연도	1932년

• 황금사자상

〈파더 마더 시스터 브라더〉

짐 자머시

최고 영예인 황금사자상은 미국 감독 짐 자머시의 〈파더 마더 시스터 브라더〉에게 주어졌다. 케이트 블란쳇, 빅키 크리엡스 등이 주연을 맡은 이 영화는 미국 뉴저지, 아일랜드 더블린, 프랑스 파리를 배경으로 성인이 된 자녀들과 소원해진 노년의 부모가 겪는 관계의 변화를 그린다. 세 편의 단편을 엮은 옴니버스 형식으로 가장 가깝지만 가장 멀게 느껴지는 가족 간의 거리를 섬세하게 포착한다.

• 심사위원대상/감독상

〈더 보이스 오브 힌드 라잡〉

베니 사프디

심사위원대상은 이스라엘군의 공격을 받아 유일한 생존자가 된 6살 팔레스타인 소녀의 이야기를 담은 영화 〈더 보이스 오브 힌드 라잡〉이 차지했다. 이 작품은 베니스 영화제 공식 상영회에서 23분간 기립박수를 받아 화제가 됐다. 감독상은 〈스매싱 머신〉을 연출한 베니 사프디 감독에게 돌아갔다. 전설적인 이종격투기 선수 마크 커의 삶을 다룬 작품으로, 파이터로서 존엄을 지키기 위해 분투하는 과정에서 겪는 내적 갈등을 주로 다룬다.

• 남우주연상/여우주연상

토니 세르빌로

신지뢰

남우주연상은 〈라 그라찌아〉에서 퇴임을 앞두고 안락사 합법화를 고민하는 가톨릭 신자이자 법학자인 이탈리아 대통령을 연기한 토니 세르빌로가 차지했다. 여우주연상은 〈우리 머리 위의 햇살〉에 출연한 중국 배우 신지뢰가 수상했다. 그녀는 증오, 사랑, 용서 등 헤어진 연인과 재회한 인물의 감정을 섬세하게 표현했다는 평가를 받았다.

02 칸 영화제

개최 장소	프랑스 남부의 도시 칸
개최 시기	매년 5월
시작연도	1946년

〈제78회 수상내역〉

- **황금종려상**

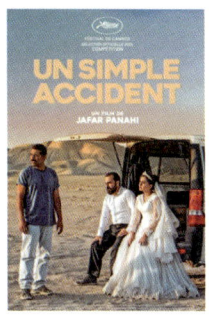 

〈심플 액시던트〉　　자파르 파나히

이란 출신의 거장이며 사회비판적 작품을 만드는 것으로 유명한 자파르 파나히 감독의 〈심플 액시던트〉가 최고작품상인 황금종려상을 수상했다. 이 작품은 이란과 프랑스 합작영화이며, 정치범으로 수감됐던 한 남자가 자신을 괴롭힌 경찰과 닮은 인물을 마주치며 벌어지는 사건을 그린다. 파나히 감독은 오랜 기간 정부의 검열과 제작 금지 조치 속에서도 사회의 모순과 자유의 가치를 꾸준히 탐구해 왔다. 이번 수상으로 그는 칸·베니스·베를린 세계 3대 영화제 최고상을 모두 거머쥔 다섯 번째 감독이 됐다.

- **심사위원대상/감독상**

〈센티멘탈 밸류〉　　클레베르 멘돈사 필류

심사위원대상은 노르웨이 출신의 요아킴 트리에 감독의 〈센티멘탈 밸류〉가 받았고, 감독상은 〈시크릿 에이전트〉를 연출한 브라질 출신의 감독 클레베르 멘돈사 필류가 수상했다. 〈센티멘탈 밸류〉는 유명 영화감독을 아버지로 둔 자매의 이야기로, 인간관계 속 감정적 '가치'와 기억을 탐구하는 감성적인 드라마다. 〈시크릿 에이전트〉는 1970년대 말 브라질의 군사정권하에서 정치적 혼란에 휘말린 대학교수의 이야기를 담고 있다.

- **남우주연상/여우주연상**

바그네르 모우라　　나디아 멜리티

남우주연상은 감독상을 수상한 〈시크릿 에이전트〉에서 주인공인 '마르셀루' 역을 연기한 브라질 배우 바그네르 모우라가 받았다. 여우주연상은 프랑스-독일 합작영화 〈리틀 시스터〉로 스크린에 데뷔한 프랑스 신인 배우 나디아 멜리티가 받았다. 멜리티는 이번 영화에서 가족과 신앙, 그리고 자아 사이에서 갈등하는 17세 소녀 '파티마'를 연기했다.

03 베를린 영화제

개최 장소	독일 베를린
개최 시기	매년 2월 중순
시작연도	1951년

〈제75회 수상내역〉

• 황금곰상

〈드림스〉

다그 요한 하우거루드

노르웨이 출신의 감독 다그 요한 하우거루드의 작품 〈드림스〉가 최고작품상인 황금곰상을 수상했다. 이 작품은 여교사와 사랑에 빠진 17살 여학생이 쓴 일기를 어머니와 할머니가 읽으며 벌어지는 이야기를 다룬다. 심사위원단은 본 작품이 "욕망의 원동력과 그 결과물, 욕망에 사로잡힌 사람에게 우리가 느끼는 질투를 탐구한다"며 "날카로운 관찰과 인내심 있는 카메라, 흠잡을 데 없는 연기로 글 쓰는 행위 자체에 주목하게 만든다"고 평가했다.

• 심사위원대상/감독상

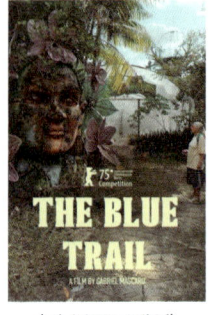
〈더 블루트레일〉

곽 맹

심사위원대상은 〈더 블루트레일〉을 연출한 브라질 감독 가브리엘 마스카로가 받았고, 감독상은 〈생식지지〉를 연출한 중국 출신의 곽맹이 수상했다. 〈더 블루트레일〉은 경제회복이라는 미명 아래 노인들을 격리하는 시스템을 만든 브라질을 배경으로, 정부의 눈을 피해 자유를 실현하려는 한 노인의 이야기를 담고 있다. 〈생식지지〉는 1990년대 산업화로 인해 변화하는 중국의 농촌과 도시로 이주하는 농민들의 삶을 다룬 작품이다.

• 주연상/조연상

로즈 번

앤드류 스콧

주연상은 메리 브론스타인 감독이 연출한 〈내가 다리가 있으면 널 차버릴 거야〉에서 주인공 역을 맡은 호주 출신의 배우 로즈 번이 수상했다. 그녀는 영화에서 병든 딸을 돌보며 한계에 도달한 치료사인 '린다'를 연기했다. 조연상은 미국의 작사가 로젠즈 하트의 삶을 그린 리차드 링클레이터 감독의 〈블루 문〉에서 주인공의 동료 '리처드 로저스'를 연기한 앤드류 스콧이 받았다.

CHAPTER 02 최신시사용어

> ## 정치·국제·법률

상호관세
무역 상대국과 같거나 비슷한 수준의 관세를 부과하는 방식

상대국이 자국 제품에 부과하는 관세에 맞서 유사한 수준의 관세를 부과하는 정책을 말한다. 상호관세는 1934년 보호무역주의 확산으로 심화된 무역 갈등을 완화하고 관세 수준을 조정해 자유무역을 촉진하려는 취지에서 도입됐다. 그러나 최근 상호관세는 본래 취지와 달리 보호무역주의를 강화하는 수단으로 활용되고 있다. 2025년 4월 2일 도널드 트럼프 미국 대통령은 전 세계 모든 수입품에 10%의 기본관세를 부과하고, 국가별로 최대 50%까지 상호관세를 매기는 정책을 발표했다. 미국이 일방적으로 관세율을 고시한 뒤 상대국이 투자 확대나 미국산 제품 수입 확대를 약속해야만 낮은 관세율을 적용받을 수 있는 구조다. 당초 2025년 4월 9일 발효 예정이던 국가별 관세는 90일 유예 끝에 2025년 8월 7일에 본격적으로 시행됐다. 이 과정에서 유럽연합(EU)과 중국 등 주요 교역국의 보복성 대응이 이어지며 무역 분쟁이 확산됐다.

중대재해처벌법
중대한 인명피해를 주는 산업재해 발생 시 사업주에 대한 형사처벌을 강화하는 법안

중대산업재해 발생 시 사업주에 대한 형사처벌을 강화하는 법안이다. 해당 법에 따라 안전사고로 근로자가 사망할 경우 사업주 또는 경영책임자에게 1년 이상의 징역 혹은 10억 원 이하의 벌금을 부과할 수 있고, 법인에는 최대 50억 원 이하의 벌금을 부과할 수 있다. 또 노동자가 다치거나 질병에 걸리는 경우 7년 이하의 징역 또는 1억 원 이하의 벌금에 처해진다. 2021년 1월 8일 국회 본회의를 통과하여 2022년 1월 27일부터 근로자 50인 이상 기업을 대상으로 시행 중이고, 2024년 1월 27일부터는 50인 미만 사업장에 적용됐다. 단, 5인 미만 사업장은 적용대상에서 제외됐다. 한편 중대재해처벌법 시행에도 불구하고 건설현장에서 사망사고가 줄지 않자 정부는 2025년 9월 15일 '노동안전 종합대책'을 발표했다. 이 대책에는 사망사고가 반복되는 건설사는 등록 말소를 요청해 영업 활동을 중단시키고, 연간 3명 이상 산재 사망사고가 발생한 기업에 영업이익 최대 5%를 과징금으로 부과하는 조치 등이 포함됐다.

브릭스(BRICS)

브라질·러시아·인도·중국·남아공의 신흥경제 5국을 하나의 경제권으로 묶은 용어

브라질(Brazil), 러시아(Russia), 인도(India), 중국(China), 남아프리카공화국(South Africa) 등 5개국의 영문 머리글자를 딴 것이다. 1990년대 말부터 떠오른 신흥경제국으로서 매년 정상회의를 개최하고 있다. 2011년에 남아공이 공식회원국으로 가입하면서, 기존 'BRICs'에서 'BRICS'로 의미가 확대됐다. 또한 2024년에는 이란, 아랍에미리트(UAE), 이집트, 에티오피아가 공식적으로 브릭스에 합류했다. 2025년 1월 6일에 인도네시아가 가입하면서 '브릭스 플러스(BRICS+)'라고도 불리는 거대한 연합체로 발전했다. 이에 중국과 러시아가 브릭스의 규모를 키워 서방 선진국 모임인 G7의 대항마로 세우려 한다는 분석이 나왔다.

계엄령

국가비상사태 발생 시 대통령이 선포하는 국가긴급권

계엄령은 전시나 사변 또는 이에 준하는 국가 비상사태가 발생하는 경우 국가의 안녕과 공공질서를 유지하기 위해 법률이 정하는 바에 따라 선포하는 국가긴급권으로 대통령의 고유권한이다. 헌법 제77조 및 계엄법에 따라 대통령은 국무회의 의결을 통해 비상계엄 또는 경비계엄을 선포할 수 있고, 국방부 장관과 행정안전부 장관이 이를 건의할 수 있다. 계엄령이 선포되면 해당지역 내 행정권·사법권이 군으로 이관되고, 헌법에 보장된 국민의 기본권을 제한할 수 있다.

9·19 남북군사합의

남북이 일체의 군사적 적대행위를 전면 중지하기로 한 합의

2018년 9월 평양 남북정상회담에서 남북이 일체의 군사적 적대행위를 전면 중지하기로 한 합의다. 같은 해 4월 판문점 정상회담에서 발표한 '판문점 선언'의 내용을 이행하기로 한 것이다. 지상과 해상, 공중을 비롯한 모든 공간에서 군사적 긴장과 충돌의 근원이 되는 상대방에 대한 일체의 적대행위를 전면 중지하기로 했다. 그러나 윤석열 정부 들어 북한이 NLL(북방한계선) 이남에 탄도미사일을 발사하는 등 도발 수위를 높이고, 우리나라도 이에 군사적으로 맞대응하면서 합의가 무용지물이 되었다는 평가가 나오기 시작했다. 결국 북한이 2023년 11월 합의 전면 폐기를 선언했고, 2024년 6월 4일 우리나라 국무회의에서 군사합의 전체의 효력을 정지하는 안건이 통과되면서 남북 간 긴장 수위가 다시 높아졌다.

탄소중립기본법

2030년까지 중장기 국가 온실가스 감축목표를 40% 이상 감축하도록 명시한 법안

2030년까지 중장기 국가 온실가스 감축목표(2030 NDC)를 2018년 대비 40% 이상 감축하도록 명시한 법안으로 2021년 9월 24일 제정 및 공포됐다. 2050년 탄소중립을 국가비전으로 명시하고 이를 달성하기 위한 국가전략, 기본계획 수립 및 이행점검 등의 법정 절차를 체계화했다. 특히 2050년 탄소중립을 실질적으로 지향하는 중간단계의 목표를 설정하여 2030년 온실가스 감축목표를 40% 이상 범위에서 사회적 논의를 시작하도록 법률에 명시했다. 나아가 탄소중립 이행을 위한 정책수단을 마련하고 전문가와 산업계 위주로만 참여했던 거버넌스의 범위를 미래세대와 노동자, 지역주민 등이 참여할 수 있도록 확대했다. 해당 법안 제정으로 우리나라는 유럽연합(EU)·스웨덴·영국·프랑스·독일·덴마크·스페인·뉴질랜드·캐나다·일본 등에 이어 14번째로 2050 탄소중립 비전과 이행체계를 법제화한 국가가 됐다.

제1차 국가 탄소중립·녹색성장 기본계획

2023년 3월 21일 윤석열 정부가 2030 온실가스 감축목표 및 2050 탄소중립을 달성하기 위해 공개한 탄소중립 이행안이다. 발표된 계획에 따르면 합리적이고 실행 가능한 온실가스 감축목표를 위해 원전과 재생에너지 믹스를 확대하고 산업계의 감축목표를 완화했다. 기존에 시행 중이던 탄소중립기본법에 따라 수립된 정부 차원의 첫 탄소중립·녹색성장에 대한 최상위 법정계획이다.

글로벌 사우스(Global South)

개발도상국과 신흥국을 총칭하는 말

북반구의 저위도나 남반구에 위치한 아시아·아프리카·남아메리카(남미)·오세아니아의 개발도상국과 신흥국을 총칭하는 말로 미국, 유럽, 일본, 호주, 한국 등의 선진국을 일컫는 '글로벌 노스(Global North)'와 대비되는 개념으로 사용한다. 글로벌 사우스에 속한 국가들은 대부분 과거 서구열강의 식민통치를 경험하고 독립한 지 얼마 되지 않은 국가들인데, 인도를 비롯해 동남아시아와 아프리카, 중남미 120여 개 국가가 해당된다. 2022년 2월 러시아-우크라이나 전쟁이 시작된 이후 유엔 총회에서 잇따라 이뤄진 러시아 관련 표결에서 많은 글로벌 사우스 국가들이 기권 입장을 나타내는 등 중립입장을 취하면서 주목을 받았다. 특히 미국과 중국 간 패권을 둘러싼 경쟁이 심화하고 우크라이나 전쟁이 지속되자 글로벌 사우스 국가들이 자국의 이익을 극대화하기 위해 중국, 러시아와 관계를 강화하는 움직임을 보이고 있다.

디리스킹(Derisking)

중국에 대한 외교적·경제적 의존도를 낮춰 위험요소를 줄이겠다는 서방의 전략

'위험제거'를 뜻하는 영단어로 2023년 3월 30일 우르줄라 폰 데어 라이엔 유럽연합(EU) 집행위원장이 대중정책 관련 연설에서 언급하면서 주목받기 시작했다. 원래는 금융기관이 테러나 자금세탁 제재와 관련해 위험을 관리하기 위해 광범위하고 무차별적으로 거래를 중단하는 것을 가리키는 말이었다. 그러나 우르줄라 위원장의 연설 이후 경쟁 또는 적대관계의 세력으로부터의 탈동조화를 뜻하는 용어인 '디커플링(Decoupling)'을 대신하는 개념으로 본격 사용되면서 의미가 확대됐다. 이는 중국과 경제적 협력관계를 유지하면서도 중국에 대한 과도한 외교적·경제적 의존도를 낮춰 위험요소를 관리하겠다는 의도로 풀이됐다.

> **디커플링(Decoupling)**
> 일명 탈동조화 현상으로 한 국가의 경제가 주변의 다른 국가나 세계경제와 같은 흐름을 보이지 않고 독자적인 경제로 움직이는 현상을 말한다. 세계경제는 미국이나 유럽 등 선진국에서 발생한 수요 또는 공급 충격에 큰 영향을 받는 동조화(Coupling) 현상, 점차 다른 나라의 경제상황과 성장에 미치는 영향이 약화되는 디커플링 현상, 동조화 재발생(Recoupling) 현상이 반복된다.

패스트트랙

쟁점 법안의 빠른 본회의 의결을 진행하기 위한 입법 시스템

발의된 국회의 법안 처리가 무한정 미뤄지는 것을 막고, 법안을 신속하게 처리하기 위한 제도이다. 우리나라의 입법 과정은 해당 분야를 담당하는 상임위원회(상임위)의 의결 → 법제사법위원회(법사위)의 의결 → 본회의 의결 → 대통령 거부권 행사 여부 결정 순으로 진행된다. 본회의 의석수가 많더라도 해당 상임위 혹은 법사위 의결을 진행시킬 수 없어 법을 통과시키지 못하는 경우가 있는데, 이런 경우 소관 상임위 혹은 본회의 의석의 60%가 동의하면 '신속 처리 안건'으로 지정할 수 있다. 법안 심의 과정의 지연을 방지하기 위해 상임위 심의 180일, 법사위 회부 90일, 본회의 부의 60일 이내에 처리해야 한다. 총 330일의 논의 기간을 넘길 경우 자동으로 본회의에 안건이 상정된다.

> **패스트트랙으로 지정된 사례**
> - 사회적 참사 특별법
> - 유치원 3법
> - 2019년 4개 법안 : 선거제 개혁안, 2개의 공수처 설치법안, 형사소송법·검찰청법 개정안
> - 2025년 4개 법안 : 민주유공자법, 공익신고자보호법, 공공기관의 운영에 관한 법률, 통계법 개정안

고위공직자범죄수사처(공수처)

공직자의 범죄 사실을 수사하는 독립된 기관

대통령을 비롯해 국회의원, 국무총리, 검사, 판사, 경무관급 이상 경찰 등 고위공직자들이 직무와 관련해 저지른 범죄에 대한 수사를 전담하는 기구로, 줄여서 '공수처'로 부른다. 공수처 설치는 1996년 참여연대가 고위공직자비리수사처를 포함한 부패방지법안을 입법 청원한 지 23년, 고(故) 노무현 전 대통령이 2002년 대선공약으로 내건 지 17년 만인 2019년 12월 30일 입법화가 이뤄졌다. 2021년 1월 21일에 공수처가 공식 출범했으며, 김진욱 초대 공수처장에 이어 2024년 제2대 공수처장으로 오동운 전 변호사가 임명됐다.

규모	공수처장 및 차장 각 1명, 수사처 검사 23명, 인사위원회 7명, 수사처 수사관 40명
수사대상	대통령, 국무총리, 국무위원, 장성, 국회의원, 법관, 검사, 3급 이상 공무원과 그 가족 등
기소대상	판사, 검사, 경무관 이상의 경찰
고위공직자 범죄 수사 우선권	• 공수처장은 중복수사 확인 시 타 기관에 이첩 요청 • 타 기관은 고위공직자 범죄 인지 시 공수처에 통보

머그샷(Mug Shot)

범죄자의 현재 인상착의를 기록한 사진

피의자를 식별하기 위해 구치소, 교도소에 구금될 때 촬영하는 얼굴 사진이다. '머그(Mug)'는 정식 법률 용어는 아니며, 영어에서 얼굴을 속되게 이르는 말이기도 해 이러한 명칭이 생겼다. 피의자의 정면과 측면을 촬영하며, 재판에서 최종 무죄판결이 나더라도 폐기되지 않고 보존된다. 미국은 머그샷을 일반에 공개하는 것이 합법이었으나 우리나라에서는 불법이었다. 그러나 2023년 들어 '부산 돌려차기 사건'과 '또래 살인 사건' 등 강력범죄로 인해 사회적 불안감이 높아지면서 중대범죄자에 대한 신상공개제도의 실효성이 도마에 올랐다. 이에 따라 정부와 여당은 머그샷을 공개하는 내용을 포함한 특별법 제정을 추진해 통과시켰고, 2024년부터 특정 중대범죄를 저지른 경우 피의자의 얼굴을 공개할 수 있게 됐다.

한미 방위비분담 특별협정(SMA)

한미가 주한미군 주둔 비용의 분담을 위해 1991년부터 체결하고 있는 협정

한미 양국은 1991년 제1차 협정을 시작으로 2024년까지 총 12차례의 협정을 맺어왔다. 이 협정은 주한미군 주둔 비용에 관한 방위비분담을 위해 체결하고 있는 특별협정에 기본을 두고 있다. 제12차 SMA는 2024년 4월에 시작해 약 5개월간 8차례 협의를 거쳐 타결됐으며, 2026년부터 2030년까지 5년간 유효하다. 2026년 한국의 분담금은 1조 5,192억 원이며, 이는 2025년 총액 1조 4,028억 원에 비해 8.3% 증액된 금액이다. 2027년 이후에는 해마다 소비자물가지수(CPI) 상승률만큼 인상되며, 연간 증가율은 5%를 넘지 않도록 상한선을 설정했다. 그러나 트럼프 행정부 재집권 이후 미국은 한국에 대해 추가적인 방위비 분담금 인상을 요구하며 압박했으며, 이에 대해 우리 정부는 "이미 합의된 12차 SMA를 준수하겠다"는 입장을 밝혔다.

인플레이션감축법(IRA)

미국의 전기차 세제혜택 등의 내용을 담은 기후변화 대응 법률

2022년 8월 미국에서 통과된 기후변화 대응과 대기업 증세 등을 담은 법률이다. 전기차 보급 확대를 위해 세액공제를 해주는 내용이 포함됐다. 오는 2030년까지 온실가스를 40% 감축하기 위해 에너지안보 및 기후변화 대응에 3,750억 달러를 투자하는 내용을 골자로 하는데, 북미산 전기차 가운데 북미에서 제조·조립된 배터리 부품의 비율과 북미나 미국과 자유무역협정(FTA)을 체결한 국가에서 채굴된 핵심 광물의 사용비율에 따라 차등해 세액을 공제해준다. 그러나 이 법으로 보조금 혜택에서 한국산 전기차는 빠지게 되면서 국내 자동차 업계에 비상이 걸렸다.

핵우산

핵무기 보유국이 핵을 보유하지 않은 동맹국가의 안전을 보장하는 것

핵을 보유하지 않은 동맹국이 핵 공격을 받을 경우 핵무기를 보유한 우방국이 핵전력을 제공해 그 국가의 안전을 보장하는 개념이다. 핵우산은 적국의 핵 위협을 사전에 억제하는 동시에 동맹국의 핵 보유에 따른 군사적 긴장 고조를 방지하는 이중적 효과를 갖는 전략적 억제 체계다. 정치적·심리적 위협에 대처하는 효과도 있으며, 동맹 내 안보 결속을 강화하고 핵 비확산 체제를 유지하는 데 중요한 역할을 한다.

전세사기특별법

전세사기 피해자를 지원하기 위해 마련된 법안

2023년 들어 대규모 전세사기 피해자가 급증하면서 사회적 파장이 커진 가운데 전세사기 피해지원을 위한 특별법 제정안이 같은 해 5월 25일 국회 본회의를 통과해 6월 1일부터 시행됐다. 이에 따라 피해자들은 일정 요건을 충족하면 ▲ 보증금 기준 최대 5억 원 상향 ▲ 최우선변제금 최장 10년간 무이자 대출(최대 5,500만 원) ▲ 초과 대출금 1.2~2.1%(2억 4,000만 원 한도)로 대출 ▲ 전세사기 피해주택 구입희망자 우선매수권 부여 ▲ 지속 거주희망자는 한국토지주택공사(LH)가 주택 매입 후 장기 임대 등의 피해지원을 받을 수 있게 됐다.

프렌드쇼어링(Friend-shoring)

동맹국 간 공급망을 구축하기 위한 미국의 전략적 움직임

코로나19와 러시아의 우크라이나 침공, 중국의 봉쇄정책 등이 촉발한 글로벌 공급망 위기로 경제가 출렁인 미국이 동맹국 간 공급망을 구축하기 위해 전략적으로 움직이는 것을 말한다. 이를 통해 '믿을 만한 동맹국끼리 뭉쳐 상품을 안정적으로 확보'하겠다는 목적이지만, 중국과 러시아를 공급망에서 배제하려는 의도가 반영됐다는 분석도 있다. 이에 따라 미국은 유럽연합(EU), 호주 정부 등과 협력을 강화하고 있으며 기업들도 자발적으로 프렌드쇼어링에 나섰다. 그러나 일각에서는 '세계의 공장'으로 불리는 중국의 값싼 인건비를 포기할 경우 생산비용이 늘어나고, 이것이 소비자 가격에 포함되므로 인플레이션을 촉발할 가능성도 점쳐졌다.

지니어스법(GENIUS Act)

미국의 스테이블코인 규제법

미국이 가상자산의 일종인 스테이블코인의 확산을 목적으로 제정한 법이다. 정식명칭은 '미국 스테이블코인 혁신 수립과 지도에 대한 법(Guiding and Establishing National Innovation for U.S. Stable coins Act)'이다. 스테이블코인은 비변동성 가상자산으로 법정통화나 실물자산의 가격과 연동된다. 지니어스법은 스테이블코인의 발행기준과 담보요건을 강화하고 자금세탁방지 법률 준수를 의무화하는 내용을 담고 있다. 연방정부의 인가를 받은 기관이나 기업만이 스테이블코인 발행주체가 될 수 있으며, 발행한 모든 코인에 대해 현금이나 국채 등 안전성과 유동성이 확보된 자산을 1:1 비율로 보유해야 한다.

골든돔(Golden Dome)

미국 본토 전체를 보호하는 우주 기반 미사일 방어체계

러시아, 중국, 북한, 이란 등의 미사일 공격을 방어하기 위한 미국의 차세대 미사일 방어시스템이다. 2025년 5월 20일 도널드 트럼프 미국 대통령은 임기가 종료되는 2029년 1월까지 골든돔을 실전에 배치하겠다고 발표했다. 이스라엘의 '아이언돔'과 유사한 시스템으로 기존의 미사일 방어체계로 막기 어려운 극초음속미사일로부터 미국 본토를 방어하기 위해 우주기술을 활용하는 것이 핵심이다. 적 미사일을 탐지하고 요격한다는 점에서 기존 미사일 방어체계와 유사하지만, 적외선 기술을 사용해 미사일이 지상에 도달하기 전에 우주에서 요격한다는 특징을 갖고 있다.

아이언돔(Iron Dome)
이스라엘이 2011년부터 운용한 미사일 방어 체계로, 영토를 돔(둥근 지붕) 형태의 방공망으로 감싸듯 적의 공격을 차단하는 시스템이다. 로켓탄, 박격포탄 등이 날아올 경우 근거리에서 이를 탐지해 공중에서 요격하는 방식이다.

노란봉투법

노조 파업으로 발생한 손실에 대한 사측의 손해배상을 제한하는 내용을 담은 법안

사용자의 범위를 넓혀 하청업체 노동자 등에게도 원청을 상대로 한 교섭권을 부여하고, 파업 노동자에 대한 손해배상 청구를 제한하는 내용을 담은 법안이다. '노란봉투법'이라는 명칭은 2014년 법원이 쌍용차 파업 참여 노동자들에게 47억 원의 손해를 배상하라는 판결을 내리자, 시민단체들이 이를 돕기 위해 성금을 노란봉투에 담아 보낸 것에서 유래했다. 사용자의 범위를 '근로계약 체결 당사자가 아니더라도 근로조건을 실질적·구체적으로 지배·결정할 수 있는 자'로 재정의해 원청과 직접적인 계약을 맺지 않은 하청업체도 원청에 교섭을 요구하거나 파업할 수 있게 됐다. 또한 사용자(기업)가 불법 파업으로 인한 손해배상을 노조 측에 청구할 때 사용자의 입증 책임 등 더 엄격한 기준을 두었다. 손해배상 책임을 파업 참가자의 기여도에 따라 개별적으로 산정하도록 함으로써 기업이 근로자 개인에게 손해를 청구하는 것이 사실상 불가능해졌다. 노란봉투법은 추진과 폐기를 거듭해오다가 2025년 9월 2일 국무회의에서 의결됐다.

MASGA(Make American Shipbuilding Great Again)
한미 간 조선 협력 프로젝트

2025년 7월 한미 통상 협상 과정에서 한국이 제안한 수십조 원 규모의 조선업 협력 프로젝트를 말한다. 도널드 트럼프 미국 대통령의 정치 구호인 'MAGA(Make America Great Again : 다시 미국을 위대하게)'에 조선업을 뜻하는 'Shipbuilding'을 결합해 만들었다. 우리나라는 상호관세 협상의 돌파구로 총 3,500억 달러 규모의 대미 투자를 제시했는데, 이 가운데 1,500억 달러를 '한미조선협력펀드'를 통해 투입하겠다고 약속했다. 프로젝트의 주요 내용은 미국 조선사 투자, 신규 조선소 설립, 인력 양성, 정책금융기관의 금융지원 등으로 구성된다.

학교폭력 근절 종합대책
학폭 가해학생의 처분결과를 입시에 의무 반영하는 내용을 골자로 한 대책

국가수사본부장에 임명됐다가 낙마한 정순신 변호사 아들의 학교폭력(학폭) 사건 논란을 계기로 2023년 4월 12일 정부가 11년 만에 새롭게 발표한 학폭 근절 종합대책을 말한다. 중대한 학폭 사건에 엄정하게 대처하고 피해학생을 중심으로 한 보호조치 개선을 목적으로 한다. 이에 2025년 기준 고등학교 3학년 학생들이 치르게 될 2026학년도 대입부터 학폭 가해학생에 대한 처분결과가 수시는 물론 수능점수 위주인 정시 전형에도 의무적으로 반영된다. 또 중대한 처분결과의 학교생활기록부(학생부) 보존기간이 졸업 후 2년에서 최대 4년으로 연장돼 대입은 물론 취업에도 영향을 미칠 수 있게 됐다.

하마스(HAMAS)
팔레스타인의 민족주의 정당이자 준군사조직

팔레스타인의 무장단체이자 정당이다. 'HAMAS'라는 명칭은 '이슬람 저항운동'의 아랍어 첫 글자를 따서 지어졌다. '아마드 야신'이 1987년 창설한 이 단체는 이슬람 수니파 원리주의를 표방하고 있으며, 이스라엘에 저항하고 팔레스타인의 독립을 목표로 무장 저항활동을 펼치고 있다. 이들은 팔레스타인 가자지구와 요르단강 서쪽 지역을 실질 지배하고 있다. 하마스는 이스라엘과의 '팔레스타인 분쟁'의 중심에 서 있는 조직으로 2023년 10월에는 이스라엘을 무력으로 침공하면서 전면전이 시작됐다. 이에 이스라엘 정부가 '하마스 섬멸'을 천명하고 가자지구를 공격하면서 수많은 팔레스타인 국민들이 희생됐다.

경제·경영·금융

오픈뱅킹
하나의 금융앱만 있으면 모든 은행 입출금 계좌의 조회·이체가 가능한 서비스

은행이 보유한 결제기능 및 고객데이터를 오픈 API 방식으로 제3자에게 공개하는 것을 말한다. 출금이체·입금이체·잔액·거래내역·계좌실명·송금인 정보 등 핵심 금융 서비스를 표준화해 오픈 API 형태로 제공한다. 오픈뱅킹 제도가 정착되면서 핀테크 진입이 제약적이고 폐쇄적이었던 기존 금융시장의 진입장벽이 낮아지고 비용부담과 이용자의 불편이 줄어들었다. 기존에는 각 은행별로 앱이나 프로그램을 설치해야 이용할 수 있었던 서비스가 오픈뱅킹 시스템에서는 단 하나의 앱으로 가능해졌다.

디큐뮬레이션(Decumulation)
축적한 자산을 평생소득으로 바꾸는 전략

은퇴 후에도 경제활동기와 유사한 소비 수준을 지속하기 위해 그동안 축적한 자산을 평생소득으로 바꾸는 전략으로서 자산을 알맞게 분배·사용하는 과정을 일컫는다. 이와 반대로 직업으로부터 일정한 소득을 얻는 경제활동기에 부를 축적하는 과정은 '어큐뮬레이션(Accumulation)'이라고 한다. 은퇴를 한 후에도 일상생활을 영위하기 위해선 비용이 지속적으로 발생하기 때문에 자신과 가족구성원의 안정적인 노후생활을 보장받기 위해 은퇴를 앞둔 이들에게 특히 중요하게 여겨지고 있다.

HBM(High Bandwidth Memory)
기존 DRAM의 데이터 처리능력을 끌어올린 고대역폭메모리

우리나라의 SK하이닉스가 세계 최초로 고안해 양산한 고대역폭메모리로 DRAM을 수직으로 적층해 데이터 처리 속도를 대폭 강화했다. 이러한 적층구조는 기반 면적당 훨씬 높은 데이터 용량을 확보할 수 있게 한다. 인공지능이나 빅데이터처럼 방대한 양의 데이터를 연산·처리해야 하는 첨단 IT기술 구현의 강력한 무기가 되고 있다. SK하이닉스는 2025년 9월 초고성능 인공지능용 메모리 신제품인 HBM4의 개발을 마무리하고 양산 체제를 구축했다고 밝혔다.

페그제

자국 통화가치를 달러가치에 고정하는 제도

각국 화폐 사이의 환율을 일정 수준에 고정시키는 제도이다. 달러 등 기축통화에 대해 자국 화폐의 교환비율을 고정시키고 이 환율로 무한정의 교환을 약속하는 환율제도로 원래는 19세기 영국 식민지에 적용된 제도였다. 이 제도에서는 한 국가의 통화와 연계되는 통화 사이의 환율은 변하지 않으나 연계된 통화와 다른 통화들 사이의 환율은 변하기에 다른 통화와는 간접적으로 변동환율제도를 택한 것과 동일한 효과를 가진다.

페그제 장단점

페그제 장점	페그제 단점
• 환율 변동에 대한 불확실성이 제거됨으로써 대외교역과 자본 유출입이 원활해진다. • 수입품 가격이 변동해도 자국 물가에 큰 영향을 미치지 않기 때문에 물가가 안정된다.	• 달러의 가치 변동에 영향을 많이 받아 통화 자체의 가치가 적절히 반영되지 못한다. • 국제환투기 세력의 표적이 되기 쉽고, 엄청난 손실을 입는 사례가 발생한다.

스테이블코인(Stablecoin)

실제화폐와 가치가 연동되는 가상화폐

가격 변동성을 최소화하는 가상화폐의 일종이다. 블록체인을 기반으로 달러·유로·원화 같은 법정화폐나 금과 같은 실물자산의 가치와 1:1로 연동해 가격이 안정적으로 유지되도록 설계됐다. 주로 민간 기업이 발행하며 가격 안정성이 높아 결제·송금·거래 등 실생활에서 사용할 수 있다. 발행사는 연동 대상 자산을 동일한 비율로 확보해 가치 안정성을 담보한다. 다만 발행 주체의 자산 담보 능력에 따라 신뢰성이 흔들릴 수 있고, 연동된 기초자산의 가치 변동이나 규제 리스크에도 영향을 받을 수 있다.

중앙은행 디지털화폐(CBDC)
중앙은행이 발행하는 법정통화의 디지털 형태를 말한다. 즉, 국가가 직접 보증하는 전자화폐다. 우리말로는 중앙은행 디지털화폐라고 부른다. 각국의 중앙은행이 직접 전자적 형태로 발행하며 실물화폐와 동등한 법적지위를 갖는다. 민간 가상화폐와 달리 가치변동이 없어 안정성을 겸비하고 있다.

순환경제(Circular Economy)

자원 절약 · 재활용 등을 통해 지속 가능성을 추구하는 친환경 경제체계

제품을 사용한 후 폐기하는 기존의 선형경제 구조에서 벗어나 자원을 절약하고 재활용함으로써 지속적으로 순환시키는 새로운 경제체계를 말한다. 즉, 제품의 지속 가능성을 높이고, 버려지는 자원의 순환망을 구축해 투입되는 자원과 에너지를 최소화하는 것이다. 이러한 순환경제의 일환으로 투명 음료페트병을 올바른 방식으로 배출해 재활용하는 '보틀투보틀(Bottle to Bottle)'이나 화석연료 등에서 발생하는 이산화탄소를 포획 · 저장해 유용한 물질로 전환시키는 '탄소포집' 기술 등이 있다. 최근 '탄소중립'이 전 세계적 화두로 떠오르면서 환경보전과 온실가스 감축을 구현하려는 움직임이 활발해지고 있다.

사모펀드

비공개적으로 소수의 투자자로부터 돈을 모아 기업을 사고파는 것을 중심으로 운영되는 펀드

소수의 투자자로부터 모은 자금을 주식 · 채권 등에 운용하는 펀드로, '자본시장법'에서는 50인 미만, '투자신탁업법'에서는 최대 100인 이하 투자자에게 비공개로 자금을 모아 투자하는 상품을 말한다. 사모펀드는 자산가를 중심으로 비공개적으로 설정되는 경우가 대부분이어서 가입 기회가 많지 않고 최저가입액도 커서 문턱이 높은 편이다. 또 금융당국의 투자자 보호 등의 규제가 가장 느슨하기 때문에 가입자 스스로 상품 구조나 내용을 정확히 파악할 수 있어야 한다. 사모펀드는 절대 수익을 추구하는 전문투자형 사모펀드(헤지펀드)와 회사경영에 직접 참여하거나 경영 · 재무 자문 등을 통해 기업가치를 높이는 경영참여형 사모펀드(PEF)로 나뉘게 된다.

사모펀드와 공모펀드 차이점

구 분	사모펀드	공모펀드
투자자	50인 미만	50인 이상의 불특정 다수
모집방법	비공개	광고 등 공개적인 방법
규 제	증권신고서 제출 의무 없음	상품 출시 전 증권신고서 금감원에 제출 및 승인 필요
투자제한	제한 없음	투자 대상이나 편입 비율 등 제한 있음
투자금액	대개 1억 원 이상 고액	제한 없음

통화스와프
국가 간에 서로 다른 통화가 필요할 시 상호교환하는 외환거래

서로 다른 통화를 약정된 환율에 따라 어느 한 측이 원할 때 상호교환(Swap)하는 외환거래를 말한다. 우리나라 통화를 맡겨놓고 다른 나라 통화를 빌려오는 것이다. 유동성 위기를 방지하기 위해 두 나라가 자국 통화를 상대국 통화와 맞교환하는 방식으로 이뤄진다. 맞교환 방식이기 때문에 차입 비용이 절감되고, 자금관리의 효율성도 제고된다. 국제통화기금(IMF)에서 돈을 빌릴 경우에는 그에 따른 통제와 간섭으로 경제 주권과 국가 이미지가 훼손되지만, 통화스와프는 이를 피해 외화유동성을 확보할 수 있다는 장점도 있다. 우리나라는 지난 2023년 6월 일본과 8년 만에 100억 달러 규모의 통화스와프를 복원했다.

NFT(Non-Fungible Token : 대체불가토큰)
다른 토큰과 대체·교환될 수 없는 가상화폐

하나의 토큰을 다른 토큰과 대체하거나 서로 교환할 수 없는 가상화폐다. 2017년 처음 시장이 만들어진 이래 미술품과 게임아이템 거래를 중심으로 빠르게 성장했다. NFT가 폭발적으로 성장한 이유는 희소성 때문이다. 기존 토큰의 경우 같은 종류의 코인은 한 코인당 가치가 똑같고, 종류가 달라도 똑같은 가치를 갖고 있다면 등가교환이 가능했다. 하지만 NFT는 토큰 하나마다 고유의 가치와 특성을 갖고 있어 가격이 천차만별이다. 또한 어디서, 언제, 누구에게 거래가 됐는지 모두 기록되어서 위조가 쉽지 않다는 것이 장점 중 하나다. 다만 최근 사실과 다른 내용으로 투자자를 속이기 위해 만들어진 가상화폐(스캠코인)를 이용한 범죄가 증가하고 있어 주의가 요구된다.

아기유니콘
기업가치 1조 원 이상의 글로벌 유니콘으로 성장할 가능성 있는 스타트업

향후 기업가치 1조 원 이상의 유니콘 기업으로 성장할 가능성이 있는 유망한 스타트업이다. 유니콘 기업은 기업가치가 10억 달러(1조 원)를 넘는 비상장 스타트업 기업을 전설 속의 동물인 유니콘에 비유하는 용어다. 중소벤처기업부는 2020년부터 투자시장에서 기업가치를 인정받은 혁신기업을 발굴해 글로벌 경쟁력을 갖춘 유니콘 기업으로 성장하도록 개척자금과 특별 보증 등을 지원하는 '아기유니콘 육성사업'을 시행하고 있다. 벤처기업육성에 관한 특별법에 따른 벤처기업 중 투자실적이 20억 원 이상 100억 원 미만이거나 기업가치가 300억 원 이상인 기업을 대상으로 지원한다.

내향성 경제

내향적 라이프스타일이 경제를 주도하는 현상

코로나19 팬데믹 이후 외부활동이 위축되고 재택근무와 디지털 콘텐츠 소비가 확산되면서 소비와 여가 방식이 집과 개인 공간 중심으로 변화한 경제 트렌드를 의미한다. 사회적 거리두기가 장기화되자 홈트레이닝과 같은 비대면 활동이 보편화됐고, OTT 시청이나 온라인 게임, 가상 커뮤니티 이용 등 디지털 콘텐츠 소비 역시 크게 증가했다. 이러한 소비흐름은 조용한 카페나 1인 전용 좌석처럼 외부 공간에서도 개인의 프라이버시와 취향을 중시하는 방식으로 나타나고 있다.

슈링크플레이션(Shrinkflation)

기업이 제품의 가격은 유지하는 대신 수량·무게를 줄여 가격을 사실상 올리는 것

기업들이 자사 제품의 가격은 유지하고, 대신 수량과 무게·용량만 줄여 사실상 가격을 올리는 전략을 말한다. 영국의 경제학자 '피파 맘그렌'이 제시한 용어로 '줄어들다'라는 뜻의 '슈링크(Shrink)'와 '지속적으로 물가가 상승하는 현상'을 나타내는 '인플레이션(Inflation)'의 합성어다. 한국소비자원의 조사에 따르면 2024년 4분기 국내외 9개 제품에서 용량 감소와 단위 가격 인상이 확인됐다. 정부가 2024년부터 슈링크플레이션 고지 의무화 규정을 도입했지만 외식업계는 대상에서 제외되어 규제 사각지대에 놓여 있는 실정이다.

보이슈머(Voisumer)

자신의 의견을 표현해 제품이나 기업 운영방침에 영향을 미치는 소비자

목소리를 뜻하는 'Voice'와 소비자를 뜻하는 'Consumer'의 합성어로 단순한 소비를 넘어 기업에 의견을 전달하고 제품개발에 영향을 미치는 소비자를 말한다. 이들은 SNS나 온라인 커뮤니티를 통해 자신의 소비경험을 활발히 공유하고 기업과 상호작용을 중시한다. 기업 입장에서는 보이슈머의 참여를 통해 브랜드 충성도를 높이고, 적은 비용으로 높은 마케팅 효과를 거둘 수 있다. 특히 외식·식품업계에서는 이들의 요구에 따라 단종 제품을 재출시하거나 해외 인기제품을 도입하는 사례가 많아졌다. 검증된 제품을 활용해 마케팅 비용을 줄이고 리스크도 낮추는 데 효과적이기 때문이다.

듀프(Dupe)

가성비 좋은 대체품

복제품을 뜻하는 영단어 'Duplication'의 약자로 고급브랜드의 제품과 비교해 디자인이나 효능 면에서는 큰 차이가 없으나 가격은 훨씬 저렴한 대안제품을 말한다. 단순히 고급브랜드의 제품을 모방한 복제품이 아니라 유사한 품질과 기능을 갖추되 훨씬 합리적인 가격에 판매되는 대체품이다. 고물가시대에 실용적인 가성비를 앞세운 '요노(YONO ; You Only Need One)'가 젊은 세대 사이에서 새로운 소비트렌드로 자리잡으면서 주목받기 시작했고, 다양한 연령층으로 확산하는 추세다.

넥스트레이드(Nextrade)

국내에서 처음으로 출범한 다자간매매체결회사

기존 한국거래소가 독점하고 있던 증권시장을 경쟁이 가능한 복수시장 체제로 전환해 자본시장의 인프라를 질적으로 발전시키겠다는 목표하에 추진한 다자간매매체결회사(ATS ; Alternative Trading System)를 말한다. 자본시장법에 따르면 ATS는 전산시스템과 네트워크를 활용하여 동시에 다수의 거래자를 대상으로 경쟁매매 등의 방법을 통해 상장주권 등을 매매하거나 그에 대한 중개·주선·대리 업무를 하는 투자매매업자 또는 투자중개업자로 정의된다. 금융투자협회와 주요 증권사 등 34곳이 출자한 넥스트레이드는 2022년 설립돼 2023년 7월 금융위원회의 예비인가를 취득했고, 2025년 3월 4일 공식 출범했다. 넥스트레이드에서는 정규 거래시간 전후로도 거래가 가능해 오전 8시부터 오후 8시까지 주식 거래를 할 수 있다. 다만 시세조종을 막기 위해 한국거래소의 시가 예상체결가 표출시간 및 종가 단일가매매 시간은 변경된다.

반덤핑관세

국내품에 위협이 되는 덤핑을 방지하기 위해 부과하는 관세

반덤핑관세는 덤핑을 방지하기 위하여 덤핑 상품에 매기는 징벌적인 관세를 말한다. 여기서 덤핑(Dumping)이란 국제 가격 경쟁력을 위해 국내 판매가격보다 낮은 가격으로 상품을 수출하는 것을 말한다. 수입품이 국내 산업에 타격을 주는 경우 정상가격과 덤핑가격 사이의 차액 범위 내에서 반덤핑관세를 부과한다. 다른 말로 '덤핑방지관세' 또는 '부당염매방지관세'라고도 한다.

밈 주식(Meme Stock)
온라인에서 유행을 타며 가격이 크게 변동하는 주식

SNS나 온라인 커뮤니티에서 화제가 되어 개인투자자들 사이에서 유행처럼 번진 주식을 말한다. 미국 온라인 커뮤니티 '레딧'에 개설된 주식 토론방에서 공매도 세력에 반발한 개인투자자들이 특정 종목을 대거 매수하면서 나타났다. '밈(Meme)'은 리처드 도킨스의 저서 〈이기적 유전자〉에서 처음 제시된 개념으로, 유전적 방법이 아닌 모방을 통해 전파되는 문화 요소를 뜻한다. 밈 주식은 기업의 실적이나 가치에 무관하게 온라인 입소문과 개인투자자 매수세에 따라 급등락하는 특징을 보인다. 주식뿐만 아니라 코인시장에서도 '밈 코인'이 등장해 비슷한 현상이 나타나고 있다.

디토소비
특정 인물이나 광고, 콘텐츠 등을 따라 물건을 구매하는 것

최근 등장한 소비 트렌드 중 하나로 인플루언서·연예인 등 특정인이나 콘텐츠, 커머스를 따라 그대로 물건을 구매하는 현상을 말한다. 디토(Ditto)란 '나도, 동감이야'를 의미하는 단어로, 말 그대로 다른 사람이 하는 소비를 그대로 따라한다. 특히 MZ세대에서 유행하며 SNS, 유튜브 등에서 인플루언서 등이 추천하거나 구매한 제품을 따라 사는 방식으로 나타난다. '남들이 다 가지고 있으니 나도 구입한다'는 의식에서 행하기도 한다. 제품을 탐색하는 데 들이는 시간과 노력을 절약할 수 있다는 장점이 있으나, 무분별한 소비로 이어질 수 있어 주의가 필요하다.

예금자보호한도
금융기관 파산 시 예금보험공사가 보장해주는 금액 한도

금융기관이 영업정지나 파산 등으로 고객이 맡긴 돈을 돌려주지 못하게 됐을 때 예금보험공사가 금융기관을 대신해 지급하는 금액의 한도를 의미한다. 예·적금 등 원금 보장형 상품뿐만 아니라 저축은행, 상호금융권까지 모두 동일하게 적용된다. 예금자보호한도는 기관별로 적용되는 금액으로, 한 기관에 계좌를 여러 개 보유하더라도 합산해 적용한다. 2025년 9월 1일 예금자보호법 시행령 개정에 따라 예금자보호한도가 기존 5,000만 원에서 1억 원으로 상향됐다. 이는 24년 만의 변화로 금융 위기와 경제 성장에 따른 자산 규모 증가가 반영됐다.

빅스텝(Big Step)
기준금리를 한번에 0.5%p 인상하는 것

금리를 한꺼번에 많이 올리는 경제정책을 뜻하는 경제 용어로 국내 언론에서 미국 연방준비제도(Fed, 연준)가 물가를 조정하기 위해 기준금리를 인상하는 정책을 시행할 때 주로 언급된다. 경제에 미치는 영향을 최소화하기 위해 통상적으로 기준금리는 0.25%포인트(p)씩 올리거나(Baby Step, 베이비스텝) 내리는 것이 일반적이나 인플레이션(물가상승) 등의 우려가 커질 때는 이보다 큰 폭으로 금리를 올린다. 이를 빅스텝이라고 하는데, 보통 0.50%p 이상 올릴 때를 말한다. 또한 기준금리를 한번에 0.75%p 인상하는 것은 '자이언트스텝(Giant Step)', 1%p 인상하는 것은 '울트라스텝(Ultra Step)'이라고 한다. 다만 이러한 용어들은 국내에서만 사용되는 것으로 알려져 있다.

런치플레이션(Lunchflation)
급격한 물가상승으로 인해 점심식사 비용부담이 커지는 현상

점심을 뜻하는 런치(Lunch)와 물가상승을 뜻하는 인플레이션(Inflation)의 합성어로 점심값이 급격하게 상승하는 현상을 가리킨다. 코로나19 팬데믹 당시 재택근무를 하던 직장인들이 다시 직장으로 출근하면서 외식 물가 이전보다 올라 점심 비용이 크게 늘자 등장한 표현이다. 물가 상승과 경기 불황이 맞물리면서 외식비 부담이 커진 상황을 설명할 때 쓰인다. 2025년 6월 통계청 국가통계포털에 따르면 지난 5년간 전체 소비자물가가 10%대 상승하는 동안 먹거리물가는 20% 넘게 오른 것으로 나타났다. 원자재 가격 상승과 인건비 증가, 물류비 부담 등이 원인으로 지목된다.

숏핑(Short-pping)
숏폼을 활용한 쇼핑 형태

'짧은 영상'을 뜻하는 '숏폼(Short-form)'과 '쇼핑(Shopping)'의 합성어로 플랫폼들이 숏폼 콘텐츠를 활용해 상품을 소개하면 소비자들이 이를 구매하는 현상을 말한다. 최근 숏폼에서의 흥행이 실제 매출로 이어지는 사례가 급증하면서 등장한 개념이다. 영상시간이 짧아 시간을 절약할 수 있고, 제품에 대한 복잡한 설명 없이 핵심만 전달하기 때문에 부담 없이 정보를 얻을 수 있다. 또 알고리즘에 따라 맞춤형 콘텐츠를 제공하기 때문에 소비자들의 구매에 큰 영향을 미친다.

사회·노동·환경

연금개혁

국민연금의 재정 지속가능성을 높이기 위한 구조 개편안

세대 간 형평성과 노후 소득 보장 기능을 강화하기 위해 국민연금 제도의 구조나 운영 방식을 바꾸는 것을 말한다. 2025년 3월 20일 '국민연금법 일부개정법률안'이 국회를 통과함에 따라 국민연금이 18년 만에 제3차 연금개혁을 실시한다. 이번에 성사된 연금개혁은 '내는 돈'과 '받는 돈'을 결정하는 '모수(母數)개혁'이다. 내는 돈인 보험료율을 현행 9%에서 13%로 높이기로 했고, 받는 돈을 정하는 소득대체율은 2026년부터 43%로 오를 예정이다. 이번 개혁으로 '더 내고 더 받는' 연금구조가 짜였으며 국민연금 적자전환 시점과 기금소진 시점도 각각 7년, 9년 늦춰지게 됐다. 이 밖에도 국가가 국민연금의 안정적·지속적 지급을 보장하는 내용의 '지급보장 명문화'도 법에 반영하기로 했다.

국민연금 자동조정장치
2024년 9월 당시 윤석열 정부가 내놓은 국민연금 개혁안에 포함된 제도로 출산율과 기대수명, 경제성장률 등 연금 재정에 영향을 미칠 수 있는 변화를 수용해 연금액과 보험료율을 자동으로 조정하는 장치를 말한다. 정부와 여당 측은 자동조정장치가 저출산, 불황으로 인한 급격한 연금소진을 막을 수 있다고 주장한 반면 야당과 시민단체는 결국 국민연금의 급여수준을 낮추게 될 것이라며 반대했다.

의정갈등

전국 의과대학 입학정원을 늘리는 의료개혁 정책으로 불거진 정부와 의사 간 갈등

정부와 의료계가 의과대학 입학정원 확대를 두고 벌인 갈등을 말한다. 2024년 1월 윤석열 정부가 필수의료 붕괴와 열악한 지방의료 문제를 해결하기 위해 의대 입학정원을 크게 늘려 의사수를 확대한다는 방침을 내놓아 의사들과 첨예한 갈등을 겪었다. 전국 대학병원 전공의들이 사직서를 제출하고 병원을 떠나면서, 병원은 극심한 인력난을 겪었다. 의대생들이 수업을 거부하며 휴학계를 내고 학교를 떠나면서 의사배출 절벽이 현실화될 것이라는 우려도 커졌다. 이후 1년이 넘도록 갈등해결의 실마리를 찾지 못하자 2025년 3월 정부는 결국 '의대생 3월 복귀'를 전제로 2026학년도 의대정원을 증원 이전 규모인 3,058명으로 되돌렸다. 이 과정에서 복귀 의대생들에게 학칙 변경, 이수 가능 학점 상향 등 각종 지원이 제공되면서 '특혜 논란'이 불거졌다.

인구절벽(Demographic Cliff)

생산가능인구(15~64세) 비율이 급격히 줄어드는 현상

한 국가의 미래성장을 예측하게 하는 인구지표에서 생산가능인구인 만 15~64세 비율이 줄어들어 경기가 둔화하는 현상을 가리킨다. 경제예측 전문가인 해리 덴트의 저서 〈인구절벽(Demographic Cliff)〉에서 처음 사용한 용어로 우리나라에서는 출생자 수보다 사망자 수가 많아지며 인구가 자연 감소하는 인구 데드크로스 현상이 2020년 인구 통계상에서 처음 나타나면서 인구절벽이 가속화됐다. 인구절벽이 발생하면 의료 서비스의 수요가 늘어나며 개인의 공공지출 부담이 증가한다. 또한 국가 입장에서는 노동력 감소, 소비위축, 생산 감소 등의 현상이 동반돼 경제에 큰 타격을 받는다.

고교학점제

고교의 이수 과목을 학생들의 선택에 맡기는 교과 방식

교육부에서 발표한 고교 교육 전면 개편안이다. 대학교에서 강의수강을 하는 것처럼 학생들이 자신들의 진로 계획에 따라 수강하고 싶은 과목을 학기 초에 선택해 수강하는 방식으로 진행된다. 2024년까지 시범학교로 선정된 학교에서 다양하게 고교학점제가 운영됐다. 2021년까지는 고교학점제의 도입 기반을 마련하기 위해 연구·선도학교를 운영하고, 운형 모형 및 제도개선 사항을 파악했다. 2025년 3월 고등학교 1학년 학생을 대상으로 전면 시행했다. 현장 교사들의 과도한 업무 부담 호소와 반발로 시행 반년 만에 폐지론이 나오자 교육부는 운영 방식을 대폭 손질한 '고교학점제 운영 개선 대책'을 발표했다.

고교학점제 국외 사례

구 분	미 국	핀란드	영 국	캐나다	프랑스	싱가포르	한 국
졸업요건	학점이수, 졸업시험	학점이수, 졸업시험	졸업시험	학점이수, 졸업시험	졸업시험	학점이수, 졸업시험	학점이수, 학업성취율
내 신	절대평가	절대평가	절대평가	절대평가	절대평가	절대평가	성취평가, 상대평가
대 입	SAT, 고교내신	고교내신, 졸업시험, 대학별 시험	고교내신, 졸업시험	고교내신, 졸업시험	고교내신, 졸업시험	고교내신, 졸업시험	수능시험, 고교내신, 대학별 시험

베타세대(Beta Generation)

2025~2039년 태어나는 세대

2025년부터 2039년까지 출생하는 세대로서 2010~2024년 출생한 '알파세대'에 이어 등장할 것으로 예상되는 세대다. 호주의 인구경제학자이자 미래학자인 마크 맥크린들이 제시한 개념이다. 앞서 그는 알파세대의 개념과 명칭을 처음으로 제시하기도 했다. 맥크린들에 따르면 베타세대는 2035년 전 세계 인구의 16%를 차지할 것으로 예측되며, 베타세대가 인공지능(AI) 기술이 자리 잡은 시대에 태어나 AI와 밀접한 세상을 경험하며 성장하는 'AI 네이티브'가 될 것이라고 전망했다.

알파세대(Alpha Generation)
2010년대 초~2020년대 중반에 출생한 세대다. 순수하게 디지털 세계에서 나고 자란 최초의 세대로 분류된다. 어릴 때부터 기술적 진보를 경험했기 때문에 스마트폰이나 인공지능(AI), 로봇 등을 사용하는 것에 익숙하다. 알파세대는 2025년 약 22억 명에 달할 것으로 예측되고 있으며, 최근 소비시장에서도 영향력을 확대하는 추세다.

그린 택소노미(Green Taxonomy)

친환경 산업을 분류하기 위한 녹색산업 분류체계

녹색산업을 뜻하는 '그린(Green)'과 분류학을 뜻하는 '택소노미(Taxonomy)'의 합성어다. 환경적으로 지속 가능한 경제활동의 범위를 정하는 것으로 친환경 산업을 분류하기 위한 녹색산업 분류체계를 말한다. 녹색투자를 받을 수 있는 산업 여부를 판별하는 기준으로 활용된다. 2020년 6월 세계 최초로 유럽연합(EU)이 그린 택소노미를 발표했을 당시만 해도 원자력발전을 포함한 원자력 관련 기술이 포함되지 않았지만, 2021년 12월에 마련한 그린 택소노미 초안에 방사성폐기물을 안전하게 처리할 계획을 세우고 자금과 부지가 마련됐을 경우 친환경으로 분류될 수 있다는 내용이 새롭게 포함됐다. EU 집행위원회는 2022년 1월 원전과 천연가스를 환경친화적인 녹색분류체계인 그린 택소노미에 포함하기로 결정했다. 우리나라 환경부 역시 환경적으로 지속 가능한 경제활동의 범위를 정해 한국형 녹색분류체계 가이드라인 'K-택소노미'를 개발하여 기업의 다양한 활동에 적용할 수 있는 제도적 기반을 마련했다.

논바이너리(Non-binary)
한 성별에만 국한되지 않는 성 정체성

여성과 남성 둘로 구분되는 기존의 성별 기준에 속하지 않는 것이다. 여성과 남성 정체성을 다 갖고 있는 바이젠더, 자신이 어떤 성별도 아니라고 생각하는 젠더리스, 남성에서 여성으로 또는 여성에서 남성으로 전환하는 트랜스젠더 등도 논바이너리에 속한다. 외국에서는 논바이너리의 정체성을 가진 이들에게 'She(그녀)', 'He(그)'와 같은 특정 성별을 지칭하는 단어를 사용하지 않고 'They(그들)'라는 중립적인 표현을 쓴다. 미국 배우 엘리엇 페이지, 영국 가수 샘 스미스 등이 자신이 논바이너리임을 커밍아웃했다. 논바이너리와 같은 개념으로 '젠더퀴어(Genderqueer)'가 사용되고 있다.

조용한 해고(Quiet Cutting)
기업이 직원에게 간접적으로 해고의 신호를 주면서 퇴사하도록 유도하는 것

기업이 직원을 직접 해고하는 대신 간접적으로 해고의 신호를 주는 조치를 말한다. 기업은 장기간 봉급인상 거부, 승진기회 박탈, 피드백 거부 등의 방식으로 조용히 불이익을 주면서 직원들이 스스로 퇴사하도록 유도한다. 이는 코로나19 팬데믹 이후 확산했던 정해진 시간과 범위 내에서만 일하고 초과근무를 거부하는 노동방식을 뜻하는 '조용한 퇴사(Quiet Quitting)'에 대응하는 기업들의 새로운 움직임이다. 또 새로운 직무가 생기면 신규직원을 채용하지 않고 기존 근로자의 역할을 전환하거나 단기계약직을 고용하는 '조용한 고용'도 확산하고 있다.

영케어러(Young Carer)
중증질환이나 장애를 앓는 가족을 돌보는 아동·청소년·청년

질병, 정신건강, 알코올·약물중독 등의 중증질환 또는 장애를 가진 가족구성원을 돌보며 생계를 책임지는 13~34세의 아동·청소년·청년을 일컫는다. '가족돌봄청년'이라고도 한다. 이들은 학업과 가족돌봄을 병행하고 있어 미래를 계획하기 힘들 뿐만 아니라 신체적 고통은 물론 심리·정서적 고통, 경제적 어려움 등의 삼중고를 겪는 경우가 많다. 이는 곧 혼인율 감소와 저출산 문제와도 연결되어 있어 영케어러를 조기에 발굴하고 지원하기 위한 대책 마련이 시급하다.

소득 크레바스

은퇴 후 국민연금을 받을 때까지 일정 소득이 없는 기간

'크레바스(Crevasse)'는 빙하가 흘러내리면서 얼음에 생기는 틈을 의미하는 것으로, 소득 크레바스는 은퇴 당시부터 국민연금을 수령하는 때까지 소득에 공백이 생기는 기간을 말한다. '생애 주된 직장'의 은퇴시기를 맞은 5060세대의 큰 고민거리라 할 수 있다. 소득 크레바스에 빠진 5060세대들은 이러한 소득 공백을 메우기 위해 기본적인 생활비를 줄이고 창업이나 재취업, 맞벌이 같은 수익 활동에 다시금 뛰어들고 있는 실정이다.

퍼레니얼(Perennial)

특정 세대의 특성에 얽매이지 않고 다양한 세대의 특성을 보유한 사람

자신이 속한 세대의 생활방식이나 특성에 얽매이지 않고 다른 세대와 끊임없이 상호작용을 하며 세대를 뛰어넘은 사람을 일컫는다. 원래는 '다년생 식물' 또는 '지속적인'이라는 뜻이었으나 마우로 기엔 미국 펜실베이니아대 와튼스쿨 국제경영학 교수가 이 같은 의미로 다시 정의하면서 확산했다. 기엔 교수에 따르면 퍼레니얼은 여러 세대에 걸친 기술과 문화, 환경 등을 공유하기 때문에 여러 세대의 특성을 동시에 보유하게 된다. 이는 출생연도나 연령에 근거하여 세대를 구분하던 기존의 방식과 다르게 유사한 사고방식과 생활방식을 공유하는 사람들을 모두 아우를 수 있다는 특징이 있다. 여러 세대가 뒤섞여 살아가는 '멀티 제너레이션(Multi Generation)' 시대에 진입한 현대사회에서 퍼레니얼들은 세대 간 고정관념이나 경계를 부정하고, 다양한 세대의 융합을 중시하는 태도를 보인다.

그린워싱(Green Washing)

친환경 제품이 아닌 것을 친환경 제품인 척 홍보하는 것

친환경 제품이 아닌 것을 친환경 제품으로 속여 홍보하는 것을 말한다. 초록을 뜻하는 '그린(Green)'과 영화 등의 작품에서 백인 배우가 유색인종 캐릭터를 맡을 때 사용하는 '화이트워싱(White Washing)'의 합성어로 '위장 환경주의'라고도 한다. 기업이 제품을 만드는 과정에서 환경오염을 유발하지만 친환경 재질을 이용한 제품 포장 등만을 부각해 마케팅하는 것이 그린워싱의 사례다. 캐나다의 친환경 컨설팅 기업 테라초이스가 발표한 그린워싱의 7가지 유형을 보면 ▲ 상충 효과 감추기 ▲ 증거 불충분 ▲ 애매모호한 주장 ▲ 관련성 없는 주장 ▲ 거짓말 ▲ 유해상품 정당화 ▲ 부적절한 인증라벨 등이 있다.

교권회복 4법
교사의 정당한 교육활동을 보호하기 위해 제정된 4개의 법률개정안

'교사의 정당한 생활지도는 아동학대로 보지 않는다'는 내용을 골자로 한 교원지위법, 초·중등교육법, 유아교육법, 교육기본법 등 4개 법률 개정안을 말한다. 지난 2023년 7월 서울 서초구 서이초등학교 교사가 사망한 사건 이후 전국에서 교권침해로 인한 교사들의 사망이 잇따라 알려지자 대책 마련을 요구하는 목소리가 높아지면서 추진됐다. 개정안에 따라 교원이 아동학대로 신고돼도 마땅한 사유가 없는 한 직위해제 처분을 금지하며, 교장은 교육활동 침해행위를 축소·은폐할 수 없다. 또한 교육지원청이 교권침해 조치업무를 전담한다는 내용과 부모 등 보호자가 학교의 정당한 교육활동에 협조하고 존중해야 한다는 점 등도 포함됐다.

안티투어리즘(Antitourism)
외국인 관광객을 기피하는 현상

특정 지역에 관광객이 지나치게 몰리면서 해당 지역의 물가가 급등하고 환경파괴와 더불어 각종 소음 등으로 주민들의 일상이 침해당하자 나타나게 된 외국인 관광객 기피 현상이다. 2010년대 후반까지만 해도 일부 유럽의 유명 관광지에서만 주로 나타나던 현상이었으나, 코로나19 팬데믹 이후 해외여행객이 크게 증가하면서 전 세계로 확산하는 추세다. 이에 관광객을 대상으로 도시 입장료를 받거나 숙박요금에 세금을 부과하는 등 관광세를 도입하는 지역들도 속속 등장하고 있다.

웩시트(Wexit)
고액자산가들이 더 나은 환경을 찾아 해외로 이주하는 현상

부유층(Wealthy)과 탈출(Exit)의 합성어로 고액자산가들이 본국의 높은 세금과 규제를 피해 다른 나라로 이동하는 현상을 뜻한다. 이들은 본국의 주거환경, 경제, 안보 등에 민감하게 반응하며 상황이 악화될 경우 다른 사람들보다 빠르게 해외로 이주한다. 이로 인해 막대한 자산이 함께 유출돼 국가경제에도 영향을 미친다. 예를 들어 2025년 4월 외국인 거주자의 해외 수입에 과세하기 시작하면서 많은 부자들이 영국을 떠나고 있다. 최근 고액자산가들은 소득세, 상속세, 양도세가 없는 아랍에미리트를 주요 이주지로 선택하고 있다. 그 밖에도 이탈리아, 스위스 등이 인기 정착지로 꼽힌다.

돌발가뭄

단기간에 급격한 수자원 증발로 발생하는 가뭄

강수 부족과 고온 때문에 증발량이 늘어나면서 수일~수주 사이에 수자원이 급격하게 줄어드는 현상이다. 강수량 부족으로 수개월에 걸쳐 나타나는 전통적 가뭄과 달리 돌발가뭄은 예측이 어렵고 갑자기 발생한다는 특징이 있다. 강수량이 크게 부족하지 않아도 여름철 폭염으로 인해 토양의 수분이 빠르게 말라 가뭄이 급격하게 진행되기도 한다. 지구온난화에 따른 기후변화로 돌발가뭄 발생 빈도가 증가하고 있다. 2025년 8월 짧은 장마와 지속된 폭염으로 강원도 일대에 전형적인 돌발가뭄이 발생했다. 특히 강원도 강릉 주요 상수원인 오봉저수지의 저수율이 20%대까지 떨어지자 정부는 강릉에 재난사태를 선포하고 국가소방동원령을 발령했다.

그린래시(Greenlash)

기후위기에 대응하는 녹색정책에 대한 반발

전 세계적으로 기후변화에 대한 우려가 커지면서 다양한 대책이 나오는 가운데 대두되고 있는 녹색정책에 대한 반발(Backlash, 백래시)을 의미한다. 지난 2023년 7월 안토니우 구테흐스 유엔 사무총장이 '지구온난화 시대가 끝나고 지구열대화 시대가 도래했다'라고 경고할 만큼 심각해진 기후위기 상황에서 주요 선진국을 중심으로 녹색정책에 반대하는 움직임이 확산하고 있다. 친환경 정책이 도입되는 경우 화석연료 기반 사업에 종사하는 근로자들이 일자리를 잃을 가능성이 크고, 기후대응을 위해 소요되는 비용이 증가하는 등 향후 예상되는 경제적 타격에 대한 우려가 가장 큰 원인으로 꼽힌다.

사망보험금 유동화

사망보험금을 생전에 미리 당겨쓰는 제도

종신보험의 사망보험금을 피보험자가 생전에 연금이나 요양·간병 서비스로 전환해 활용할 수 있도록 하는 제도를 의미한다. 이는 사후에 지급되던 사망보험금을 생전소득으로 유동화해 노후생활의 안정적 자금원으로 활용할 수 있게 한다는 점에서 의의가 있다. 대상은 만 55세 이상 금리확정형 종신보험 계약자로 보험료 납입이 완료되고 계약자와 피보험자가 동일하며 보험계약대출이 없는 경우에 해당한다. 다만 변액보험, 금리연동형 종신보험, 단기납 종신보험, 초고액 사망보험금 계약은 제외된다. 수령방식은 매달 현금처럼 받는 연금형과 요양시설 입소나 간병 등 현물서비스로 받는 서비스형으로 구분된다.

문화·예술·미디어·스포츠

컬처핏(Culture Fit)
지원자의 성향과 기업 문화가 얼마나 적합한지 평가하는 채용 트렌드

조직이 지향하는 문화와 개개인의 가치관·행동 방식이 얼마나 자연스럽게 어울리는지를 평가하는 개념이다. 최근 채용 시장에서 기업들이 지원자의 업무 역량뿐만 아니라 조직 문화와의 적합성을 중시하게 되면서 인재 선발의 핵심 키워드로 부상했다. 주로 면접 과정에서 지원자가 회사의 핵심 가치와 일하는 스타일에 부합하는지 평가한다. 이를 통해 조직 내 갈등을 줄이고 신규 구성원의 조직 몰입도를 높일 수 있다. 다만 획일적인 기준만 강조하면 조직의 다양성과 창의성이 약화될 수 있기 때문에 적절한 균형점을 찾는 것이 중요하다.

사이버 레커(Cyber Wrecker)
온라인상에서 화제가 되는 이슈를 자극적으로 포장해 공론화하는 매체

온라인상에서 화제가 되는 이슈를 자극적으로 포장해 공론화하는 매체를 말한다. 빠르게 소식을 옮기는 모습이 마치 사고현장에 신속히 도착해 자동차를 옮기는 견인차(Wrecker, 레커)의 모습과 닮았다고 해서 생겨난 신조어다. 이들은 유튜브와 인터넷 커뮤니티 등에서 주로 활동하는데 유튜브의 경우 자극적인 섬네일로 조회수를 유도한다. 사이버 레커의 가장 큰 문제점은 정보의 정확한 사실 확인을 거치지 않고 무분별하게 다른 사람에게 퍼트린다는 것이다.

디지털 유산
개인이 생전 온라인상에 남긴 디지털 흔적

SNS, 블로그 등에 남아 있는 사진, 일기, 댓글 등 개인이 온라인상에 남긴 디지털 흔적을 말한다. 온라인 활동량이 증가하면서 고인이 생전 온라인에 게시한 데이터에 대한 유가족의 상속 관련 쟁점이 제기됐으나, 국내에서는 살아 있는 개인에 한해 개인정보보호법이 적용되고 디지털 유산을 재산권과 구별되는 인격권으로 규정해 상속규정에 대한 정확한 법적 근거가 마련되어 있지 않다. 유가족의 상속권을 주장하는 이들은 데이터의 상속이 고인의 일기장이나 편지 등을 전달받는 것과 동일하다고 주장하고 있으며, 반대하는 이들은 사후 사생활 침해에 대한 우려를 표하며 잊힐 권리를 보장받아야 한다고 주장한다.

블랙워싱(Black Washing)
인종적 다양성 추구를 위해 작품에 유색인종을 무조건 등장시키는 것

인종차별에 대한 사회적 시선을 의식해 인종의 다양성을 추구한다는 명분하에 영화나 드라마 등에 유색인종을 무조건 등장시키는 것을 말한다. 무조건 백인 배우를 캐스팅하는 '화이트워싱(White Washing)'에 빗댄 표현이다. 소수자에 대한 모든 차별을 철폐하자는 운동인 '정치적 올바름(PC)'이 대두되면서 원작의 줄거리나 설정과 관계없이 주요 캐릭터를 라틴계나 흑인 배우로 캐스팅하는 사례가 증가하자 이를 비꼬는 표현으로 사용된다. 특히 글로벌 엔터테인먼트 기업인 디즈니가 PC주의와 블랙워싱의 선두에 서 있다.

뭇즈(MU:DS)
국립박물관에서 판매하는 기념품

박물관을 뜻하는 뮤지엄(Museum)과 상품을 뜻하는 굿즈(Goods)를 합친 표현으로, 박물관 소장품이나 전시 작품을 모티프로 제작된 기념품·상품을 의미한다. 2022년 국립박물관문화재단이 론칭한 브랜드명이기도 하다. 전통문화를 젊은 세대 특유의 감성으로 재해석하는 '힙트래디션' 열풍과 맞물려 주목받고 있다. 또한 넷플릭스에서 방영된 미국 애니메이션 '케이팝 데몬 헌터스'의 흥행이 한국 전통문화에 대한 관심으로 이어지며 전 세계적으로 뭇즈에 대한 관심도가 높아졌다. 이러한 흐름 속에서 2025년 상반기 뭇즈 매출은 역대 최고치인 115억 원을 달성했다.

사이버불링(Cyber Bullying)
온라인과 SNS상에서 이뤄지는 괴롭힘

'Cyber(사이버)'와 'Bullying(괴롭힘)'의 합성어다. 온라인과 SNS상에서 이뤄지는 집단적 괴롭힘을 말하며 시·공간 제약 없이 모욕을 줄 수 있다. 디지털시대가 낳은 새로운 유형의 폭력이다. 악성 댓글, 루머 유포뿐만 아니라 카카오톡 단체채팅방에 끊임없이 초대하는 '카톡 감옥', SNS상에 피해자를 공개적으로 모욕하는 '저격' 등도 사이버불링의 하나다. 만약 사이버불링을 당했다면 괴롭힘당한 내용을 경찰서에 신고하면 된다. 사이버불링 가해자는 모욕죄 혹은 명예훼손죄로 처벌받을 수 있다.

가스라이팅(Gaslighting)
상황조작을 통해 판단력을 잃게 만들어 상대방에게 지배력을 행사하는 것

연극 〈가스등(Gas Light)〉에서 유래한 말로 세뇌를 통해 정신적 학대를 당하는 것을 뜻하는 심리학 용어다. 타인의 심리나 상황을 교묘하게 조작해 그 사람이 스스로 의심하게 만들어 타인에 대한 지배력을 강화하는 행위다. 거부, 반박, 전환, 경시, 망각, 부인 등 타인의 심리나 상황을 교묘하게 조작해 그 사람이 현실감과 판단력을 잃게 만들고, 이로써 타인에 대한 통제능력을 행사하는 것을 말한다.

> **가스라이팅의 유래**
> 1938년 영국에서 상연된 연극 〈가스등(Gas Light)〉에서 유래됐다. 이 연극에서 남편은 집안의 가스등을 일부러 어둡게 만들고는 부인이 "집안이 어두워졌다"라고 말하면 그렇지 않다는 식으로 아내를 탓한다. 이에 아내는 점차 자신의 현실인지능력을 의심하면서 판단력이 흐려지고, 남편에게 의존하게 된다. 아내는 자존감이 낮아져 점점 자신이 정말 이상한 사람이라고 생각하게 된다.

버튜버(Vtuber)
가상의 아바타를 대신 내세워 활동하는 유튜버

사람이 직접 출연하는 대신 표정과 행동을 따라 하는 가상의 아바타를 내세워 시청자와 소통하는 '버추얼 유튜버(버튜버)'가 콘텐츠 업계를 달구고 있다. 버튜버는 초창기에는 소수의 마니아층만 즐기던 콘텐츠였으나, 시청자 층이 코로나19를 계기로 대폭 늘어나면서 대기업은 물론 지방자치단체까지 관심을 가지고 뛰어드는 모양새다. 버튜버는 콘텐츠 제작자가 얼굴을 직접 드러내지 않아도 되기 때문에 부담 없이 다양한 시도를 해볼 수 있고, 시청자 입장에서도 사람이 아닌 캐릭터를 상대하는 느낌을 줘 더 편하게 받아들일 수 있다는 게 강점이다.

키친 클로징(Kitchen Closing)
집에서 요리를 하지 않고 끼니를 사서 해결하는 현상

주방을 최소화하거나 아예 없애는 것을 이르는 말로 집에서 요리를 하지 않고 음식을 사먹는 현상을 뜻한다. 주요 원인은 1인 가구 증가와 식자재 가격 상승으로 볼 수 있다. 특히 다량의 식자재를 보관하기 어렵거나 가사노동에 시간을 할애하기 어려운 1~2인 가구의 비중이 높아지며 키친 클로징이 더욱 늘고 있다. 배달서비스의 발달도 이러한 현상의 원인으로 볼 수 있다. 빠른 생활속도와 편리함을 중시하는 현대인의 소비패턴에 맞춰 더욱 확산될 것으로 보인다.

라이팅힙(Writing Hip)

손글씨와 필사를 감각적인 문화로 여기는 트렌드

'쓰기(Writing)'와 '힙(Hip)'이 결합된 신조어로 손글씨 쓰기나 필사를 즐기는 현상을 뜻한다. 이는 독서를 멋지게 여기는 '텍스트힙(Text Hip)' 열풍의 연장선으로 볼 수 있다. 손으로 직접 쓰는 행위가 디지털 환경에 익숙한 1020세대에게는 새로운 자극이 되며, 3040세대에게는 아날로그 감성을 자극해 향수를 불러일으킨다. 이러한 흐름에 따라 문구용품 및 서적 수요도 증가하고 있다. 손글씨 필사를 SNS에 공유하는 문화가 늘고 있으며, 글쓰기를 배우는 창작활동으로까지 확대되고 있다.

> **텍스트힙(Text Hip)**
> 책과 독서를 유행처럼 소비하는 문화를 의미한다. 스마트폰의 대중화로 디지털 기기가 범람하는 환경에서 성장하며 이미지와 영상에 익숙해진 Z세대들이 어느 순간 비주류 문화가 된 텍스트 기반의 콘텐츠(독서, 기록)를 멋지다고 여기는 현상을 말한다.

소프트파워(Soft Power)

인간의 이성 및 감성적 능력을 포함하는 문화적 영향력

교육·학문·예술 등 인간의 이성 및 감성적 능력을 포함하는 문화적 영향력을 말한다. 군사력이나 경제력으로 대표되는 하드파워(Hard Power)에 대응하는 개념으로, 설득을 통해 자발적 순응을 유도하는 힘이다. 21세기에 들어서며 세계가 하드파워, 즉 경성국가의 시대에서 소프트파워를 중심으로 한 연성국가의 시대로 접어들었다는 의미로 하버드대 케네디스쿨의 '조지프 나이'가 처음 사용했다. 대중문화의 전파, 특정 표준의 국제적 채택, 도덕적 우위의 확산 등을 통해 커지며, 우리나라를 비롯한 세계 각국에서 자국의 소프트파워를 키우고 활용하기 위한 노력을 계속하고 있다.

마이크로 은퇴

직장인이 은퇴 이전에 자발적으로 하는 주기적 퇴사·휴직

은퇴시점을 기다리지 않고 일정 주기마다 퇴사나 휴직을 통해 휴식기를 갖는 행위를 일컫는다. 청소년이 학업을 중단하거나 병행하면서 진로를 탐색하는 '갭이어(Gap Year)'와 비슷해 '성인 갭이어'로 불린다. 번아웃과 자기계발 중시 경향 등이 마이크로 은퇴의 주요 요인이다. 또한 프리랜서와 재테크 등 다양한 수입방식 덕분에 경제적 부담을 덜 수 있게 된 것도 마이크로 은퇴의 확산에 영향을 미쳤다. 휴식뿐만 아니라 자기계발도 병행하며 궁극적으로 경력만족도를 높이는 것이 목적이다.

토니상

미국 공연예술계에서 가장 권위 있는 상

미국 브로드웨이에서 상연된 연극·뮤지컬 가운데 가장 뛰어난 성과를 거둔 작품과 아티스트에게 수여되는 상이다. 에미상, 그래미상, 아카데미상과 함께 미국 4대 예술상으로 꼽힌다. 상의 명칭은 브로드웨이 발전을 위해 헌신한 연출가 앙투아네트 페리의 애칭인 '토니'에서 유래했다. 미국 극장연합회와 프로듀서 협회가 공동 주관하며, 매년 브로드웨이에서 새롭게 개막 상연된 연극과 뮤지컬이 대상이다. 2025년 6월 8일 제78회 토니상 시상식에서 한국 창작 뮤지컬 〈어쩌면 해피엔딩〉이 작품상, 연출상, 극본상, 음악상(작곡·작사), 남우주연상, 무대디자인상을 수상하며 6관왕을 달성했다. 국내 창작 작품이 미국 브로드웨이에 진출해 토니상을 받은 것은 이번이 처음이다. 작품은 21세기 후반 서울을 배경으로 인간을 돕기 위해 만들어진 인공지능 로봇 올리버와 클레어의 사랑 이야기를 담고 있다.

토끼굴 효과

SNS 이용자가 온라인 피드와 주제에 점점 중독되는 현상

소셜미디어(SNS) 이용자가 특정 알고리즘으로 인해 자신도 모르게 온라인 피드와 주제에 점점 중독돼 더 자극적인 콘텐츠를 시청하게 되는 현상을 일컫는다. SNS는 알고리즘을 통해 사용자가 선호하는 콘텐츠에 관한 정보를 광범위하게 수집해 맞춤형 콘텐츠를 추천한다. 그런데 일부 플랫폼 사업자가 알고리즘을 조작해 자사의 상품이나 서비스를 우선 노출시키거나 자극적인 콘텐츠를 추천함으로써 SNS 중독을 유발하는 등의 문제가 있어 디지털 콘텐츠 검열에 관한 논란이 불거졌다. 대표적으로 유럽연합(EU) 집행위원회는 2024년 5월 알고리즘을 포함한 페이스북과 인스타그램의 시스템이 아동들에게 '토끼굴 효과'와 같은 행동장애를 유발할 가능성이 우려된다는 점을 들어 모기업 메타를 상대로 디지털 서비스법(DSA) 위반 조사에 착수했다.

디지털 서비스법(DSA)
유럽연합(EU)이 월별 활성이용자가 4,500만 명 이상인 거대 글로벌 IT 기업에 유해 콘텐츠 검열의무를 규정한 법이다. 2020년부터 논의됐으며 2022년 4월 벨기에 브뤼셀에서 열린 의회에서 유럽의회가 제정에 합의했다. 이에 따라 2023년 8월부터 규제대상인 기업들은 자사 플랫폼에서 미성년자를 대상으로 한 부적절한 콘텐츠, 허위정보, 특정 인종·성·종교에 대한 차별적 콘텐츠, 아동학대, 테러 선전 등의 불법 유해 콘텐츠를 의무적으로 제거해야 하며 삭제 정보도 공개해야 한다.

과학·컴퓨터·IT·우주

검색증강생성(RAG)

생성형 AI가 답변을 도출하기 전 데이터베이스를 통해 정보를 실시간으로 검색하는 것

대규모 언어모델(LLM)에 정보검색기능을 결합한 기술로 생성형 인공지능(AI)이 답변을 도출하기 전 학습된 내용이 아닌 외부 데이터베이스를 이용해 관련 정보를 실시간으로 검색하는 기술을 뜻한다. 생성형 AI의 단점으로 꼽히는 '할루시네이션'을 보완하기 위해 고안됐으며, RAG를 통해 정확한 정보와 개인화된 답변의 제공이 가능해질 것으로 보인다.

할루시네이션(Hallucination)
원래 '환청'이나 '환각'을 뜻하는 단어였으나 최근에는 인공지능(AI)이 잘못된 정보나 허위정보를 생성하는 오류가 발생하는 것을 일컫는다. 실제로 생성형 AI의 사용이 증가하면서 이를 이용해 정보를 검색·활용하는 과정에서 AI가 질문의 맥락에 맞지 않는 내용으로 답변하거나 사실이 아닌 내용을 마치 사실인 것처럼 답변해 논란이 된 바 있다. 이러한 오류는 데이터학습을 통해 이용자의 질문에 맞는 답변을 제공하는 AI가 해당 데이터값의 진위 여부를 매번 정확하게 확인하지는 못해 나타나는 현상이라고 알려져 있다.

피지컬 AI(Physical AI)

로봇이나 자율주행차 등의 물리적 형태를 갖춘 인공지능

실제 환경에서 작동하는 실물 하드웨어에 적용된 인공지능(AI) 기술을 가리킨다. 디지털 공간에서 텍스트, 이미지 등 콘텐츠를 만들어내는 데 그치는 생성형 AI와 달리, 피지컬 AI는 현실 공간에서 물리적 형태를 갖추고 직접 행동한다. 이는 센서를 통해 수집한 각종 데이터를 기반으로 학습·분석·예측한 후 행동 계획을 수립한 뒤 실제 행동을 수행하며, 해당 실행결과를 학습해 다음 행동의 효율성을 향상시키는 방식으로 작동한다. 최근 휴머노이드 로봇 개발에 힘쓰고 있는 로봇공학을 비롯해 공장 자동화 등의 제조·산업, 수술 지원 로봇 등의 의료, 스마트 가전, 자율주행차 등의 교통 등 광범위한 분야에 활용되고 있다.

딥페이크(Deep Fake)
인공지능을 기반으로 한 인간 이미지 합성 기술

인공지능(AI) 기술을 이용해 제작된 가짜 동영상 또는 제작 프로세스 자체를 의미한다. 적대관계생성신경망(GAN)이라는 기계학습 기술을 사용, 기존 사진이나 영상을 원본에 겹쳐서 만들어낸다. '딥페이크'의 단어 유래는 동영상 속 등장인물을 조작한 이의 인터넷 아이디에서 비롯됐다. 2017년 12월 미국의 온라인 소셜 커뮤니티 레딧(Reddit) 유저인 '딥페이크(Deepfakes)'는 포르노 영상 속 인물의 얼굴을 악의적으로 유명인의 얼굴과 교체·합성해 유통시켰다.

다크 팩토리(Dark Factory)
사람이 투입되지 않아 조명이 필요 없는 공장

사람 없이 인공지능(AI)과 로봇 등 자동화시스템으로 돌아가 조명을 켤 필요 없는 공장을 뜻한다. 제조물의 설계, 생산 등의 과정을 AI로 대체하고 로봇을 이용해 생산 효율성을 극대화하는 것이 목표다. 다크 팩토리 선두에 있는 기업들은 주로 중국에 포진해 있으며, 샤오미·테슬라의 중국 생산 공장은 제조과정 전부 혹은 95% 이상을 자동화해 운영 중이다. 인건비 절감, 단위시간당 생산량 향상으로 다크 팩토리와 같은 전자동 생산시스템이 빠르게 일반화될 것으로 보인다.

프롭테크(PropTech)
빅데이터 분석, VR 등 하이테크 기술을 결합한 부동산 서비스

'부동산(Property)'과 '기술(Technology)'의 합성어로, 기존 부동산 산업과 IT의 결합으로 볼 수 있다. 프롭테크의 산업 분야는 크게 중개 및 임대, 부동산 관리, 프로젝트 개발, 투자 및 자금조달 부분으로 구분할 수 있다. 프롭테크 산업 성장을 통해 부동산 자산의 고도화와 신기술 접목으로 편리성이 확대되고, 이를 통한 삶의 질이 향상될 전망이다. 무엇보다 정보 비대칭이 해소되어 공급자 중심의 기존 부동산 시장을 넘어 고객 중심의 부동산 시장이 형성될 것으로 보인다.

핀테크(FinTech)
'금융(Finance)'과 '기술(Technology)'이 융합된 신조어로, 금융과 기술을 융합한 각종 신기술을 의미한다. 핀테크의 핵심은 기술을 통해 기존의 금융기관이 제공하지 못했던 부분을 채워주고 편의성 증대, 비용 절감, 리스크 분산, 기대 수익 증가 등 고객에게 새로운 가치를 주는 데 있다.

누리호(KSLV-II)
국내 독자 기술로 개발된 한국형 발사체

한국항공우주연구원(항우연) 등이 국내 독자 기술로 개발한 한국형 발사체다. 탑재 중량 1,500kg, 길이 47.2m의 3단형 로켓으로 설계부터 제작, 시험, 발사운용 등 모든 과정이 국내 기술로 진행됐다. 2018년 11월 시험발사체 발사에 성공한 데 이어 2021년 10월에 1차 발사를 시도했으나 위성모사체가 목표궤도에 안착하지 못해 최종 실패했다. 그러나 2022년 6월 21일 진행된 2차 발사에서 발사부터 목표궤도 안착까지의 모든 과정을 완벽히 수행한 뒤 성능검증위성과의 교신에도 성공하면서 마침내 우리나라는 전 세계에서 7번째로 1톤(t)급 실용위성을 우주발사체에 실어 자체 기술로 쏘아 올리는 데 성공한 나라가 됐다. 또 2023년 5월 25일에 진행된 3차 발사이자 첫 실전 발사에서는 주탑재위성인 '차세대소형위성 2호'를 고도 550km 지점에서 정상분리한 데 이어 부탑재위성인 큐브위성 7기 중 6기도 정상분리한 것으로 확인돼 이륙부터 위성 작동까지 성공적으로 마쳤다는 평가가 나왔다.

디지털 리터러시(Digital Literacy)
디지털 환경에서 정보를 올바르게 이해하고 활용하는 능력

읽고 쓰는 능력을 뜻하는 '리터러시(Literacy)'에서 확장된 개념으로 다양한 디지털 환경에서 신뢰할 수 있는 정보를 찾고 평가할 수 있는 능력을 뜻한다. 디지털 콘텐츠에 대한 이해와 기술 활용뿐 아니라 비판적으로 수용하는 능력까지 포함한다. 디지털 리터러시는 올바른 정보를 선별하고 변화하는 소통방식과 기술 환경에 적응하기 위해 필요한 핵심역량이다. 최근에는 인공지능(AI) 확산에 따라 AI 작동원리와 한계를 이해하고 비판적으로 활용하는 'AI 리터러시'의 중요성도 커지고 있다.

로보택시(Robotaxi)
무인으로 운행하는 자율주행 택시

운전자가 탑승하지 않고 인공지능(AI)과 자율주행 기술을 바탕으로 운행되는 택시다. 대표적인 로보택시 기업으로는 구글의 웨이모, 아마존의 죽스, 테슬라 등이 있다. 로보택시 상용화를 위해서는 기술의 정밀도와 함께 사회적 신뢰 구축이 필수적이다. 운전자가 없는 차량에 사람들이 안심하고 탑승할 수 있으려면 현재보다 훨씬 더 높은 수준의 기술 발전과 신뢰 구축이 필요하다. 아울러 운행 중 사고가 발생했을 경우 누구에게 책임이 있는지를 명확히 규정하는 기준 마련이 필요하다.

AI 워터마크
인공지능 기술을 활용해 제작된 이미지나 문서에 삽입되는 표식

인공지능(AI) 기술을 적용해 만들어진 디지털 이미지나 문서에 삽입되는 로고 및 텍스트를 가리킨다. 이를 통해 소비자는 이용하려는 이미지나 정보가 AI를 활용해 제작된 콘텐츠라는 사실을 인지할 수 있고, 해당 콘텐츠가 가짜뉴스처럼 악의적인 의도로 제작된 것인지도 식별할 수 있다. 또 콘텐츠 제작자 및 소유자의 입장에서는 표식을 통해 불법복제나 무단사용을 방지할 수 있다. 최근 AI 기술이 급속도로 발전함에 따라 각국에서는 생성형 AI를 악용해 만들어진 가짜정보가 무분별하게 유통되는 것을 우려하여 AI 콘텐츠에 대한 워터마크 규제를 도입하거나 관련 규제를 도입하기 위해 준비하고 있다.

다크 패턴(Dark Pattern)
사람을 속이기 위해 디자인된 온라인 인터페이스

애플리케이션이나 웹사이트 등 온라인에서 사용자를 기만해 이득을 취하는 인터페이스를 말한다. 영국의 UX 전문가인 '해리 브링널'이 만든 용어로 온라인 업체들이 이용자의 심리나 행동패턴을 이용해 물건을 구매하거나 서비스에 가입하게 하는 것이다. 가령 웹사이트에서 프로그램을 다운받아 설치할 때 설치 인터페이스에 눈에 잘 띄지 않는 확인란을 숨겨 추가로 다른 프로그램이 설치되게 만든다거나 서비스의 자동결제를 은근슬쩍 유도하기도 한다. 또 서비스에 가입하면서 이용자는 꼭 알아야 하고 업체에는 불리한 조항을 숨기는 등의 사례가 있다. 우리나라에서는 이 같은 다크 패턴의 폐해를 방지하기 위해 2025년 2월 전자상거래법을 개정해 규제를 강화했다.

엘니뇨(El Nino)
평년보다 0.5℃ 이상 해수면 온도가 높은 상태가 5개월 이상 지속되는 현상

전 지구적으로 벌어지는 대양-대기 간의 기후 현상으로, 해수면 온도가 평년보다 0.5℃ 이상 높은 상태가 5개월 이상 지속되는 이상해류 현상이다. 크리스마스 즈음에 발생하기 때문에 '작은 예수' 혹은 '남자아이'라는 뜻에서 이러한 이름이 붙었다. 엘니뇨가 발생하면 해수가 따뜻해져 증발량이 많아지고, 태평양 동부 쪽의 강수량이 증가한다. 엘니뇨가 강할 경우 지역에 따라 대규모 홍수가 발생하기도 하고, 극심한 건조 현상을 겪기도 한다.

라니냐(La Nina)
엘니뇨 현상과 반대되는 기후 현상으로 스페인어로 '여자아이'라는 뜻이다. 해수면 온도가 평년보다 0.5℃ 이상 낮은 저수온 현상이 5개월 이상 지속되며, 보통 엘니뇨 현상의 시작 전이나 끝, 평균보다 강한 적도 무역풍이 지속될 때 발생한다. 라니냐가 발생하면 원래 찬 동태평양의 바닷물이 더욱 차가워져 서쪽으로 향하게 된다.

온디바이스 AI

외부 서버나 클라우드에 연결되지 않아도 서비스를 제공할 수 있는 인공지능

기기에 탑재돼 외부 서버나 클라우드에 연결돼 있지 않아도 서비스를 제공할 수 있는 인공지능(AI)을 말한다. 기존에는 기기에서 수집한 정보를 중앙클라우드 서버로 전송해 데이터와 연산을 지원받아야 했는데, 불안정한 통신상황에서는 서비스 이용이 제한적이라는 한계가 있었다. 온디바이스 AI는 자체적으로 정보를 처리해 인터넷 연결이나 통신상태로부터 자유롭고, 개인정보를 담은 데이터를 외부 서버로 전송하지 않아도 된다는 점에서 차세대 기술로 주목받고 있다.

인공지능 전환(AX ; AI Transformation)

인공지능 기반의 전사적 혁신

단순한 인공지능(AI) 도입을 넘어 기업이나 조직의 업무방식, 서비스, 인프라 등 전 영역을 AI 중심 구조로 재편하는 전략적 변화를 의미한다. 디지털 전환(DX)이 디지털 기술로 효율을 높이는 정도였다면 AX는 AI를 중심축으로 삼아 비즈니스 모델과 운영 시스템을 근본적으로 재설계하는 고차원적 혁신이다. AX의 성공을 위해서는 AI 비전 수립, 데이터 인프라 정비, 조직문화 변화, 인재역량 강화, 그리고 윤리적이고 안전한 기술 활용 등이 동시에 고려돼야 한다.

디지털라이제이션(Digitalization)

디지털화된 데이터를 이용해 효율적인 업무환경을 만드는 것

단순히 데이터를 기록하는 것을 넘어서 디지털 데이터를 활용하여 업무 단축과 업무 흐름 최적화를 달성해 생산성을 높이는 업무적 과정을 의미한다. 즉, 디지털화된 데이터를 저장·활용하는 것뿐만 아니라 발전된 정보통신기술(ICT)을 통해 각종 데이터와 정보에 쉽게 접근하고 활용함으로써 효율적인 업무환경을 만드는 것을 말한다.

딥시크(DeepSeek)

챗GPT를 능가하는 성능을 보인 인공지능 모델을 개발한 중국의 스타트업

2023년 중국의 량원펑이 설립한 인공지능(AI) 스타트업이다. 지난 2025년 1월 상대적으로 더 적은 인력과 비용만으로 챗GPT를 능가하는 성능의 AI 언어모델을 공개해 전 세계에 충격을 줬다. 업계에서는 딥시크의 부상을 미국과 중국 간의 AI 개발경쟁의 신호탄으로 보았다. 딥시크의 모델은 오픈소스로 공개돼 있어 사용과 수정이 자유로운데, 딥시크 모델을 활용한 최고의 AI 기술이 중국에서 나올 경우 전 세계 개발자들이 이를 토대로 자신들의 시스템을 구축하게 돼 장기적으로 중국이 AI 연구개발의 중심지가 될 수 있다고 미국 업계 측은 우려하고 있다.

초거대 AI

인간처럼 종합적인 추론이 가능한 차세대 인공지능

기존 인공지능(AI)에서 한 단계 진화한 차세대 AI로 대용량 데이터를 스스로 학습해 인간처럼 종합적인 추론이 가능하다. 기존 AI보다도 더 인간의 뇌에 가깝게 학습·판단 능력이 향상됐다. 단, 이를 위해서는 기존 AI보다 수백 배 이상의 데이터학습량이 필요하다. 대표적인 초거대 AI로는 일론 머스크 테슬라 창업자가 세운 오픈AI가 2023년 선보인 GPT-4가 있다.

큐싱(Qshing)

QR코드로 접속을 유도해 악성코드를 심는 수법의 신종 금융 범죄

QR코드(Quick Response Code)에 개인정보 및 금융정보를 '낚는다(Fishing)'는 의미를 합친 용어로, 스마트폰이 대중화되면서 새롭게 나타난 금융범죄 수법이다. QR코드에 접속하면 자동으로 악성코드가 심어지도록 만든다. 이를 통해 개인정보를 탈취하고 스마트폰을 해킹해 금전적 피해를 입힌다. 정상적인 QR코드를 다른 것으로 바꾸거나 덮어씌운 뒤, 악성링크로 접속을 유도하고 악성앱을 설치하는 등의 방식으로 나타난다. QR코드는 제작이 간단하고 그 형태만으로 진위여부를 판별하기 어렵기 때문에 더욱 심각한 문제가 되고 있다.

CHAPTER 03 자주 출제되는 용어

> **정치·국제·법률**

01 국가의 3요소

국민 · 영토 · 주권

국가가 존립하기 위해서는 국민(사람)과 영토, 주권(정부)이라는 3가지 요소가 있어야 한다. 그중 주권은 국가의 의사를 결정할 수 있는 권력을 말한다.

02 국민의 4대 의무

납세의 의무, 국방의 의무, 교육의 의무, 근로의 의무

대한민국 헌법은 국민의 기본적 의무를 납세 · 국방 · 교육 · 근로 · 재산권의 행사 · 환경보전의 의무 등 6가지로 규정하고 있다. 그중 납세의 의무, 국방의 의무, 교육의 의무, 근로의 의무를 국민의 4대 의무라 한다.

03 민주선거의 4대 기본 원칙

보통선거, 평등선거, 직접선거, 비밀선거

- **보통선거** : 만 18세 이상 국민은 성별 · 재산 · 종교 · 교육에 관계없이 선거권을 갖는 제도 ↔ 제한선거
- **평등선거** : 모든 유권자에게 한 표씩 주고, 그 한 표의 가치를 평등하게 인정하는 제도 ↔ 차등선거
- **직접선거** : 선거권자가 대리인을 거치지 않고 자신이 직접 투표 장소에 나가 투표하는 제도 ↔ 대리선거
- **비밀선거** : 누구에게 투표했는지 알 수 없게 하는 제도 ↔ 공개선거

04 선거구(選擧區)

독립적으로 선거를 시행할 수 있는 단위 구역을 의미하며 선거구마다 선출하는 의원의 수에 따라 소선거구, 중선거구, 대선거구로 나뉨

- 소선거구제 : 선거구별 1인을 선출하는 제도로 다수대표제와 연관된다.

장 점	• 군소정당의 난립을 방지하여 정국의 안정 촉진 • 후보자에 대한 판단이 쉬워 정확한 선택 가능 • 투표율이 높고 선거공영제 실시에 유리
단 점	• 사표가 많이 발생함 • 부정선거가 이뤄질 수 있으며 소수당에 불리함

- 중·대선거구제 : 선거구별 2인 이상을 선출하는 제도로 소수대표제와 연관된다.

장 점	• 사표를 방지할 수 있음 • 지연, 혈연에 의한 당선을 줄이고 신진세력 진출에 용이
단 점	• 선거비용이 증가하고, 관리가 어려움 • 후보자가 난립하고, 후보자에 대한 판단이 어려움

05 우리나라 국회의원 선거 채택제도

직접선거, 소선거구제, 다수대표제, 선거구 법정주의, 비례대표제, 선거공영제, 지역대표제

- 직접선거 : 선거권자가 후보자에게 직접 투표하는 제도
- 소선거구제 : 선거구마다 한 사람의 대표를 선출하는 제도
- 다수대표제 : 한 선거구에서 최다 득표자 한 사람만을 당선시키는 제도
- 선거구 법정주의 : 특정 정당·후보자에게 유리하지 않도록 국회가 선거구를 법률로 정함
- 비례대표제 : 각 정당별로 득표비율에 따라 의석을 배정하는 제도
- 선거공영제 : 국가기관(선거관리위원회)이 선거를 관리하는 제도로, 선거의 공정성 확보를 목적으로 하며 선거운동의 기회균등·선거비용의 국가부담을 내용으로 함
- 지역대표제 : 일정 지역을 기준으로 선거구를 확정하여 대표자를 선출하는 제도

06 보궐선거

지역구 국회의원·지역구 지방의회의원, 지방자치단체장 및 교육감의 임기개시 후에 사퇴·사망·피선거권 상실 등으로 신분을 상실하여 궐원 또는 궐위가 발생한 경우에 실시하는 선거

임기개시 후에 발생한 사유로 인해 실시하는데, 보궐선거의 선거일은 4월과 10월의 첫 번째 수요일로 법정되어 있다. 임기만료에 의한 지방선거나 국회의원 선거, 대통령 선거가 있을 때에는 임기만료에 의한 선거일에 동시 실시한다. 비례대표 국회의원, 비례대표 지방의회의원의 궐원시에는 보궐선거를 실시하지 않고 의석승계를 하게 된다. 대통령이 궐위된 때에는 보궐선거라고 하지 않고 '궐위로 인한 선거'라 하며, 궐위로 인한 선거에서 당선된 대통령의 임기는 전임자의 잔임 기간이 아니라 당선이 결정된 때부터 새로 임기가 개시되어 5년간 재임하게 된다.

> **재선거**
> 후보자 또는 당선자가 없거나 선거의 전부 무효 판결 또는 결정이 있을 때, 당선인이 임기개시 전에 사퇴·사망하거나 피선거권이 상실될 때 그리고 선거범죄로 당선이 무효가 된 때에 실시하는 선거이다. 임기개시 전 사퇴·사망·피선거권 상실이라는 점에서 보궐선거와 구별된다.

07 게리맨더링(Gerrymandering)

집권당에 유리하도록 한 기형적이고 불공평한 선거구 획정

1812년 미국 매사추세츠 주지사 게리가 당시 공화당 후보에게 유리하도록 선거구를 재조정했는데 그 모양이 마치 그리스 신화에 나오는 샐러맨더와 비슷하다고 한 데서 유래한 말이다. 이는 특정 정당이나 후보자에게 유리하도록 선거구를 인위적으로 획정하는 것을 의미하며, 이를 방지하기 위해 선거구 법정주의를 채택하고 있다.

08 대통령의 지위와 권한

대통령은 한 나라의 원수이자 외국에 대해 국가를 대표하는 자로서, 국가 원수로서의 권한과 행정부 수반으로서의 권한을 가짐

선출 방식이나 임기는 나라 또는 정부 형태에 따라 다르다.
- 국가 원수로서의 권한 : 긴급명령권, 조약체결·비준권, 국민투표부의권, 국가 대표 및 외교에 관한 권한 등
- 행정부 수반으로서의 권한 : 국군통수권, 법령집행권, 정부구성원·공무원임면권 등

09 국회에서 하는 일

입법에 관한 일, 재정에 관한 일, 일반 국정에 관한 일

- 입법에 관한 일 : 법률제정, 법률개정, 헌법개정 제안·의결, 조약체결·비준 동의
- 재정에 관한 일 : 예산안 심의·확정, 결산심사, 재정입법, 기금심사, 계속비 의결권, 예비비 지출승인권, 국채동의권, 국가의 부담이 될 계약의 체결에 대한 동의권
- 일반 국정에 관한 일 : 국정감사·조사, 탄핵소추권, 헌법기관구성권, 긴급명령·긴급재정경제 처분명령승인권, 계엄해제 요구권, 일반사면에 대한 동의권, 국무총리·국무위원 해임건의권, 국무총리·국무위원·정부위원 출석요구권 및 질문권

10 국회의원의 특권

면책특권과 불체포특권

- 면책특권 : 국회의원이 국회에서 직무상 행한 발언과 표결에 대해 국회 외에서 책임을 지지 아니하는 특권을 말한다. 그러나 국회 내에서는 책임을 추궁할 수 있다.
- 불체포특권 : 국회의원은 현행범인 경우를 제외하고는 회기 중에 국회의 동의 없이 체포 또는 구금되지 아니하며, 회기 전에 체포·구금된 때에는 현행범이 아닌 한, 국회의 요구가 있으면 회기 중 석방되는 특권을 말한다.

11 언더독 효과(Under Dog Effect)

약세 후보가 유권자들의 동정을 받아 지지도가 올라가는 경향

개싸움 중에 '밑에 깔린 개(Under Dog)'가 이기기를 바라는 마음과 절대 강자에 대한 견제심리가 발동하게 되는 현상으로, 선거철에 유권자들이 지지율이 낮은 후보에게 동정표를 주는 현상을 말한다. 여론조사 전문가들은 밴드왜건 효과와 언더독 효과가 동시에 발생하기 때문에 여론조사 발표가 선거결과에 미치는 영향은 중립적이라고 본다.

> **밴드왜건 효과(Band Wagon Effect)**
> 서커스 행렬을 선도하는 악대 마차를 '밴드왜건'이라 하는데, 사람들이 무의식적으로 이곳에 몰려들면서 군중이 점점 증가하는 현상에서 나온 표현이다. 선거에서 특정 유력 후보의 지지율이 높은 경우 그 후보자를 지지하지 않던 유권자들까지 덩달아 지지하게 되는 것을 말한다.

12 브래들리 효과(Bradley Effect)

미국에서 선거 전 여론조사에서는 높은 지지율을 얻은 유색인종 후보가 실제 선거에서는 조사보다 낮은 득표율을 얻는 현상

여론조사 때는 흑인 등 유색인종 후보를 지지한다고 했던 백인들이 정작 투표에서는 백인 후보를 선택하기 때문에 발생하는 현상이다. 1982년 미국 캘리포니아 주지사 선거에서 민주당 후보였던 흑인 토머스 브래들리가 여론조사와 출구조사에서 백인 공화당 후보에 앞섰지만 실제 선거결과에서는 브래들리가 패했다. 전문가들은 이 원인으로 백인 일부가 인종편견에 대한 시각을 감추기 위해 투표 전 여론조사에서는 흑인 후보를 지지한다고 거짓 진술을 했기 때문이라고 분석했다.

13 석패율 제도

지역구에서 낙선한 후보자의 득표수를 그 지역구의 당선자의 득표수로 나눈 비율

한 후보자가 지역구와 비례대표에 동시에 출마하는 것을 허용하고 중복 출마자 중에서 가장 높은 득표율로 낙선한 후보를 비례대표로 뽑는 제도다. 정당의 비례대표 명부 중 특정 번호에 지역구 후보 3~4명을 올려놓고 같이 등재된 중복 출마자 중에서 일단 지역구에서 당선된 사람은 제외한 뒤 남은 사람 중 석패율이 가장 높은 사람이 비례대표로 당선되게 하는 것이다. 현재 유일하게 일본에서 시행되는 선거제도로, 1996년부터 중의원 총선거를 중선거구제에서 소선거구제로 바꾸면서 새로 도입했다. 한국에서도 선거에서의 지역주의를 완화하기 위해 석패율 제도를 도입하자는 논의가 있다.

14 스윙보터(Swing Voter)

선거 등의 투표행위에서 누구에게 투표할지 결정하지 못한 유권자

스윙보터들은 지지하는 정당과 정치인이 없기 때문에 그때그때의 정치상황과 이슈에 따라 투표하게 된다. 이들은 선거에서 큰 영향력을 발휘하기 때문에 선거를 앞둔 정치인들은 스윙보터의 표를 얻기 위해 총력을 다한다.

> **스윙 스테이트(Swing States)**
> 미국에서 정치적 성향이 뚜렷하지 않은 주(States)를 뜻하며 '부동층 주'라고도 불린다. 어느 후보도 우세를 점하지 못하고 있기 때문에 미국 대선의 향방을 좌우하는 중요한 지역이다.

15 매니페스토(Manifesto)
정당이나 후보자가 선거공약의 구체적인 로드맵을 문서화하여 공표하는 정책서약서

어원은 라틴어의 '마니페스투스(Manifestus)'로 당시에는 '증거' 또는 '증거물'이란 의미로 쓰였다. 훗날 이탈리아로 들어가 '마니페스또(Manifesto)'가 되었는데, '과거 행적을 설명하고 미래 행동의 동기를 밝히는 공적인 선언'이라는 의미로 사용됐다. 오늘날에는 출마자가 과거에 어떤 비리 사건에 연루된 적이 있으면 그 경위를 밝히고 앞으로는 그런 일이 없을 것이라는 다짐과 함께 구체적인 정책대안을 공약서에 담아서 유권자에게 약속하는 것을 말한다. 유권자는 이를 통해 후보의 정책을 평가하고, 실천 가능한 공약과 대안을 제시한 후보가 당선될 수 있는 환경을 만드는데, 우리나라에서는 2006년 지방선거에서 처음 등장했다.

16 포퓰리즘(Populism)
대중의 인기를 달성하려는 목적으로 정책의 현실성이나 가치판단, 옳고 그름 등 본래의 목적을 외면하는 정치 형태

'대중영합주의' 혹은 '민중주의'라고도 하며, 1870년대 러시아의 브나로드(Vnarod) 운동에서 비롯된 정치적 이데올로기이다. 현대의 포퓰리즘은 정치적인 목적으로 일반 대중, 저소득계층, 중소기업 등의 지지를 확보하기 위해 본래의 목적을 외면하는 지나친 대중화를 일컫는다.

17 필리버스터(Filibuster)
다수파의 독주를 막기 위한 소수파의 합법적인 의사진행 방해 행위

의회 내에서 긴 발언을 통해 의사진행을 합법적으로 방해하는 행위를 말하는 것으로 고대 로마 원로원에서 카토가 율리우스 카이사르의 입안정책을 막는 데 사용한 것에서 유래했다. 우리나라는 1964년 당시 국회의원 김대중이 김준연 의원의 구속동의안 통과를 막기 위해 5시간 19분 동안 연설을 진행한 것이 최초다. 박정희 정권 시절 필리버스터가 금지되었다가 2012년 국회선진화법이 도입되면서 부활했다. 이후 2016년 2월 23일 국회 본회의에서 테러방지법의 직권상정을 저지하기 위한 더불어민주당의 릴레이 의사방해 연설이 진행되면서 43년 만의 국회 부활로 화제를 모은 바 있다.

18 스핀닥터(Spin Doctor)
정부 수반에게 유리한 여론 조성을 담당하는 정치 전문가

정부 고위관료와 국민 간의 의사소통을 돕는 전문가로 정책을 시행하기 전에 국민들의 의견을 대통령에게 전달하여 설득하고, 대통령의 의사를 국민에게 설명한다. 이러한 과정에서 대통령에게 유리한 여론을 조성하거나 왜곡할 수도 있다.

19 섀도 캐비닛(Shadow Cabinet)
그림자 내각이라는 의미로, 야당에서 정권을 잡았을 경우를 예상하여 조직하는 내각

19세기 이래 영국에서 시행되어온 제도로, 야당이 정권획득에 대비하여 총리와 각료로 예정된 멤버를 미리 정해두는 것을 말한다. 즉, 야당 최고간부들 사이에 외무·내무·노동 등 전담부서를 나누고 있는데 이는 집권 뒤에도 이어진다. 그리고 정권을 획득하면 그 멤버가 내각을 구성하여 당 운영의 중추가 된다.

20 레임덕(Lame Duck)
임기 말 권력누수 현상

'절름발이 오리'라는 뜻으로, 대통령의 임기만료를 앞두고 대통령의 권위나 명령이 제대로 시행되지 않거나 먹혀들지 않아서 국정운영에 차질이 생기는 일종의 권력누수 현상이다. 레임덕이 발생하기 쉬운 경우는 임기 제한으로 인해 다시 권좌나 지위에 오르지 못하게 된 경우, 임기만료가 얼마 남지 않은 경우, 집권당이 의회에서 다수 의석을 얻지 못한 경우 등이 있다.

21 게티즈버그 연설(Gettysburg Address)
링컨이 남북전쟁 중이던 1863년 11월 19일, 미국 펜실베이니아주 게티즈버그에서 했던 연설

이 연설은 1863년 11월 19일 에이브러햄 링컨 대통령이 미국 펜실베이니아주 게티즈버그에서 살아남은 사람들이 한층 더 헌신할 것을 결심해야 한다고 말하고, "국민의, 국민에 의한, 국민을 위한 정치를 지상에서 소멸하지 않도록 하는 것"이야말로 그 목적이라고 밝힌 것이다. 이 연설문은 미국 역사상 가장 많이 인용된 연설 중 하나이자 가장 위대한 연설로 꼽힌다.

22 치킨 게임(Chicken Game)

어느 한쪽이 양보하지 않을 경우 양쪽 모두 파국으로 치닫게 되는 극단적인 게임이론

1970년대 미국 청년들 사이에서 유행한 자동차 게임이론에서 유래했다. 두 대의 차량이 마주보며 돌진하다가 충돌 직전에 누군가 양보하지 않으면 양쪽 모두 자멸하게 된다는 게임의 이름이다. 1950~1970년대 미국과 소련 사이의 극심한 군비경쟁을 꼬집는 용어로 사용되면서 국제정치학 용어로 정착됐다. 정치나 노사협상, 국제외교 등에서 상대의 양보를 기다리다가 파국으로 끝나는 것 등을 예로 들 수 있다.

23 뉴거버넌스(New Governance)

정부와 민간이 협력하는 국정관리체제

국가 정부의 주도하에 이루어졌던 고전적 거버넌스와 달리 시민사회를 국정운영에 포함시킴으로써 정부와 민간의 협력적 네트워크를 형성하고, 시민사회의 민주적 참여를 중시한다.

24 독트린(Doctrine)

국제사회에서 공식적으로 표방하는 정책상의 원칙

종교의 교리나 교의를 뜻하는 말인 라틴어 'Doctrina'를 어원으로 한다. 정치나 학문 등의 '주의' 또는 '신조'를 나타내거나, 강대국 외교노선의 기본지침으로 대내외에 천명할 경우에 사용된다.

25 북방한계선(NLL ; Northern Limit Line)

남한과 북한 간의 해양경계선

해양의 북방한계선은 서해 백령도·대청도·소청도·연평도·우도의 5개 섬 북단과 북한 측에서 관할하는 옹진반도 사이의 중간선을 말한다. 1953년 이루어진 정전협정에서 남·북한 간의 육상경계선만 설정하고 해양경계선은 설정하지 않았는데, 당시 주한 유엔군 사령관이었던 마크 클라크는 정전협정 직후 북한과의 협의 없이 일방적으로 해양경계선을 설정했다. 북한은 1972년까지는 이 한계선에 이의를 제기하지 않았으나 1973년부터 북한이 서해 5개 섬 주변 수역을 북한 연해라고 주장하며 NLL을 인정하지 않고 침범하여 우리나라 함정과 대치하는 사태가 발생하기도 했다.

26 군사분계선(MDL ; Military Demarcation Line)
휴전협정에 의해 두 교전국 간에 그어지는 군사활동의 경계선

1953년 7월 유엔군 측과 공산군 측이 합의한 정전협정에 따라 규정된 휴전의 경계선으로 '휴전선'이라 한다. 휴전선의 길이는 약 240km이며, 남북 양쪽 2km 지역을 비무장지대로 설정하여 완충구역으로 둔다. 정전협정 제1조는 양측이 휴전 당시 점령하고 있던 지역을 기준으로 군사분계선을 설정하고 상호 간에 이 선을 침범하거나 적대행위를 하는 것을 금지하고 있다.

27 비무장지대(DMZ ; Demilitarized Zone)
국제조약이나 협약에 의해 무장이 금지된 지대

비무장지대에는 군대의 주둔이나 무기의 배치, 군사시설의 설치가 금지된다. 주로 적대국의 군대 간 발생할 수 있는 무력충돌을 방지하거나 운하·하천·수로 등의 국제교통로를 확보하기 위해 설치된다. 한국의 DMZ는 군사분계선(MDL)을 중심으로 남북 2km, 약 3억 평의 완충지대다.

28 방공식별구역(ADIZ ; Air Defense Identification Zone)
자국 영공에 접근하는 군용기를 미리 식별하기 위해 설정한 임의의 공역

방공식별구역은 국제법적으로 인정되는 것은 아니며, 임의로 선포하는 것이다. 하지만 다른 나라가 이를 인정한 이후에는 해당 공역에 진입하기 전에 미리 비행계획을 제출하고 진입 시 위치 등을 통보해줘야 한다. 2013년 중국이 이어도와 댜오위다오를 포함하는 새로운 CADIZ를 선포한 데 대응하여, 한국 정부도 이어도를 포함하는 KADIZ를 선포한 바 있다.

29 전시작전통제권(WOC ; Wartime Operational Control)
한반도 유사시 주한미군사령관이 한국군의 작전을 통제할 수 있는 권리

평상시에는 작전통제권이 우리에게 있지만 대북정보태세인 '데프콘'이 적의 도발 징후가 포착되는 상황인 3단계로 발령되면 한미연합사령관에게 통제권이 넘어가는 것이다. 다만 수도방위사령부 예하부대 등 일부 부대는 작전통제권의 이양에서 제외돼 유사시에도 한국군이 독자적으로 작전권을 행사할 수 있다.

30 딥 스로트(Deep Throat)

기업이나 정부기관의 직원으로서 조직의 불법 등의 정보를 신고하는 익명의 내부고발자

세계 언론계의 전설적 사건을 터뜨린 밥 우드워드와 연관이 있다. 1972~1973년에 걸쳐 리차드 닉슨 대통령의 몰락을 가져온 워터게이트 사건을 보도한 워싱턴포스트의 밥 우드워드와 칼 번스타인 기자가 취재원을 끝내 밝히지 않은 채 자신들에게 정보를 준 익명의 제보자를 가리켜 '딥 스로트'라는 별명을 붙인 데서 비롯됐다. 이 암호명은 성인영화 전문 제작자인 제라드 다미아노가 만들어 1972년에 개봉한 포르노 영화 제목 〈딥 스로트〉에서 따온 것이었는데, 워터게이트 사건이 더 유명해지자 '딥 스로트'는 이후 내부고발자, 은밀한 제보자를 가리키는 고유명사로 굳어졌다. 오늘날에는 기업이나 공공기관 등 조직의 불법행위나 부정거래를 신고하거나 외부에 알리는 내부 사람을 지칭하는 고유명사로 사용되고 있다.

스모킹 건(Smoking Gun)
'연기 나는 총'이란 뜻으로 범죄 또는 사건 등을 해결하는 데 사용되는 결정적이고 확실한 증거를 일컫는 말이다. 스모킹 건이란 표현은 영국의 추리소설 작가인 코난 도일(Arthur Conan Doyle, 1859~1930)이 1893년 발간한 〈셜록홈스〉 시리즈의 하나인 〈글로리아 스콧(The Gloria Scott)〉에서 유래했다.

31 개성공단

남북이 합의하여 북측 지역인 개성시 봉동리 일대에 조성한 공업단지

개성공단은 2000년 8월 현대와 북한 조선아시아태평양평화위원회가 합의한 사업으로 한국토지공사와 현대아산이 북한으로부터 토지를 50년간 임차해 공장구역으로 건설하고 국내외 기업에 분양해 관리하는 방식으로 전개됐다. 북측은 2002년 11월 남측 기업의 개성공단 진출을 위해 '개성공업지구법'을 제정하여 공포했고, 2003년 6월 30일에 착공식이 열렸다. 이후 남북은 실질적인 부지조성공사에 들어가 2004년 12월에는 남측의 자본과 기술, 북측의 노동력이 합쳐져 남북합작품 1호를 선보이기도 했으나 2016년 2월 10일 안보상의 이유로 통일부는 '개성공단 전면중단' 조치를 발표했다. 이후 업체들의 피해와 재가동에 대한 논란이 끊이지 않았다.

32 조선노동당

1945년 창당한 북한의 집권당

1945년 10월 10일 창당하여 북한의 국가·사회·군대를 유일적으로 통제하는 최고권력기구이다. 북한 헌법에는 '조선민주주의인민공화국은 조선노동당의 영도 밑에 모든 활동을 진행한다'라고 규정하고 있으며 당 중앙위원회는 당의 노선과 정책 또는 전략전술에 관한 긴급한 문제를 토의·결정하기 위해 당대표자회의를 소집할 수 있도록 되어 있다.

차 수	개최일	주요 의제
제1차	1946. 8. 28	• 당 창립에 대한 보고 • 당 강령·규약·기관지에 대한 보고 • 당중앙위원회 및 중앙검열위원회 선거
제2차	1948. 3. 27	• 당중앙위원회 사업 결산 보고 • 당 규약 개정, 당 중앙지도기관 선거
제3차	1956. 4. 23	• 당중앙위, 당중앙검사위 사업 총화('조국의 평화적 통일을 위하여' 채택) • 당 규약 개정, 당 중앙지도기관 선거
제4차	1961. 9. 11	• 당중앙위, 당중앙검사위 사업 총화 • 인민경제발전 7개년 계획(1961~1967) • 당 규약 개정, 당 중앙지도기관 선거
제5차	1970. 11. 2	• 당중앙위, 당중앙검사위 사업 총화 • 인민경제발전 6개년 계획(1971~1976) • 당 규약 개정, 당 중앙지도기관 선거
제6차	1980. 10. 10	• 당중앙위, 당중앙검사위 사업 총화(사회주의 건설 10대 전망 목표 제시, 고려민주연방공화국 창립 방안 제안) • 당 규약 개정, 당 중앙지도기관 선거(김정일 당 정치국 상무위원 선출)
제7차	2016. 5. 6	• 당중앙위, 당중앙검사위 사업 총화 • 김정은을 '당위원장'으로 추대 • 당 규약 개정, 당 중앙지도기관 선거 • 당중앙위 위원·후보위원·당중앙검사위 위원 선거
제8차	2021. 1. 5	• 김정은을 '노동당 총비서'로 추대 • 핵잠수함 개발 첫 공식화 • 남측 합의 이행 여부에 따른 관계 개선 표명

33 7·4 남북공동성명

1972년 남·북한의 긴장 완화와 통일 문제에 관해 서울과 평양에서 동시에 발표한 공동성명

서울에서는 당시 이후락 중앙정보부장, 평양에서는 김영주 노동당 조직지도부장을 대리하여 제2부수상 박성철이 동시에 성명을 발표했다. 이 성명은 통일의 원칙으로 자주·평화·민족 대단결의 3대 원칙을 공식 천명했다. 이 밖에도 상호 중상비방(中傷誹謗)과 무력도발의 금지, 다방면에 걸친 교류 실시 등에 합의하고 합의사항의 추진과 남북 사이의 문제 해결 및 통일 문제의 해결을 위해 남북조절위원회를 구성·운영하기로 했다. 그러나 통일논의를 자신의 권력기반 강화에 이용하려는 남·북한 권력자들의 정치적 의도로 인해 방향성을 잃었고, 김대중 납치사건(1973년 8월)을 계기로 조절위원회마저 중단됐다.

34 6·15 남북공동선언

2000년 당시 김대중 대통령과 북한의 김정일 국방위원장이 합의하여 발표한 공동선언

2000년 6월 13~15일 당시 김대중 대통령은 북한 평양을 방문하여 김정일 국방위원장과 분단 55년 만에 첫 남북정상회담을 갖고 마지막 날인 6월 15일에 6·15 남북공동선언을 발표했다. 합의된 5개항은 통일 문제의 자주적 해결, 1국가 2체제의 통일방안 협의, 이산가족 문제의 조속한 해결, 경제협력 등을 비롯한 남북 간 교류 활성화, 조속한 당국 대화 개최 등이다.

35 10·4 남북공동선언

2007년 당시 노무현 대통령과 북한의 김정일 국방위원장이 합의하여 발표한 공동선언

2007년 10월 2~4일 평양에서 열린 제2차 남북정상회담 당시 노무현 대통령과 북한의 김정일 국방위원장이 회담을 통해 함께 채택하고 선언한 남북공동선언이다. 6·15 남북공동선언의 적극 구현, 상호존중과 신뢰의 남북관계로 전환, 군사적 적대관계 종식, 한반도 핵(核) 문제 해결을 위한 3자 또는 4자 정상회담 추진, 남북경제협력사업의 활성화, 사회·문화 분야의 교류와 협력, 이산가족 상봉 확대 등을 내용으로 한다.

36 4자 회담

한반도 평화협정에서 남·북한이 협정의 당사자가 되고 미국·중국이 관련국으로 참여한 회담

남·북한 정전협정은 한국 전쟁 후 교전 당사자인 미국(유엔군), 중국, 북한 3자 간에 체결한 것이다. 4자 회담은 여기에 한국이 새롭게 참여해 남·북한과 미국, 중국 4개국이 기존의 정전협정을 평화협정으로 대체하자는 뜻에서 이루어진 것이다. 1996년 제주에서 열린 '한·미 정상회담'에서 당시 김영삼 대통령과 미국 빌 클린턴 대통령이 '한·미 공동발표문'을 통해 개최를 제의했다. 1997년 제네바에서 1차 회담을 가지고 1999년까지 6차에 걸쳐 회담이 진행됐지만 주목할 만한 해법이나 성과를 이끌어내지는 못했다.

37 6자 회담

북한의 핵 문제를 해결하기 위해 남한·북한·미국·러시아·일본·중국이 참여한 회담

2002년 10월 북한의 핵 개발 의혹이 제기되면서 2003년 북한은 핵확산금지조약(NPT) 탈퇴를 선언했고, 북한의 핵 포기를 강력하게 주장하는 미국과의 대립 구도가 이뤄졌다. 이에 북한의 핵 문제를 평화적으로 해결하고 한반도의 평화체제를 확립하자는 차원에서 6자 회담이 제안됐다. 제1차 회담은 2003년 8월 중국 베이징에서 개최됐고, 2007년 9월까지 모두 6차례에 걸쳐 회담이 열렸다. 2007년 제6차 회담에서는 북한이 핵 시설을 불능화하고 핵 프로그램을 신고하면 미국은 북한을 테러지원국 명단에서 삭제하고 적성국무역법에 따른 제재의 해제 및 중유를 제공하기로 하는 내용의 '10·3 합의'가 채택됐다. 그러나 2008년 12월 핵검증의정서 채택 실패로 실행되지는 못했다.

38 북한의 국무위원회

국가 주권의 최고 정책적 지도기관

2016년 북한의 헌법개정으로 기존의 국방위원회가 해체되고 이를 대체하여 국정 전반을 관할하는 국무위원회가 신설됐다. 국무위원회는 북한 헌법에 명시되어 있듯이 국가 주권의 최고정책적 지도기관이다. 국무위원회는 위원장, 부위원장, 위원들로 구성하였다가, 2019년 4월 헌법을 수정해 제1부위원장 직책을 신설했다. 이들은 모두 최고인민회의에서 선출되며 임기는 최고인민회의와 같다.

39 조어도(센카쿠, 댜오위다오) 분쟁

조어도를 둘러싼 일본과 중국·대만 간 영유권 분쟁

조어도는 일본 오키나와에서 약 300km, 대만에서 약 200km 떨어진 동중국해상의 8개 무인도다. 현재 일본이 실효 지배하고 있으나 중국과 대만도 영유권을 주장하고 있다. 중국은 조어도가 역사적으로 중국 영토였으며 청일 전쟁에서 일본이 대만을 점령하면서 일본의 관할에 포함됐으나 1945년 일본의 태평양 전쟁 패전으로 대만이 중국의 일부가 됐으므로 중국의 영토라고 주장한다. 이에 대해 일본은 조어도가 1895년 오키나와현에 정식 편입됐고 1972년 오키나와현이 미국으로부터 반환될 때 이 섬들도 같이 반환되었으므로 일본 영토라고 맞서고 있다. 조어도는 지정학적으로 군사전략의 요충지이고 해저 자원까지 매장되어 있어 영유권 분쟁은 격화될 수밖에 없는 상황이다.

40 고노 담화

일본군 위안부 모집에 대해 일본군이 강제 연행했다는 것을 인정하는 내용이 담긴 담화

1993년 8월 4일 당시 일본의 관방장관 고노 요헤이가 위안부 문제와 관련해 일본군 및 관헌의 관여와 징집·사역에서의 강제를 인정하고 문제의 본질이 중대한 인권침해였음을 승인하면서 사죄한 것으로, 일본 정부의 공식 입장이다. 그러나 아베 전 총리는 고노 담화를 수정할 필요가 있다고 언급해 논란이 일기도 했다.

> **무라야마 담화**
> 1995년 당시 일본의 무라야마 총리가 식민지 지배와 침략의 역사를 인정하고 사죄하는 뜻을 공식적으로 표명한 담화다. 일본이 식민지배에 대해 가장 적극적으로 사죄한 것으로 평가되지만 강제동원 피해자에 대한 배상이나 위안부 문제 등에 대한 언급은 없었다.

41 애치슨 라인(Acheson Line, 도서방위선)

1950년 1월 12일 당시 미국의 국무장관 애치슨이 연설에서 언급한 미국의 극동방위선

애치슨 당시 미국 국무장관은 1950년 1월 12일 연설에서 태평양에서의 미국 극동방위선을 한국과 타이완을 제외한 알류샨 열도-일본 오키나와-필리핀을 연결하는 선으로 정한다고 발표했다. 이 선언으로 미군이 한반도에서 철수했고 김일성은 이 틈을 이용해 1950년 6·25 전쟁(한국 전쟁)을 일으켰다. 그 후 이 선언은 미국 공화당으로부터 비난을 받고 폐지됐다.

42 AIIB(Asian Infrastructure Investment Bank)

아시아인프라투자은행

미국과 일본이 주도하는 세계은행(World Bank)과 아시아개발은행(ADB) 등에 대항하기 위해 중국의 주도로 설립된 국제은행으로 아시아·태평양 지역 개발도상국의 인프라 구축을 목적으로 한다. 시진핑 중국 국가주석이 2013년 10월 아시아 순방 중 제안하여 2016년 1월 베이징에서 창립총회를 열고 공식 출범했다. 한국, 인도, 영국, 독일 등 57개국이 창립회원국으로 이름을 올렸으며 초기 자본금의 대부분은 중국이 투자하여 500억 달러 규모로 시작됐다.

43 핵확산금지조약(NPT ; Nuclear non-Proliferation Treaty)

핵보유국이 비핵보유국에 핵무기를 이양하거나 비핵보유국이 핵무기를 보유하는 것을 금지하는 조약

1968년 미국, 소련, 영국 등 총 56개국이 핵무기 보유국의 증가 방지를 목적으로 체결했고 1970년에 발효된 다자조약이다. 핵보유국에 대해서는 핵무기 등의 제3자로의 이양을 금지하고 핵 군축을 요구한다. 비핵보유국에 대해서는 핵무기 개발·도입·보유 금지와 원자력시설에 대한 국제원자력기구(IAEA)의 사찰을 의무화하고 있다. 우리나라는 1975년 86번째로 정식 비준국이 되었으며, 북한은 1985년 가입했으나 IAEA가 임시핵사찰 이후 특별핵사찰을 요구한 데 반발하여 1993년 3월 NPT 탈퇴를 선언했다. 같은 해 6월 미국과의 고위급회담 후에 탈퇴를 보류하였으나, 2002년에 불거진 북한 핵 개발 문제로 2003년 1월 다시 NPT 탈퇴를 선언했다.

44 파리 기후변화협약(Paris Climate Change Accord)

온실가스 감축 목표를 위해 파리에서 체결된 제21차 기후변화협약

2020년에 만료된 교토 의정서 체제를 대체하는 기후협약으로, 2015년 12월 12일 파리에서 열린 제21차 유엔 기후변화협약 당사국총회 본회의에서 195개 당사국이 채택됐다. 교토 의정서에서는 선진국만이 온실가스 감축 의무를 부담했지만 파리 협정에서는 당사국 모두가 '자국이 스스로 정한 방식'에 따라 의무적인 온실가스 배출 감축을 시행하기로 했다. 2017년 6월 도널드 트럼프 당시 미국 대통령이 돌연 미국의 탈퇴를 선언하면서 위기를 맞기도 했으나 2021년 1월 조 바이든 미국 대통령이 취임 첫날 기후협약에 재가입하면서 일단락됐다. 그리고 트럼프 2기 행정부에 들어 2025년 재탈퇴를 결정했다.

45 람사르 협약(Ramsar Convention)
물새 서식지로서 특히 국제적으로 중요한 습지에 관한 협약

습지의 보호와 지속 가능한 이용을 위해 체결한 협약으로 '환경올림픽'이라고도 불린다. 가맹국은 철새의 번식지가 되는 습지를 보호할 의무가 있으며 국제적으로 중요한 습지를 1개소 이상 보호지로 지정해야 한다. 대한민국은 101번째로 람사르 협약에 가입하였으며, 2008년에는 경남 창원에서 람사르 협약의 당사국총회인 '제10차 람사르 총회'를 개최했다.

46 환태평양경제동반자협정(TPP ; Trans-Pacific Partnership)
아시아·태평양 지역 12개국 간 자유무역협정(FTA)

환태평양경제동반자협정은 태평양 연안의 광범위한 지역을 하나의 자유무역 지대로 묶는 다자간 자유무역협정이다. 미국과 일본이 주도하였으나 도널드 트럼프 당시 미국 대통령이 탈퇴를 선언하면서 2018년 3월 총 11개국이 명칭을 CPTPP로 변경하고 공식 서명 절차를 마쳤다.

> **CPTPP(포괄적·점진적 환태평양경제동반자협정)**
> 미국이 환태평양경제동반자협정(TPP)에서 탈퇴를 선언한 후 일본, 캐나다, 멕시코, 호주, 뉴질랜드, 베트남, 말레이시아, 싱가포르, 칠레, 페루, 브루나이 등 11개국이 추진해 출범했다.

47 자유무역협정(FTA ; Free Trade Agreement)
둘 이상의 국가 간에 수출입 관세와 시장점유율 제한 등의 무역장벽 철폐를 합의하는 조약

국가 간의 자유로운 무역을 위해 무역장벽, 즉 관세 등의 여러 보호벽을 철폐하는 것으로 경제 통합의 두 번째 단계. 이로써 좀 더 자유로운 상품 거래 및 교류가 가능하다는 장점이 있으나 자국의 취약산업 등의 붕괴 우려 및 많은 자본을 보유한 국가가 상대국의 문화까지 좌지우지한다는 점에서 논란이 많다. 상호 간의 관세는 폐지하지만 협정국 외의 다른 나라에 대한 관세를 동일하게 설정할 필요는 없다는 점이 관세동맹과의 차이점이다.

48 양해각서(MOU ; Memorandum of Understanding)

외교 교섭으로 합의한 내용을 확인·기록하기 위한 정식계약 체결 이전의 문서

국가 간 정식계약 체결에 앞서 이루어지는 합의서다. 당사국 사이의 외교 교섭 결과에 따라 서로 합의한 사항을 확인·기록하거나, 본 조약·협정의 후속조치를 목적으로 작성한다. 공식적으로는 법적 구속력을 갖지 않지만 조약과 같은 효력을 갖는다. 포괄적 개념으로는 국가기관 간, 일반기관 간, 일반기업 간 등에서도 다양한 문서의 형태로 이루어질 수 있다.

49 외로운 늑대

자생적 테러리스트

특정 조직이나 이념이 아니라 정부에 대한 개인적 반감을 이유로 스스로 테러에 나선다는 게 특징이다. 이들에 의한 테러는 감행 시점이나 방식에 대한 정보의 수집이 어려워 예방이 불가능하다는 점에서 테러조직에 의한 테러보다 더 큰 위협으로 여겨지고 있다. 2000년대 이후 미국에서 탄생한 외로운 늑대는 주로 이슬람계 청년이 많으며, 이들이 이민자로서 느끼는 정체성의 혼란 등이 외로운 늑대가 되는 이유가 되기도 한다.

50 법의 체계

헌법 → 법률 → 명령 → 지방자치 법규(조례·규칙)

- **헌법** : 국가의 통치조직과 통치작용의 기본원리 및 국민의 기본권을 보장하는 근본 규범
- **법률** : 헌법이 정하는 절차에 따라 국회에서 제정하며 일반적으로 국민의 권리와 의무사항을 규정
- **명 령**
  - **대통령령** : 법률을 시행하기 위하여 필요한 사항에 관하여 대통령이 발하는 명령
  - **총리령·부령** : 국무총리 또는 행정 각부의 장관이 그의 소관 사무에 관하여 법률이나 대통령의 위임에 의거하여 발하는 명령
- **지방자치 법규**
  - **조례** : 지방자치단체가 지방의회 의결에 의하여 법령의 범위 내에서 자기의 사무에 관하여 규정한 것
  - **규칙** : 지방자치단체의 장이 법령 또는 조례에서 위임한 범위 내에서 그 권한에 속하는 사무에 관하여 규정한 것

51 기본 6법

헌법, 민법, 형법, 상법, 민사소송법, 형사소송법

- 헌법 : 국민의 기본권을 보장하고 국가의 통치조직과 통치작용의 기본법칙을 보장하는 근본 규범
- 민법 : 일반인의 사적 생활관계인 재산관계와 가족관계를 규율하는 법률
- 형법 : 범죄와 형벌을 규정한 법률로, 어떤 행위가 범죄이고 이에 대해 어떤 형벌이 부과되는가를 규정
- 상법 : 기업의 생활관계나 기업의 상거래·경영에 관한 법률
- 민사소송 : 사법체계의 권리 실현을 위한 재판 절차를 규정하는 법률
- 형사소송법 : 수사 및 형사재판 절차를 규정한 공법으로 수사 절차, 재판 개시, 재판 절차, 판결 선고, 선고된 판결에 대한 불복 및 확정 등에 대한 일반적인 법 규정을 망라한 절차법

52 법률 제정 절차

법률안의 제출(국회의원과 정부가 제출) → 법률안의 심의와 의결(국회의장이 상임위원회에 회부) → 상임위원회의 심사 → 법제사법위원회의 체계·자구심사 → 전원위원회의 심사 → 본회의 상정(심의·의결) → 정부 이송 → 대통령의 거부권 행사 → 공포

- 제안 : 국회의원 10인 이상 또는 정부가 제안
- 의결 : 제출된 법률안은 소관 상임위원회의 심사를 거쳐 본회의에 회부되고 질의·토론을 거쳐 재적의원 과반수의 출석과 출석의원 과반수의 찬성으로 의결
- 공포 : 의결된 법률안은 정부로 이송되어 15일 이내에 대통령이 공포, 법률에 특별한 규정이 없는 한 공포된 날로부터 20일을 경과함으로써 효력 발생

53 신의성실의 원칙(신의칙)

권리의 행사와 의무의 이행은 신의에 좇아 성실히 하여야 한다는 원칙

신의칙은 사법 및 공법에 적용되는 일반원칙으로서 권리의 행사와 의무의 이행에 관한 적정성의 판단기준이자 법률행위의 해석원리이다. 법의 흠결이 있는 경우에 이를 보충하기 위한 수단으로 작용해야 하는 것으로 강행규범에 반해서는 안 된다. 신의나 성실의 구체적인 내용은 시간이나 장소에 따라 변화되는 것이므로 결국 그 사회의 일반적인 관념에 따라 결정되는 것이다. 이러한 신의칙으로부터 권리남용 금지의 원칙, 실효의 원칙, 사정변경의 원칙 등이 파생된다.

54 조세법률주의(租稅法律主義)
조세의 종목과 세율을 법률로써 정해야 한다는 원칙

'법률의 근거 없이 조세를 부과하거나 징수할 수 없다'는 원칙으로, 국민의 재산권 보호와 법률생활의 안정 도모를 목적으로 한다. 그 내용에는 과세요건 법정주의, 과세요건 명확주의, 소급과세의 금지, 합법성의 원칙 등이 있다.

55 상소(上所)제도
하급 법원의 판결에 대해 불복하여 상급 법원에 재판을 청구하는 제도

- 항소(抗訴) : 1심 판결(지방법원 또는 지방법원 지원)에 불복하여 2심 법원(고등법원 또는 지방법원의 항소부)에 판결을 청구하는 것
- 상고(上告) : 2심 판결에 불복하여 3심 법원(대법원)에 판결을 청구하는 것
- 항고(抗告) : 판결 이외의 법원의 결정이나 명령에 불복하는 것

56 죄형법정주의(罪刑法定主義)
법률이 없으면 범죄도 없고 형벌도 존재하지 않는다는 원칙

어떤 행위가 범죄가 되고, 그 범죄에 대하여 어떤 처벌을 할 것인가는 미리 성문의 법률에 규정되어 있어야 한다는 원칙이다. 따라서 사회에서 비난받을 만한 행위를 했다고 할지라도 그 행위가 법률에 규정되어 있지 않으면 범죄가 되지 않는다는 것이다. 이는 근대 자유주의 인권사상을 배경으로 확립된 것으로 국가기관으로부터 국민의 권리를 보장한다는 데 그 목적이 있다.

57 플리바게닝(Plea Bargaining)
피의자가 혐의를 인정하거나 다른 사람에 대하여 증언을 하면 검찰이 가벼운 범죄로 기소하거나 감형하는 제도

수사에 적극적으로 협조한 피의자에 대해 소추를 면해주거나 형벌을 감해주는 제도로, '유죄협상제도'라고도 한다. 검찰 등 수사기관이 여러 건의 죄를 저지른 피의자를 수사할 때 일단 하나의 혐의로 구속한 뒤 조직범죄의 몸통을 밝힐 수 있도록 피의자와 협상한다. 수사의 편의와 효율성 도모라는 취지이지만 형량을 흥정하는 것은 정의 관념에 위배된다는 비판도 있다.

58 기소유예(起訴猶豫)

검사가 형사 사건에 대하여 범죄의 혐의를 인정하지만 피의자의 연령이나 범행 후의 정황 등을 참작하여 공소를 제기하지 않는 처분

소송조건을 준비하여 범죄의 객관적 혐의가 있는 경우라도 범인의 연령, 지능, 환경, 피해자와의 관계, 범행동기와 수단·결과, 범죄 후의 정황 등의 사항을 참작하여 공소를 제기할 필요가 없을 때 검사는 공소를 제기하지 않을 수 있다. 이 제도는 범행이나 범죄인의 성격 및 행위 등 제반 사항을 참작하여 재판에 회부하지 않고 범죄인에게 기회를 주자는 형사 정책상의 배려에서 비롯됐다.

59 특별검사의 임명 등에 관한 법률

상설특별검사제도의 도입 근거를 마련한 법률

대통령 측근이나 고위공직자 등 국민적 관심이 집중된 대형 비리사건에 있어 검찰 수사의 공정성과 신뢰성 논란이 생길 때마다 특별검사제도를 도입·운용해 왔다. 그러나 특별검사제도를 도입하기 위한 근거법률을 제정하는 과정에서 그 도입 여부 및 특별검사의 수사대상, 추천권자 등을 둘러싼 여야 간의 갈등이 끊이지 않았다. 이를 해결하고자 미리 특별검사제도의 발동경로와 수사대상, 임명절차 등을 법률로 제정해두고 대상 사건이 발생하면 곧바로 특별검사를 임명하여 최대한 공정하고 효율적으로 수사하기 위해 마련한 법률이다. 2025년 9월 이른바 '더 센 특검법'으로 불리는 3대 특검법 개정안이 국회를 통과했다. 개정안에는 수사 기간을 추가로 30일 연장하고 수사 인원을 확대하는 방안이 담겼다.

주요 내용
- 수사대상 : 국회가 정치적 중립성과 공정성 등을 이유로 특별검사의 수사가 필요하다고 본회의에서 의결한 사건, 법무부 장관이 이해충돌이나 공정성 등을 이유로 특별검사의 수사가 필요하다고 판단한 사건
- 임명 : 대통령이 특별검사 후보 추천위원회에 2명의 특별검사 후보자 추천을 의뢰하고 추천을 받은 날부터 3일 내에 추천된 후보자 중에서 1명을 특별검사로 임명
- 수사 기간 : 준비 기간이 만료된 날의 다음 날부터 통상 60일 이내에 담당 사건에 대한 수사를 완료하고 공소제기 여부 결정. 대통령의 승인을 받아 한 차례만 30일까지 연장 가능

60 기소독점주의(起訴獨占主義)

공소권을 검사에게 독점시키는 주의

공소를 제기하고 수행할 권한을 검사가 독점하는 것으로 다시 말하면 재판을 받게 할지 여부를 결정할 수 있는 권한을 오직 검사만 갖는다는 뜻이다. 우리나라는 '공소는 검사가 제기하여 수행한다(형사소송법 제246조)'라고 규정하여 기소독점주의와 기소편의주의를 채택하고 있다. 기소독점주의는 공소제기(公訴提起)의 권한을 검사에게만 부여하는 것이며, 기소편의주의는 형사소송법상 공소의 제기에 관하여 검사의 재량을 허락하고 불기소(기소유예와 무혐의 처분)를 인정하는 제도다.

61 반의사불벌죄(反意思不罰罪)

피해자가 명시한 의사에 반하여 처벌할 수 없는 죄

범죄는 성립하지만 일정한 범죄에 대해서만은 피해자의 의사를 가장 우선시함에 따라 피해자가 처벌을 원하지 않는다는 명백한 의사표시를 하는 경우 소추할 수 없다. 따라서 이러한 경우 재판을 하지 않으며, 처벌 역시 받지 않게 된다. 재판 진행 중에 의사표시를 할 수도 있는데 이러한 경우에는 공소기각 판결로 재판은 종료된다. 반의사불벌죄로는 명예훼손죄(형법 제307조), 출판물 등에 의한 명예훼손죄(형법 제309조), 폭행죄(형법 제260조 제1항), 존속폭행죄(형법 제260조 제2항), 과실치상죄(형법 제266조) 등이 있다.

62 친고죄(親告罪)

범죄에 대해서 공소를 제기하기 위해서는 피해자의 고소를 필요로 하는 특정 범죄

피해자의 고소가 없으면 수사기관은 가해자에 대해 수사를 개시할 수 없고 기소할 수도 없다. 이러한 점에서 피해자의 고소 없이도 수사나 기소는 할 수 있는 반의사불벌죄와 구별된다. 형사소송법 제230조 제1항은 친고죄에 대해 범인을 알게 된 날로부터 6월을 경과하면 고소하지 못한다고 규정하여 고소기간에 제한을 두고 있다. 친고죄에는 사자(死者)에 대한 명예훼손죄(형법 제308조), 모욕죄(형법 제311조), 비밀침해죄(형법 제316조), 업무상비밀누설죄(형법 제317조) 등이 있다.

63 독수독과(毒樹毒果) 이론

고문이나 불법 도청 등 위법한 방법으로 수집한 증거는 증거로서의 능력을 상실한다는 이론

'독이 있는 나무는 열매에도 독이 있다'라는 뜻으로 위법하게 수집된 1차적 증거(독수)에 의해 발견된 2차적 증거(과실)의 증거능력을 정한다는 이론이다. 위법적으로 수집한 증거를 기초로 획득한 2차적 증거를 유죄 인정의 증거로 삼을 수 없지만 2차적 증거수집과 관련된 사정을 전반적으로 고려해 예외적인 경우에는 증거로 사용할 수 있다는 판례가 있다.

64 헌법재판소(憲法裁判所)

헌법에 관한 분쟁이나 법률의 위헌 여부, 탄핵, 정당의 해산 등에 관한 것을 사법적 절차에 따라 해결하는 특별재판소

1987년 이전에는 대법원과 헌법위원회가 헌법재판소의 기능을 담당하였으나 제6공화국 때 개정된 헌법에 의해 1988년 헌법재판소가 출범했다. 헌법재판소장은 대통령이 국회의 동의를 얻어 임명하며 재판관은 총 9명으로 대통령과 국회, 대법원장이 각각 3명씩 선출하여 대통령이 임명한다. 헌법재판소 재판관의 임기는 6년이고 연임이 가능하며 정년은 만 70세이다. 헌법재판소 재판관은 정당에 가입하거나 정치에 관여할 수 없고, 탄핵 또는 금고 이상의 형의 선고에 의하지 아니하고는 파면되지 않는다.

헌법재판소의 권한
- 탄핵심판 : 국회로부터 탄핵소추를 받은 자가 있을 경우, 헌법재판소 재판관 6인 이상의 찬성으로 탄핵이 결정된다. 탄핵 결정의 효력은 공직으로부터의 파면에 그친다. 그러나 이로 인해 민·형사상의 책임이 면제되지는 않는다.
- 위헌법률심판 : 법원에서 재판이 진행 중일 때 그 재판과 관련된 법률이 헌법에 반하는지의 여부를 판단하는 것이다. 위헌법률심판을 제청하기 위해서 그 법률은 '재판의 전제'가 되어야 하고, 위헌법률 제청이 결정되면 헌법재판소의 결정이 있을 때까지 재판은 중단된다. 헌법재판소 재판관 6인 이상의 찬성으로 위헌이 결정되며, 그 법률은 효력을 상실한다.
- 정당해산심판 : 정당의 목적이나 활동이 민주적 기본질서에 위배되어 정부가 그 정당의 해산을 제소할 경우 헌법재판소는 재판관 6인 이상의 찬성으로 그 정당의 해산을 결정할 수 있다.
- 권한쟁의심판 : 국가기관 상호 간 또는 국가기관과 지방자치단체 간 및 지방자치단체 상호 간에 그 헌법적 권한과 의무의 범위와 내용에 관하여 다툼이 생긴 경우에 이를 심판한다.
- 헌법소원심판 : 위법한 공권력 발동으로 헌법에 보장된 자유와 권리를 침해당한 국민이 권리를 구제받기 위해 헌법소원을 제기하는 경우 이에 대한 심판을 한다.

65 법 적용의 원칙

상위법 우선의 원칙, 특별법 우선의 원칙, 신법 우선의 원칙, 법률불소급의 원칙

- 상위법 우선의 원칙 : 실정법상 상위의 법규는 하위의 법규보다 우월하며, 상위의 법규에 위배되는 하위의 법규는 정상적인 효력이 발생하지 않는다는 원칙이다.
- 특별법 우선의 원칙 : 특정한 사람, 사물, 행위 또는 지역에 국한되는 특별법이 일반법보다 우선적으로 적용된다는 원칙이다.
- 신법 우선의 원칙 : 법률이 새로 제정 또는 개정되어 법률 내용에 충돌이 생겼을 때, 신법이 구법에 우선하여 적용된다는 원칙이다.
- 법률불소급의 원칙 : 새롭게 제정 또는 개정된 법률은 그 법률이 효력을 갖기 이전에 발생한 사실에 대해 소급하여 적용할 수 없다는 원칙으로, 법적 안정성을 반영한 것이다. 형법에서 특히 강조된다.

66 이해충돌방지법

공직자가 직위를 통해 얻는 사적이익을 방지하는 법안

공직자가 자신의 직위를 이용해 사적이익을 얻는 것을 방지하는 법안이다. 2013년 처음 발의된 뒤 국회에서 8년간 계류했다. 이후 LH(한국토지주택공사) 직원들의 부동산 투기사태로 법 추진이 급물살을 탔고, 2021년 4월 29일 국회를 통과했다. 법의 주요 내용은 ▲ 사적 이해관계 신고 및 직무회피제도 ▲ 직무상 비밀을 이용한 재산상 이익 취득 금지 ▲ 부정으로 취득한 이익 몰수 내지 추징 ▲ 직무 관련 가족 등 이해관계인과의 수의계약 금지 등이다.

67 배타적 경제수역(EEZ ; Exclusive Economic Zone)

자원에 대해 독점적 권리를 행사할 수 있는 자국 연안으로부터 200해리까지의 수역

자국 연안으로부터 200해리까지의 수역에 대해 천연자원의 탐사·개발 및 보존, 해양환경의 보존과 과학적 조사활동 등 모든 주권적 권리를 인정하는 유엔해양법상의 개념이다. 영해와 달리 영유권은 인정되지 않는다. 따라서 어업행위 등 경제활동의 목적이 없는 외국 선박의 항해와 통신 및 수송을 위한 케이블이나 파이프의 설치는 허용되지만 자원탐사 및 개발, 어업활동 등의 경제활동은 연안국의 허가를 받아야 하며, 이를 위반했을 때는 처벌을 받는다.

68 오픈 프라이머리(Open Primary, 예비선거)

미국의 예비선거에서 무소속 유권자나 다른 정당원에게도 투표할 수 있는 자격을 개방하는 방식

미국에서는 본 선거를 치르기 전에 선거구별로 후보자를 선정하는 예비선거(Primary)를 치르는데, 이때 투표 자격에 제한을 두지 않고 무소속 유권자나 다른 정당원에게도 투표할 수 있는 자격을 개방한다. 이러한 방식을 오픈 프라이머리라고 한다. 단, 유권자는 한 정당의 예비선거에만 투표할 수 있다. 우리나라에서는 기존의 하향식 공천제도가 안고 있는 문제점을 해소해줄 수 있다는 기대에 따라 2015년 7월 이후 지속적으로 오픈 프라이머리가 논의되고 있다.

69 엽관주의(Spoils System)

선거로 정권을 잡은 사람 또는 정당이 관직을 지배하는 인사 관행

"전리품은 승자의 것이다"라고 한 미국 상원의원 마시의 말에서 유래한 것으로, 당시 관직을 선거에서 이긴 정당 혹은 사람의 '전리품'이라고 여기게 되면서 이루어진 인사 관행을 말한다. 19세기 미국의 공무원 인사제도는 엽관주의에 따라 선거를 통해 집권한 정당에 의해 이루어졌는데, 이렇게 정당에 대한 기여나 당선자(인사권자)와의 개인적 관계에 의해 관직을 임용하게 됨에 따라 행정능률이 저하되고 행정질서가 교란되는 각종 문제가 발생하면서 실적주의가 대두하게 되었다. 우리나라의 경우는 엽관주의를 지양하고 정권교체에 따른 국가작용의 혼란을 예방하여 일관성 있는 공무 수행의 독자성을 유지하기 위해 헌법과 법률에 따라 공무원의 신분이 보장되는 직업공무원제를 채택하고 있다.

70 비토권(Veto)

사안을 거절할 수 있는 권리

한 사안에 대해서 거부·거절할 수 있는 권리를 말한다. 'Veto'는 거부라는 뜻의 영단어다. 국제연합(UN)의 주요 기관 중 하나인 안전보장이사회(안보리)에서 미국·영국·러시아·프랑스·중국으로 이뤄진 상임이사국은 '비토권 5개국'으로 불린다. 만약 5개국 중 1개국이라도 비토권을 행사하면 해당 국가를 제외한 비상임이사국 10개국에서 만장일치를 이뤄도 안건이 통과되지 않는다. 우리나라에도 비토권이 존재하는데, 국회(입법부)에서 의결된 안건에 대해 대통령이 재의를 요구할 수 있는 법률안 재의요구권(법률안 거부권)을 말한다. '재의'라고 명시되어 있지만 실질적으로는 비토권과 같은 역할을 한다.

경제·경영·금융

01 경제분석일반

거시적 관점에서 경기, 금리, 통화량, 물가, 환율, 주가의 관계를 분석하는 것

주가는 경기변동의 선행지표이며 경제성장률은 주가와 양(+)의 상관관계를 갖는다.

① 통화량과 주가
- 통화량 증가 → 유동성 풍부 → 명목소득 상승 → 주식수요 증가 → 주가 상승
- 통화량 감소 → 인플레이션 압박 → 주가 하락

② 금리와 주가
- 금리 하락 → 자금조달 확대 → 설비투자 확대 → 수익성 상승 → 주가 상승
- 금리 상승 → 자금조달 축소 → 설비투자 축소 → 수익성 하락 → 주가 하락

③ 물가와 주가
- 완만한 물가 상승 → 기업 판매이윤 증가 → 주가 상승
- 급격한 물가 상승 → 제조비용 증가 → 실질구매력 감소 → 기업수지 악화 → 주가 하락

④ 환율과 주가
- 환율 인하 → 수입 증가, 수출 감소 → 기업의 수익성 하락 → 주가 하락
- 환율 상승 → 수입 감소, 수출 증가 → 기업의 수익성 증가 → 주가 상승

⑤ 원자재가격과 주가
- 원자재가격 상승 → 제조비용 상승 → 국내 제품가격 상승 → 판매 하락 → 주가 하락
- 원자재가격 하락 → 제조비용 하락 → 국내 제품가격 하락 → 판매 상승 → 주가 상승

02 경제성장률

한 나라 경제가 일정 기간 실질적으로 성장하는 비율을 나타낸 것으로 통상 1년 단위로 측정

국가의 실질액의 증가율을 나타내고 있기 때문에 '실질성장률'이라고도 한다.

$$경제성장률(\%) = \frac{\text{이번 연도 실질GDP} - \text{전년도 실질GDP}}{\text{전년도 실질GDP}} \times 100$$

03 시장의 종류

완전경쟁시장 · 독점시장 · 과점시장 · 독과점시장 등

- 완전경쟁시장 : 수많은 판매자와 수많은 구매자가 주어진 조건에서 동일한 재화를 사고파는 시장
- 독점적 경쟁시장 : 기업들이 독점적 입장의 강화를 꾀하면서도 서로 경쟁하는 시장
- 독점시장 : 특정 기업이 생산과 시장을 지배하고 있는 시장
- 과점시장 : 소수의 생산자가 시장을 장악하고 공급을 조정하여 가격을 결정하는 시장
- 독과점시장 : 독점시장과 과점시장이 결합된 형태의 시장

04 국내총생산(GDP ; Gross Domestic Product)

일정 기간 동안에 한 나라의 국경 안에서 생산된 모든 최종생산물의 시장가치

- 일정 기간 동안 : 유량 개념을 의미하며 보통 1년을 단위로 측정
- 한 나라의 국경 안 : 속지주의 개념으로, 외국인이 국내에서 생산한 것은 포함되지만 내국인이 국외에서 생산한 것은 제외
- 최종생산물 : 중간생산물은 제외
- 시장가치 : 시장에서 거래된 것만 포함

리디노미네이션(Redenomination)
한 나라에서 통용되는 화폐의 액면가(디노미네이션)를 동일한 비율의 낮은 숫자로 변경하는 조치를 말한다. 이전에는 디노미네이션(Denomination)이라 불렸으나 디노미네이션이 화폐, 채권, 주식 등의 액면금액을 의미하는 것이므로 한국은행은 화폐단위 변경을 영어로 표현하려면 '리디노미네이션' 또는 '디노미네이션의 변경'이라는 표현을 사용하도록 독려하고 있다.

05 비경제활동인구

만 15세가 넘은 인구 가운데 취업자도 실업자도 아닌 사람

일을 할 수 있는 능력은 있으나 일할 의사가 없거나, 일할 능력이 없어 노동에 기여하지 못하는 사람을 이르는 말이다. 조사대상 주간 중 취업자도 실업자도 아닌 만 15세 이상인 자로, 집안에서 가사와 육아를 전담하는 가정주부, 학교에 다니는 학생, 일을 할 수 없는 연로자와 심신장애자, 자발적으로 자선사업이나 종교단체에 관여하는 자 등을 말한다.

06 인플레이션(Inflation)

개별상품 및 서비스 가격들의 평균값이 지속적으로 상승하는 현상

화폐가치가 하락하여 물가가 상승하는 현상을 말한다. 예를 들어 100원짜리 사과가 인플레이션으로 인해 300원, 500원으로 가격이 높아지는 것인데, 이는 화폐가 시중에 많이 풀려 화폐가치가 하락하면서 나타난다.

07 애그플레이션(Agflation)

곡물가격 급등에 따른 물가 상승

'농업(Agriculture)'과 '인플레이션(Inflation)'을 합친 신조어로 농산물 상품의 가격이 올라 일반 물가도 덩달아 오르는 현상이다. 밀, 쌀, 옥수수 등 국제 곡물가격이 치솟으면 세계적으로 애그플레이션의 위험이 높아진다.

08 스태그플레이션(Stagflation)

경기침체기에 발생하는 인플레이션으로, 저성장·고물가의 상태

경기침체를 의미하는 '스태그네이션(Stagnation)'과 물가 상승을 의미하는 '인플레이션(Inflation)'을 합성한 용어로, 경제활동이 침체되고 있는 상황에서도 물가는 지속적으로 상승하고 있는 현상이다. 스태그플레이션이 발생할 경우 경제성장과 물가안정 어느 쪽도 달성하기가 힘들어진다.

09 스크루플레이션(Screwflation)

쥐어짤 만큼 어려운 경제상황에서 체감물가가 올라가는 상태

'돌려조인다', '쥐어짜다'라는 의미의 '스크루(Screw)'와 '인플레이션(Inflation)'의 합성어다. 물가 상승과 실질임금 감소, 주택가격 하락과 임시직의 증가 및 주가 정체 등으로 중산층의 가처분소득이 줄어들었을 때 발생한다. 중산층의 소비가 이뤄져야 생산과 고용이 늘어나게 되고 궁극적으로 경제가 성장하기 마련이지만 물가 상승과 실질임금 감소 등의 원인으로 중산층이 더 이상 활발한 소비를 하지 않게 되면서 스크루플레이션이 발생한다.

10 버블경제

경제가 실물 부문의 움직임을 반영하지 못한 상태로 실제보다 과대평가 됐을 때의 경기상태

특정 상황이나 투자자산 또는 기업의 가치 등에 있어서 그것이 갖고 있는 내재적 가치에 비해 시장에서 형성된 가격이 과대평가된 것을 말한다. 흔히 시장이 과열됐다고 말하며 비이성적인 투기행위로 본다. 최초의 버블경제로 여겨지는 것은 17세기 네덜란드의 튤립파동이며, 파장이 가장 컸던 사례는 1980년대 일본의 부동산 버블이다. 당시 일본에서는 주가가 상승하면서 집값이 실제 자산가치에 비해 폭등했으나 주가와 지가가 하락하게 되면서(거품이 빠지면서) 일본 경제는 1990년대 초부터 침체기로 접어들었다.

11 피구 효과(Pigou Effect)

물가 하락 시 화폐의 실질가치는 증대해 결국 완전고용이 실현된다는 이론

경기불황이 심해짐에 따라 물가가 급속히 하락하고 경제주체들이 보유한 화폐량의 실질가치가 증가하게 되어 민간의 자산이 증가하면서 소비 및 총수요가 증대되는 효과를 말한다. 피구 효과는 케인즈 학파의 유동성 함정 논리에 대항하기 위해 고전학파들이 사용하는 논리로, 유동성 함정이 존재한다고 해도 물가가 신축적이라면 극심한 불황에서 자연스럽게 탈출하여 완전고용을 이룰 수 있다고 본다.

12 소비자물가지수(CPI ; Consumer Price Index)

소비자가 구입하는 재화의 가격과 서비스 요금의 변동을 종합적으로 측정하기 위해 작성되는 물가지수

각 가정이 생활을 위해 구입하는 상품과 서비스의 가격변동을 알아보기 위해 작성하는 통계로, 소비자가 구입하는 수많은 상품과 서비스의 가격 수준, 단위, 가격흐름을 지수로 산정하여 누구나 쉽게 알아볼 수 있도록 만든 것이다.

13 소비절벽

경기불황이 이어지면서 소비자들의 불안심리가 커져 소비가 급격하게 줄어드는 현상

30~50대 주력 소비계층이 미래에 대한 대비를 위해 소비를 줄이는 대신 저축 등을 하면서 나타난다. 이런 식으로 주력 소비계층이 지갑을 닫으면서 전체 소비가 감소하고 그로 인해 경제가 더욱 침체되는 결과로 이어진다.

14 통화정책

유통되는 통화량을 조절하면서 경제활동의 수준을 조절하는 중앙은행의 정책

중앙은행이 통화량 및 금리를 조절함으로써 고용·물가안정·국제수지 개선 등의 목표를 달성하기 위한 정책이다. 중앙은행은 재할인 정책, 지급준비 정책, 공개시장 정책 등의 수단을 통해 정책목표를 이루려 한다.
- 경기침체 시 : 중앙은행이 통화량을 늘리거나 이자율을 인하하는 등 확장통화정책을 펴면 투자지출과 소비지출이 증가하여 총수요가 확대되면서 경기가 회복됨
- 경기과열 시 : 중앙은행이 시중의 돈을 환수하여 통화량을 줄이거나 이자율을 인상하는 긴축통화정책을 펴면 투자와 소비가 감소하면서 총수요가 줄어들어 경기가 회복됨

15 양적완화(Quantitative Easing)

금리 인하를 통한 경기부양 효과가 한계에 봉착했을 때, 중앙은행이 국채매입 등을 통해 유동성을 시중에 직접 푸는 정책

정책금리가 0%에 근접하거나 혹은 다른 이유로 시장경제의 흐름을 정책금리로 제어할 수 없는 이른바 유동성 저하상황에 처했을 때, 유동성을 충분히 공급함으로써 중앙은행의 거래량을 확대하는 정책이다. 중앙은행은 채권이나 다른 자산을 사들임으로써 이율을 더 낮추지 않고도 돈의 흐름을 늘리게 된다.

16 총부채상환비율(DTI ; Debt to Income ratio)

총소득에서 부채(빚)의 연간원리금상환액이 차지하는 비율

금융부채 상환능력을 소득으로 따져 대출한도를 정하는 방식이다. 은행 등 금융기관이 대출금액을 정할 때 대출자의 상환능력을 검증하기 위해 활용하는 개인신용평가시스템과 비슷한 개념이다. 수치가 낮을수록 빚 상환능력이 양호하거나 소득에 비해 대출규모가 작다는 의미이다.

$$DTI = \frac{\text{해당 주택 담보대출 연간원리금 상환액} + \text{기타 부채의 연간이자상환액}}{\text{연소득}}$$

17 주택담보대출비율(LTV ; Loan to Value ratio)

집을 담보로 은행에서 돈을 빌릴 때 집의 자산가치를 얼마로 보는가의 비율

주택의 종류 및 주택의 소재 지역에 따라 담보자산의 시가 대비 처분가액 비율이 달라질 수 있다. 이는 과도한 부동산담보대출을 억제하고 부동산 투기를 막는 데 효과가 있다. 보통 기준시가가 아닌 시가의 일정 비율로 정한다.

$$LTV = \frac{주택담보대출금액 + 선순위채권 + 임차보증금 \text{ 및 } 최우선변제 \text{ } 소액임차보증금}{담보가치}$$

18 통화스와프(Currency Swaps)

다양한 계약 조건에 따라 일정 시점에 통화, 금리 등의 교환을 통해 이뤄지는 금융기법

스와프에는 외국환을 거래하는 외환스와프, 통화를 교환하는 통화스와프, 동일한 통화의 이자를 서로 교환하는 금리스와프 등이 있다. 스와프는 서로의 부채를 교환하여 위험을 회피하려는 것이 목적이다. 국가 간의 통화스와프 협정은 두 나라가 자국 통화를 상대국 통화와 맞교환하는 방식으로 이뤄지며 한 나라에 외환위기가 발생하면 상대국이 즉각 외화를 융통해줌으로써 유동성 위기에서 벗어나고 환시세의 안정을 꾀할 수 있다.

19 코픽스(COFIX)

2010년 2월에 도입된 대출 기준금리

은행의 자본조달 비용을 반영한 주택담보대출 기준금리를 말한다. 은행연합회가 매달 한 번씩 8개 시중은행으로부터 정기예금, 정기적금, 상호부금, CD, 환매조건부채권, 금융채 등 자본조달 상품 관련 비용을 종합하여 산출한다. 은행들이 대출금리를 결정할 때 코픽스에 대출자의 신용도를 반영하여 일정한 가산금리(스프레드)를 더한다. 잔액을 기준으로 하는 방법과 신규 취급액을 기준으로 하는 방법이 있다.

20 테킬라 효과(Tequila Effect)

한 국가의 금융·통화위기가 주변의 다른 국가로 급속히 확산되는 현상

1994년 멕시코의 외환사정 악화로 발생한 경제위기가 브라질, 아르헨티나 등 주변의 중남미 국가로 번진 데서 유래했다. 멕시코의 전통술인 테킬라에 빗댄 표현으로, 한 나라의 경제위기로 인해 주변 국가들이 덩달아 취하는 것처럼 확산된다는 의미에서 만들어졌다. 1997년 태국의 외환위기가 필리핀·한국·말레이시아 등에 영향을 끼쳐 우리나라가 국제통화기금(IMF)으로부터 구제금융을 받게된 것도 테킬라 효과의 하나로 볼 수 있다.

21 거미집 이론

가격과 공급량의 주기적 변동을 나타내는 이론

1934년 미국의 계량학자 W. 레온티에프 등에 의해 거의 완전한 형태로 정식화된 이론이다. 수요의 반응에 대응하여 수요량은 대체로 즉각적인 반응을 보인다고 할 수 있으나 공급량은 반응이 나타나기까지 일정한 시간이 필요하기 때문에 실제 균형가격은 시행착오를 거친 후에야 가능하게 된다. 이를 수요공급 곡선상에 나타내면 가격이 마치 거미집과 같은 모양으로 균형가격에 수렴되므로 거미집 이론이라고 부른다.

22 골디락스(Goldilocks)

높은 성장률을 기록하면서도 물가 상승 압력이 거의 없는 이상적인 경제상황

영국 동화〈골디락스와 곰 세 마리〉에 등장하는 소녀 이름에서 유래한 용어다. 동화에서 여주인공 골디락스는 곰이 끓이고 나간 세 가지의 수프인 뜨거운 것과 차가운 것, 적당한 것 중에서 적당한 것을 먹고 딱딱한 침대, 너무 물렁한 침대, 적당한 침대 중 적당한 침대에 누워 쉬는데 이러한 골디락스를 경제에 비유하여 뜨겁지도 차갑지도 않은, 안정적인 경제상태를 표현한다. 가격이 아주 비싼 상품과 싼 상품, 중간가격의 상품을 함께 진열하여 중간가격의 상품을 선택하게 유도하는 판촉기법을 '골디락스 가격'이라고 하기도 한다.

23 구독경제

신문처럼 매달 구독료를 내고 재화나 서비스를 받아쓰는 경제활동

신문이나 잡지를 구독하는 것처럼 일정 기간 구독료를 지불하고 상품, 서비스 등을 사용할 수 있는 경제활동을 일컫는 말이다. 국내에는 2010년대를 전후하여 도입되기 시작했으며 초반에는 화장품이 주를 이루었으나 점점 생활용품, 홈쇼핑, 식음료, 명품 의류 등으로 서비스 품목이 다양해지고 있다. 이는 소비자의 소비가 소유에서 공유, 더 나아가 구독 형태로 진화하면서 유망 사업 모델로 주목받고 있음을 말해준다. 불황기에 목돈을 들여 상품을 구매하는 것보다 매월 저렴한 가격에 다양한 경험을 함으로써 실속을 챙기는 성향이 구독 서비스의 성장에 일조하고 있다.

24 지니계수(Gini's Coefficient)

빈부격차와 계층 간 소득분포 불균형 정도를 나타내는 수치

각 계층 사이에서 이루어지는 소득분배가 얼마나 평등한지를 나타내는 수치이며 계층의 빈부격차를 한눈에 보여준다. 저소득층에서 고소득층으로 향하는 사람의 수를 누적 백분율로 하여 가로축으로 나타내고 그 사람들의 소득에 대한 누적 백분율을 세로축으로 나타낼 때 그려지는 로렌츠 곡선과 대각선으로 둘러싸인 면적을 대각선 아래쪽의 직각 삼각형의 면적으로 나눈 비율이다. 이 수치가 0에 가까울수록 소득분배가 평등하게 이루어졌다고 평가한다.

25 엥겔계수(Engel's Coefficient)

총 가계지출액 중에서 식료품비가 차지하는 비율

저소득 가계일수록 가계지출 중 식료품비가 차지하는 비율이 높고, 고소득 가계일수록 식료품비가 차지하는 비율이 낮다는 이론이다. 식료품은 필수품이기 때문에 소득 수준과 관계없이 반드시 일정한 비율을 소비해야 하며 동시에 어느 수준 이상은 소비할 필요가 없는 재화다. 따라서 엥겔계수는 소득 수준이 높아짐에 따라 점차 감소하는 경향이 있다. 엥겔은 엥겔지수가 25% 이하이면 소득 최상위, 25~30%이면 상위, 30~50%이면 중위, 50~70%이면 하위, 70% 이상이면 극빈층이라고 정의했다.

$$엥겔계수 = \frac{식료품비}{총\ 생계비} \times 100$$

26 빅맥지수
맥도날드의 빅맥 햄버거 값을 비교해 각국의 통화가치와 통화의 실질구매력을 평가하는 지수

영국 이코노미스트지는 전 세계적으로 팔리고 있는 맥도날드 햄버거인 빅맥가격을 기준으로 한 빅맥지수를 분기별로 발표하는데, 이것은 '환율은 두 나라에서 동일한 상품과 서비스의 가격이 비슷해질 때까지 움직인다'라는 구매력평가설을 근거로 적정환율을 산출하는 데 활용된다.

27 롱테일 법칙(Long Tail Theory)
전체 제품의 80%에 해당하는 하위의 다수가 20%에 해당하는 상위 상품보다 더 뛰어난 가치를 창출한다는 이론

'롱테일'은 판매곡선에서 판매율이 높아 솟아오른 머리 부분 다음에 낮은 판매율이 길게 이어지는 꼬리 부분을 가리키는 말이다. 잡지의 편집장인 크리스 앤더슨이 "인터넷 비즈니스에 성공한 기업들 상당수가 20%의 머리 부분이 아니라 80%의 꼬리에 기반하여 성공했다"라고 주장하면서 대두된 이론이다. 파레토 법칙과 반대되는 이론이라 하여 '역파레토 법칙'이라고도 한다. 80%에 해당하는 비주류 상품들의 매출이 20%에 해당하는 주류상품 못지않은 경제성을 지니고 있다는 것이다.

28 공유경제
물품을 소유의 개념이 아닌, 서로 대여 및 차용해 쓰는 개념으로 인식하는 경제활동

한번 생산된 제품을 여럿이 공유해 쓰는 협업소비를 기본으로 하여 자동차나 빈 방 등 활용도가 떨어지는 물품이나 부동산을 다른 사람과 함께 공유함으로써 자원활용을 극대화하는 경제활동을 말한다. '공유경제'라는 용어는 2008년 하버드대학교의 로렌스 레식 교수가 그의 저서 〈리믹스〉에서 처음 사용하면서 등장했다. 현대사회에 맞춘 합리적인 소비를 하자는 인식에서 부각됐고, 스마트폰의 발달이 활성화에 기여하면서 보편적인 개념으로 발전했다. 모바일 차량 서비스인 '우버', 집을 공유하는 '에어비앤비', 카셰어링 서비스인 '쏘카' 등이 공유경제의 대표적인 사례다.

29 필립스 곡선

임금상승률과 실업률의 관계를 나타낸 그래프

경제성장과 안정은 동시에 달성하기 어렵다. 실업을 줄이기 위한 확장정책은 인플레이션을 초래하여 임금상승률을 높이고, 실업률이 증가하면 임금상승률은 낮아지는데 이러한 관계를 나타낸 곡선이 필립스 곡선이다. 필립스 곡선은 단순히 경험적 관계에서 도출한 것에 불과하지만 완전고용과 물가안정이란 두 가지 경제정책 사이의 모순을 지적함으로써 정책 문제의 분석에 큰 공헌을 했다고 평가된다.

30 한계효용체감의 법칙

한 재화의 소비량이 일정 단위를 넘어서면, 소비량이 증가할수록 그 재화의 한계효용이 지속적으로 감소하는 것

어떠한 재화를 추가로 소비함에 있어 얻는 만족도를 의미한다. 즉, 어떤 상품을 한 단위 더 추가적으로 소비함으로써 소비자가 얼마만큼 더 만족을 느낄 수 있는지를 나타내는 것이다. 예를 들어 배가 고픈 사람이 삼각김밥을 먹는다고 가정하면, 처음 하나를 먹을 때의 만족도는 매우 크지만 두 개, 세 개를 추가적으로 계속 먹으면 점점 배가 불러 나중에는 먹기가 싫어져 만족도가 거의 없을 것이다. 이것이 한계효용체감의 법칙이다.

31 가치의 역설(스미스의 역설)

가격과 효용의 괴리 현상

사람이 살아감에 있어 매우 중요하고 반드시 필요한 물이 헐값에 팔리는 데 반해 일상생활에서 거의 쓸모가 없는 다이아몬드는 매우 비싼 가격에 팔린다. 이러한 모순이 발생하는 이유는 다이아몬드의 총효용은 작지만, 존재량이 매우 적어 한계효용이 높기 때문이다. 반면 물은 총효용은 크지만, 존재량과 소비량이 매우 많아 한계효용이 0에 가깝기 때문에 가격이 매우 낮은 것이다. 즉, 가치의 역설은 상품가격이 총효용이 아닌, 한계효용에 의해 결정되기 때문에 물의 총효용이 다이아몬드의 총효용보다 훨씬 크다 해도 값은 정반대가 되는 것이다.

32 베블런 효과(Veblen Effect)
가격이 오르는데도 오히려 수요가 증가하는 현상(가격은 가치를 반영)

미국의 사회학자이며 사회평론가인 베블런(Thorstein Bunde Veblen)이 1899년 출간한 〈유한계급론〉에서 언급한 것으로, 자신의 성공을 과시하기 위한 상류층의 소비가 반영된 현상이다. 즉, 가격이 오르는데도 불구하고 수요가 줄지 않고 오히려 증가하는 것을 말한다.

33 자물쇠 효과(Lock-in Effect)
계속 같은 브랜드의 상품을 구입하는 현상

기존의 제품 및 서비스보다 더 뛰어난 것이 나와도 이미 투자된 비용이나 기회비용, 혹은 복잡함이나 귀찮음으로 인해 소비자들이 타제품 및 서비스로 옮겨가지 않는 것을 말한다. 상품을 무상이나 저가로 제공하여 고객을 확보한 후 유료로 전환해도 고객이 기존 상품에 비용을 지불하고 사용하는 경우가 이에 해당한다.

34 제품수명주기(PLC ; Production Life Cycle)
제품이 시장에 나온 후 쇠퇴하기까지의 과정

이 수명주기는 제품의 성격에 따라 다르지만 대체로 도입기·성장기·성숙기·쇠퇴기의 과정으로 나눌 수 있다. 특히 기업이 노력을 전개해야 할 부분은 도입기와 성장기이며, 기업은 성장을 위해서 언제나 성장기에 있을 만한 제품을 라인에 끼워두고 신제품 개발이나 경영의 다각화를 시도해야 한다.

- **도입기** : 제품수명주기의 도입기는 신제품이 처음 시장에 선을 보이면서 시작된다. 이 시기의 마케팅 활동은 소비자들과 중간상인들에게 제품의 존재와 제품의 이점을 알리는 데 중점을 두게 되며, 광고와 판매촉진에 많은 투자를 한다.
- **성장기** : 성장기에는 소비자들이 문제의 제품에 대해서 이미 어느 정도 알게 되고, 그 제품을 취급하는 점포도 증가하게 되므로 판매가 급속히 증가한다.
- **성숙기** : 자사 제품의 독특한 점을 부각시켜 자사 제품이 경쟁 제품과 구별되도록 하는 데 주안점을 둔다.
- **쇠퇴기** : 판매 부진과 이익 감소로 인하여 몇몇 회사는 시장을 떠나고, 남은 회사들은 광고와 판매촉진비를 줄이고 가격을 더 낮추며, 원가관리를 강화하는 등의 자구책을 강구하게 된다.

35 블랙박스(Blackbox) 전략

신기술에 대한 정보를 원천봉쇄하기 위해 특허 출원을 하지 않는 전략

신기술을 개발한 기업이 관련된 특허를 출원할 경우 경쟁업체가 이 기술을 참고할 수 있는 가능성이 생기므로 신기술이 공개되는 것을 막기 위해 아예 특허 출원을 하지 않은 채 기술을 숨기는 전략을 말한다. 특허 출원으로 인한 수입보다 자신들만이 보유한 기술력으로 시장에서 경쟁하는 것이 더 나은 효과를 얻는다는 판단에서 활용되고 있다.

36 바이콧(Buycott)

소비자들이 특정 제품이나 서비스를 적극적으로 구매하는 행동

불매를 뜻하는 '보이콧(Boycott)'에 대비되는 말로 소비자들이 자신이 지지하는 기업이나 업체의 상품을 적극적으로 구매하는 행동을 가리킨다. 사회적으로 선한 영향력을 행사하는 등 사회적 가치를 구현하고자 하는 기업의 상품을 구매함으로써 이를 지지한다는 의사를 표현하는 것이다.

37 ESG

환경(Environment), 사회(Social), 지배구조(Governance)

환경(Environment), 사회(Social), 지배구조(Governance)의 머리글자로 무디스가 고안한 투자가치와 성장 가능성의 지속 가능 여부를 알려주는 새로운 투자기준이다. 기업이 환경보호에 앞장서는지, 사회적 약자에 대한 지원 및 사회공헌 활동을 활발히 하는지, 법과 윤리를 철저히 준수하는 윤리경영을 실천하는지를 평가한다. 2000년 영국의 ESG 정보공시 의무제도 도입을 시작으로 프랑스, 독일 등에서도 해당 제도를 시행하고 있다. 우리나라는 금융위원회가 2026년 이후(기존 2025년에서 연기) 유가증권시장 상장사 중 자산이 2조 원 이상인 경우 의무적으로 ESG를 공시하도록 했다. 2030년에는 모든 코스피 상장사로 공시 의무가 확대될 예정이다.

> **ESG 채권**
> - 녹색채권(Green Bond)
> - 사회적 채권(Social Bond)
> - 지속가능채권(Sustainability Bond)

38 마케팅믹스 4요소(Marketing mix, 4P)
마케팅의 목표 달성을 위해 필요한 요소를 최적으로 조합하는 것

마케팅믹스란 표적시장에서 마케팅 목표를 달성하기 위해 필요한 요소들의 조합을 말한다. 마케팅믹스는 크게 제품(Product), 가격(Price), 유통(Place), 촉진(Promotion)이라는 4가지 요소로 구성되는데, 이 요소들을 조합해서 마케팅 목표를 달성하는 것이 마케팅믹스의 핵심이다.

39 PPL(Product Placement, 간접광고)
영화나 드라마의 장면에 상품이나 브랜드 이미지를 노출시키는 광고기법

기업의 상품을 영화나 TV 프로그램 등의 소품으로 배치시키거나 브랜드 로고를 특정 장면에 노출시키는 등의 간접적인 방법으로 홍보하는 광고기법이다. 간접적이지만 그 효과와 영향이 매우 커서 일반광고보다 까다로운 규정을 준수해야 한다.

40 코즈(Cause) 마케팅
기업과 사회적 이슈가 연계되어 상호 이익을 추구하는 것

기업이 일방적으로 기부나 봉사활동을 하는 것에서 나아가 기업이 공익을 추구하면서도 이를 통해 실질적인 이익을 얻을 수 있도록 공익과의 접점을 찾는 것이다. 예를 들어 소비자가 물을 구입하면 수익의 일부가 아프리카 어린이들이 마시는 물을 정화하기 위한 비용으로 기부되는 등 소비자의 구매가 기부활동으로 연결되게 하는 것이다.

41 O2O(Online To Offline) 마케팅
온라인과 오프라인이 결합된 마케팅

오프라인을 위한 온라인 마케팅으로 모바일 서비스를 기반으로 한 오프라인 매장의 마케팅 방법이다. O4O(Online for Offline)는 O2O보다 한 단계 발전한 개념으로, 단순히 온라인과 오프라인의 연결이 아닌 온라인에서 축적한 노하우를 바탕으로 오프라인 비즈니스를 확대하는 것을 말한다.

42 프로슈머(Prosumer) 마케팅
생산자적 기능을 수행하는 소비자를 활용한 마케팅

1980년 앨빈 토플러가 〈제3의 물결〉에서 처음 사용한 용어로 기업의 '생산자(Producer)'와 '소비자(Consumer)'의 합성어다. 즉, 생산자적 기능을 수행하는 소비자를 말하는데 소비자들이 자신들의 욕구에 따라 직접 상품의 개발을 요구하고 심지어 유통에까지 관여하는 마케팅을 말한다.

43 니치(Niche) 마케팅
시장의 빈틈을 공략하는 새로운 상품을 내놓아 경쟁력을 제고시키는 마케팅

'니치(Niche)'란 틈새를 비집고 들어가는 것을 의미하는 것으로 세분화된 시장이나 소비상황을 설명하는 말이기도 하다. 니치 마케팅은 특정한 성격을 가진 소규모의 소비자를 대상으로 판매목표를 설정하는 것인데, 국내 사례로는 남성 전용 미용실 '블루클럽'이나 '왼손잡이용 가위' 등이 대표적인 니치 마케팅 상품에 해당한다.

44 퍼플카우(Purple Cow) 마케팅
계속 화제가 되는 제품을 개발하여 초기 소비자를 장악하는 마케팅

'퍼플카우'는 보는 순간 사람들의 시선을 확 잡아끄는 추천할 만한 제품이나 서비스를 가리키는 말이다. 미국의 저명한 마케팅 전문가 '세스 고딘'은 "우리가 알고 있는 일반적인 소의 이미지가 아니라 눈에 확 띌 수 있도록 소를 보라색으로 바꾸는 것처럼 기존의 제품보다 새롭고 흥미진진해야 살아남을 수 있다"라고 강조하며 이 용어를 처음 사용했다.

45 퍼플오션(Purple Ocean)
레드오션과 블루오션의 장점만을 따서 만든 새로운 시장

레드와 블루를 섞었을 때 얻을 수 있는 보라색 이미지를 사용하여 경쟁이 치열한 레드오션에서 자신만의 차별화된 아이템으로 블루오션을 개척하는 것을 말한다. 포화시장으로 인식되던 감자칩 시장에서 달콤한 맛을 가미한 허니버터칩의 등장, 라면 시장에서 짬뽕라면, 부대찌개라면 등의 등장이 대표적인 예다.

46 기업공개(IPO ; Initial Public Offering)

회사가 발행한 주식을 대중에게 분산하고 재무 내용을 공시하여 주식회사의 체계를 갖추는 것

형식적으로 주식회사가 일반 대중에게 주식을 분산시킴으로써 기업공개 요건을 갖추는 것을 의미한다. 실질적으로 소수의 대주주가 소유한 주식을 일반 대중에게 분산시켜 증권시장을 통해 자유롭게 거래될 수 있게 함으로써 자금조달의 원활화를 기하고 자본과 경영을 분리하여 경영 합리화를 도모하는 것이다. 법률적으로는 상장을 목적으로 50인 이상의 여러 사람들을 대상으로 주식을 파는 행위를 말한다.

47 페이퍼 컴퍼니(Paper Company)

회사의 물리적 실체 없이 서류 형태로만 존재하는 기업

세금 절감 등의 목적으로 라이베리아, 케이맨제도, 버진아일랜드 등 조세를 부과하지 않는 국가나 지역에 서류상으로만 회사를 등록하여 그 기능을 수행하도록 하는 것이다. 사업 유지를 위해 소요되는 합산소득에 대한 세금과 기업의 활동 및 유지를 위해 소요되는 제반 경비를 절감하기 위해 설립되는데 그 실체 파악이 어렵다.

48 리쇼어링(Reshoring)

싼 인건비나 시장을 찾아 해외로 진출한 기업들이 본국으로 되돌아오는 현상

해외에 나가 있는 자국 기업들을 각종 세제혜택과 규제 완화 등을 통해 자국으로 불러들이는 정책을 말한다. 특히 미국은 리쇼어링을 통해 세계의 패권을 되찾는다는 전략을 추진 중이다.

49 포이즌 필(Poison Pill)

적대적 M&A를 방어하기 위한 수단의 하나

일종의 경영권 방어 수단으로서 적대적 인수합병(M&A)의 시도가 있을 때 기존 주주들에게 시가보다 싼 가격에 지분을 매수할 수 있도록 권리를 부여함으로써 적대적 M&A 시도자(매수자)의 지분 확보를 어렵게 만드는 것을 말한다. 이러한 권리는 매수기업의 입장에서는 치명적인 독약이 될 수 있어 '독(Poison)'이라는 표현을 사용한다. 적에게 잡혀 먹히기 전에 독약을 삼킴으로써 공격하려는 상대의 의지를 꺾어버린다는 전략이다.

50 황금낙하산(Golden Parachute)
적대적 M&A를 방어하는 대표적인 전략

인수 대상 기업의 경영자가 임기 전에 사임할 경우 일정 기간 보수나 상여금 등을 받을 권리를 미리 고용계약에 기재해 인수 비용에 부담을 주는 것이다.

51 리니언시(Leniency)
담합행위를 한 기업들에 자진신고를 유도하는 자진신고자 감면제

담합 사실을 처음 신고한 업체에는 과징금 100%를 면제해주고, 2순위 신고자에게는 50%를 면제해주어 기업 상호 간의 불신을 자극해 담합을 방지하는 효과를 얻을 수 있는 제도다. 매출액이 클수록 과징금도 커지기 때문에 담합으로 인해 가장 많은 혜택을 본 기업이 자진신고를 하여 처벌을 면할 수 있다는 한계도 있다.

52 콘체른(Konzern)
법률적으로 독립된 기업들이 하나의 기업처럼 결합하는 형태

여러 개의 기업이 주식 교환이나 출자 등 금융적 결합에 의해 하나의 기업처럼 수직적으로 결합하는 기업집단을 의미한다. 일반적으로 하나의 거대 기업이 계통이 다른 다수의 기업을 지배하기 위해 형성하며 법률적으로는 독립되어 있지만 실질적으로는 결합되어 있는 형태다. 개개 기업의 독립성을 보장하는 '카르텔', 동일 산업 내의 기업합동으로 이루어진 '트러스트'와 구별되며 각종 산업에 걸쳐 독점력을 발휘한다.

53 스톡옵션(Stock Option)
기업이 임직원에게 자기 회사의 주식을 일정 수량, 일정 가격으로 매수할 수 있는 권리를 부여하는 제도

자사의 주식을 일정 한도 내에서 액면가보다 낮은 가격으로 매입할 수 있는 권리를 부여한 뒤 일정 기간이 지나면 매입자 임의대로 처분할 수 있는 권한을 부여하는 것이다. 이는 해당 기업의 주가가 상승하면 스톡옵션을 보유한 자가 주식을 매각함으로써 차익금을 남길 수 있기 때문에 임직원의 근로의욕을 진작시키는 수단으로 활용하기도 한다.

54 경영진 매수(MBO ; Management Buy Out)

현 경영진이 중심이 되어 회사 또는 사업부를 인수하는 것

일반적인 M&A는 외부 제3자에 의해 이루어지지만 MBO는 회사 내부의 임직원에 의해 이루어진다. 따라서 기존 임직원이 신설회사의 주요 주주이면서 동시에 경영인이 된다. 이는 기존 경영자가 그대로 사업을 인수함으로써 경영의 일관성을 유지하고, 고용 안정과 기업의 효율성을 동시에 추구할 수 있다는 장점을 가진다.

55 SDR(Special Drawing Rights)

국제통화기금(IMF)의 특별인출권

IMF가 1969년 국제준비통화인 달러와 금(金)의 문제점 보완을 위해 도입하여 1970년에 정식 채택한 가상통화이자 보조적인 준비자산이다. 회원국들이 외환위기에 처하게 될 때 담보 없이 달러, 유로, 파운드, 엔화 등을 인출할 수 있다. 2015년 위안화가 신규 통화로 편입돼 SDR 가치 산정도 '5개 통화 시세의 가중평균'으로 결정하는 방식으로 바뀌었다.

56 비트코인(Bitcoin)

각국의 중앙은행이 화폐 발행을 독점하고 자의적인 통화정책을 펴는 것에 대한 반발로 탄생한 사이버 머니

2009년 나카모토 사토시가 만든 디지털 통화로, 통화를 발행하고 관리하는 중앙장치가 존재하지 않는 구조이다. 비트코인은 지갑 파일의 형태로 저장되고 이 지갑에는 각각의 고유 주소가 부여되며 그 주소를 기반으로 비트코인의 거래가 이루어진다.

> **이더리움(Ethereum)**
> 2014년 캐나다의 비탈리크 부테린이 개발한 가상화폐로, 비트코인처럼 블록체인을 기반으로 한다. 블록 크기가 1MB로 고정된 비트코인과 달리 블록 크기가 제한돼 있지 않고, 블록이 생성되는 주기(12초)도 비트코인(10분)보다 훨씬 짧다. 이 때문에 한 블록 안에 더 많은 정보를 담을 수 있고, 거래 승인도 신속하게 이뤄진다.

57 토빈세(Tobin Tax, 통화거래세)

국제 투기자본의 무분별한 자본시장 왜곡을 막기 위해 모든 단기 외환거래에 부과하는 세금

노벨경제학상 수상자인 경제학자 제임스 토빈(James Tobin, 1918~2002)이 제안한 것으로, 통화거래세가 거래비용을 높여 변동이 심한 금융시장을 안정화하고 국가의 통화정책에 대한 자율성을 향상시키는 효과가 있음을 주장했다.

58 랩어카운트(Wrap Account)

고객이 예탁한 재산에 대해 자산 구성 · 운용 · 투자자문까지 통합적으로 제공하는 자산종합관리계좌

증권사에서 여러 종류의 자산운용 관련 서비스를 하나로 구성하여 관리하는 종합자산관리 방식이다. 고객의 자산구성에서부터 운용 및 투자자문까지 통합적으로 관리해주는데 선진국에서는 보편적인 형태이다. 고객이 돈을 맡기면 증권사에서는 고객의 자산 규모와 기호에 맞춰 적절한 운용 배분과 투자 종목을 추천하고 일정한 수수료를 받는다.

59 유동성 함정(Liquidity Trap)

기업은 생산 · 투자를 늘리지 않고, 가계의 소비도 늘지 않아 경기가 나아지지 않는 현상

각 경제 주체들이 돈을 움켜쥐고 시장에 내놓지 않는 상황이 마치 함정에 빠진 것 같다고 하여 이러한 이름이 붙여졌다. 경제학자 케인스(John Maynard Keynes)가 처음 고안한 것으로 통화당국이 금리를 인하하고 자금을 공급해도 시중금리가 떨어지지 않고, 투자나 수요가 증가하지도 않는 상황을 나타낸다.

60 모라토리엄(Moratorium)

국가가 외국에 대해 채무의 지불을 일정 기간 유예하는 것

외채의 상환 시점이 찾아왔지만 상환할 능력이 없어 국가가 채무상환을 일시적으로 연기하겠다고 대외적으로 선언하는 것을 말한다. 모라토리엄이 선언되면 해당 국가는 빚을 갚기 위한 시간을 벌기 위해 정부 차원에서 긴급 발표를 하여 해외 채권자들에게 알리고 협의를 통해 갚아나가게 된다. 모라토리엄 선언국은 대외신인도가 크게 떨어지게 되며 구조조정, 세금 인상 등 불이익도 감수해야 한다.

61 레버리지 ETF

선물 등 파생상품에 투자해 지수상승률보다 높은 수익률을 추구하는 상장지수펀드

ETF(Exchange Traded Fund : 상장지수펀드)는 인덱스펀드를 거래소에 상장시켜 투자자들이 주식처럼 편리하게 거래할 수 있도록 만든 상품이다. 일반 ETF가 코스피200과 같은 지수와 비슷한 수익률을 내는 것을 목표로 하는 데 비해, 레버리지 ETF는 선물투자 등을 통해 주가지수가 오르면 ETF 수익률이 2배로 오르는 것을 추구하는 상품이다. 레버리지 ETF는 상승장에서는 높은 수익률을 기대할 수 있다는 장점이 있지만, 하락장에서는 손실위험도 커져 고위험·고수익 상품으로 분류된다.

62 사이드카(Side Car)

프로그램 매매 호가 효력 일시정지제도

선물가격이 전일 종가 대비 5%(코스닥은 6%) 이상 상승 또는 하락한 상황이 1분간 지속하는 경우 선물에 대한 프로그램 매매를 5분간 중단한다. 매매 중단 후 5분이 지나면 자동으로 해제되며, 1일 1회만 발동될 수 있다. 또한 주식시장의 장 마감 40분 전 이후에는 발동할 수 없으므로 한국 시간 기준 2시 50분까지만 발동이 가능하다.

63 서킷 브레이커(CB ; Circuit Breaker)

주식시장에서 주가가 급등 또는 급락하는 경우 주식매매를 일시 정지하는 제도

1987년 미국에서 일어난 '블랙 먼데이' 이후 주식시장의 붕괴를 막기 위해 도입한 제도로, 주가지수의 상하 변동폭이 10% 이상인 상태가 1분간 지속될 때 현물 및 선물 옵션의 매매거래를 일시적으로 중단시켜 시장을 안정화시키는 것을 말한다. 서킷 브레이커가 발동되면 20분간 모든 종목의 호가 접수 및 매매거래가 정지되며 향후 10분간 새로 동시 호가가 접수돼 총 30분 동안 매매가 이뤄지지 않는 셈이 된다. 우리나라의 경우 3단계(종합주가지수가 전일에 비해 8·15·20% 이상 등락한 경우)로 나눠 각 단계별로 1일 1회 발동할 수 있다.

64 차이나리스크(China Risk)

중국 경제가 침체되면 중국에 대한 의존도가 높은 기업이나 국가가 타격을 입는 것

중국에 경제위기가 닥치면 중국에 대한 수출 의존도가 높은 국가나 기업 역시 경제성장이 둔화되는 등의 타격을 입는 현상을 일컫는 말이다. 특히 우리나라처럼 대외교역에서 중국에 대한 의존도가 높은 경우 중국의 경기가 침체되면 대체시장을 찾기 힘들어 경제적으로 직접적인 영향을 받게 된다. 아울러 중국 기업들의 성장 역시 우리나라 산업에 큰 리스크로 작용하고 있다.

65 넛 크래커(Nut-cracker)

중국과 일본 사이에 끼여 아무것도 하지 못하는 우리나라의 경제상황

'넛 크래커'는 원래 호두를 눌러서 까는 기계를 뜻하는데 우리나라의 상황을 표현하는 말로 쓰이고 있다. 일본에 비해 품질과 기술력이 뒤처지고, 중국에 비해 가격 경쟁력에서 뒤처지는 상황에 처한 우리나라의 모습과 같다는 것이다. 또한 시장변화로 '신 넛크래커'라는 용어도 등장했는데, 아베노믹스로 인한 엔화 약세 및 선제적 구조조정으로 경쟁력을 회복한 일본 기업과 기술력 및 구매력을 갖춘 중국 기업 틈에서 한국 기업이 고전하는 현상을 가리킨다.

> **아베노믹스(Abenomics)**
> 아베 정권의 정책으로 20년 가까이 일본에 이어져 온 디플레이션과 엔고 현상 탈출을 위해 모든 정책수단을 동원하겠다는 것이 주 내용이다. 아베 전 총리는 계속된 경기침체를 해소하기 위해 연간 물가상승률 2%를 상한선으로 정하고 과감한 금융완화(통화공급 확대), 엔화 평가절하, 인프라 투자확대 재정정책 등 적극적인 경제성장 정책을 추진했다.

66 윔블던 효과(Wimbledon Effect)

외국 자본이 국내 시장을 장악하는 현상

영국의 금융 산업이 런던을 중심으로 1980년대 이후 매우 성공적인 성장을 보였던 데 반해, 정작 영국의 금융회사 중에서는 성공한 회사가 거의 없었던 것을 영국이 주최하는 윔블던 테니스 대회에서 영국인이 우승한 전적이 거의 없는 사례에 비유하여 설명한 용어다.

67 주가지수연동형 상품(ELD, ELS, ELF)

증권의 한 종류로 고객들이 예탁한 돈을 주가지수의 움직임에 맞춰 이익을 내도록 운용하는 것

구 분	ELD(주가연동예금)	ELS(주가연계증권)	ELF(주가연계펀드)
판매기관	은 행	증권사 (투자매매 · 중개업자)	집합투자업자
상품 성격	예 금	증 권	증권펀드
만기 수익	지수에 따라 사전에 제시한 수익 확정지급	지수에 따라 사전에 제시한 수익 확정지급	운용성과에 따라 실적 배당
예금보호	보 호	비보호 (발행사 신용 중요)	비보호 (실적배당상품)
중도해지	가 능 (원금손실 가능)	제한적 (유가증권시장에서 매도, 원금손실발생 가능)	가 능 (원금손실 가능)
장 점	은행이 제시한 수익 보장	증권사가 제시한 수익을 달성할 수 있도록 상품을 구성	추가수익 발생 가능
단 점	추가수익 없음	추가수익 없음	제시수익 보장 없음

68 세계 3대 석유

생산량과 거래량이 많고 독점되어 있지 않으며, 가격형성 과정이 투명한 석유시장

- **서부 텍사스산 중질유(WTI ; West Texas Intermediate)** : 미국 서부 텍사스 부근에서 생산되는 원유로 미국, 캐나다, 멕시코 등 미주 지역의 원유 가격의 기준이 된다. 미국 석유시장 자체가 세계시장의 1/4을 차지하고 있기 때문에 WTI는 국제유가를 선도하는 가격지표로 가장 많이 사용된다.
- **브렌트유(Brent Oil)** : 영국 북해의 브렌트, 티슬 등의 지역에서 생산된다. 유럽과 아프리카 지역의 유가 기준이 되며, 가장 광범위한 지역으로 수출되는 원유다.
- **두바이유(Dubai Oil)** : 중동 두바이 지역에서 생산되는 원유로 중동을 포함한 아시아 · 태평양 지역을 대표하는 원유다. 현재 우리나라 수입 석유의 약 80%를 차지하고 있으며, 유가 결정에도 가장 큰 영향을 미친다.

69 레몬시장(Lemon Market)

쓸모없는 재화나 서비스가 거래되는 시장

미국에서 '시큼하고 맛없는 과일'로 통용되는 레몬은 '불량품'을 뜻하기도 하는데, 이를 경제 분야에 차용한 표현이다. 정보의 비대칭성으로 소비자들은 판매자보다 제품에 대한 정보가 적을 수밖에 없는데, 소비자들은 자신들이 속아서 구매할 것을 우려해 싼값만 지불하려 하고 이로 인해 저급품만 유통되는 시장을 의미한다.

> **피치마켓(Peach Market)**
> 가격에 비해 고품질의 상품이나 서비스가 거래되는 시장을 의미한다.

70 블랙 스완(Black Swan)

통념상 전혀 예측할 수 없었던 불가능한 일이 일어나는 경우

모든 백조는 흰색이라고 믿었지만 17세기 말 네덜란드의 한 탐험가가 검은 백조를 발견하면서 통념이 부서지는 충격을 받은 데서 유래했다. 2007년 미국의 금융분석가 나심 니콜라스 탈레브가 자신의 저서 〈블랙 스완〉에서 증시의 대폭락 가능성과 글로벌 금융위기를 예측하면서 유명해졌다.

> **화이트 스완(White Swan)**
> 반복적으로 일어나는 금융위기 속에서 마땅한 해결책을 제시하지 못하는 상황으로, 역사적으로 되풀이돼온 금융위기를 가리킨다. 미국 뉴욕대 교수 누리엘 루비니가 이름 붙인 용어로, 그가 제시한 금융위기의 공통적인 징후는 완화된 통화정책, 금융시스템에 대한 느슨한 감독과 규제, 금융권의 과도한 부채, 민간과 공공 부문의 과도한 차입과 부채 등이 있다. 이는 금융위기를 충분히 예측·예방할 수 있다고 보는 것으로 블랙 스완과 대조된다.

71 회색코뿔소

지속적인 경고로 충분히 예상할 수 있지만 쉽게 간과하는 위험 요인

지속적인 경고로 충분히 예상할 수 있지만 쉽게 간과하는 위험 요인을 말한다. 코뿔소는 멀리서도 눈에 잘 띄며 진동만으로도 움직임을 느낄 수 있지만 정작 두려움 때문에 아무것도 하지 못하거나 대처 방법을 알지 못해 일부러 무시하는 것을 비유한 말이다. 세계정책연구소(World Policy Institute) 대표이사 미셸 부커가 2013년 1월 다보스 포럼에서 처음 발표한 개념이다.

72 전시 효과(Demonstration Effect)

개인의 소비행동이 사회의 소비 수준의 영향을 받아 타인의 소비행동을 모방하는 경향

J. S. 듀젠베리에 의해 처음으로 이 용어가 사용됐으며, 시위 효과(示威效果)라고도 한다. 그는 가계의 소비 지출이 소득 수준에 의존한다고 가정한 케인즈 이론은 수정돼야 한다고 했다. 즉, 지금까지 구입해온 재화보다 훨씬 훌륭한 재화를 접할 기회를 가지면 소비자는 소득에 변화가 없더라도 지출을 증가시키거나 소득의 증감에 상관없이 지출을 줄이지 않는다는 것이다.

73 탄력성(Elasticity)

경제량 상호 간의 변동관계를 파악하기 위한 개념

가격의 상대적 변화에 대한 수량의 상대적 변화를 말한다. 이 탄력성의 크기에 따라 화폐액(판매액 또는 지출액) 증감이 발생한다. 탄력성이 크다는 것은 가격 변화에 대한 수량 변화가 그만큼 많다는 것을 의미한다. 수요의 가격 탄력성(Ed)은 상품의 가격이 변동할 때 이에 따라 수요량이 어떻게 변동되는지를 나타내는 지표로서 수요의 가격 탄력성 결정 기준으로 대체재의 유무, 소득에서 차지하는 비중 등이 있다. 공급의 가격 탄력성(Es)은 상품의 가격이 변동할 때 공급량이 어떻게 변동되는지를 나타내는 지표로서 공급의 가격 탄력성은 생산 기간에 따라 다르게 나타난다. 생산 기간이 짧은 상품은 가격 변동에 탄력적으로 대응할 수 있으므로 공급의 탄력성이 크다.

74 파레토 효율성(Pareto Efficiency)

다른 사람이 불리해지지 않고는 어느 누구도 유리해 질 수 없는 상황

이탈리아 출신 경제학자 빌프레드 파레토(Vilfred Federico Damaso Pareto)가 창안한 개념으로 경제학의 효율성을 대표하는 용어다. '파레토 최적(Pareto Optimality)'이라고도 한다. 이는 경제주체 간의 거래를 통해 더 이상의 파레토 개선이 불가능한 자원배분 상태를 말하며, 사회 총체적 만족도의 크기가 극대화됨으로써 경제주체들 간 자원배분을 달리해도 더 이상 사회 총체적 만족도가 커질 수 없는 상황을 의미한다. 즉, 어떤 경제주체가 새로운 거래를 통해 예전보다 유리해지기 위해서는 반드시 다른 경제주체가 예전보다 불리해져야만 하는 자원배분 상태다.

사회·노동·환경

01 초고령사회(超高齡社會)
전체 인구 중에서 65세 이상의 인구가 20% 이상을 차지하는 사회

우리나라는 2000년에 65세 이상 고령인구가 전체 인구의 7%인 '고령화사회'에 진입했고, 이후 2017년 8월 조사에서 65세 이상의 인구가 전체 인구의 14.02%를 차지하며 고령사회에 진입했다. 2000년 고령화사회 진입 후 17년 만인데, 고령화 속도가 빠르다고 평가되는 일본의 경우(24년)와 비교해도 7년이나 빠른 것이다. 이후 고령화 속도가 더 빨라져 7년 만인 2024년 12월 초고령사회에 진입했다. 우리나라는 세계적으로 유례없는 초고속 고령화를 달리고 있는 셈이다.

02 베버리지 보고서
영국의 사회보장에 관한 문제를 조사·연구한 보고서

영국의 경제학자이며 사회보장제도·완전고용제도의 주창자인 윌리엄 헨리 베버리지(1879~1963)가 정부의 위촉을 받아 사회보장에 관한 문제를 조사·연구한 보고서다. 이 보고서는 국민의 최저생활의 보장을 목적으로 5대악(결핍, 질병, 무지, 불결, 나태)의 퇴치를 주장했으며 사회보장제도상의 원칙도 제시했다.

사회보장제도상의 6원칙
- 포괄성의 원칙(Principle of the Comprehensiveness)
- 급여 적절성의 원칙(Principle of the Benefit Adequacy)
- 정액갹출의 원칙(Principle of the Flat Rate Contribution)
- 정액급여의 원칙(Principle of the Flat Rate Benefit)
- 행정통일의 원리(Principle of the Administrative Uniformity)
- 피보험자분류의 원칙(Principle of the Classification)

03 노동 3권(勞動三權)

헌법상 노동자가 기본권으로 갖는 단결권·단체교섭권·단체행동권

근로자의 인간다운 생활을 보장하기 위해 헌법에 보장된 세 가지의 기본권으로서 단결권·단체교섭권·단체행동권을 말한다. 세계 여러 국가에서 법률로 보장하고 있으며, 우리나라 역시 헌법 제33조 제1항에 '근로자는 근로조건의 향상을 위하여 자주적인 단결권·단체교섭권 및 단체행동권을 갖는다'라고 명시하고 있다.

- 단결권 : 근로자들이 단결할 수 있는 권리로 근로자가 사용자와 대등한 지위에서 근로조건을 개선하고 근로자의 사회적·경제적 지위의 향상을 도모하기 위해 근로자들을 대표해 사용자와 협상할 수 있도록 노동조합을 결성할 수 있는 권리
- 단체교섭권 : 노동조합이 근로자들을 대표해 사용자 또는 사용자단체와 교섭할 수 있는 권리
- 단체행동권 : 근로자가 사용자에 대항하여 단체로 행동할 수 있는 권리

04 유니언숍(Union Shop)

고용이 확정되면 일정 기간 동안 반드시 노동조합에 가입해야 한다고 명시한 제도

채용된 근로자가 일정 기간 내에 조합에 가입하지 않으면 해고되고, 조합에서 제명 혹은 탈퇴한 근로자는 해고된다. 유니언숍은 채용할 때에는 조합원·비조합원을 따지지 않지만 일단 채용되면 반드시 노동조합에 가입해야 한다는 점에서 오픈숍과 클로즈드숍을 절충한 것이다.

05 아웃플레이스먼트(Outplacement)

퇴직 또는 해고된 근로자가 일자리를 찾도록 지원하는 활동

해고된 근로자가 단기간에 재취업을 할 수 있도록 실질적인 지원과 컨설팅을 해주는 전직지원 서비스, 정년퇴직 등 비자발적인 상황에 의해 퇴직한 근로자가 새로운 일자리를 찾거나 직접 창업을 할 수 있도록 지원하는 서비스 등을 말한다. 구조조정에 대한 거부감을 줄이고 인력을 효율적으로 관리해 기업의 경쟁력을 높일 수 있다는 장점이 있다. 또한 퇴직한 근로자는 자신의 적성을 고려한 새로운 일자리를 구할 가능성이 커져 긍정적이다.

06 실업의 종류

구 분	주요 내용
경기적 실업	경기가 침체됐을 때 인원 감축의 결과로 나타나는 실업으로, 일할 의사는 있지만 경기악화로 인해 발생하며 비자발적 실업의 한 형태이다. 경기가 회복되면 해소가 가능하지만, 회복될 때까지 긴 시간이 필요하며 경기변동은 주기적으로 발생하는 속성이 있어 경기적 실업은 끊임없이 발생하게 된다.
구조적 실업	경제가 성장함에 따라 산업구조 · 기술 등의 변화가 생기는데 이에 적절하게 대응하지 못해 발생한다. 즉, 경제구조가 바뀌고 기술혁신 등으로 기술격차가 발생할 때 이에 적응하지 못하는 근로자에게 발생하는 실업 유형이다. 경기적 실업과 비교할 때 더 오래 지속되는 속성이 있는 장기적 · 만성적 실업으로, 해결방법은 직업 재훈련 · 산업구조 재편 등이 있다.
기술적 실업	기술진보로 인해서 기계가 노동인력을 대체함에 따라 노동수요가 감소해 발생하는 구조적 실업 형태 중 하나로, 넓은 의미의 구조적 실업에 포함된다. 기술진보의 영향에 민감한 산업에서 발생하며 일반적으로 선진국에서 볼 수 있는 유형이다.
마찰적 실업	구직자, 근로자들이 더 좋은 조건을 찾는 탐색행위로 인해 발생하는 실업으로, 고용시장에서 노동의 수요와 공급 간에 소통이 원활하지 않아 발생한다. 근로자들이 자발적으로 선택해서 발생하는 일시적인 실업 유형이므로 자발적 실업에 해당한다.
비자발적 실업	일하고자 하는 의사는 있지만 고용시장의 사정이 어려워 일자리를 구하지 못해 발생한다. 청년실업은 경기상황에 따라 일자리가 충분하지 않기 때문에 발생하는 비자발적 실업이라 할 수 있다.
자발적 실업	일할 능력과 의사를 갖고 있지만 현재의 임금수준이나 복지 등에 만족하지 못하고 다른 곳으로의 취업을 원하기 때문에 발생하는 실업으로, 구조적 실업이나 경기적 실업과 같은 비자발적 실업과는 상반되는 개념이다. 소득 수준, 여가시간 활용에 대한 사람들의 관심이 증가하면서 자발적 실업도 늘고 있다.
잠재적 실업	표면적으로는 취업 중이지만 생계유지를 위해 잠시 만족스럽지 않은 직업에 종사하며 계속 구직에 힘쓰는 상태다. 형식적으로는 취업 중이기 때문에 실업통계에 실업으로 기록되지 않아 '위장실업'이라고도 한다. 더 나은 곳으로의 이직을 생각하지만 당장의 생계유지 때문에 저소득 · 저생산의 직업에 종사하는 상태를 말한다.

07 코브라 효과(Cobra Effect)

어떤 문제를 해결하기 위해 추진한 정책이 오히려 상황을 악화시키는 결과를 가져오는 현상

과거 영국이 인도를 식민지배 할 때 인도의 코브라를 없애기 위해 추진한 정책에서 유래했다. 당시 인도에는 코브라가 사람을 해치는 일이 빈번했다고 한다. 이를 해결하기 위해 영국 정부는 코브라를 잡아오면 포상금을 지급하겠다고 발표했는데, 처음에는 코브라가 줄어드는 것 같았지만 시간이 지날수록 코브라는 오히려 증가했다. 포상금을 받기 위해 코브라를 키우는 사람이 생겨났던 것이다. 사실이 밝혀져 정책은 폐기됐지만, 코브라를 키우던 사람들이 이제는 쓸모없어진 코브라를 버리면서 코브라의 수는 더 증가하여 상황은 더 악화됐다고 한다.

08 미세먼지

눈에 보이지 않는 지름 10㎛(마이크로미터) 이하의 작은 먼지

공장에서 배출하는 매연, 산업 협장에서 발생하는 비산먼지, 자동차가 배출하는 매연 등으로 인해 생성된다. 보통의 먼지는 코털이나 기관지 점막에서 걸러져 배출되지만 입자가 매우 작은 미세먼지는 걸러지지 않고 신체 내부로 들어와 문제가 된다. 세계보건기구(WHO)는 이러한 미세먼지를 '1급 발암물질'로 분류하고 있으며 우리나라는 바람을 타고 중국으로부터 전해지는 미세먼지의 영향에 직접적으로 노출돼 있어 그 위험성이 심각하다.

> **초미세먼지**
> 미세먼지 중에서 지름이 2.5㎛보다 작은 먼지를 말한다. 각종 질환을 일으킬 뿐만 아니라 0.1~2㎛ 크기의 먼지는 햇빛을 가장 잘 산란시켜 앞을 뿌옇게 만든다. 이는 사람의 심리를 불안하게 만드는 요소가 되기도 한다.

09 매슬로우의 동기이론(Maslow's Motivation Theory)

인간의 욕구는 그 중요도별로 일련의 단계를 형성한다는 동기이론

욕구를 강도와 중요성에 따라 5단계로 분류한 아브라함 매슬로우(Abraham H. Maslow)의 이론이다. 하위 단계에서 상위 단계로 계층적으로 배열되어 하위 단계의 욕구가 충족되면 그 다음 단계의 욕구가 발생한다고 본다. 욕구는 행동을 일으키는 동기요인이며, 인간의 욕구는 그 충족도에 따라 낮은 단계에서부터 높은 단계로 성장한다는 것이다.

> **매슬로우 욕구 5단계**
> - 1단계 : 생리적 욕구 → 먹고 자는 것, 종족 보존 등 최하위 단계의 욕구
> - 2단계 : 안전에 대한 욕구 → 추위·질병·위험 등으로부터 자신을 보호하는 욕구
> - 3단계 : 애정과 소속에 대한 욕구 → 가정을 이루거나 친구를 사귀는 등 어떤 조직이나 단체에 소속되어 애정을 주고받는 욕구
> - 4단계 : 자기존중의 욕구 → 소속단체의 구성원으로 명예나 권력을 누리려는 욕구
> - 5단계 : 자아실현의 욕구 → 자신의 재능과 잠재력을 충분히 발휘하여 자기가 이룰 수 있는 모든 것을 성취하려는 최고 수준의 욕구

10 칵테일파티 효과(Cocktail Party Effect)

'나'와 관계있는 정보에 대해 무의식 중에 주의를 기울이게 되는 현상

칵테일파티에서처럼 여러 사람들이 모여 한꺼번에 이야기하고 있어도 관심 있는 이야기를 골라 들을 수 있는 능력 또는 현상이다. 즉, 다수의 음원이 공간적으로 산재하고 있을 때 그 안에 특정 음원 또는 특정인의 음성에 주목하게 되면 여러 음원으로부터 분리되어 특정음만 들리게 된다.

11 플라시보 효과(Placebo Effect)

환자에게 아무런 효험이 없는 약을 진짜 약이라 속이고 먹게 했을 때 환자의 병세가 호전되는 현상

라틴어로 '기쁨을 주다, 즐겁게 하다'라는 의미를 가진 단어를 어원으로 하는데, 어떤 질환에 대해 약효가 전혀 없는 약을 환자에게 효험이 좋은 약이라고 믿도록 하여 먹였을 때 환자의 병세가 호전되는 현상을 말한다.

12 케빈 베이컨의 6단계 법칙

6명만 거치면 세상 사람들이 모두 아는 사이로 연결된다는 6단계 법칙

헐리우드 영화배우 케빈 베이컨(Kevin Bacon)이 한 토크쇼에 출연해 다른 배우와 어떤 연결고리로 연결되는지를 보여주면서 케빈 베이컨의 6단계 법칙이 만들어졌다. 즉, 전혀 관계없는 사람들도 6단계만 거치면 모두 연결고리를 갖고 있다는 것으로, 넓고도 좁은 세상 속에서 형성되는 사람 간의 관계를 나타낸다.

13 소시오패스(Sociopath)

잘못된 행동이란 것을 알면서도 그러한 행위를 하는 반사회적인 인격장애의 일종

사회를 뜻하는 '소시오(Socio)'와 병리 상태를 의미하는 '패시(Pathy)'의 합성어로 법규 무시, 인권침해 행위 등을 반복해 저지르는 정신질환이다. 범죄를 저지르는 행태 등에서 사이코패스(Psychopath)와 혼동되기도 하지만 범죄행위의 옳고 그름에 대한 자각 없이 범죄를 저지르는 사이코패스와 달리, 소시오패스는 자신의 행동에 대해 인지한 채로 범죄를 저지른다.

14 조현병
'정신분열증'의 순화된 병명

망상, 환청 등 임상적 이상증상과 함께 사회적 기능에 장애를 일으킬 수도 있는 질환으로 만성적인 경향을 가지는 탓에 환자나 가족에게 고통을 줄 뿐만 아니라 불특정인에게 피해가 발생하기도 한다. '강남역 화장실 살인사건' 등으로 병명이 화제가 됐다.

15 퍼플 잡(Purple Job)
여건에 따라 근무시간이나 형태를 조절하는 신축적 근무제도

일정한 시간과 형식을 갖춘 정형적인 근무 형태에서 벗어나 가사·보육 등의 여건에 맞춰 근무시간을 조절함으로써 원만한 직장생활을 할 수 있도록 지원하는 제도다. 단기간 근로, 요일제 근무, 재택근무, 탄력근무제 등 다양한 형태가 있으며 근로자의 필요에 따라 주당 15~35시간 범위 내에서 일하고, 근무시간에 따라 보수를 받는다.

16 메디치 효과(Medici Effect)
전혀 다른 역량의 융합으로 생겨나는 창조와 혁신의 빅뱅 현상

서로 다른 이질적인 분야들이 결합할 때 각 요소가 지니는 에너지의 합보다 더 큰 에너지를 분출하여 창조적이고 혁신적 시너지를 창출하는 현상을 말한다. 이 용어의 유래는 15세기 중세 이탈리아 피렌체의 메디치 가문이 문학, 철학, 과학 등 여러 분야의 전문가를 후원하면서 자연스럽게 서로 융합돼 시너지를 일으켰다는 데서 나온 말이다.

17 배리어프리(Barrier Free)
장애인들의 사회적응을 막는 물리적·제도적·심리적 장벽을 제거해 나가자는 운동

장애가 있는 사람들이 일상생활에서 겪는 물리적인 장애를 제거한다는 건축학 용어에서 시작해 최근에는 자격, 시험 등의 제도적·법률적 장벽과 차별·편견 등 마음의 벽까지 허물자는 운동으로 확대됐다. 또한 장애인뿐만 아니라 고령자에까지 적용대상이 확대되고 있다.

18 헤일로 효과(Halo Effect)
능력 자체보다 인상이나 고정관념 등이 대상(사람, 사물 등) 평가에 큰 영향을 미치는 현상

'후광 효과'라고도 한다. 외적인 특징으로부터 연상되어 나타나는 고정관념을 바탕으로 특정 대상을 완전히 이해했다고 착각하는 현상이다. 특정 사람을 평가할 때 인물이 호감가는 외모를 갖고 있으면 그 사람의 지능이나 성격 또한 좋다고 평가하는 것이다. 특히 기업의 인사고과에서 평가자가 범하기 쉬운 오류로 이를 방지하기 위해서는 선입견이나 편견 등을 제거하고, 종합평정보다는 평정요소마다 분석·평가해야 한다.

19 골드칼라(Gold Collar)
많은 지식과 정보로 고부가가치를 창출하는 전문직 종사자

1985년 카네기멜론대학의 로버트 켈리 교수가 자신의 저서 〈골드칼라 노동자〉라는 책에서 사용하면서 알려졌다. 첨단기술·통신·광고·서비스직 등에서 아이디어를 통해 창의적인 부가가치를 창출하여 사업능력을 발휘하는 지식창조형 전문가들을 말한다. 골드칼라가 되기 위해서는 철저한 자기관리, 폭넓은 시각과 전망, 네트워크 활용, 팀워크, 설득력 등이 절대적으로 요구된다.

20 소비기한
식품을 섭취해도 이상이 없을 것으로 판단되는 소비의 최종기한

소비자가 식품을 섭취해도 건강이나 안전에 이상이 없을 것으로 판단되는 소비의 최종기한을 말한다. 식품의 제조과정부터 유통과정과 소비자에게 전달되는 기간을 모두 포함한 것으로 유통기한보다 길다. 2021년 7월 24일 국회가 기존의 유통기한 표시제를 2023년 1월 1일부터 소비기한 표시제로 변경하는 내용의 '식품 등의 표시·광고에 관한 법률' 개정안을 통과시키면서 1985년 도입된 유통기한 표기가 38년 만에 사라지게 됐다. 다만 식품의약품안전처(식약처)는 영업자의 비용부담 완화와 자원낭비 방지를 위해 2023년 말까지 1년간 계도기간을 부여하고, 우유류의 경우 위생 관리와 품질 유지를 위한 냉장보관 기준에 개선이 필요한 점을 고려해 2031년부터 소비기한으로 표시하기로 했다.

21 제노비스 신드롬(Genovese Syndrome)
타인에 대한 무관심

'방관자 효과'라고도 부르는 이 현상은 미국 뉴욕에서 발생한 '키티 제노비스 살해사건'에서 유래됐다. 범죄 현장에서는 주위에 사람이 많을수록 책임감이 약해져 '내가 아니어도 누군가 돕겠지'라는 생각을 하는 경향이 강해진다고 한다. 결국 제노비스 신드롬은 개인의 이기심에서 생겨난 타인에 대한 무관심인 것이다.

22 인구보너스 & 인구오너스(Demographic Bonus & Demographic Onus)
총인구 대비 생산연령 인구의 비중

- 인구보너스 : 전체 인구에서 생산연령인구(15~64세)의 비중이 증가하여 노동력이 증가하고, 경제성장이 활성화되는 것
- 인구오너스 : 전체 인구에서 생산연령인구의 비중이 하락하여 경제성장이 지체되는 것

23 임금피크제(Salary Peak System)
일정 나이가 지나면 정년은 보장하지만 임금을 삭감하는 제도

임금은 줄어들지만 대신 정년을 보장받을 수 있는 제도다. 임금피크제는 크게 정년보장형과 정년연장형으로 나뉘며, 우리나라 대다수의 기업들은 정년보장형을 채택하고 있다. 임금피크제를 시행하면 기업의 입장에서는 인건비 절감, 숙련된 인력의 안정적 확보라는 효과를 얻고 근로자는 생활의 안정, 근로기회 확보 등의 효과를 얻을 수 있다.

24 잊힐 권리(Right To Be Forgotten)
인터넷상에 기록되고 검색되는 개인정보에 대해 삭제를 요구할 수 있는 권리

모바일 서비스가 발전하면서 이용자의 정보가 이곳저곳에 기록되고 손쉽게 검색되기 때문에 시간이 지난 후 이렇게 기록돼 있던 정보가 자신에게 불리한 정보로 돌아와 고통받는 사람들이 늘고 있다. 개인정보라고 하면 흔히 이름, 이메일, 주민등록번호, 주소 등의 정보만 생각하기 쉽지만 인터넷상에 등록한 글, 사진 등도 개인저작물에 포함되는 개인정보이므로 중요하다고 볼 수 있다. 이러한 개인정보를 개인이 삭제하고 싶어도 기업이 보관하고 있어 문제가 되고 있으며, 스스로 삭제를 요청할 수 있도록 법으로 보장해 개인정보에 대한 자기통제권을 강화하자는 것이 잊힐 권리의 핵심이다.

25 킬러문항

대학수학능력시험의 변별력을 따지기 위해 의도적으로 출제하는 초고난도 문항

대학수학능력시험(수능)의 변별력을 갖추기 위해 출제기관이 최상위권 수험생들을 겨냥해 의도적으로 출제하는 초고난도 문항을 말한다. 2023년 6월 윤석열 전 대통령이 이른바 '공정수능'을 언급하면서 2023년 6월 모의평가에 킬러문항이 사전 지시대로 배제되지 않았다고 해 파장이 일었다. 이에 서둘러 정부는 2024학년도 수능에서 사교육을 받아야만 풀 수 있는 킬러문항을 배제하겠다고 발표했고, 2023년 6월 정부는 '사교육비 경감 종합대책'을 내놨다. 여기엔 킬러문항 배제와 함께 수능 출제위원들의 사교육 영리활동을 금지하겠다는 등의 방침이 담겼다. 그러나 킬러문항 배제 외에 수능의 변별력을 어떻게 갖출 것인가에 대한 구체적인 대안은 없었고, 사교육 문제는 교육열과 학벌주의·노동임금 격차 등이 복합적으로 얽힌 문제라 정부의 대책이 근본적인 해결방안이 될 수 없다는 비판도 나왔다.

26 MZ세대

밀레니얼 세대와 Z세대를 합친 세대

1980년대 초반~2000년대 초반에 걸쳐 태어난 밀레니얼세대와 1990년대 중반~2000년대 초반 출생자를 뜻하는 Z세대를 합친 말이다. 디지털 환경에 익숙해 모바일을 주로 사용하고 최신 트렌드 및 자신만의 이색적인 경험을 추구한다는 특징이 있다. 특히 MZ세대는 SNS를 기반으로 유통시장에서 강력한 영향력을 발휘하는 소비 주체로 부상하고 있다. 이에 각 업계에서는 이들을 사로잡기 위한 다양한 마케팅 전략을 펼치고 있다.

밀레니얼세대
현재 전 세계 노동 인구의 절반을 차지하고 있고, 향후 경제를 이끌어갈 핵심 주도층

Z세대
당장 경제력을 갖춘 세대는 아니지만 사회 진출을 막 시작한 미래 소비의 주역

27 바나나(Build Absolutely Nothing Anywhere Near Anybody) 현상
지역 이기주의 현상

공해와 수질오염 등을 유발하는 공단, 댐, 원자력 발전소, 핵폐기물 처리장 등 혐오시설의 설치에 대해 그 지역 주민들이 집단으로 거부하는 지역 이기주의 현상을 말한다. 님비 현상과 유사한 개념이다.

> **님투 현상**
> 'Not In my Terms Of Office'의 머리글자를 따서 만든 용어로, 공직자가 자신의 재임 기간 중에는 원자력발전소, 쓰레기 매립장, 핵폐기물 처리장 등 주민들이 거부하는 시설의 설치나 사업의 추진을 미루는 것을 말한다. 즉 골칫거리가 될만한 일은 추진하지 않은 채 안일하게 시간만 보내는 태도다.

28 번아웃 증후군(Burnout Syndrome)
한 가지 일에 몰두하던 사람이 극도의 신체적 · 정서적 피로로 무기력증이나 자기혐오 · 직무 거부 등에 빠지는 것

어떤 일에 불타오르듯 집중하다 갑자기 불이 꺼진 듯 무기력해지면서 업무에 적응하지 못하는 증상이다. 단순 스트레스는 물론 수면장애와 우울증, 인지능력 저하와 같은 질병을 유발할 수 있으며, 심한 경우에는 자살과 같은 극단적인 선택을 할 수도 있다. 주로 생각대로 일이 실현되지 않거나 육체적 · 정신적 피로가 쌓였을 때 나타난다.

29 디지털 디바이드(Digital Devide)
디지털 기기를 사용하는 사람과 사용하지 못하는 사람 사이에 정보격차가 발생하는 것

디지털 기기의 발전과 그에 따른 통신문화의 확산으로, 이를 제대로 활용하는 사람들은 지식 축적과 함께 소득까지 증가하는 반면, 경제적 · 사회적인 이유로 디지털 기기를 활용하지 못하는 사람들은 상대적으로 심각한 정보격차를 느끼며 소외감을 느끼게 된다. 모바일 기기가 빠르게 진화할수록 소외계층의 스트레스는 커질 수밖에 없으며, 전문가들은 디지털 디바이드를 극복하지 못하면 사회안정에 해가 될 수 있다고 주장한다.

30 위스타트(We Start)

저소득층 아이들이 가난의 대물림에서 벗어날 수 있도록 복지와 교육의 기회를 제공하는 운동

'복지(Welfare)'와 '교육(Education)'의 영문명의 첫 글자와 'Start(출발)'를 합친 것이다. 저소득층 아이들에게 복지와 교육의 기회를 제공함으로써 아이들에게 보다 동등한 삶의 출발선이 주어지도록 하는 활동으로, 지난 2004년 국내에서도 각계 각층의 뜻이 모여 사단법인 '위스타트 운동본부'가 만들어졌다.

31 피그말리온 효과(Pygmalion Effect)

칭찬과 기대를 받으면 그 기대만큼 성장한다는 교육심리학 이론

그리스 신화에 나오는 조각가 피그말리온의 이름에서 유래한 심리학 용어로, 타인의 기대나 관심으로 인해 능률이 오르거나 결과가 좋아지는 현상을 말한다. 이 효과는 '무언가를 간절히 바라면 결국 그 소망이 이뤄진다'라는 상징을 담고 있다.

32 CSR(Coporate Social Responsibility)

기업의 사회적 책임

기업이 경제적 책임이나 법적인 책임을 지는 것 외에도 적극적이고 폭넓은 사회적 책임을 수행해야 하는 것을 말한다. 즉, 기업이 벌어들인 수익의 일부를 사회에 환원함으로써 사회적인 역할을 분담하고 사회발전에 기여해야 하는 의무를 강조하는 것이다.

33 메라비언의 법칙(Mehrabian's Law)

첫인상에서 언어보다 비언어적 요소가 중요하다는 법칙

상대방에 대한 인상이나 호감을 결정하는 데 있어서 목소리는 38%, 보디랭귀지는 55%의 영향을 미치는 반면, 말하는 내용은 겨우 7%만 작용한다는 이론이다. 효과적인 소통에 있어 말보다 '비언어적' 요소가 차지하는 비율이 무려 93%나 된다는 것으로 1971년 메라비언이 자신의 저서 〈침묵의 메시지(Silent Messages)〉에 발표했다. 현재 설득, 협상, 마케팅, 광고, 프레젠테이션 등 커뮤니케이션과 관련된 모든 분야의 이론이 이를 기반으로 하고 있다.

문화 · 예술 · 미디어 · 스포츠

01 블랙 프라이데이(Black Friday)

미국의 최대 쇼핑시즌

매년 11월 마지막 목요일인 추수감사절 다음 날로, 미국 각지에서 최대 규모의 쇼핑이 이뤄지는 날을 말한다. 이날 시작되는 쇼핑시즌은 연말까지 세일이 이어지며, 미국 연간 소비의 약 20%가 이때 이루어진다. 매출장부가 적(Red)자에서 흑(Black)자로 전환된다고 하여 블랙 프라이데이라는 이름이 붙었다.

코리아 세일페스타(Korea Sale Festa)
2016년에 시작한 대한민국의 쇼핑관광축제를 말한다. 이 행사는 정부 부처인 산업통상자원부가 직접 참가업체 200여 개의 신청을 받고 진행했다는 점에서 다른 나라의 블랙 프라이데이와 조금 차이가 있다. 'FESTA'에는 축제라는 의미뿐만 아니라 'Festival(축제)', 'Entertainment(한류)', 'Shopping(쇼핑)', 'Tour(관광)', 'Attraction(즐길거리)'이 모두 어우러진 축제라는 의미도 담겨 있다. 한국판 블랙 프라이데이라고 불리는 코리아 세일페스타는 매년 11월에 진행된다.

02 노벨상(Nobel Prize)

노벨의 유언에 따라 인류복지에 공헌한 사람 · 단체에 수여하는 상

다이너마이트를 발명한 스웨덴의 화학자 알프레드 노벨(Alfred B. Nobel)은 인류복지에 가장 구체적으로 공헌한 사람들에게 나누어 주도록 그의 유산을 기부했고, 스웨덴의 왕립과학아카데미는 노벨재단을 설립해 1901년부터 노벨상을 수여했다. 노벨상은 해마다 물리학 · 화학 · 생리의학 · 경제학 · 문학 · 평화의 6개 부문에서 인류문명의 발달에 공헌한 사람이나 단체를 선정하여 수여한다. 평화상을 제외한 물리학, 화학, 생리의학, 경제학, 문학상의 시상식은 노벨의 사망일인 매년 12월 10일에 스톡홀름에서, 평화상 시상식은 같은 날 노르웨이 오슬로에서 열린다. 노벨상은 생존자 개인에게 주는 것이 원칙이나 평화상은 단체나 조직에 줄 수 있다.

노벨경제학상
1901년 노벨상을 처음 수여할 때는 평화 · 문학 · 생리의학 · 물리 · 화학의 5개 부문이었는데, 1968년 스웨덴 중앙은행이 은행설립 300주년을 기념하여 노벨경제학상을 제정했다. 기금을 노벨재단에 기탁함에 따라 1969년부터 노벨상은 경제학 부문을 추가한 6개 부문의 시상이 이루어지게 됐다.

03 카피레프트(Copyleft)

지적 창작물에 대한 권리를 모든 사람이 공유할 수 있도록 하는 것

1984년 리처드 스톨먼이 주장한 것으로 저작권(Copyright)과 반대되는 개념이며, 정보의 공유를 위한 조치다. 카피레프트를 주장하는 사람들은 지식과 정보는 소수에게 독점되어서는 안 되며 모든 사람에게 열려 있어야 한다고 말한다.

04 셰익스피어의 4대 비극

〈햄릿〉, 〈오셀로〉, 〈리어왕〉, 〈맥베스〉

대표적인 4대 비극 중 가장 먼저 발표된 〈햄릿〉은 복수 비극이며, 두 번째 작품 〈오셀로〉는 인간적 신뢰가 돋보이는 작품이다. 세 번째 작품 〈리어왕〉은 혈육 간 유대의 파괴가 우주적 질서의 붕괴로 확대되는 과정을 그렸고, 마지막 작품인 〈맥베스〉에서는 장수의 왕위 찬탈과 그것이 초래하는 비극적 결말을 볼 수 있다.

05 4대 뮤지컬

〈캣츠〉, 〈레 미제라블〉, 〈미스 사이공〉, 〈오페라의 유령〉

캣츠	영국의 대문호 T. S. 엘리엇의 시 〈지혜로운 고양이가 되기 위한 지침서〉를 뮤지컬로 만들었다. 시적 상상력을 바탕으로 고양이로 분장한 배우들이 인간 구원이라는 주제를 표현한 작품이다. 30여 개국에서 공연되어 관람객 8,000만 명에 공연 수입 35억 달러를 올리는 등 경이로운 기록을 세웠다.
레 미제라블	빅토르 위고의 동명소설을 뮤지컬화 한 작품으로, 나폴레옹제국 시대 이후 동맹국이 프랑스 왕으로 추대한 샤를 10세의 시대가 멸망하기까지의 이야기이다. 1987년 뉴욕 공연 후, 그 해 토니상에서 작품상, 남우조연상, 여우조연상, 연출상, 극본상, 작사, 작곡상을 비롯한 8개 부문의 상을 수상했다.
미스 사이공	클로드 미셀 쇤베르크가 작곡하고, 니콜라스 아리트너가 연출한 것으로 베트남 전쟁을 배경으로 하여 미군 병사와 베트남 여인의 슬픈 사랑을 애절하게 표현한 작품이다. 1989년 런던에서 초연되었는데 당시 미국의 베트남 전쟁 참가를 미화했다는 비난을 받기도 했다
오페라의 유령	프랑스의 작가 가스통 노와의 원작 소설을 찰스 하트가 뮤지컬 극본으로 만들어 무대에 올린 작품이다. 한때 오페라 작곡가로 명성을 날렸으나 잊힌 천재가 되어버린 '오페라의 유령'이 호숫가에서 은둔생활을 하던 중 미모의 오페라 가수 크리스틴에게 반하지만 결국 사랑은 실패로 끝난다는 내용을 담고 있다. 1988년 토니상에서 작품상을 비롯해 남우주연상, 여우주연상, 연출상, 장치상, 조명상 등을 수상했다.

06 트랜스미디어(Trans Media)
트랜스(Trans)와 미디어(Media)의 합성어로 미디어 간 경계선을 넘어 결합·융합하는 현상

장동련 교수가 '횡단, 초월(Trans)'과 '미디어(Media)'를 합성하여 창안한 용어로, '미디어를 초월한 미디어' 즉, 미디어 간의 경계선을 넘어 서로 결합·융합되는 현상을 의미한다. 방송·신문·인터넷·모바일 등의 미디어를 유기적으로 연결한 콘텐츠를 제공하며, 시청자의 요구에 다각적으로 반응할 수 있는 양방향 소통이 가능해져 시청자의 편의를 도모할 수 있다. 이는 기술과 감성이 조화를 이룬 미디어 단계를 일컫는다.

07 엠바고(Embargo)
잠정적인 출항 정지 또는 언론보도 유보를 가리키는 말

원래는 국제법상 사용되는 법률 용어로 국가 간 분쟁 또는 어떠한 문제가 발생한 상태에서 자국의 항구에 입항하여 정박 중인 외국 선박의 출항을 허가하지 않고 문제가 해결될 때까지 잠정적으로 출항을 정지시켜 억류하여 놓는 것을 가리키는 말이었으며, 언론에서 이를 차용하여 보도를 한시적으로 유보하는 것을 의미하는 용어로도 쓰이게 됐다.

08 스낵컬처(Snack Culture)
스낵처럼 짧은 시간에도 쉽게 즐길 수 있는 새로운 문화·예술 콘텐츠의 신개념 소비문화

시간과 장소에 구애받지 않고 즐길 수 있는 스낵처럼 출퇴근시간이나 점심시간 등 5~15분의 짧은 시간에 즐길 수 있는 문화·예술 콘텐츠의 신개념 소비문화를 말한다. 웹툰이나 웹소설, 웹드라마 등이 대표적인 스낵컬처로 인기를 끌고 있다. 짧은만큼 진지하거나 의미있는 내용보다 재미를 추구하는 스낵처럼 가벼운 콘텐츠가 주를 이룬다. 최근 네이버·카카오·SK커뮤니케이션즈 등 IT 업체의 스낵컬처 분야에서의 경쟁이 치열해지고 있다.

09 미디어셀러(Media Seller)

드라마나 영화로 제작된 영상물과 관련된 책

미디어셀러는 영화나 드라마, 예능, CF 등 미디어에 노출된 이후 주목을 받으면서 베스트셀러가 된 책을 말한다. 특히 봉준호 감독의 영화 〈기생충〉(2019)의 각본집이 인기를 끈 이후부터는 여러 드라마나 영화의 대본집 및 각본집의 판매율이 꾸준히 증가하면서 흥행을 이어가고 있다. 전문가들은 독자들이 작품을 더 잘 이해하거나 몰입감을 높이기 위해 이를 구매하는 것으로 분석했다.

10 팝아트(Pop Art)

대중문화적 시각이미지를 미술의 영역 속에 수용한 구상미술의 경향

1950년대 영국에서 시작된 팝아트는 추상표현주의의 주관적 엄숙성에 반대하며 TV, 광고, 매스미디어 등 주위의 소재들을 예술의 영역 안으로 받아들인 사조를 말한다. 대중문화 속에 등장하는 이미지를 미술로 수용함으로써 순수예술과 대중예술의 경계를 깨뜨렸다는 평도 있지만, 이를 소비문화에 굴복한 것으로 보는 시선도 있다. 앤디 워홀, 리히텐슈타인 등이 대표적인 작가다.

11 판소리

한 명의 소리꾼이 소리(창) · 말(아니리) · 몸짓(너름새)을 섞어가면서 긴 이야기를 노래하는 것

- 판소리의 유파

동편제	전라도 동북 지역의 소리, 단조로운 리듬, 짧고 분명한 장단, 씩씩하고 담백한 창법
서편제	전라도 서남 지역의 소리, 부드럽고 애절한 창법, 수식과 기교가 많아 감상적인 면이 강조됨
중고제	경기도와 충청도 지역의 소리, 동편제와 서편제의 절충형, 상하성이 분명함

- 판소리의 3대 요소

창	판소리에서 광대가 부르는 노래이자 소리로, 음악적인 요소에 해당함
아니리	창자가 한 대목에서 다음 대목으로 넘어가기 전에 장단 없이 자유로운 리듬으로 말하듯이 사설을 엮어가는 것으로, 문학적인 요소에 해당함
발림	판소리 사설의 내용에 따라 몸짓을 하는 것으로, 춤사위나 형용 동작을 가리키는 연극적 요소에 해당함. 비슷한 말인 '너름새'는 몸짓으로 하는 모든 동작을 의미함

- 판소리 5마당 : 〈춘향가〉, 〈심청가〉, 〈흥보가〉, 〈적벽가〉, 〈수궁가〉

12 세계 3대 영화제

베니스 영화제 · 칸 영화제 · 베를린 영화제

영화제	특 징
베니스 영화제 (이탈리아)	• 1932년 창설, 매년 8~9월 열리는 가장 오래된 영화제 • 최고의 작품상(그랑프리)에는 '황금사자상'이 수여되고, 감독상에는 '은사자상'이, 남·여 주연상에는 '볼피컵상'이 수여된다. • 2012년 김기덕 감독의 〈피에타〉가 황금사자상을 수상했다.
칸 영화제 (프랑스)	• 1946년 시작되어 매년 5월 개최 • 대상은 '황금종려상'이 수여되며 시상은 경쟁 부문과 비경쟁 부문, 주목할 만한 시선 부문 등으로 나뉜다. • 우리나라는 1999년 〈춘향뎐〉으로 경쟁 부문에 최초 진출했다. • 2019년 봉준호 감독의 영화 〈기생충〉이 황금종려상을 받았다. • 2022년 박찬욱 감독이 〈올드보이〉(2004)에 이어 〈헤어질 결심〉으로 두 번째 감독상을, 배우 송강호가 〈브로커〉로 한국 최초 남우주연상을 수상했다.
베를린 영화제 (독 일)	• 1951년 창설하여 매년 2월 개최 • 최우수 작품상에 수여되는 '금곰상'과 심사위원 대상·감독상·남녀 배우상 등에 수여되는 '은곰상' 등이 있다. • 2017년 배우 김민희가 홍상수 감독이 연출한 영화 〈밤의 해변에서 혼자〉로 여우주연상을 수상했다. • 홍상수 감독은 2020년 〈도망친 여자〉로 감독상을 수상했고, 2021년 〈인트로덕션〉으로 각본상을 수상했으며, 2022년에는 〈소설가의 영화〉, 2024년에는 〈여행자의 필요〉로 심사위원대상을 수상했다.

13 세계 4대 메이저 테니스 대회

윔블던(Wimbledon) · 전미 오픈(US Open) · 프랑스 오픈(French Open) · 호주 오픈(Australian Open)

4대 메이저 대회 모두 국제테니스연맹(ITF)이 관장하며, 이 4개 대회에서 그해에 모두 우승할 경우 그랜드슬램(Grand Slam)을 달성했다고 한다.

대 회	내 용
윔블던 (Wimbledon)	가장 오랜 역사를 지닌 테니스 대회이며 정식 명칭은 'All England Tennis Championship'으로 전영 오픈이라는 명칭으로도 사용된다. 1877년 제1회 대회가 개최됐고, 1968년 프로들에게 본격적으로 오픈됐다. 경기는 잔디코트에서 진행된다.
전미 오픈 (US open)	1881년 'US National Championships'라는 이름으로 시작하여 1965년 US 오픈으로 개칭했다. 매년 9월경 개최되며 총상금이 가장 많은 대회이기도 하다. 경기는 하드코트에서 진행된다.
프랑스 오픈 (French Open)	1891년 출범해서 1968년부터는 프로들에게도 오픈됐다. 경기는 클레이코트에서 진행되며 프랑스 오픈이라는 명칭보다 클레이코트 대회라는 이미지로 더 많이 알려져 있다.
호주 오픈 (Aaustralian Open)	1905년에 개최되었으며 1969년에 프로선수들에게 오픈됐다. 역사가 짧고 상금이 낮아 톱시드의 선수들의 참가가 저조한 편이다. 경기는 하드코트에서 진행된다.

14 매스미디어 효과 이론

매스커뮤니케이션이 끼치는 효과의 총체적 크기에 관한 이론으로 '강효과', '중효과', '소효과' 이론으로 나뉜다.

- 강효과 이론 : 매스커뮤니케이션의 효과가 매우 크다.

탄환 이론	• 매스미디어는 고립된 대중들에게 즉각적·획일적으로 강력한 영향을 미침 • 피하주사식 이론, 기계적 자극·반응 이론 등으로 불림
미디어 의존 이론	• 매스미디어-수용자-사회는 3원적 의존관계로 이루어짐 • 매스미디어에 대한 수용자의 의존도가 점점 높아지는 현대사회에서 매스미디어가 수용자나 사회에 미치는 효과는 매우 큼
모델링 이론	• 반두라의 사회적 학습 이론을 바탕으로 함 • 수용자들은 매스미디어의 행동양식을 모델로 삼아서 행동하므로, 매스미디어의 영향력은 매우 강력함
침묵의 나선 이론	• 인간은 자신의 의견이 사회적으로 지배적인 여론과 일치되면 이를 적극적으로 표현하지만 그렇지 않으면 침묵하는 경향이 있음 • 매스미디어는 지배적인 여론 형성에 큰 영향력을 행사함
문화계발 효과 이론	• 조지 거브너가 주장한 이론임 • 매스미디어가 수용자에게 현실세계에 대한 정보를 제공함으로써 대중들의 관념을 형성시키며 강력한 영향력을 행사함

- 중효과 이론 : 매스커뮤니케이션의 효과는 크지도 작지도 않다.

이용과 충족 이론	• 인간은 각자의 필요를 충족시키기 위해 매스미디어를 이용하므로 메시지를 받아들일 준비가 된 사람에게만 영향을 끼침 • '사람들이 매스미디어로 무엇을 하느냐'의 관점에서 연구함
의제설정 이론	• 매스미디어는 특정 주제를 강조함으로써 사회의 이슈를 만들고 대중들의 의제설정에 기여함 • 미디어가 중요하게 다루는 것이 대중에게도 중요한 주제가 됨

- 소효과 이론: 매스커뮤니케이션의 효과는 그리 크지 않다.

선별효과 이론	• 매스미디어의 효과는 수용자의 능동적 선별에 따라 한정적임 • 수용자는 자신의 가치관과 일치하는 메시지는 받아들이지만 그렇지 않으면 별다른 반응을 보이지 않음
2단계 유통 이론	• 매스미디어의 영향력은 의견지도자를 거쳐 수용자들에게 전달됨 • 매스미디어보다 대인접촉이 더 큰 영향력을 발휘함

15 광고의 종류

종류	설명
PPL 광고 (Product Placement Advertisement)	• 영화 · 드라마 등에 특정 제품을 노출시키는 간접광고 • 엔터테인먼트 콘텐츠 속에 기업의 제품을 소품이나 배경으로 등장시켜 소비자들에게 의식 · 무의식적으로 제품을 광고하는 것
티저 광고 (Teaser Advertising)	• 처음에는 상품명을 감추거나 일부만 보여주고 궁금증을 유발하며 서서히 그 베일을 벗기는 방법 • 티저는 '놀려대는 사람'이라는 뜻을 지니며 소비자의 구매 의욕을 유발하기 위해 처음에는 상품 광고의 주요 부분을 감추고 점차 공개하는 것
인포머셜 (Infomercial)	• 상품의 정보를 상세하게 제공하여 구매 욕구를 유발하는 것 • Information(정보)과 Commercial(광고)의 합성어로, 상품에 관한 정보를 가능한 한 많이 제공함으로써 소비자의 이해를 돕고 관심을 불러일으키는 방법
애드버토리얼 (Advertorial)	• 신문 · 잡지에 기사 형태로 실리는 논설식 광고 • 기사 속에 관련 기업의 주장이나 식견 등을 소개하면서 회사명과 상품명을 표현하는 기사 광고
POP 광고 (Point of Purchase Advertisement)	• 소비자가 상품을 구매하는 시점에 전개되는 광고 • 포스터나 옥외간판 등 소비자가 상품을 구입하는 장소 주변에서의 광고를 말하며, 이는 직접적으로 구매를 촉진시킴
멀티스폿 광고 (Multi-Spot Advertisement)	• 동일한 상품에 대해 비슷한 줄거리에 모델만 다르게 써서 여러 편을 한꺼번에 내보내는 방식 • 한 제품에 대해 여러 편의 광고를 차례로 내보내는 시리즈 광고와 구분됨
키치 광고 (Kitsch Advertisement)	• 언뜻 보아서는 무슨 내용인지 알 수 없는 광고 • 감각적이고 가벼운 것을 좋아하는 신세대의 취향을 만족시킴
버추얼 광고 (Virtual Advertising)	• 가상의 이미지를 방송프로그램에 끼워 넣는 '가상 광고' • 컴퓨터 그래픽을 이용해 방송 중인 프로그램의 광고의 이미지를 삽입시키는 것으로, 우리나라는 2010년 1월부터 지상파 TV에서 가상 광고가 가능해짐
비넷 광고 (Vignet Advertisement)	한 가지 주제에 맞춰 다양한 장면을 짧게 연속적으로 보여줌으로써 강렬한 이미지를 주는 광고 기법
트레일러 광고 (Trailer Advertising)	• 메인 광고 뒷부분에 다른 제품을 알리는 맛보기 광고 • 한 광고로 여러 제품을 다룰 수 있어 광고비가 절감되지만 주목도가 분산되므로 고가품에는 활용되지 않음
더블업 광고 (Double Effect of Advertisement)	• 특정 제품을 소품으로 활용하여 홍보하는 광고 기법 • '광고 속의 광고'라고도 하며 소비자들에게 무의식중에 잔상을 남겨 광고 효과를 유발함
배너 광고 (Banner Advertisement)	• 인터넷 사이트에서 광고 내용을 담은 막대모양의 광고 • 배너 광고를 클릭하면 관련 사이트로 자동연결되며 방문자수, 클릭수 등을 기준으로 광고료가 책정됨
무드 광고 (Mood Advertisement)	• 분위기에 의한 정서적 효과를 노린 광고 • 여성을 대상으로 한 광고에 많이 사용되며 만족감 · 즐거움 등의 전체적인 분위기를 표현하여 그 분위기를 광고하는 상품에 연결시키는 기법
레트로 광고 (Retrospective Advertising)	과거에 대한 향수를 느끼게 하는 추억 광고

16 저널리즘의 유형

가차 저널리즘 (Gotcha Journalism)	사안의 맥락과 관계없이 유명인사의 사소한 실수나 해프닝을 흥미 위주로 집중보도하는 저널리즘
경마 저널리즘 (Horse race Journalism)	• 경마를 구경하듯 후보자의 여론조사 결과 및 득표상황만을 집중보도하는 선거보도 형태 • 선거에 필요한 본질적인 내용보다는 흥미 위주의 보도
그래프 저널리즘 (Graph Journalism)	• 사진 위주로 편집된 간행물 • 사회 문제 및 패션·문화 등의 소재를 다룸
뉴 저널리즘 (New Journalism)	• 1960년대 이후 기존 저널리즘의 관념을 거부하며 등장 • 속보성·단편성을 거부하고 소설의 기법을 이용해 심층적인 보도 스타일을 보임
블랙 저널리즘 (Black Journalism)	숨겨진 사실을 드러내는 취재 활동으로, 약점을 이용해 보도하겠다고 위협하거나 특정 이익을 위해 보도하기도 함
비디오 저널리즘 (Video Journalism)	• 1명의 저널리스트가 소형장비를 이용해 취재·촬영·편집의 전 과정을 담당하는 유형 • 기동성이 높고 각종 문제를 심도 있게 다룰 수 있어 VJ를 통한 외주제작의 비율이 증가하는 추세
센세이셔널리즘 (Sensationalism)	스캔들, 범죄 기사 등 대중들의 호기심을 자극하는 내용 위주로 보도하는 형태
스트리트 저널리즘 (Street Journalism)	• 시민들이 거리의 기자가 되어 언론에 참여하는 형태로, 시민 저널리즘이라고도 함 • 통신 장비의 발달로 1인 미디어의 영향이 더욱 확대됨
옐로 저널리즘 (Yellow Journalism)	• 독자들의 호기심을 자극하고 끌어들이기 위해 선정적·비도덕적인 보도를 하는 형태 • '황색언론'이라고도 하며 범죄·스캔들·가십 등 원시적 본능을 자극하는 흥미 위주의 소재를 다룸
제록스 저널리즘 (Xerox Journalism)	극비 문서를 몰래 복사하여 발표하는 저널리즘으로, 비합법적인 폭로 기사 위주의 보도 형태
체크북 저널리즘 (Checkbook Journalism)	• 유명인사들의 스캔들 기사 등과 관련해 언론사가 거액의 돈을 주고 취재원으로부터 제보를 받거나 인터뷰를 하는 것 • 취재 경쟁이 과열되면서 발생한 저널리즘으로, '수표 저널리즘'이라고도 함
크로니 저널리즘 (Crony Journalism)	영향력 있는 인사에 대한 나쁜 뉴스를 무시하는 언론인들의 윤리 부재 및 관행
파라슈트 저널리즘 (Parashute Journalism)	• 현지 사정을 잘 모르는 기자가 선입견에 따라 기사를 제공함 • '낙하산 저널리즘'이라고도 하며 뉴스거리가 있는 어느 곳이라도 가서 즉각적으로 기사를 작성함
팩 저널리즘 (Pack Journalism)	• 취재 방법 및 시각이 획일적인 저널리즘으로, 신문의 신뢰도 하락을 불러옴 • 정부 권력에 의한 은밀한 제한 및 강압에 의해 양산됨
퍼블릭 저널리즘 (Public Journalism)	• 언론인들이 시민들로 하여금 공동체 문제에 참여하도록 유도하여 민주주의의 활성화에 영향을 끼친 것 • 취재원의 다양화 및 여론의 민주화를 가져옴
포토 저널리즘 (Photo Journalism)	사진을 중심으로 시사 문제를 보도하는 저널리즘으로 '픽토리얼 저널리즘'이라고도 함
하이에나 저널리즘 (Hyena Journalism)	권력 없고 힘없는 사람에 대해서 집중적인 매도와 공격을 퍼붓는 저널리즘
하이프 저널리즘 (Hipe Journalism)	오락만 있고 정보는 전혀 없는 저널리즘
데이터 저널리즘 (Data Journalism)	CAR(Computer Asisted Reporting : 컴퓨터 활용 취재보도)을 통해 엄청난 양의 데이터를 수집한 후 통계적으로 분석해 보도하는 저널리즘

17 우리나라 유네스코 등재유산

인류 전체를 위해 보호되어야 할 필요가 있다고 인정되어 유네스코가 '세계유산 일람표'에 등재한 문화재

구 분	등록현황
세계문화유산	석굴암·불국사(1995), 해인사 장경판전(1995), 종묘(1995), 창덕궁(1997), 수원 화성(1997), 경주 역사유적지구(2000), 고창·화순·강화 고인돌 유적(2000), 제주 화산섬과 용암동굴(2007), 조선왕릉(2009), 안동하회·경주양동 마을(2010), 남한산성(2014), 백제역사유적지(2015), 산사 한국의 산지승원(2018), 한국의 서원(2019), 한국의 갯벌(2021), 가야고분군(2023), 반구천의 암각화(2025)
세계기록유산	훈민정음(1997), 조선왕조실록(1997), 직지심체요절(2011), 승정원일기(2001), 해인사 대장경판 및 제경판(2007), 조선왕조의궤(2007), 동의보감(2009), 일성록(2011), 5·18 민주화운동 기록물(2011), 난중일기(2013), 새마을운동 기록물(2013), KBS 특별생방송 〈이산가족을 찾습니다〉 기록물(2015), 한국의 유교책판(2015), 조선왕실 어보와 어책(2017), 국채보상운동 기록물(2017), 조선통신사 기록물(2017), 4·19 혁명 기록물(2023), 동학농민혁명 기록물(2023), 제주 4·3 기록물(2025), 산림녹화 기록물(2025)
인류무형문화유산	종묘제례 및 종묘제례악(2001), 판소리(2003), 강릉단오제(2009), 강강술래(2009), 남사당놀이(2009), 영산재(2009), 처용무(2009), 제주칠머리당영등굿(2009), 가곡(2010), 대목장(2010), 매사냥(2010), 택견(2011), 줄타기(2011), 한산모시짜기(2011), 아리랑(2012), 김장문화(2013), 농악(2014), 줄다리기(2015), 제주해녀문화(2016), 씨름(2018), 연등회(2020), 매사냥(2021, 확장등재), 한국의 탈춤(2022), 한국의 장 담그기 문화(2024)

산사, 한국의 산지승원
통도사, 부석사, 봉정사, 법주사, 마곡사, 선암사, 대흥사

한국의 서원
소수서원(경북 영주), 옥산서원(경북 경주), 도산서원(경북 안동), 병산서원(경북 안동), 도동서원(대구 달성), 남계서원(경남 함양), 무성서원(전북 정읍), 필암서원(전남 장성), 돈암서원(충남 논산)

18 스쿼시(Squash)

테니스와 월핸드볼(Wall Handball)을 혼합한 운동

공식적으로는 '스쿼시 라켓(Squash Rackets)'이라 부르는데 이는 라켓과 다르게 딱딱한 공을 사용하지 않고 '찌그러지는(Squashable)' 소프트볼을 사용한다는 의미다. 게임은 4면이 벽인 코트에서 두 명이(복식은 네 명) 하며 랠리는 한 선수가 상대방의 공을 받아치지 못하거나 실수를 할 때까지 계속된다.

19 올림픽(Olympic)

2년 마다 열리는 국제 스포츠 대회

\	하계올림픽		회	동계올림픽	
회	연도	개최지	회	연도	개최지
35회	2032	호주 브리즈번	–	–	–
34회	2028	미국 LA			
33회	2024	프랑스 파리			
32회	2021	일본 도쿄(연기)			
31회	2016	브라질 리우데자네이루			
30회	2012	영국 런던			
29회	2008	중국 베이징	27회	2034	미국 솔트레이크시티
28회	2004	그리스 아테네	26회	2030	프랑스 알프스
27회	2000	호주 시드니	25회	2026	이탈리아 밀라노, 코르티나담페초
26회	1996	미국 애틀랜타	24회	2022	중국 베이징
25회	1992	스페인 바르셀로나	23회	2018	대한민국 평창
24회	1988	대한민국 서울	22회	2014	러시아 소치
23회	1984	미국 LA	21회	2010	캐나다 밴쿠버
22회	1980	소련 모스크바	20회	2006	이탈리아 토리노
21회	1976	캐나다 몬트리올	19회	2002	미국 솔트레이크시티
20회	1972	독일 뮌헨	18회	1998	일본 나가노
19회	1968	멕시코 멕시코시티	17회	1994	노르웨이 릴레함메르
18회	1964	일본 도쿄	16회	1992	프랑스 알베르빌
17회	1960	이탈리아 로마	15회	1988	캐나다 캘거리
16회	1956	호주 멜버른	14회	1984	유고슬라비아 사라예보
15회	1952	핀란드 헬싱키	13회	1980	미국 레이크플래시드
14회	1948	영국 런던	12회	1976	오스트리아 인스브루크
13회	1944	2차 세계대전으로 무산	11회	1972	일본 삿포로
12회	1940		10회	1968	프랑스 그르노블
11회	1936	독일 베를린	9회	1964	오스트리아 인스브루크
10회	1932	미국 LA	8회	1960	미국 스쿼밸리
9회	1928	네덜란드 암스테르담	7회	1956	이탈리아 코르티나담페초
8회	1924	프랑스 파리	6회	1952	노르웨이 오슬로
7회	1920	벨기에 앤트워프	5회	1948	스위스 생모리츠
6회	1916	1차 세계대전으로 무산	–	1944	2차 세계대전으로 무산
5회	1912	스웨덴 스톡홀름	–	1940	
4회	1908	영국 런던	4회	1936	독일 가르미슈파르텐키르헨
3회	1904	미국 세인트루이스	3회	1932	미국 레이크플래시드
2회	1900	프랑스 파리	2회	1928	스위스 생모리츠
1회	1896	그리스 아테네	1회	1924	프랑스 샤모니

20 월드컵(FIFA World Cup)

FIFA에 가맹한 축구협회의 남자 축구 국가대표팀이 참가하는 국제 축구 대회

클럽이나 소속에 상관없이 오직 선수의 국적에 따른 구분으로 하는 축구경기이다. 4년마다 개최되며 세계인의 관심이 집중되는 단일 스포츠 대회로, 약 한 달 동안 개최국의 여러 도시에서 경기가 진행된다.

역대 월드컵 개최국과 우승국

회	연도	개최국	우승국	준우승국
25회	2034	사우디아라비아	-	-
24회	2030	모로코, 스페인, 포르투갈	-	-
23회	2026	미국, 캐나다, 멕시코*	-	-
22회	2022	카타르*	아르헨티나	프랑스
21회	2018	러시아*	프랑스	크로아티아
20회	2014	브라질*	독일	아르헨티나
19회	2010	남아프리카공화국*	스페인	네덜란드
18회	2006	독일*	이탈리아	프랑스
17회	2002	한국, 일본*	브라질	독일
16회	1998	프랑스*	프랑스	브라질
15회	1994	미국*	브라질	이탈리아
14회	1990	이탈리아*	독일	아르헨티나
13회	1986	멕시코*	아르헨티나	독일
12회	1982	스페인	이탈리아	독일
11회	1978	아르헨티나	아르헨티나	네덜란드
10회	1974	서독	서독	네덜란드
9회	1970	멕시코	브라질	이탈리아
8회	1966	잉글랜드	잉글랜드	서독
7회	1962	칠레	브라질	체코
6회	1958	스웨덴	브라질	스웨덴
5회	1954	스위스*	서독	헝가리
4회	1950	브라질	우루과이	브라질
3회	1938	프랑스	이탈리아	헝가리
2회	1934	이탈리아	이탈리아	체코
1회	1930	우루과이	우루과이	아르헨티나

* 대한민국 본선 진출 대회

21 철인 3종 경기(트라이애슬론, Triathlon)

수영·사이클·달리기의 세 가지 종목을 완주하는 시간을 겨루는 종목

인간 체력의 한계에 도전하는 경기로 바다수영(3.9km), 사이클(182km), 마라톤(42.195km) 등 3개 대회 풀코스를 쉬지 않고 이어서 한다. 1978년 하와이에서 처음으로 국제대회가 열렸으며, 2000년 시드니 올림픽의 정식 종목으로 채택됐다. 제한 시간은 17시간으로 이 시간 내에 완주하면 '철인(Iron Man)' 칭호가 주어진다.

22 트리플더블(Triple Double)

한 선수가 득점, 어시스트, 리바운드, 스틸, 블록슛 중 세 부문에서 두 자리 수 이상을 기록하는 것

농구의 한 경기에서 한 선수가 득점, 어시스트, 리바운드, 스틸, 블록슛 중 두 자리 수 이상의 기록을 세 부문에서 달성하는 것을 말한다. 네 부문에서 달성하면 '쿼드러플더블(Quadruple Double)'이라고 하고, 두 개 부문에서 두 자리 수 이상을 달성하는 것은 '더블더블(Double Double)'이라고 한다.

23 프리에이전트(FA ; Free Agent)

프로야구 등에서 규약에 따라 어떤 팀과도 자유롭게 교섭할 권리를 얻은 선수

한국 프로야구의 경우 9시즌 이상 프로야구에서 활약한 선수에게 FA 자격이 주어진다. 단, 타자는 정규경기 수의 2/3 이상을 뛰어야 하고, 투수는 규정이닝의 2/3 이상을 던져야 한 시즌으로 인정된다. 이렇게 9시즌을 보낸 선수는 FA 자격이 주어져 한국 야구위원회에 FA 신청을 할 수 있다.

24 해트트릭(Hat Trick)

1명의 선수가 1경기 동안 3득점을 하는 것

축구나 아이스하키 등의 경기에서 한 선수가 한 게임에서 3득점을 달성하거나 한 팀이 3년 또는 3번의 대회 연속으로 대회 타이틀을 석권했을 때 칭한다. 20세기 초 영국 크리켓 게임에서 3명의 타자를 연속 아웃시킨 투수에게 새 모자를 주어 명예를 칭송하던 것에서 유래했다.

25 문학의 4대 장르(갈래)

시 · 소설 · 희곡 · 수필

문학은 언어의 형태에 따라 운문문학과 산문문학, 전달 방식에 따라 구비문학과 기록문학으로 나뉜다. 보통은 4분법에 의해 시 · 소설 · 희곡 · 수필로 구분하고, 4분법에 평론을 더한 5분법, 평론과 시나리오를 더한 6분법을 적용하기도 한다.

주요 작가와 대표작품

작가	시대	작품
김동인	1920년대	〈감자〉, 〈배따라기〉, 〈운현궁의 봄〉, 〈약한 자의 슬픔〉, 〈발가락이 닮았다〉, 〈광염소나타〉, 〈광화사〉
염상섭		〈표본실의 청개구리〉, 〈만세전〉, 〈삼대〉, 〈두 파산〉
현진건		〈운수 좋은 날〉, 〈빈처〉, 〈무영탑〉, 〈술 권하는 사회〉
주요섭		〈사랑 손님과 어머니〉, 〈아네모네 마담〉, 〈인력거꾼〉
이상	1930년대	〈날개〉, 〈오감도〉, 〈봉별기〉, 〈종생기〉, 〈권태〉
채만식		〈치숙〉, 〈탁류〉, 〈태평천하〉, 〈레디 메이드 인생〉
김유정		〈봄봄〉, 〈동백꽃〉, 〈금 따는 콩밭〉
김동리		〈무녀도〉, 〈등신불〉, 〈사반의 십자가〉, 〈바위〉
황순원		〈독짓는 늙은이〉, 〈카인의 후예〉, 〈학〉, 〈소나기〉
이효석		〈메밀꽃 필 무렵〉, 〈분녀〉, 〈산〉, 〈돈〉, 〈들〉
최인훈	1960년대	〈광장〉, 〈회색인〉, 〈서유기〉
이청준		〈서편제〉, 〈병신과 머저리〉, 〈축제〉, 〈매잡이〉
김승옥		〈서울, 1964년 겨울〉, 〈무진기행〉
박경리		〈토지〉, 〈김약국의 딸들〉, 〈불신시대〉
신경림	1970년대	〈농무〉, 〈목계장터〉, 〈가난한 사랑 노래〉
황석영		〈삼포가는 길〉, 〈장길산〉, 〈객지〉, 〈개밥바라기별〉
조세희		〈난장이가 쏘아올린 작은 공〉
박완서	1980년대	〈엄마의 말뚝〉, 〈나목〉, 〈그 많던 싱아는 누가 다 먹었을까〉
조정래		〈태백산맥〉, 〈아리랑〉
신경숙		〈외딴방〉, 〈엄마를 부탁해〉, 〈풍금이 있던 자리〉
공지영		〈고등어〉, 〈봉순이 언니〉, 〈무소의 뿔처럼 혼자서 가라〉

26 핫 미디어 · 쿨 미디어

마셜 맥루한이 정보의 양과 선명의 정도를 기준으로 미디어를 나눈 이론

핫 미디어	정보의 양이 많고 논리적이지만 감정의 전달이 어렵고 수용자의 참여 정도가 약하다. 신문 · 잡지 · 라디오 · 영화 · 사진 등이 대표적이다.
쿨 미디어	정보의 정세도가 낮고 부족하지만 수용자의 높은 참여를 요구한다. TV · 전화 · 만화 등이 대표적이다.

27 비엔날레(Biennale)

2년마다 열리는 국제 미술전

이탈리아어로 '2년마다'라는 뜻으로 미술 분야에서 2년마다 열리는 전시 행사를 일컫는다. 세계 각지에서 여러 종류의 비엔날레가 열리고 있지만, 그중에서도 가장 역사가 길며 그 권위를 인정받고 있는 것은 베니스 비엔날레이다. 1895년에 창설된 베니스 비엔날레는 2년마다 6월에서 9월까지 27개국의 독립 전시관과 가설 전시관을 설치하여 세계 각국의 최신 미술 경향을 소개하는 역할을 담당하고 있다. 우리나라는 1995년 제45회 전시부터 독립된 국가관을 개관하여 참가하고 있다.

- 세계 3대 비엔날레 : 베니스 비엔날레, 상파울루 비엔날레, 휘트니 비엔날레
- 광주 비엔날레 : 1995년 한국 미술문화를 새롭게 도약시키자는 목표로 창설
- 트리엔날레(Triennale) : 3년마다 열리는 미술 행사
- 콰드리엔날레(Quadriennale) : 4년마다 열리는 미술 행사

28 와하비즘(Wahhabism)

극단적인 이슬람 교리

와하비즘은 엄격한 율법을 강조하는 이슬람 근본주의를 의미하는데 사우디아라비아의 건국이념이기도 하다. 여성의 종속화, 이교도들에 대한 무관용적인 살상 등 폭력적이고 배타적이다. 이슬람국가(IS)와 알카에다, 탈레반, 보코하람, 알샤바브 등 국제적인 이슬람 테러조직들이 모두 와하비즘을 모태로 하고 있다.

29 레인코트 프로그램(Raincoat Program)
만일에 대비하여 미리 준비해놓는 프로그램

스포츠나 공연 등의 중계방송이 예정되어 있는데, 날씨나 갑작스러운 사고 등으로 인해 중계를 할 수 없거나 예정 시간보다 단축되었을 때에 대비하여 미리 준비해놓는 프로그램을 말한다.

30 교향곡(Symphony)
관현악으로 연주되는 대규모의 기악곡

동시에 울리는 음을 뜻하는 그리스어 '심포니아(Symphonia)'를 어원으로 하는 18~19세기 고전파 음악의 대표적 장르이다. 보통 소나타 형식의 제1악장, 리트 형식의 제2악장, 미뉴에트나 스케르초 형식의 제3악장, 론도나 소나타 형식의 제4악장으로 구성되어 있다. '교향곡의 아버지'라 불리는 하이든은 성립 초기의 교향곡이라는 장르를 한층 더 완성시키며 106곡의 교향곡을 남겼다. 이후 모차르트, 베토벤, 슈베르트 등의 작곡가들은 교향곡을 더욱 발전시켜 많은 곡들을 작곡했다. 그중에 베토벤의 〈운명〉, 슈베르트의 〈미완성〉, 차이코프스키의 〈비창〉은 세계 3대 교향곡이라 불린다.

31 아타셰(Attaché)
국제올림픽위원회가 대회 개최에 있어 준비를 용이하게 하기 위해 임명하는 수행원

올림픽위원회는 올림픽의 개최에 있어 조직위원회나 각국 대표자 간의 준비를 원활하게 진행하기 위해 각국에 아타셰를 임명한다. 임명된 아타셰는 올림픽 참가국이 여행 계획을 세울 때 조언을 하거나 준비에 필요한 원조를 하며 이의 신청, 입장권·초대권 분배, 선수의 숙박 등에 관해 위원회의 중개자로 활동한다.

32 스토브리그(Stove League)
야구 비시즌에 팀 전력 보강을 위해 선수 영입과 연봉 협상에 나서는 것

야구 시즌이 끝나고 비시즌 때 선수 영입을 위해 선수 계약이나 협상 등이 이루어지는 것을 말한다. 스토브리그는 팬들이 난로(Stove) 주위에 모여 선수의 소식 등을 이야기하며 흥분하는 모습이 마치 실제의 경기를 보는 것 같다는 데서 붙은 이름이다.

33 옴니채널(Omni-Channel) 쇼핑

소비자가 다양한 경로를 넘나들며 상품을 검색 및 구매할 수 있도록 하는 서비스

온라인 쇼핑몰에서는 오프라인에서 사는 것보다 저렴하게 상품을 구입할 수 있기 때문에 오프라인 쇼핑몰을 통해 직접 물건을 보고, 구입은 온라인 쇼핑몰에서 하는 이른바 '쇼루밍(Showrooming)'족이 급증했다. 이에 따라 유통업체는 각 유통 채널의 특성을 결합시킨 옴니채널을 내놓게 됐다. 온라인과 오프라인 매장을 결합시켜 고객은 온라인으로 구매하더라도 오프라인에서 상품을 받을 수 있는 환경을 조성한 것이다.

34 콘클라베(Conclave)

가톨릭에서 교황을 선출하는 선거 시스템

선거권을 가진 추기경단의 선거회로, 교황 서거 또는 사임 후 추기경들에 의해 진행된다. 교황 선거자인 추기경들이 외부로부터 격리되어 시스티나 성당에 모여 비밀 투표를 반복하는데, 투표자의 3분의 2 이상의 표가 나올 때까지 계속한다. 교황 선거에 참가할 수 있는 추기경은 80살 미만으로 한정된다.

35 아르누보(Art Nouveau)

식물의 잎이나 꽃 등 자연의 형상을 차용한 예술 양식

'새로운 예술'이라는 의미를 가진 단어로 19세기 말~20세기 초에 걸쳐 서유럽을 비롯하여 미국까지 널리 유행했던 장식미술을 말한다. 그 명칭은 1895년 파리의 '메종 드 아르누보(Maison de l'Art Nouveau, House of New Art)'라는 화랑 이름에서 유래한 것이다. 유럽의 전통 예술 양식에 반박하는 당시 미술계의 풍조를 반영하여 과거의 것에서 탈피한 새로운 양식을 창출하고자 하는 운동으로 나타났다. 우아한 곡선을 사용하고, 소재로 꽃을 많이 사용한다는 특징이 있다.

아르데코(Art Deco)
1925년 파리에서 개최된 'Les Art Decoratifs(현대 장식미술·산업미술 국제전)'에서 유래해 붙여진 이름으로, 1920~1930년대 파리를 중심으로 유행한 장식미술의 한 형태를 말한다. 기본적인 형태가 반복되거나 동심원·지그재그 무늬 등 기하학적인 형태와 강렬한 색조를 표현한다는 특징이 있다.

36 다크 투어리즘(Dark Tourism)
비극적인 참상이 있던 장소를 여행지로 방문해 교훈을 얻는 관광

잔혹한 참상이 벌어졌던 재해피해 유적지, 전쟁 철거지 등의 역사적 현장을 방문하는 관광이다. 일반적인 여행과 달리 사건이 발생한 곳을 돌아보며 희생자들을 추모하거나 역사적인 교훈을 얻기 위해 떠난다. '블랙 투어리즘(Black Tourism)'이라고도 하며, 우리말로는 '역사교훈 여행', '기업 산업'이라고도 한다. 폴란드의 아우슈비츠 수용소나 뉴욕의 그라운드 제로(Ground Zero) 등이 대표적인 다크 투어리즘 장소다. 우리나라에서는 대전 형무소, 국립 5·18 민주묘지, 제주 4·3 평화공원 등이 있다.

37 앙가주망(Engagement)
문학에서 정치나 사회적 문제에 자진해서 적극적으로 참여하는 경향

본래 '계약·구속·약혼·연루됨'을 의미한다. 프랑스의 문학가 사르트르가 그의 논문에서 앙가주망의 개념을 체계적으로 정리하고, 창작은 자유를 실현하는 방식이며 산문은 민주주의를 전제로 한다고 본 이후 실존주의자들이 '사회에 참여하는 문학'이라는 의미로 널리 사용했다.

38 힙트래디션(Hiptradition)
전통과 젊은 세대 특유의 감성이 만나 만들어진 새로운 트렌드

고유한 개성을 지니면서도 최신 유행에 밝고 신선하다는 뜻의 'Hip'과 전통을 뜻하는 'Tradition'을 합친 신조어로 우리 전통문화를 재해석해 즐기는 것을 의미한다. 한국의 전통문화를 MZ세대 특유의 감성으로 해석해 새로운 트렌드를 만드는 것으로 최근 소셜네트워크서비스(SNS)를 중심으로 인기를 끌고 있다.

39 식스맨(Six Man)
농구 경기에서 주전 5명을 제외한 후보 중 가장 기량이 뛰어난 선수

시합이 시작되면서부터 플레이하는 다섯 명의 선수를 '스타팅 멤버'라고 하는데 이들은 팀에서 가장 실력이 출중하다고 평가되는 선수들로 구성된다. 그러나 경기를 하다가 스타팅 멤버의 체력이 떨어지거나 경기 분위기를 바꾸기 위해 다른 선수를 투입하기도 한다. 이렇게 선수를 교체해야 할 때 대기 선수이지만 중요한 순간에 게임에 투입되어 팀의 경기운영을 잘 조절하는 선수를 식스맨이라고 한다.

과학·컴퓨터·IT·우주

01 스마트 그리드(Smart Grid)
집이나 사무실에서 효율적으로 전기를 쓸 수 있게 하는 지능형 전력망 시스템

기존의 전력망에 정보기술을 접목해 전력 공급자와 소비자가 양방향으로 실시간 정보를 교환함으로써 가장 효율적으로 전력을 생산·소비할 수 있는 시스템을 말한다. 전체적인 전력 사용상황에 따라 5~10분마다 전기요금 단가가 바뀌는 것이 특징이다. 산업통상자원부는 2030년까지 국내 전역에 스마트 그리드 설치를 완료하는 것을 골자로 한 스마트 그리드 확산 사업을 진행 중이다.

02 사물인터넷(IoT ; Internet of Things)
인터넷에 연결된 기기들이 센서 등을 통해 수집한 정보를 가지고 스스로 일을 처리하는 것

사물에 센서를 부착해 실시간 데이터를 인터넷으로 주고받는 기술이나 환경을 의미하는 사물인터넷은 1999년 케빈 애시튼 미국 MIT 교수가 처음 사용했다. 가전기기부터 자동차, 물류, 유통, 헬스케어 등 다양한 분야에서 활용폭이 크다. 가령 어디서나 스마트폰만 있으면 집안의 전자기기, 가스 검침 등을 제어할 수 있다. 물류에서는 상품 등 자산의 위치추적, 현황 파악, 원격지 운영관리에 사용할 수 있다.

03 DNA 바코드
고유 DNA 정보를 이용해 생물종을 식별하는 코드

동식물이 보유한 고유의 DNA 정보를 이용해 생물종을 빠르고 정확하게 식별하게 하는 일종의 '유전자 신분증'을 말한다. 보통의 바코드들은 검은 선과 흰색의 여백을 이용한 2진법으로 구성된 반면 DNA 바코드는 아데닌, 티민, 구아닌, 사이토신의 4가지 염기 요소를 이용한 4진법을 사용하여 구성한다. 생물체는 비슷한 종이라도 DNA는 모두 다르기 때문에 이렇게 생물이 가지는 고유 유전정보를 이용해 빠르고 정확하게 식별하게 한다. 비행기 충돌사고의 주범인 새의 종류를 판단하거나 마약범죄 단속 등에 활용되고 있다.

04 GMO(Genetically Modified Organism)

유전자 재조합 식품

제초제와 병충해에 대한 내성과 저항력을 갖게 하거나 영양적인 가치와 보존성을 높이기 위해 해당 작물에 다른 동식물이나 미생물과 같은 외래 유전자를 주입하는 등 식물 유전자를 변형하여 생산한 농작물을 일컫는다. 1994년 무르지 않는 토마토를 시작으로 유전자 재조합이 시작됐고, 미국의 몬샌토사에 의해 본격적으로 상품화되었다. 우리나라는 현재 세계 최대 GMO 수입국 중 하나인데, GMO의 안전성이 검증되지 않아 그 표시 문제가 논란이 되고 있다.

> **GMO 완전표시제**
> DNA 및 유전자변형 단백질의 잔류와 상관없이 GMO 원료를 표시하는 제도다. 우리나라의 경우 가공 후 제품에 유전자변형 DNA 또는 외래 단백질이 남아있지 않거나 식품의 주요 원재료 함량 중 5위 안에 포함되지 않을 경우 이를 표시하지 않아도 되는 면제 규정이 있다. 시민단체는 GMO의 안전성이 입증되지 않은 만큼 '알 권리'를 보장받아야 한다며 완전표시제 도입을 촉구했다.

05 키오스크(Kiosk)

터치스크린 방식으로 공공장소에 설치된 정보전달 시스템

정보 서비스와 업무의 무인화·자동화를 통해 누구나 이용할 수 있도록 한 무인 단말기를 말한다. 공공장소에 설치하여 각종 행정절차나 상품정보, 시설물의 이용방법, 인근 지역 관광정보 등을 제공한다. 대부분 터치스크린을 채택하여 단계적으로 쉽게 검색할 수 있다.

06 힉스입자(Higgs Boson)

물질을 구성하는 기본입자에 질량을 부여하는 존재

우주가 막 탄생했을 때 몇몇 소립자들에 질량을 부여한 존재로 알려져 '신의 입자'라 불리는 힉스입자는 우주 탄생의 원리를 설명하기 위한 가설 중 가장 유력한 표준 모형(Standard Model)에서 없어서는 안 될 소립자다. 힉스입자의 존재를 증명하기 위해 유럽입자물리학연구소(CERN)는 대형강입자충돌기(LHC)를 통한 실험을 거듭했고 2012년 7월 실험으로 마침내 힉스입자의 존재를 증명했다.

07 유전자가위

인간 또는 동식물이 가진 세포의 유전자를 교정하는 데 사용하는 기술

동식물 유전자의 특정 DNA 부위를 자른다고 하여 '가위'라는 표현을 사용하는데, 손상된 DNA를 잘라낸 후에 정상 DNA로 바꾸는 기술이라 할 수 있다. 4세대 유전자가위인 '프라임 에디팅'이 2019년 미국 브로드연구소에 의해 개발됐으며, 현재 3세대 유전자가위 '크리스퍼'는 상용화 단계에 진입한 상태다. 기존의 크리스퍼 기술이 DNA 이중가닥을 모두 절단해 교정하는 방식이라면, 프라임 에디팅은 한쪽 가닥만 절단해 원하는 염기를 삽입하거나 교체하는 정밀한 방식이다. 정확성이 높고 부작용이 적으며, 돌연변이 유전자에 맞춘 맞춤형 치료가 가능해 희귀 유전질환의 약 90% 교정에 활용될 수 있는 기술로 평가된다.

영국 '세 부모 아이' 시술 첫 승인
2016년 4월 세계 최초로 유전자가위 시술을 통해 '세 부모 아이'가 태어났다. 세 부모 체외수정은 미토콘드리아 DNA 결함을 지닌 여성의 난자로부터 핵만 빼내 미토콘드리아가 정상인 다른 여성의 핵을 제거한 난자에 주입한 뒤 정자와 수정시키는 것인데, 생물학적 부모가 3명이 된다는 점에서 윤리성 논란이 끊이지 않았지만 영국 보건당국은 세계 최초로 이른바 '세 부모 아이' 시술을 승인했다. 영국 인간수정 · 배아관리국(HFEA)은 의료진이 미토콘드리아 질환을 자녀에게 물려주지 않기 위해 이른바 '세 부모 체외수정'을 사용하는 것을 승인했다고 당시 영국 언론들이 보도했다.

08 랜섬웨어(Ransomware)

컴퓨터 사용자의 파일을 인질로 금전을 요구하는 악성 프로그램

'몸값'을 의미하는 '랜섬(Ransom)'과 '소프트웨어(Software)'의 혼성어로, 사용자의 동의 없이 컴퓨터에 설치되어 사용자의 문서 등 중요 파일을 암호화함으로써 파일을 사용할 수 없게 만든 뒤 이를 인질 삼아 대가를 요구하는 것이다.

09 핀테크(FinTech)

Finance(금융)와 Technology(기술)의 합성어로, IT를 이용한 금융을 의미

모바일 · SNS · 빅데이터 등의 첨단 IT 기술을 활용한 기존 금융기법과 차별화된 새로운 금융기술을 의미한다. 모바일뱅킹, 앱카드, 크라우드 펀딩뿐 아니라 금융기관의 의사결정, 위험 관리, 시스템 통합 등의 전반적 업무에 영향을 주는 기술까지도 핀테크에 포함된다. 현재 전자결제 서비스인 삼성페이, 카카오페이, 애플페이 등이 가장 활성화돼 있다.

10 클라우드 컴퓨팅(Cloud Computing)

소프트웨어나 데이터를 컴퓨터 저장장치에 담지 않고 웹 공간에 두어 마음대로 다운받아 쓸 수 있는 인터넷 환경

인터넷상의 서버에 저장해둔 데이터를 언제 어디서나 인터넷에 접속해 다운받을 수 있어서 시공간의 제약 없이 원하는 일을 할 수 있다. 구름(Cloud)처럼 무형인 인터넷상의 서버를 클라우드라고 하며 데이터 저장·처리, 콘텐츠 사용 등 각종 서비스를 제공한다. 하드디스크 장애, 바이러스 감염 등으로 자료가 손상·손실될 수 있지만 클라우드 컴퓨팅을 활용하면 안전하게 자료를 보관할 수 있고, 저장 공간의 제약도 극복할 수 있다.

11 빅데이터(Big Data)

데이터의 생성량·주기·형식 등이 기존 데이터를 넘어서기 때문에 수집·저장·분석이 어려운 데이터

기존 데이터베이스 관리도구의 데이터 수집·저장·관리·분석의 역량을 넘어서는 대량의 정형 또는 비정형 데이터 세트 및 이러한 데이터로부터 가치를 추출하고 결과를 분석하는 기술을 의미한다. 대규모 데이터의 생성·수집·분석을 특징으로 하는 빅데이터는 과거에는 불가능했던 기술을 실현시키기도 하며 전 영역에 걸쳐서 사회와 인류에 가치 있는 정보를 제공하기도 한다.

12 빅뱅 이론

지금의 우주가 하나의 점에서 대폭발하여 이뤄졌다는 이론

지금도 우주가 팽창하고 있다는 사실로부터 자연스럽게 빅뱅 이론이 나왔다. 빅뱅 이론 이전에 많은 사람들은 영국의 천문학자 호일이 주장한 정상상태의 우주를 믿어왔는데 정상상태 우주론에서 우주는 영원하고 근본적으로 정적이다. 그러나 프리드먼이 창시한 빅뱅 이론에 따르면 우주는 동적이며 팽창하고 있다. 실제로 우주가 팽창하고 있다는 여러 근거가 관측되기 시작하면서 지금은 정상우주론보다 사람들에게 더 많이 받아들여지게 됐다. 빅뱅 이론에 의하면 우주의 나이를 예측할 수 있는데, 허블에 의해 관측된 우주의 팽창 속도에서 역으로 우주의 나이를 계산해낼 수 있지만 허블에 의해 계산된 우주의 나이는 20억 년으로, 지구의 나이인 46억 년보다 짧다는 것이 빅뱅 이론의 한계이기도 하다.

13 딥러닝(Deep Learning)

인공신경망을 기반으로 데이터를 조합·분석·분류하는 기계학습 기술

컴퓨터가 다양한 데이터를 통해 사람처럼 스스로 학습할 수 있도록 인공신경망(ANN ; Artificial Neural Network)을 기반으로 구축한 기계학습 기술이다. 인간의 두뇌가 방대한 데이터 속에서 패턴을 발견하고 사물을 구분하는 정보처리 과정을 모방하여 컴퓨터에 적용한 것이다. 이 기술을 적용하면 컴퓨터가 스스로 인지하고 판단할 수 있다. 이 기술은 사진·동영상·음성정보 등을 분류하는 데 활용되고 있다.

14 허블 망원경(HTS)

미국 항공우주국(NASA)과 유럽우주국(ESA)에서 개발·발사한 우주망원경

미국 항공우주국(NASA)과 유럽우주국(ESA)이 주축이 되어 개발한 우주망원경으로 대기권 밖에서 우주를 정밀하게 관측하기 위해 설계된 반사망원경이다. 허블 망원경은 1990년 4월에 우주왕복선 디스커버리호에 실려 지구 궤도에 진입하여 현재까지 우주 관측활동을 하고 있다. 지구상에 설치된 고성능의 망원경들보다 해상도와 감도가 높으며, 미세한 부분까지 선명하게 관찰이 가능한 광학망원경이다. 허블은 지구 바깥에 존재하므로 대기의 영향을 받지 않을 뿐만 아니라 우주의 빛을 왜곡 없이 관측할 수 있다는 장점이 있다.

15 희토류

원소기호 57~71번의 란탄계 원소 15개, 21번 스칸듐(Sc), 39번 이트륨(Y) 등 총 17개 원소의 총칭

원소기호 57번부터 71번까지의 란탄계 원소 15개와 21번인 스칸듐(Sc), 39번인 이트륨(Y) 등 총 17개 원소를 총칭하는 말이다. 화학적으로 안정되어 있고 건조한 공기에서도 잘 견디며 열 전도성도 높은 희토류는 상대적으로 탁월한 화학적·전기적·자성적·발광적 성질을 갖고 있어 각종 디스플레이와 스마트폰, 카메라 등의 필수 원료로 사용된다. 물질의 지구화학적 특성상 경제성이 있을 정도로 농축된 형태로는 산출되지 않고 광물 형태로는 희귀해 '자연계에 드물게 존재하는 금속 원소'라는 의미에서 희토류라고 불린다. 따라서 희토류 주요 생산국이 생산량을 제한하거나 가격을 높이면 전량을 수입에 의존하는 우리나라 같은 수입국은 큰 타격을 입는 등 자원무기화에 취약하다는 특징이 있다.

16 인슐린(Insulin)
탄수화물의 대사를 조절하는 호르몬

혈액 속의 포도당을 일정하게 유지하는 기능을 하는 호르몬이며, 췌장에서 합성·분비된다. 음식을 소화하고 흡수할 때도 순간적으로 혈당이 높아지는데 그 혈당의 양을 조절하는 것이 인슐린의 역할이다. 그러나 인슐린의 합성과 분비가 잘 이루어지지 않으면 제 기능을 못하게 되고 결국 포도당을 함유한 소변을 배설하는 당뇨병에 걸릴 수 있다.

17 비타민(Vitamin)
물질대사와 생리작용을 돕는 유기물

비타민은 적은 양으로도 영양소를 도와 물질대사와 생리작용에 관여한다. 지용성 비타민에는 A, D, E, F, K가 있으며, 수용성 비타민에는 B1, B2, B6, B12, C, L, P 등이 있다. 각 비타민이 부족하면 각종 결핍증이 나타난다.

> **비타민 결핍증**
> - A : 야맹증, 각막건조증
> - B12 : 악성빈혈
> - D : 곱추병
> - B1 : 각기병, 신경염
> - C : 괴혈병
> - E : 불임증

18 파밍(Pharming)
악성코드에 감염된 PC를 조작해 이용자를 사이트로 유도하여 개인정보를 빼가는 수법

악성코드에 감염된 사용자의 PC를 조작하여 정상 홈페이지인 것처럼 보이는 가짜 사이트(금융기관, 공공기관 등)로 유도한 후에 개인의 금융정보 등을 탈취한다. 탈취한 개인의 금융정보를 이용하여 범행계좌로 이체를 하는데, 실제로 이러한 수법으로 13억 원이 무단 이체된 사건이 있었다.

19 로보어드바이저(Robo-advisor)

스마트폰을 활용한 핀테크(Fin-tech)와 인공지능(AI)을 통한 자산운용

'로봇(Robot)'과 '조언자(Advisor)'의 합성어로 컴퓨터 알고리즘을 기반으로 투자자 개인의 성향을 분석해 맞춤형 자산관리나 투자 포트폴리오를 작성하는 역할을 한다. 주관적인 판단이 섞인 인간과 달리 객관적으로 판단하므로 신뢰도가 높은 것이 장점이며, 직접 만날 필요가 없으므로 시간과 장소에 구애받지 않고 컴퓨터나 스마트폰을 통해 서비스를 받을 수 있다는 점에서 편리하다.

20 파놉티콘(Panopticon)

감시자 없이도 죄수들 자신이 스스로를 감시하는 감옥

파놉티콘은 그리스어로 '모두'를 뜻하는 'Pan'과 '본다'는 뜻의 'Opticon'을 합성한 용어다. 계몽시대 공리주의 사상가 제러미 벤담(Jeremy Bentham)이 죄수를 감시할 목적으로 고안한 원형 감옥으로, 중앙의 감시탑과 이를 둘러싼 개인 감방들로 구성된다. 감시탑 안에서는 감방 속 수감자들의 일거수일투족을 속속들이 들여다볼 수 있다. 1975년 프랑스의 철학자 푸코(Michel Foucault)가 그의 저서 〈감시와 처벌〉에서 컴퓨터 통신망과 데이터베이스를 개인의 사생활 감시 또는 침해 대상으로 비유하여 감시체계의 원리를 재조명하기도 했다.

> **시놉티콘(Synopticon)**
> '서로 동시에 감시한다'라는 뜻으로, 노르웨이 범죄학자 토마스 매티슨(Thomas Mathiesen)은 정보기술의 발전으로 언론과 통신이 발달하면서 기존 소수의 감시자와 다수의 피감시자 간의 경계가 사라지고 모두가 함께(Syn) 서로를 감시하는 상황이 조성된다고 설명했다.

21 디지털 워터마크(Digital Watermark)

디지털 콘텐츠에 고유의 코드나 저작자 정보를 입력해 저작권을 보호하는 디지털 기술

디지털 형식의 지적재산에 대한 저작권 보호를 위해 삽입한다. 볼 수 없고 들릴 수 없게 설계되기 때문에 특정 검출기 프로그램을 이용해서만 확인할 수 있다. 디지털 워터마크는 정품과 복제품을 구분하고, 저작권자의 권리를 보호하며, 저작권자의 정보나 원본 여부를 확인하는 역할을 한다.

22 메칼프의 법칙(Metcalfe's Law)
네트워크 효과를 설명하는 이론

네트워크의 가치는 이용자 수의 제곱에 비례하여 폭발적으로 증가한다는 이론이다. 미국의 네트워크 장비업체 3COM의 설립자인 밥 메칼프(Bob Metcalfe)가 주창했는데, 오늘날과 같은 모바일 플랫폼이 발달한 시대에 더 큰 영향력을 발휘하고 있다. 카카오톡, 배달의 민족, 당근마켓 등 모바일 플랫폼을 기반으로 서비스를 제공하는 사업에서는 네트워크 구축이 가장 중요한 마케팅이 됨을 대표적인 예로 들 수 있다.

23 커넥티드 카(Connected Car)
IT 기술을 자동차에 융합시킨 스마트 자동차

주변 사물들과 인터넷으로 연결돼 운행에 필요한 각종 교통정보는 물론 다른 차량의 운행정보도 실시간으로 확인할 수 있는 스마트 자동차를 말한다. 자동차 주행에 필요한 신호등이나 CCTV 등으로부터의 각종 교통정보와 주변의 도로나 차량 등의 운행정보까지 실시간으로 확인하며 주행한다. 주고받는 데이터의 양이 많다보니 초고속 통신망이 필수적으로 요구된다. 2016년 11월에 SK텔레콤과 BMW코리아는 5G 통신망을 이용한 커넥티드 카 'T5'를 공개하고 세계 최초로 미래주행 기술을 선보이기도 했다.

24 QLED(Quantum dot Light Emitting Diodes)
양자점발광다이오드

QLED에서 'Q'는 '퀀텀닷'을 의미한다. 퀀텀닷은 양자점이라고도 하는데, 크기가 10~15nm(나노미터)인 초미세 반도체 결정체를 말한다. 작은 크기의 퀀텀닷은 밝기를 더욱 세밀하게 표현하는 장점을 가지는데, QLED는 퀀텀닷 입자 하나하나가 스스로 빛과 색을 내도록 함으로써 큰 폭의 화질 개선 효과를 보여주는 기술이다. 삼성전자는 2017년 세계 최대 가전제품 전시회인 미국 국제전자제품박람회(CES)에서 TV 신제품에 'QLED TV'라는 이름을 붙여 공개한 바 있다.

> **OLED(Organic Light Emitting Diodes)**
> 유기발광다이오드로, 형광성 유기화합물질을 이용하여 전류를 흐르게 하면 자체적으로 빛을 내는 발광 현상을 이용하는 디스플레이를 말한다. LCD(Liquid Crystal Display)보다 선명하고 보는 방향과 무관하게 잘 보이는 장점을 가진다. 화질의 반응 속도 역시 LCD에 비해 1,000배 이상 빠르지만 제조 공정이 비교적 단순하여 가격도 합리적이다. 휴대폰, 디지털카메라와 같은 소형기기의 디스플레이에 사용된다.

25 5G(5th Generation Mobile Communications)

28GHz의 초고대역 주파수를 사용하는 이동통신 기술

5G는 2020년 상용화가 시작된 모바일 국제 표준을 말한다. 국제전기통신연합(ITU)은 5G의 공식 기술명칭을 'IMT(International Mobile Telecommunication)-2020'으로 정하며 최대 20Gbps의 데이터 전송속도와 어디에서든 최소 100Mbps 이상의 체감 전송속도를 제공하는 것을 5세대 이동통신이라고 정의했다. 이 속도는 기존의 이동통신 속도보다 70배가 빠르고, 일반 LTE와 비교했을 때는 280배 빠른 수준이다. 2017년 1월에 열린 CES 2017에서 인텔은 5G 모뎀을 발표하며 주목을 받기도 했다.

26 e심(eSIM)

내장형 가입자 식별 모듈

메인보드에 내장되는 '내장형 가입자 식별 모듈'이다. 유심(USIM)은 스마트폰 슬롯에 꽂아야 하는 반면 e심은 단말기 메인보드에 내장된 모듈에 번호를 등록하여 소프트웨어를 다운받고 가입자 식별정보를 단말기에 저장하는 방식이다. e심을 도입하는 경우 이용자의 가입비용이 줄고 요금제 선택의 폭이 넓어질 것으로 기대됐다. e심은 스마트폰뿐만 아니라 크기가 작은 웨어러블 기기나 사물인터넷(IoT) 기기에도 활용도가 높아 해외에서는 이미 e심이 상용화되는 추세다. 특히 해외여행 시 별도로 유심칩을 구매할 필요가 없고, 이용자가 이동통신사를 따로 방문하지 않고도 가입이나 해지가 간편하다는 장점이 있다. 국내에서도 2022년 9월부터 e심 서비스가 도입돼 이동통신 3사와 알뜰폰 업체에서 e심으로 스마트폰을 개통할 수 있다.

27 메타버스(Metaverse)

가상과 현실이 융합된 초현실세계

가상·초월을 뜻하는 '메타(Meta)'와 현실세계를 뜻하는 '유니버스(Universe)'를 더한 말이다. 현실세계와 가상세계를 더한 3차원 가상세계를 의미한다. 자신을 상징하는 아바타가 게임, 회의에 참여하는 등 가상세계 속에서 사회·경제·문화적 활동을 펼친다. 메타버스라는 용어는 닐 스티븐슨(Neal Stephenson)이 1992년 출간한 소설 〈스노 크래시(Snow Crash)〉에서 처음 나왔다. 5G 상용화와 더불어 가상현실(VR)·증강현실(AR)·혼합현실(MR) 등을 구현할 수 있는 기술이 계속해서 발전하고 있고, 코로나19 팬데믹 이후 비대면·온라인 추세가 확산함에 따라 메타버스가 주목받고 있다.

28 다누리(KPLO)

우리나라의 첫 달 탐사궤도선

2022년 8월 발사된 우리나라의 첫 달 탐사궤도선으로 태양과 지구 등 천체의 중력을 이용해 항행하는 궤적에 따라 이동하도록 설계됐다. 달로 곧장 가지 않고 태양 쪽의 먼 우주로 가서 최대 156만km까지 거리를 벌렸다가 다시 지구 쪽으로 돌아와 달에 접근했다. 다누리는 발사 145일 만인 2022년 12월 27일 달 상공의 임무궤도에 성공적으로 안착했으며, 약 2시간 주기로 달을 공전하고 있다.

29 챗GPT(Chat GPT)

오픈AI가 개발한 대화형 인공지능 챗봇

2022년 11월 30일 미국의 인공지능(AI) 연구재단 오픈AI(Open AI)가 개발한 대화형 AI 챗봇이다. 사용자가 대화창에 텍스트를 입력하면 그에 응답하는 방식으로 작동한다. 초기에는 GPT-3.5 언어모델을 기반으로 서비스를 시작했으며, GPT-4, GPT-4o를 거쳐 2025년 8월 GPT-5가 출시됐다. 챗GPT는 인간과 자연스럽게 대화를 나누기 위해 수백만 개의 웹페이지로 구성된 방대한 데이터베이스에서 사전 훈련된 대량생성 변환기를 사용하고 있으며, 사용자가 이전에 말한 맥락을 기억해 대화 흐름을 유지하기도 한다.

30 제임스 웹 우주망원경(JWST ; James E. Webb Space Telescope)

허블 우주망원경을 대체할 우주 관측용 망원경

1990년 우주로 쏘아 올린 허블 우주망원경을 대체할 망원경으로 2021년 12월 25일 발사됐다. 미국 항공우주국(NASA)의 제2대 국장인 제임스 웹의 업적을 기리기 위해 '제임스 웹 우주망원경'이라고 명명됐으며 '차세대 우주망원경(NGST ; Next Generation Space Telescope)'이라고도 한다. 제임스 웹 우주망원경은 허블 우주망원경보다 반사경의 크기가 더 커지고 무게는 더 가벼워진 한 단계 발전된 우주망원경이다. 미국 NASA와 유럽우주국(ESA), 캐나다우주국(CSA)이 함께 제작했다. 우주 먼 곳의 천체를 관측하기 위한 것으로 허블 우주망원경과 달리 적외선 영역만 관측할 수 있지만, 더 먼 거리까지 관측할 수 있도록 제작됐다.

PART 2

HOT한 최신기출 분석하기

CHAPTER 01 HOT한 최신기출문제로 본 공기업 공략비법
1. 정치 · 국제 · 법률
2. 경제 · 경영 · 금융
3. 사회 · 노동 · 환경
4. 문화 · 예술 · 미디어 · 스포츠
5. 과학 · 컴퓨터 · IT · 우주
6. 한국사 · 세계사

CHAPTER 02 최신빈출문제
1. 공기업 일반상식 기출문제
2. 공기업 한국사 기출문제

훌륭한 가정만한 학교가 없고, 덕이 있는 부모만한 스승은 없다.

– 마하트마 간디 –

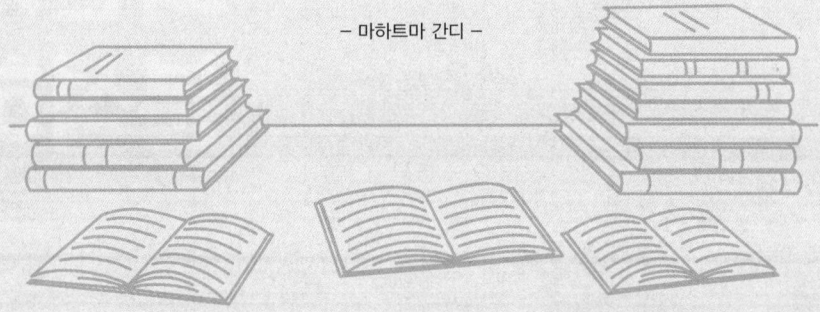

CHAPTER 01 HOT한 최신기출문제로 본 공기업 공략비법

※ 본 기출복원문제는 시험 후기를 토대로 복원한 것으로 실제 시험과 일부 차이가 있을 수 있습니다.

01 정치·국제·법률

공략비법

정치 분야에서는 대통령과 국회의 권한 및 역할뿐 아니라 헌법, 정당, 선거와 관련된 내용이 자주 출제된다. 또한 현 정부의 조직과 기능 그리고 직무 담당자의 임기뿐 아니라 조직 변경과 직무 담당자의 교체 현황도 빈번히 나오는 추세다. 국제 분야에서는 현 정세와 관련된 내용이 많이 출제되므로 중요한 이슈들은 평소에 관심을 가지고 살펴보는 것이 좋다. 또한 우리나라에서 새로 도입되거나 시행되고 있는 법률·제도와 관련된 용어들도 생소할 수 있으니 꼭 체크하고 넘어가야 한다.

01 다음 중 청탁금지법에 대한 설명으로 옳지 않은 것은? [은평구도시공사]

① 공직자와 언론인, 사립학교 교직원 등도 적용 대상에 포함된다.
② 직무와 무관하게 1회 100만 원을 초과하는 금품을 받으면 처벌 대상이 된다.
③ 모든 경우에 식사나 선물, 경조사비를 주고받는 행위가 금지된다.
④ 공직자가 제3자를 통해 부정청탁을 하는 경우에도 처벌받을 수 있다.

해설
정식 명칭은 '부정청탁 및 금품 등 수수의 금지에 관한 법률'이다. 이 법은 공직자의 부정부패를 방지하고 공직사회의 기강을 확립하기 위한 취지로, 당시 국민권익위원장이던 김영란이 처음 발의했다. 이후 적용 대상이 공직자에서 언론인과 교직원까지 확대됐다. 3만 원 이하의 식사, 5만 원 이하의 선물, 10만 원 이하의 경조사비(3·5·10 규정)는 예외적으로 허용된다.

02 유럽 여러 국가가 회원국 간 국경 검문을 폐지하고 자유로운 이동을 허용하기 위해 체결한 협정은?

[광주광역시공공기관통합채용]

① 마스트리흐트 조약
② 파리 조약
③ 솅겐 조약
④ 리스본 조약

해설
솅겐 조약(Schengen Agreement)은 통행의 편의를 위해 출입국 심사를 없애고, 국경이 없는 한 국가를 여행하는 것처럼 자유로이 이동할 수 있도록 한 협정이다. 1985년 룩셈부르크 남부 솅겐에서 독일·프랑스·네덜란드·벨기에·룩셈부르크 등 5개국이 처음으로 체결했다. 2025년 기준으로 EU 27개 회원국 중 25개국과 스위스·노르웨이 등 유럽자유무역연합(EFTA) 4개국 등 총 29개국이 가입해 있다.

정답 01 ③ 02 ③

03 상급심이 하급심의 판결을 돌려보내 다시 심판하도록 하는 것은? [대전광역시공공기관통합채용]

① 재심
② 항소
③ 상고
④ 파기환송

해설
파기환송은 상급심이 하급심의 판결을 무효로 하고(파기), 사건을 다시 원심 법원으로 돌려보내(환송) 재판을 하도록 하는 절차이다. 이는 주로 법령 적용 오류나 심리 부족 등 절차상 하자가 있을 때 이루어진다. 파기환송 후에는 하급심이 상급심의 판단을 참고해 다시 판결을 내려야 한다.

04 습지와 습지자원을 보호하기 위해 맺은 국제환경협약은? [용인도시공사]

① 람사르 협약
② 나고야 의정서
③ 바젤 협약
④ 교토 의정서

해설
람사르 협약(Ramsar Convention)은 습지와 습지자원을 보호하기 위한 국제환경협약이다. 물새 서식처로서 국제적으로 중요한 습지에 관한 협약으로 1971년 2월 이란 람사르에서 체결됐다. 가맹국은 철새의 번식지가 되는 습지를 보호할 의무가 있으며 국제적으로 중요한 습지를 1개소 이상 보호지로 지정해야 한다. 우리나라는 101번째로 람사르 협약에 가입했으며, 2008년 경남 창원에서 '제10차 람사르 총회'를 개최했다.

05 대통령의 임기 말기에 권력이 약화되어 국정 운영이 제대로 이루어지지 않는 현상을 일컫는 말은? [강서구시설공단]

① 포퓰리즘
② 네거티브 캠페인
③ 레임덕
④ 필리버스터

해설
레임덕(Lame Duck)은 '절름발이 오리'라는 뜻으로, 대통령의 임기 말이나 권력 교체기에 나타나는 정치적 영향력 약화 현상을 말한다. 대통령의 권위가 떨어지고 여당 내부나 관료 조직에서 이탈이 발생하며, 국정 추진력이 크게 약화되는 것이 특징이다.

06. 다음 중 나라와 수도의 연결이 틀린 것은? [은평구도시공사]

① 터키 – 앙카라
② 브라질 – 브라질리아
③ 호주 – 시드니
④ 캐나다 – 오타와

해설
호주의 수도는 캔버라(Canberra)다. 시드니는 호주에서 가장 큰 도시이자 경제적 중심지로서 세계적인 기업들의 본사가 위치해 있다.

07. 특정 후보자나 특정 정당에 유리하도록 선거구 경계를 의도적으로 조정하는 행위는? [한국소비자원]

① 매니페스토
② 게리멘더링
③ 리디스트릭팅
④ 로테이션

해설
게리맨더링(Gerrymandering)이란 1812년 당시 미국 매사추세츠 주지사 게리가 당시 공화당 후보에게 유리하도록 선거구를 재조정했는데 그 모양이 마치 그리스 신화에 나오는 샐러맨더와 비슷하다고 한 데서 유래한 말이다. 이는 특정 정당이나 후보자에게 유리하도록 선거구를 인위적으로 획정하는 것을 의미하며, 이를 방지하기 위해 우리나라에서는 선거구 법정주의를 채택하고 있다.

08. 우리 헌법에서 보장하고 있는 국민의 5대 기본권에 해당하지 않는 것은? [부평구문화재단]

① 평등권
② 자유권
③ 사회권
④ 생존권

해설
기본권은 인간다운 생활을 영위하기 위해 헌법이 보장하는 국민의 권리를 뜻한다. 우리나라 헌법 제10조에서는 인간의 존엄과 가치 및 행복추구권을 기본이념으로 하며, 평등권, 자유권, 참정권, 사회권, 청구권을 기본권으로 규정하고 있다.

정답 03 ④ 04 ① 05 ③ 06 ③ 07 ② 08 ④

02 경제·경영·금융

> **공략비법**
>
> 경제·경영·금융 분야의 경우 상식 시험에서 매년 빠지지 않고 출제되는 분야라고 할 수 있다. 특히 경제·경영·금융 관련 용어 문제는 필수로 출제된다. 따라서 ESG, 스태그플레이션, 리디노미네이션, 로렌츠 곡선, 리니언시, 스톡옵션, 공매도 등과 같은 기본 용어의 개념을 확실히 이해해두면 문제를 푸는 데 많은 도움이 된다.

01 2023년 상반기 뉴욕증시를 이끈 7개의 빅테크 기업을 뜻하는 용어는? [화성산업진흥원]

① FNGS
② 매그니피센트 7
③ FANG
④ BATMMAAN

해설

매그니피센트 7은 2023년 미국 연방준비제도(Fed, 연준)의 금리인상 속도조절에 대한 기대감과 인공지능(AI) 열풍의 영향으로 주가가 급등한 알파벳, 애플, 메타, 마이크로소프트, 아마존, 엔비디아, 테슬라 등 7개 기술기업을 일컫는 말이다. '매그니피센트(Magnificent)'란 '참으로 아름다운', '훌륭한'이라는 뜻이고, 매그니피센트 7은 '훌륭한 7개 주식'이라는 뜻이다.

02 다음 중 우리나라의 주식시장에 해당하지 않는 것은? [종로구시설관리공단]

① 코스넷
② 코스닥
③ 코스피
④ K-OTC

해설

코스닥은 상대적으로 규모와 수익은 작지만 성장 가능성이 높은 기업이 상장되어 있는 시장이며, 코스피는 주로 대기업이 상장되어 있는 주식시장이다. K-OTC는 금융투자협회가 운영하는 한국장외주식시장으로 기관·전문 투자자 전용 비상장주식 시장이다.

03. 경제불안 속에서도 현재 만족을 위해 소비를 멈추지 않는 현상을 뜻하는 말은? [폴리텍]

① 패스트 소비
② 둠 스펜딩
③ 생존 소비
④ 불안 소비

해설
둠 스펜딩(Doom Spending)이란 '끝이 좋지 않을 것을 알면서도 일단 저지르고 보는 소비'라는 뜻으로 경제나 미래가 불안한 상황에서도 스트레스 해소나 현재 만족을 위해 소비를 멈추지 않는 현상이다. 경제적으로 미래가 암울하지만 심리적 탈출욕구 등으로 인해 소비를 늘리는 것을 뜻한다.

04. 부실채권이나 부실자산을 사들여 소각·정리하는 기관을 뜻하는 용어는? [화성시공공기관통합채용]

① 섀도뱅크
② 배드뱅크
③ 퀴팅뱅크
④ 굿뱅크

해설
배드뱅크(Bad Bank)는 은행이 가진 부실채권이나 부실자산 등을 따로 떼어내 관리하는 특수 금융기관을 말한다. 나쁜 자산을 떠안아 금융시장의 건전성을 회복하고 금융 시스템을 안정화시키는 것이 목표다. 우리나라에서는 현재 한국자산관리공사(캠코)가 배드뱅크의 역할을 담당하고 있다.

05. 물가가 지속적인 하락에서 벗어나 점진적으로 상승하는 것을 뜻하는 용어는? [부산광역시공무직통합채용]

① 콘플레이션
② 업플레이션
③ 인플레이션
④ 리플레이션

해설
리플레이션(Reflation)이란 경기침체로 물가가 지나치게 하락(디플레이션)하거나 수요가 위축된 상황에서 정부나 중앙은행이 재정·통화 정책을 동원해 물가와 경기를 다시 끌어올리는 것을 말한다. 즉, 경기를 부양해서 물가를 정상 수준으로 되돌린다는 의미다. 인플레이션이 일어나지 않을 정도로 금리인하나 재정지출을 확대해 통화를 재팽창시키는 정책이다.

정답 01 ② 02 ① 03 ② 04 ② 05 ④

03 사회·노동·환경

> **공략비법**
>
> 사회·노동·환경 분야의 경우에도 출제율이 높다. 하지만 범위가 너무 넓다 보니 대부분의 수험생들이 이 분야에 대한 공부를 가장 난감해한다. 사회·노동·환경 분야는 평소에 일반 시사에 대한 관심이 높으면 '이런 문제가 출제될 수 있겠다'라는 감을 잡을 수 있다. 예를 들어 환경과 관련된 핫이슈인 탄소중립, 그린워싱 등의 용어나 현 사회 현상을 담은 용어인 알파세대, 인구절벽 등 이슈가 되는 사회 용어는 그 중요도만큼 출제율이 높아진다. 따라서 평소에 일반 시사에 관심을 가지고, 용어 위주로 숙지해둔다면 문제 풀이에 큰 도움을 받을 수 있다.
>
> 그뿐만 아니라 누구나 알 법하지만 잘 모르는 일반 생활상식에 관련된 문제도 출제되니, 좀 더 넓은 시야를 가지고 다양한 분야에 관심을 두는 것이 좋다. 특히 지원한 공기업과 관련된 일반 생활상식 및 사회제도를 미리 정리해두고 숙지한다면 사회·노동·환경 분야의 문제 풀이는 어렵지 않을 것이다.

25년 기출

01 음주운전 사고 발생 뒤 시간이 많이 지났거나 술이 깼을 때, 음주운전 당시 혈중 알코올 농도를 계산하는 기법은?

[광주광역시공공기관통합채용]

① 멘델 법칙
② 위드마크 공식
③ 파스퇴르 법칙
④ 보일의 법칙

> **해설**
>
> 위드마크 공식(Widmark Fomula)은 스웨덴의 생리학자 에릭 위드마크(E. Widmark)가 고안한 계산식이다. 음주운전 후 시간이 많이 경과되어 운전 당시 알코올 농도를 측정할 수 없는 경우, 술의 종류와 체중·성별·음주량 등을 반영해 혈중 알코올 농도를 추정한다. 이는 교통사고 조사나 법의학적 감정에 활용된다. 우리나라에서는 1996년 음주운전 뺑소니 운전자 처벌을 위해 도입했으며, 체형과 음주습관 등을 고려해 일부 수정된 공식을 사용한다.

02. 처음 접한 정보에 지나치게 의존하여 판단이나 의사결정을 내리는 인지적 편향은?

[광주광역시공공기관통합채용]

① 펭귄 효과
② 앵커링 효과
③ 레몬 효과
④ 군중심리

해설

앵커링 효과(Anchoring Effect)란 처음 제시된 정보가 기준점으로 작용해 이후 판단이나 의사결정에 큰 영향을 주는 인지적 편향을 말한다. 마치 배가 닻(Anchor)을 내리면 고정된 위치에서 크게 움직이지 않는 것과 유사해 '닻내림 효과', '정박 효과'라고도 한다.

03. 인프라의 부족으로 건강한 식료품을 구하기 어려운 지역을 뜻하는 용어는?

[폴리텍]

① 식품난지
② 식품사막
③ 식품장막
④ 식품난민

해설

물을 구하기 어려운 사막처럼 인프라가 부족하거나 거주지에서 멀리 떨어져 있어 건강하고 저렴한 식료품을 구하기 어려운 지역을 '식품사막'이라고 한다. 식품사막에 사는 주민들은 경제적으로 열악하고 이동성이 떨어지는 경우가 많아 대형마트에서나 취급하는 건강한 식재료를 구입하지 못하고 가공식품 등을 주로 이용하게 되어 비만 등 질병에 쉽게 노출될 수 있다.

04. 법률상 어린이 보호구역의 교통법규 위반 단속시간으로 맞는 것은?

[부산광역시공무직통합채용]

① 오전 9시~오후 8시
② 오전 9시~오후 9시
③ 오전 8시~오후 9시
④ 오전 8시~오후 8시

해설

어린이 보호구역에서는 통행이나 주·정차가 금지되거나 운행속도를 시속 30km 이내로 제한하는 등 자동차에 대한 통행제한 조치가 취해질 수 있다. 도로교통법상 어린이 보호구역에서 오전 8시부터 오후 8시까지 제한속도를 지키지 않거나 주·정차 위반을 한 경우 과태료나 범칙금이 부과되고, 이로 인해 교통사고가 발생해 어린이를 사상에 이르게 한 경우에는 중과실치상죄로 처벌을 받게 된다.

정답 01 ② 02 ② 03 ② 04 ④

04 문화·예술·미디어·스포츠

> **공략비법**
>
> 문화·예술·미디어·스포츠 분야는 다른 분야에 비해 출제율이 낮을 것으로 생각하고 일부 수험생들이 간과하는 분야이다. 하지만 문학작품 및 작가, 국내외 영화제, 노벨상, 명화, 음악 장르, 스포츠 관련 국제조직 등은 의외로 출제율이 높은 편이다.
>
> 따라서 국내외 영화제 수상작품 및 수상자, 노벨상 수상자, 미술 용어 및 미술사조, 국내외 굵직한 문학작품 및 작가, 유명 작곡가 및 음악 용어 등은 되도록 숙지해두는 것이 좋다. 또한 스포츠 분야는 올림픽, 월드컵 우승국 등과 관련한 문제가 출제되고 미디어는 광고 및 언론 용어와 관련된 문제들이 출제된다.

25년 기출

01 다음 중 영국의 철학자 제러미 벤담이 주장한 사상은? [부산광역시공공기관통합채용]

① 실용주의
② 공리주의
③ 절대주의
④ 상대주의

해설
공리주의는 고전적 규범 윤리 이론 중 하나로 영국의 철학자이자 법학자인 제러미 벤담(Jeremy Bentham)이 창시했다. 그는 쾌락을 추구하고 고통을 회피하는 것을 인간의 본성으로 전제했으며, 도덕적 행위란 '최대 다수에게 최대의 행복을 주는 것'이라고 규정했다. 이후 존 스튜어트 밀(J. S. Mill)이 이를 계승·발전시켰다.

25년 기출

02 전통과 젊은 세대 특유의 감성이 만나 만들어진 새로운 트렌드를 뜻하는 신조어는? [폴리텍]

① 욜로
② 플로깅
③ 스낵컬처
④ 힙트래디션

해설
힙트래디션(Hiptradition)은 고유한 개성을 지니면서도 최신 유행에 밝고 신선하다는 뜻의 'Hip'과 전통을 뜻하는 'Tradition'을 합친 신조어로 우리 전통문화를 재해석해 즐기는 것을 의미한다. 전통문화를 MZ세대 특유의 감성으로 해석해 새로운 트렌드를 만드는 것으로 최근 SNS를 중심으로 인기를 끌고 있다. 대표적으로 반가사유상 미니어처, 자개소반 모양의 무선충전기 등 전통문화재를 기반으로 디자인된 상품의 판매율이 급증하면서 그 인기를 입증하고 있다.

03 다음 중 피아노를 세계 최초로 발명한 이탈리아의 발명가는? [화성시공공기관통합채용]

① 바르톨로메오 크리스토포리
② 안토니오 스트라디바리
③ 아돌프 삭스
④ 프랑수아 쿠프랭

해설
바르톨로메오 크리스토포리(Bartolomeo Cristofori)는 1655년 이탈리아 파도바에서 출생한 발명가이자 악기 제작자이다. 그는 해머로 현을 쳐서 소리를 내는 방식을 고안해 1720년에 처음으로 피아노를 제작해 세상에 내놓았다. 그가 제작한 피아노는 현재까지 총 3대가 남아 있다.

04 헬레니즘 문화는 그리스 문화와 어떤 문화권이 융합된 것인가? [수원시공공기관통합채용]

① 그리스 + 로마 문화
② 그리스 + 오리엔트 문화
③ 그리스 + 게르만 문화
④ 그리스 + 인도 문화

해설
헬레니즘(Hellenism)은 기원전 4세기 알렉산드로스 대왕의 정복 활동으로 인해 그리스 문화가 이집트·페르시아·인도 등 오리엔트 문화와 결합하여 형성된 문화를 말한다. 세계 시민주의, 개인주의 경향이 나타났으며, 폴리스 경계를 벗어난 문화교류를 통해 예술·철학·과학 등 여러 분야에서 독창적인 발전을 이뤘다.

05 이른 아침에 커피를 마시며 춤을 추거나 파티를 즐기는 문화를 뜻하는 신조어는? [광주광역시공공기관통합채용]

① 힙트래디션
② 스낵컬처
③ 모닝레이브
④ 사일런트 디스코

해설
모닝레이브(Morning Rave)는 아침을 뜻하는 'Morning'과 광란의 파티를 뜻하는 'Rave'를 합친 신조어다. 밤새 술을 마시며 즐기는 일반적인 파티와 다르게 아침 출근 시간대에 커피, 말차 등 음료를 마시며 춤과 음악을 즐기는 문화를 말한다. 최근 건강한 라이프스타일에 대한 관심이 커지면서 새로운 문화 트렌드로 자리 잡고 있다.

정답 01 ② 02 ④ 03 ① 04 ② 05 ③

05 과학·컴퓨터·IT·우주

> **공략비법**
> 기초과학에서는 기본적인 과학원리나 물리법칙뿐 아니라 온난화, 엘니뇨와 같은 기후환경들을 중점적으로 살펴보고 공부하는 것이 좋다. 또한 유전자가위, 누리호 등과 같이 첨단과학과 관련한 내용도 자주 출제된다. 최근에는 일상생활과 연관 있는 IT·모바일·인터넷 관련 용어들의 출제 비중이 커지고 있다. 챗GPT, 초거대 AI, 메타버스, 딥러닝과 같이 사회현상과 관련된 용어들도 평소에 기사를 통해 꼼꼼하게 정리해두면 도움이 된다.

01. 고도의 기술력을 바탕으로 한 혁신적 첨단기술 영역을 뜻하는 용어는? [폴리텍]

① 섭테크
② 하이테크
③ 씬테크
④ 딥테크

> **해설**
> 딥테크(Deep Tech)란 일반적으로 출시되는 애플리케이션 서비스나 플랫폼들과는 달리 치밀한 과학적 연구에서 시작된 고도의 기술력을 바탕으로 한 혁신적인 기술 영역을 뜻하는 용어다. 기초과학에 뿌리를 두고 오랜 연구와 복잡한 개발과정을 거치며, 많은 자금과 인력이 필요하다. 인공지능(AI), 바이오, 우주항공, 양자컴퓨팅, 로봇공학 등이 딥테크의 예시다.

02. 다음 중 오존층의 역할로 맞는 것은? [용인도시공사]

① 대기 중의 온실가스의 양을 줄인다.
② 대기 중의 산소의 양을 늘린다.
③ 지표면에 도달하는 가시광선의 양을 줄인다.
④ 지표면에 도달하는 자외선의 양을 줄인다.

> **해설**
> 오존층(Ozone Layer)은 지상 20~30km의 성층권에 분포하는 층으로 성층권의 다른 부분에 비해 오존(O_3)의 농도가 높은 부분을 말한다. 대기 중의 산소분자가 태양의 자외선을 받아 원자로 분해되고 이것이 다른 산소원자와 결합되면서 오존이 생성된다. 오존층은 이러한 과정에서 태양의 강력한 자외선이 지표면에 도달하는 것을 일정부분 방해하는 역할을 한다.

03 인공지능이 정보를 생산하는 과정에서 발생하는 오류를 뜻하는 용어는? [부산광역시공무직통합채용]

① 할루시네이션
② 검색증강생성
③ 페르소나 챗봇
④ 리스폰서블 AI

해설
할루시네이션(Hallucination)은 원래 '환청'이나 '환각'을 뜻하는 단어였으나 최근에는 인공지능(AI)이 잘못된 정보나 허위정보를 생성하는 등의 오류를 일컫는다. 실제로 생성형 AI의 사용이 증가하면서 이를 이용해 정보를 검색·활용하는 과정에서 AI가 질문의 맥락에 맞지 않는 내용으로 답변하거나 사실이 아닌 내용을 마치 사실인 것처럼 답변해 논란이 된 바 있다.

04 역사상 최초로 인류를 우주로 보낸 소련의 우주선은? [부평구문화재단]

① 프로스페로
② 스푸트니크 1호
③ 보스토크 1호
④ 로히니 D1

해설
미국과 우주진출 경쟁을 벌이던 소비에트 연합(소련)은 1968년 4월 12일 우주선 '보스토크 1호'를 쏘아 올려 최초로 유인 우주탐사에 성공했다. 당시 탑승했던 우주비행사 '유리 가가린'은 대기권 밖의 우주까지 진출해 비행한 뒤 지구로 귀환했다.

05 다음 중 우리 태양계 목성의 위성에 해당하는 것은? [광명도시공사]

① 이 오
② 포보스
③ 타이탄
④ 엔셀라두스

해설
목성은 태양계에서 가장 거대한 행성으로 95개 이상의 위성을 거느리고 있다. 이 중 가장 크고 유명한 것은 1610년 이탈리아의 천문학자 갈릴레오 갈릴레이가 발견한 4개의 위성, 이오(Io), 유로파(Europa), 가니메데(Ganymede), 칼리스토(Callisto)다.

정답 01 ④ 02 ④ 03 ① 04 ③ 05 ①

06 한국사·세계사

공략비법

한국사·세계사 분야는 최근 출제빈도가 높아지고 있다. 주로 근현대사나 조선시대사, 고대사 관련 문제의 출제율이 높으며, 세계사의 경우 세계대전 및 혁명운동 관련 문제의 출제율이 높다.

한국사 중에서 고대사는 유물·유적 위주로 준비해두는 것이 좋고, 조선시대사는 왕의 업적 및 각 왕대의 정치적 특징과 관련해 알아두는 것이 도움이 되며, 근현대사는 일제강점기 해방운동조직 및 인물을 기본적으로 알아두는 것이 좋다. 한국사능력검정시험 문제가 도움이 될 수 있으므로 단기간에 문제 위주로 공부를 하고 싶다면 이를 참고하여 준비하면 된다.

---

01 청동기 시대에 대한 설명으로 옳지 않은 것은? [광주광역시공공기관통합채용]

① 벼농사가 본격적으로 이루어지며 정착 생활이 강화됐다.
② 계급이 분화되고 사유 재산이 발생했다.
③ 청동기가 생활용품으로 널리 사용했다.
④ 고인돌과 돌널무덤이 대표적인 무덤 양식이다.

해설

청동기 시대에는 비파형 동검, 청동거울 등 청동으로 만든 도구가 등장했지만, 그 희소성과 제작의 어려움으로 인해 주로 지배층의 무기나 장식품으로 사용되었다. 생활 도구로는 여전히 돌괭이, 돌낫 등 석기가 쓰였다. 이 시기에는 벼농사 발달로 잉여 생산물이 생기고 계급과 정치권력이 형성되었다.

---

02 다음 고대국가의 풍속과 사회 제도에 대한 설명 중 옳지 않은 것은? [부산광역시공공기관통합채용]

① 부여 – 12월에 영고라는 제천행사를 열었다.
② 고구려 – 형사취수제와 서옥제가 있었다.
③ 옥저 – 천군이 제사를 지내는 지역인 소도가 있었다.
④ 동예 – 족외혼과 책화의 풍습이 있었다.

해설

옥저는 중앙집권국가로 발전하지 못한 군장국가 단계의 사회로, 신부가 어릴 때 신랑 집에서 미리 살다가 성인이 되면 신랑이 신부의 몸값을 치르고 데려오는 민며느리제와 장례 풍습인 가족 공동묘(골장제)가 있었다. 소도는 삼한의 제사장인 천군이 살던 지역을 말한다. 하늘에 제사를 지내고 속죄나 재판 등의 종교 의례가 이루어지는 장소였으며, 외부인이 함부로 접근할 수 없는 신성 지역으로 여겨졌다.

03 백제의 13대 왕으로 4세기 백제의 최전성기를 이끈 인물은? [용인도시공사]

① 개로왕
② 근초고왕
③ 침류왕
④ 무 왕

해설
근초고왕(346~375년)은 백제 제13대 왕으로 활발한 정복활동을 펼쳐, 남쪽으로는 마한 세력을 통합하고 가야 지역까지 진출해 백제 역사상 최대영토를 자랑하며 전성기를 이룩했다. 북쪽으로는 낙랑의 일부 지역을 확보했고, 평양성까지 진출해서 고구려 고국원왕을 전사시켰다. 그리고 요서지역과 왜에도 진출하여 왜에 칠지도를 하사하는 등 활발히 국제교류를 했다.

04 다음 중 고구려 장수왕의 업적이 아닌 것은? [부산광역시공무직통합채용]

① 평양으로 천도해 남진정책을 강화했다.
② 한강 유역까지 세력을 확장했다.
③ 광개토대왕릉비를 건립했다.
④ 율령을 반포해 중앙집권적 체제를 세웠다.

해설
고구려 20대 국왕인 장수왕은 남진정책을 펴서 평양으로 천도했으며, 한강 유역을 점령해 세력을 확장했다. 선왕을 기리고, 왕권을 강화하기 위해 광개토대왕릉비와 충주고구려비를 건립했다. 고구려의 율령은 17대 국왕인 소수림왕이 발표했다.

05 망이·망소이의 난의 원인이 된 '소(所)'에 대한 설명으로 옳지 않은 것은? [폴리텍]

① 수공업에 종사하던 사람들이 거주하던 특수 행정 구역이었다.
② 거주민들은 공식적으로 천민 신분에 속했다.
③ 거주민들은 해당 지역 안에서만 살 수 있었다.
④ 국가에 필요한 물품을 만들어 납부해야 했다.

해설
망이·망소이의 난은 1176년 고려 무신정변 직후 공주 명학소에서 망이와 망소이가 주동이 되어 일으킨 민란이다. '소(所)'는 고려의 일반 행정 구역인 주·군·현과는 달리 특산물을 만들어 바치는 특수 행정 구역이었다. 소의 주민들은 신분상으로는 양인에 속했지만, 천민과 다를 바 없는 대접을 받으면서 각종 부담은 일반 군현민보다 무거웠다. 과중한 부역과 차별 대우로 인해 불만이 고조되어 발생한 난은 충청도 곳곳으로 번졌으나 관군과의 싸움에 패하면서 실패로 끝났다.

정답 01 ③ 02 ③ 03 ② 04 ④ 05 ②

06 다음 중 인천상륙작전에 대한 설명으로 옳지 않은 것은? [부산광역시공공기관통합채용]

① 맥아더 장군의 지휘 아래 유엔군과 국군이 함께 참여했다.
② 이 작전의 성공으로 서울을 수복하고 전세를 역전시켰다.
③ 낙동강 방어선이 붕괴된 직후 이를 만회하기 위해 전개됐다.
④ 작전은 1950년 9월 15일 새벽에 실시됐다.

해설
인천상륙작전은 6·25 전쟁 중인 1950년 9월 15일, 맥아더 장군이 지휘한 유엔군과 국군이 인천에 상륙해 서울을 수복한 대규모 군사 작전이다. 당시 국군은 낙동강 방어선을 중심으로 북한군의 남하를 저지하고 있었으며, 이 작전의 성공으로 전세가 완전히 역전되어 국군과 유엔군은 평양까지 진격할 수 있었다.

07 1930년대 미국에서 대공황을 극복하기 위해 프랭클린 루스벨트 대통령이 시행한 정책은? [폴리텍]

① 마셜 플랜
② 뉴프런티어 정책
③ 뉴딜 정책
④ 대서양 헌장

해설
뉴딜 정책은 1929년 대공황으로 무너진 미국 경제를 재건하기 위해 정부가 적극적으로 경제에 개입한 종합 대책이다. 공공사업 확대, 사회보장 제도 도입, 금융 개혁 등을 통해 실업률을 낮추고 경기 회복을 유도했다. 이 정책은 이후 복지국가 모델과 정부의 경제 개입 근거로 이어지며 전 세계 경제정책에 큰 영향을 미쳤다.

CHAPTER 02 최신빈출문제

※ 본 기출복원문제는 시험 후기를 토대로 복원한 것으로 실제 시험과 일부 차이가 있을 수 있습니다.

01 공기업 일반상식 기출문제

정치·국제·법률

01 다음 중 삼권분립에 대한 설명으로 옳지 않은 것은? [한국소비자원]

① 국가의 권력을 나누어 상호 견제와 균형을 이루려는 제도이다.
② 입법권은 국회, 행정권은 정부, 사법권은 법원이 각각 담당한다.
③ 권력의 집중을 방지하고 국민의 자유와 권리를 보호하기 위한 원리이다.
④ 행정부가 국회의 입법권을 보완하기 위해 법률을 제정할 수 있다.

해설

삼권분립은 국가 권력을 입법권, 행정권, 사법권으로 분리하여 상호 견제와 균형을 유지함으로써 권력의 집중을 방지하는 헌정 원리이다. 입법권은 국회가, 행정권은 정부가, 사법권은 법원이 각각 행사하며, 이를 통해 국가 권력의 자의적 행사를 억제하고 국민의 기본권을 보장하는 기능을 수행한다. 행정부는 국회가 제정한 법률에 근거하여 이를 집행하고 구체화할 권한을 가지지만, 법률 제정권 그 자체는 보유하지 않는다.

02 기후변화 대응과 경제 성장을 동시에 달성하기 위해 친환경 에너지 전환과 녹색산업 육성을 추진하는 정책은? [용인도시공사]

① 탄소중립
② 지속가능발전목표
③ 녹색성장
④ 그린딜

해설

그린딜(Green Deal) 정책은 2023년 2월 1일 유럽연합(EU) 집행위원회가 발표한 경제·환경 계획이다. 이는 미국의 인플레이션감축법(IRA)처럼 자국 산업에 배타적인 보조금 정책에 대응하기 위해 마련된 것으로, EU 기업에 대한 친환경 보조금 확대와 세액공제 혜택 강화를 주요 내용으로 한다. EU는 그린딜의 핵심 과제로 ▲예측 가능하고 단순한 환경 규제 ▲신속한 자금 조달 ▲친환경 기술 역량 강화 ▲공급망 회복을 위한 개방 무역 등 네 가지를 제시했다.

정답 06 ③ 07 ③ // 01 ④ 02 ④

03 국제 항공 운송의 안전과 질서 유지, 국제 항공 기준의 제정 등을 위해 1944년 설립된 유엔 전문기구는?

[대전광역시공공기관통합채용]

① 국제해사기구(IMO)
② 세계무역기구(WTO)
③ 세계관광기구(UNWTO)
④ 국제민간항공기구(ICAO)

해설
국제민간항공기구(ICAO ; International Civil Aviation Organization)는 국제 항공 운항의 안전 확보와 표준 규정 제정을 담당하는 유엔 산하 전문기구다. 1944년 시카고협약에 따라 설립되었으며, 항공 교통·환경·보안 등 항공 전반의 국제 협력을 조정한다.

04 당선자가 사망하거나 자격이 상실되어 남은 임기 동안 새로 선출하기 위해 실시하는 선거는?

[부산항보안공사]

① 본선거
② 보궐선거
③ 재선거
④ 예비선거

해설
보궐선거는 당선자의 사망·사퇴·자격 상실 등으로 공석이 된 자리를 채우기 위해 실시되는 선거다. 반면 재선거는 부정행위나 절차상 하자로 인해 이전 선거가 무효로 결정되거나 당선자가 없을 때 다시 치르는 선거를 말한다. 즉 보궐선거는 결원이 생긴 경우, 재선거는 선거 자체가 무효가 된 경우에 실시된다.

05 다음 중 상속세에 대한 설명으로 옳지 않은 것은?

[부산광역시공공기관통합채용]

① 피상속인이 사망하면서 무상으로 이전된 재산에 부과되는 세금이다.
② 납세의무자는 상속인이다.
③ 배우자에게 상속된 재산은 법이 정한 일정 한도 내에서 공제받을 수 있다.
④ 과거 시가를 기준으로 평가된 재산가액에 따라 부과된다.

해설
상속세는 증여자의 사망에 의해 무상으로 이전되는 재산에 대하여 부과되는 세금으로, 상속을 통해 재산을 받는 상속인에게 납세의무가 있다. 과세 시에는 배우자에게 상속된 재산에 대해 법이 정한 한도 내에서 공제(배우자공제)를 인정하여 과세 부담을 완화한다. 상속세는 상속 개시일 현재의 시가를 기준으로 산정되며 시가 산정이 어려운 경우 공시가격 등 보충적 평가 방법을 사용한다.

06 선진국 간의 경제 성장과 무역 확대, 삶의 질 향상을 목표로 1961년에 설립된 국제기구는?

[부산항보안공사]

① WTO(세계무역기구)
② IMF(국제통화기금)
③ WHO(세계보건기구)
④ OECD(경제협력개발기구)

해설

OECD(경제협력개발기구)는 시장경제와 민주주의 체제를 기반으로 한 선진국 간 정책 협의체로, 1961년 유럽경제협력기구(OEEC)를 계승해 설립되었다. 회원국들은 경제 성장, 무역 자유화, 고용 안정, 사회복지 향상 등을 목표로 각국의 정책을 비교·분석하고 권고안을 제시한다. 본부는 프랑스 파리에 있으며, 교육·환경·보건·조세 등 다양한 분야의 통계와 보고서를 발간한다. 우리나라는 1996년 29번째 회원국으로 가입했다.

07 노동자의 단체행동권 보장과 손해배상 청구 제한 등을 담은 법안은?

[은평구도시공사]

① 근로기준법
② 산업안전보건법
③ 근로자 참여 및 협력 증진에 관한 법률
④ 노란봉투법

해설

노란봉투법은 노사 관계에서 사용자의 범위를 확대하고, 파업 등 쟁의행위에 대한 손해배상 청구를 제한하는 내용을 담고 있다. 공식 명칭은 '노동조합 및 노동관계조정법 일부개정법률'이다. 이는 노동자의 권리를 강화하고, 기업의 과도한 손해배상 청구로 인한 단체행동권 위축을 방지하기 위한 법안이다. 2015년 처음 발의된 이후 거듭된 논의와 폐기를 거쳐 2025년 8월 24일 국회를 통과했다. 시행일은 공포 6개월 뒤인 2026년 3월 10일부터다.

08 대한민국 헌법 제1조 2항의 내용으로 옳은 것은?

[은평구도시공사]

① 대한민국은 민주공화국이다.
② 대한민국의 국민이 되는 요건은 법률로 정한다.
③ 대한민국의 주권은 국민에게 있고, 모든 권력은 국민으로부터 나온다.
④ 대한민국의 주권은 국회에 있으며, 모든 권력은 입법부에 속한다.

해설

① 헌법 제1조 1항
② 헌법 제2조 1항

정답 03 ④ 04 ② 05 ④ 06 ④ 07 ④ 08 ③

09 외교사절로서 받아들이기 싫어하는 인물을 뜻하는 말은? [대구의료원]

① 페르소나 논 그라타
② 페르소나 그라타
③ 아그레망
④ 모두스 비벤디

해설

페르소나 논 그라타(Persona non grata)는 '호감 가지 않는 인물'이라는 의미로 어느 한 국가가 외교사절로서 기피하려 하는 타국의 인물을 뜻하는 말이다. 국제 외교관례상 외교사절을 파견할 때 사전에 상대국에 동의를 얻는 것을 '아그레망(Agrément)'이라고 하고, 반대로 동의를 얻지 못한 것을 '페르소나 논 그라타'라고 한다.

10 기관 상호 간에 헌법과 법률로 정한 권한의 다툼이 발생하는 경우 이를 심판하는 헌법재판소의 권한은? [한국장학재단]

① 권한쟁의
② 위헌법률
③ 탄 핵
④ 헌법소원

해설

권한쟁의심판은 국가기관 상호 간 또는 국가기관과 지방자치단체 간 및 지방자치단체 상호 간에 그 헌법적 권한과 의무의 범위와 내용에 관하여 다툼이 생긴 경우에 헌법재판소가 이를 심판하는 것을 말한다.

11 다음 중 영국의 의회민주주의 발전과 관련 없는 사건은? [한국장학재단]

① 청교도 혁명
② 명예혁명
③ 권리장전
④ 2월 혁명

해설

영국은 1642년부터 일어난 청교도 혁명으로 공화정이 수립됐고, 이후 다시 크롬웰의 독재정치로 왕정으로 돌아갔다가 1688년 명예혁명으로 영국 의회민주주의의 출발을 알리는 권리장전이 선언됐다. 이로써 영국은 세계 최초로 입헌군주국이 됐다. 2월 혁명은 1848년 프랑스에서 일어난 사건으로 프랑스 제2공화국 수립의 계기가 됐다.

12. 다음 중 기본 6법에 해당하지 않는 것은? [한국장학재단]

① 상 법
② 행정기본법
③ 민사소송법
④ 형사소송법

해설
기본 6법으로는 헌법, 민법, 형법, 상법, 민사소송법, 형사소송법 등이 있다. 행정기본법은 행정법 분야의 법 원칙과 기준을 제시한 법률을 말한다.

13. 다음 중 중대선거구제에 대한 설명으로 틀린 것은? [대전도시공사]

① 사표가 많이 발생하게 된다.
② 지역구마다 2명 이상의 의원을 선출하는 방식이다.
③ 유권자의 민의가 충분히 반영되지 않는다.
④ 많은 군소정당의 후보가 선거에 뛰어들게 된다.

해설
중대선거구제는 지역구당 2명 이상의 의원을 뽑는 방식이다. 중대선거구제에서는 지역구의 범위가 넓어지는데, 예를 들어 한 개 도에 10개의 지역구가 있다면 이를 북부와 남부라는 2개의 커다란 지역구로 통합한다. 지역구마다 여러 명의 의원이 선출되기 때문에 유권자 입장에서는 선택의 폭이 넓어지고, 당선자 선출에 기여하지 못하는 사표(死票)가 줄어든다. 이를 통해 유권자의 정치적 효능감도 커진다. 그러나 유권자의 민의(民意)가 충분히 반영되지 않고, 군소정당의 후보들이 선거판에 난립할 수 있다는 단점도 있다. 지역구가 넓어 선거비용도 비교적 많이 들어간다.

14. 재정·실현가능성은 생각하지 않는 대중영합주의 정치를 뜻하는 말은? [폴리텍]

① 포퓰리즘
② 프리거니즘
③ 리버테리아니즘
④ 맨해트니즘

해설
포퓰리즘(Populism)은 대중의 의견을 존중하고, 대중의 이익을 대변하는 방향으로 정치활동을 펼치는 것을 말한다. 또한 재정이나 환경 또는 실현가능성을 고려하지 않고 인기에 따라 '퍼주기식' 정책을 펼치는 대중영합주의 정치를 뜻하기도 한다.

정답 09 ① 10 ① 11 ④ 12 ② 13 ① 14 ①

15 남북한이 1972년 분단 이후 처음으로 통일에 관해 협의한 만남은? [한국동서발전]

① 7 · 4 남북공동성명
② 6 · 15 남북공동선언
③ 10 · 4 남북공동선언
④ 9월 평양공동선언

해설
7 · 4 남북공동성명은 1972년 7월 4일 남북한 당국이 국토분단 이후 최초로 통일과 관련해 합의하고 발표한 역사적인 공동성명이다. 남북한 정부는 우리 민족의 염원인 통일을 이루기 위해 1971년부터 판문점에서 비밀회담을 열었다. 이 자리에는 남북한의 적십자사 대표가 참석해 통일에 대해 의논했고, 이듬해 7월 4일에 각각 서울과 평양에서 '통일의 3대 원칙'을 비롯한 여러 가지 합의사항을 담은 성명을 발표했다.

16 다음 중 해양오염 방지를 위한 국제협약은? [대전도시공사]

① 파리 협정
② 런던 협약
③ 몬트리올 의정서
④ 교토 의정서

해설
런던 협약은 방사성 폐기물을 비롯해 바다를 오염시킬 수 있는 각종 산업폐기물의 해양투기나 해상소각을 규제하는 협약으로 해양오염을 방지하는 것이 목적이다. 우리나라는 1992년에 가입했다.

17 덴마크의 자치령 중 하나로 세계에서 가장 큰 섬은? [밀양시시설관리공단]

① 그린란드
② 버진아일랜드
③ 미드웨이제도
④ 웨이크섬

해설
그린란드(Greenland)는 덴마크의 자치령으로 유럽과 북미 대륙 사이에 위치한 세계에서 가장 큰 섬이다. 이곳에 사는 원주민을 이누이트(Inuit)라고 하며, 1814년부터 덴마크가 식민지로서 지배하기 시작했다. 국토의 85%가 얼음으로 덮인 척박한 환경이지만, 희토류 등 중요한 희귀자원이 풍부하게 매장된 것으로 알려졌다.

18 다음 중 OPEC 회원국은 아니지만, OPEC+에는 속해 있는 국가는? [화성시공공기관통합채용]

① 러시아
② 쿠웨이트
③ 이 란
④ 베네수엘라

해설
'OPEC+'는 OPEC(석유수출국기구)의 회원국과 러시아 등 기타 산유국과의 협의체를 말한다. OPEC은 쿠웨이트, 이란, 사우디아라비아 등 중동의 대표적 산유국 5개국이 모여 창립했고, 산유국 간의 공동이익 증진을 위한 행보를 보여 왔다. 그러다가 러시아, 멕시코, 말레이시아 같은 비OPEC 산유국들이 성장하면서, 이들이 함께 모여 석유 생산을 논의하는 OPEC+ 체계가 자리잡게 됐다.

19 다음 중 범죄 성립의 3요소에 해당하지 않는 것은? [폴리텍]

① 구성요건 해당성
② 위법성
③ 모욕성
④ 책임성

해설
범죄 성립의 3요소에는 구성요건 해당성, 위법성, 책임성이 있다. 어떠한 행위가 범죄로 성립하려면 형법에서 범죄로 규정하고 있는 구성요건에 해당이 되어야 하며, 전체 법질서로부터 위법적인 행위라는 판단이 가능해야 한다. 또 범죄 행위자가 법이 요구하는 공동생활상의 규범에 합치할 수 있도록 의사결정을 할 수 있는 능력인 책임능력을 갖추고 있어야 한다.

20 우리 국회에서 원내 교섭단체를 구성할 수 있는 인원수는? [보훈교육연구원]

① 15명
② 20명
③ 25명
④ 30명

해설
교섭단체는 국회에서 정당 소속의원들의 의견과 정당의 주장을 통합하여 국회가 개회하기 전에 반대당과 교섭·조율하기 위해 구성하는 단체로, 소속 국회의원 20인 이상을 구성요건으로 한다. 하나의 정당으로 교섭단체를 구성하는 것이 원칙이지만 복수의 정당이 연합해 구성할 수도 있다. 교섭단체가 구성되면 매년 임시회와 정기회에서 연설을 할 수 있고 국고보조금 지원도 늘어난다.

정답 15 ① 16 ② 17 ① 18 ① 19 ③ 20 ②

[경제·경영·금융]

21 저가상품 가격이 고가상품보다 빠르게 상승하는 현상을 뜻하는 말은? [폴리텍]

① 역플레이션
② 하이퍼플레이션
③ 로우플레이션
④ 칩플레이션

해설
칩플레이션(Cheapflation)은 가격이 낮다는 의미의 'Cheap'과 물가상승을 의미하는 'Inflation'을 합성한 용어다. 저가상품의 가격이 고가상품보다 빠르게 상승하는 것을 뜻한다. 2022년 영국의 요리사이자 빈곤퇴치 운동가인 '잭 먼로'가 SNS에 언급한 데서 유래한 용어다. 그는 코로나19 팬데믹 당시 값싼 식료품 가격이 고가의 식료품 가격보다 빠르게 오르는 현상을 설명한 바 있다.

22 미디어업계에서 '투자 이상의 수익을 냈다'는 의미로 사용되는 용어는? [폴리텍]

① 리 쿱
② 모멘텀
③ 리드 스코어링
④ 아웃바운드

해설
리쿱(Recoup)은 본래 '쓴 돈을 되찾다'라는 의미로서 최근 콘텐츠·미디어업계에서는 제작하고 론칭한 드라마·영화 등의 콘텐츠가 투자금액 이상의 성과를 낸 것을 의미하는 용어로 쓰인다. 우리나라가 제작한 드라마, 영화, K-POP 등의 콘텐츠가 세계시장에서 인기를 얻으면서 리쿱과 수익률을 의미하는 '리쿱 비율'이 자주 쓰이는 용어가 됐다.

23 회사 내에 생산설비를 별도로 갖추지 않고 외부에서 부품 등을 조달해 제품을 생산하는 기업은? [화성시공공기관통합채용]

① 수평기업
② 수직기업
③ 틈새기업
④ 모듈기업

해설
모듈기업(Module Corporation)은 제조업을 기본 업종으로 하지만 회사 내에 생산시설이나 공정을 갖추지 않고, 부품이나 완제품을 외부 기업에게 조달해 최종제품을 생산해 판매하는 기업이다. 다른 기업과 연결돼 하나의 완제품을 생산해내고, 마케팅·디자인 등에 강점을 갖춰 경쟁력을 높인다.

24 다수의 대중으로부터 온라인 플랫폼을 통해 소액 투자를 받아 자금조달을 하는 방식은?

[광주광역시공공기관통합채용]

① P2P 대출
② 벤처캐피탈
③ 엔젤투자
④ 크라우드 펀딩

해설
크라우드 펀딩(Crowd Funding)은 다수의 사람들이 금액을 모아 특정 프로젝트나 사업에 자금을 지원하는 방식을 말한다. 주로 인터넷 플랫폼을 통해 프로젝트 개설자가 목표금액, 진행 일정, 제공 보상 등을 제시하면 다수의 개인이 소액으로 투자하거나 후원에 참여하는 구조. 보상 방식에 따라 기부형, 대출형, 증권형으로 나뉜다.

25 자신에게 유리한 혜택이나 정보만을 골라 취하는 태도나 소비자를 가리키는 용어는?

[부산항보안공사]

① 니트족
② 체리피커
③ 블랙컨슈머
④ 프리라이더

해설
체리피커(Cherry Picker)는 케이크 위에 올려진 체리만 골라 먹는 행위에 비유해 기업의 제품이나 서비스는 구매하지 않으면서 혜택과 같은 실속만 챙기는 데 관심을 두는 소비자를 지칭하는 말이다. 기업의 마케팅 예산 낭비, 정당한 소비자의 혜택 감소, 산업 전반의 신뢰도 저하 등 부정적 영향을 미칠 수 있다.

26 중앙은행이 1%포인트 이상 금리를 대폭 인하하는 것을 뜻하는 용어는?

[용인도시공사]

① 베이비컷
② 빅 컷
③ 자이언트컷
④ 울트라컷

해설
중앙은행이 0.25, 0.5, 1.0%포인트(p) 이상 금리를 인상한다는 의미인 '베이비스텝', '빅스텝', '자이언트스텝'에 대비되는 용어로 '베이비컷', '빅컷', '자이언트컷'이 있다. 각각 0.25, 0.5, 1.0%p 이상 금리를 인하한다는 의미다.

27 증권시장에서 기관이나 대주주가 시간 외 매매를 통해 대량으로 거래하는 방식은? [폴리텍]

① 공모주 청약
② 장내거래
③ 블록딜
④ 스톡옵션

> **해설**
> 블록딜(Block Deal)은 일정 규모 이상의 주식을 시장 개장 전이나 종료 후 대량으로 일괄 거래하는 방식이다. 일반적으로 주식이 시장에서 대량으로 거래될 경우 시장가격이 급등락할 수 있기 때문에 시간 외 매매를 통해 시장 충격을 완화하고 거래 안정을 도모한다. 보통 기관 투자자나 대주주 간 지분 이전에 사용된다.

28 패션, 인테리어 등 특정 카테고리의 제품이나 서비스를 전문적으로 판매하는 온라인 쇼핑몰을 일컫는 말은? [대전광역시공공기관통합채용]

① 오픈마켓
② 소셜커머스
③ 버티컬 커머스
④ 자사몰

> **해설**
> 버티컬 커머스(Vertical Commerce)는 특정 상품군이나 관심 분야에 집중해 전문성과 차별화를 강화한 온라인 커머스 형태를 말한다. 패션·인테리어·뷰티 등 세분화된 시장을 대상으로 맞춤형 상품과 콘텐츠를 제공하는 것이 특징이다.

29 소득이 증가할 때 늘어난 소득 중 소비에 사용되는 비율을 나타내는 경제지표는? [광주광역시공공기관통합채용]

① 평균소비성향
② 저축성향
③ 한계소비성향
④ 한계효용

> **해설**
> 한계소비성향이란 증가한 소득 중에서 소비에 쓰이는 금액의 비율로 소득이 1단위 증가할 때 소비가 얼마나 늘어나는지를 말한다. 소득이 추가적으로 증가할 경우 일반적으로 일부를 지출하고 일부는 저축하므로 한계소비성향은 0과 1사이에 존재한다. 예를 들어 한계소비성향이 0.6이라면 추가로 벌어들이는 100만 원의 수입 중 60만 원을 소비한다는 뜻이다.

30. 경제지표 평가 시 기준·비교시점의 상대적 차이에 따라 결과가 왜곡돼 보이는 현상은? [대구의료원]

① 분수 효과
② 백로 효과
③ 낙수 효과
④ 기저 효과

해설
기저 효과는 어떤 지표를 평가하는 과정에서 기준시점과 비교시점의 상대적 수치에 따라 그 결과가 실제보다 왜곡돼 나타나는 현상을 말한다. 가령 호황기의 경제상황을 기준으로 현재의 경제상황을 비교할 경우, 경제지표는 실제보다 상당히 위축된 모습을 보인다. 반면 불황기가 기준시점이 되면, 현재의 경제지표는 실제보다 부풀려져 개선된 것처럼 보이는 일종의 착시현상이 일어난다. 때문에 수치나 통계작성 주체에 의해 의도된 착시라는 특징을 갖는다.

31. 다음 중 세계 3대 신용평가기관에 꼽히지 않는 것은? [의정부도시공사]

① 무디스(Moody's)
② 스탠더드 앤드 푸어스(S&P)
③ 피치 레이팅스(Fitch Ratings)
④ D&B(Dun&Bradstreet Inc)

해설
영국의 피치 레이팅스, 미국의 무디스와 스탠더드 앤드 푸어스는 세계 3대 신용평가기관으로서 각국의 정치·경제상황과 향후 전망 등을 고려하여 국가별 등급을 매겨 국가신용도를 평가한다. D&B(Dun&Bradstreet Inc)는 미국의 상사신용조사 전문기관으로 1933년에 R. G. Dun&Company와 Bradstreet Company의 합병으로 설립됐다.

32. 지지하는 브랜드의 상품을 의도적으로 구입하고 구입을 권장하는 행위는? [부산광역시공무직통합채용]

① 노멀크러시
② 윤리적 소비
③ 보이콧
④ 바이콧

해설
바이콧(Buycott)은 보이콧(Boycott)에 대비되는 개념으로 스스로 지지하는 브랜드의 상품을 의도적으로 구입하고, 주변에도 구입을 권장하는 행위를 말한다. 환경보호에 나서거나 사회에 선한 영향력을 끼치는 기업의 상품을 적극적으로 구입해, 이러한 기업을 지지하고 더 좋은 영향력을 끼칠 수 있도록 독려하는 것이다.

정답 27 ③ 28 ③ 29 ③ 30 ④ 31 ④ 32 ④

33. 둘 이상의 자회사의 주식을 갖고 있으면서 그 회사의 경영권을 가지고 지휘·감독하는 회사는?

[고양시공공기관통합채용]

① 지주회사
② 주식회사
③ 합명회사
④ 합자회사

해설

회사의 종류
- 주식회사 : 주식을 발행하여 여러 사람이 자본투자에 참여할 수 있는 회사
- 합명회사 : 몇 사람이 동업을 하면서 회사를 설립해 회사의 존망을 모든 사원이 함께 책임지는 회사
- 합자회사 : 일부 사원은 투자 없이(월급사원), 일부 사원은 투자(월급 + 투자 수익)하여 그 투자금액은 손실을 감수해야 하는 형태의 회사(합명회사 + 유한회사 형태)
- 유한회사 : 사원이 일정 금액을 투자해 그 투자금액만큼만 책임지는 회사

34. 해외 투자자가 평가하는 투자상대국의 대외신인도를 뜻하는 말은?

[폴리텍]

① 컨트리 리스크
② 소버린 리스크
③ 폴리티칼 리스크
④ 이머전시 리스크

해설

컨트리 리스크(Country Risk)란 글로벌 투자자가 한 국가를 상대로 투자를 하려고 할 때 평가하는 투자상대국의 대외신인도를 말한다. 컨트리 리스크는 해당 국가의 정치적 결단이나 금융정책의 실행에 따라 한순간에 크게 좌우될 수 있다. 때문에 투자상대국의 정책적 행보에 큰 손해를 볼 수 있으므로 글로벌 투자자는 컨트리 리스크를 면밀히 검토해야 한다.

35. 화폐를 발행하고 통화량을 조절하는 은행은?

[한국장학재단]

① 일반은행
② 중앙은행
③ 저축은행
④ 산업은행

해설

중앙은행은 국가의 통화정책을 관장하는 핵심기관으로서 각 국가별로 하나씩 있으며 우리나라에는 한국은행이 있다. 중앙은행은 각국의 통화정책을 관장하며 적절한 물가상승률을 유지하면서 지속 가능한 경제성장을 도모한다. 또한 은행 간 지급결제를 담당하고 있으며, 국고 출납을 담당하는 '정부의 은행' 역할을 맡고 있다.

36 다음 중 한국은행의 기능이 아닌 것은? [부산광역시공무직통합채용]

① 화폐를 시중에 발행하고 다시 환수한다.
② 통화량 조절을 위해 정책금리인 기준금리를 결정한다.
③ 외화보유액을 적정한 수준으로 유지한다.
④ 금융기관에 대한 감사와 감독 업무를 수행한다.

해설

한국은행의 주요 기능
• 화폐를 발행하고 환수한다.
• 기준금리 등 통화신용 정책을 수립하고 진행한다.
• 은행 등 금융기관을 상대로 예금을 받고 대출을 해준다.
• 국가를 상대로 국고금을 수납하고 지급한다.
• 외환건전성 제고를 통해 금융안정에 기여하며, 외화자산을 보유·운용한다.
• 국내외 경제에 관한 조사연구 및 통계 업무를 수행한다.

37 기업이 제품의 가격은 유지하고 수량과 무게 등만 줄이는 전략은? [광주광역시공공기관통합채용]

① 런치플레이션
② 애그플레이션
③ 슈링크플레이션
④ 스킴플레이션

해설

슈링크플레이션(Shrinkflation)은 기업들이 자사 제품의 가격을 유지하는 대신 수량과 무게·용량만 줄여 사실상 가격을 올리는 전략을 말한다. 영국의 경제학자 피파 맘그렌이 제시한 용어로 '줄어들다'라는 뜻의 '슈링크(Shrink)'와 '지속적으로 물가가 상승하는 현상'을 나타내는 '인플레이션(Inflation)'의 합성어다.

38 0과 1 사이의 값에서 1에 가까울수록 불평등 정도가 높은 것을 뜻하는 경제지수는? [광주광역시공공기관통합채용]

① 지니계수
② 엥겔지수
③ 로렌츠곡선
④ BIS지수

해설

지니계수는 계층 간 소득분포의 불균형 정도를 나타내는 수치로, 소득이 어느 정도 균등하게 분배돼 있는지를 평가하는 데 주로 이용된다. 지니계수는 0과 1 사이의 값을 가지며 1에 가까울수록 불평등 정도가 높다는 뜻이다.

정답 33 ① 34 ① 35 ② 36 ④ 37 ③ 38 ①

39 GDP와 GNP에 관한 설명으로 옳은 것은? [한국소비자원]

① GDP : 감가상각액을 제하면 국민순생산이 된다.
② GDP : 교역조건 변동을 감안한다.
③ GNP : 원자재와 중간재를 계산에 포함한다.
④ GNP : 외국인 노동자들의 본국 송금액이 많은 경제 체계에서 중요해진다.

해설

GDP와 GNP
- GDP : 한 국가의 국경 안에서 만들어진 최종생산물의 가치를 합한 것으로 원자재와 중간재는 고려하지 않는다. 외국에서 벌어서 외국에서 소진하는 소비자의 글로벌화가 진행되면서 유용해졌다.
- GNP : 한 국가의 국민이 만들어낸 총생산으로 외국에 있는 국민이 만든 것 또한 포함한다. 중간생산물의 가치는 제한 수치이며, 감가상각액을 빼면 국민순생산(NNP)이 된다. 교역조건 변동에 따른 손익을 감안한 수치는 GNI라고 한다.

40 연간 소득 대비 총부채 원리금상환액을 기준으로 부채상환능력을 평가함으로써 대출 규모를 제한하는 기준은? [대구의료원]

① DTI
② DSR
③ LTV
④ DTA

해설

DSR은 'Debt Service Ratio'의 약어로, 우리말로는 '총부채 원리금상환비율'이라 한다. 주택 대출의 원리금과 신용 대출, 자동차 할부, 학자금 대출, 카드론 등 모든 대출의 원리금상환액이 수익에서 얼마를 차지하는지를 나타내는 비율로, 낮을수록 대출이 어려워진다.
① DTI : 총소득에서 주택담보 부채의 연간 원리금상환액과 기타 대출의 이자상환액이 차지하는 비율
③ LTV : 담보 물건의 실제 가치 대비 대출금액의 비율
④ DTA : 자산평가액 대비 총부채 비율

41 주식시장에서 보유한 주식이나 채권이 없는 상태에서 매도 주문한 경우를 일컫는 말은? [광주광역시공공기관통합채용]

① 공매도
② 숏커버링
③ 유상증자
④ 윈도드레싱

해설

주식이나 채권이 없는 상태에서 매도 주문하는 것을 공매도라고 한다.
② 숏커버링 : 공매도한 주식을 갚기 위해 다시 사는 환매수
③ 무상증자 : 주식대금을 받지 않고 주주에게 주식을 나누어주는 것
④ 윈도드레싱 : 결산기에 실적이 좋은 주식을 집중 매입해 투자수익률을 최대한 높이는 것

사회·노동·환경

42 우리나라의 2025년 시간당 최저임금은? [종로구시설관리공단]

① 8,720원
② 9,620원
③ 9,860원
④ 10,030원

해설
우리나라의 최저임금은 2025년에 비로소 시간당 1만 원의 시대를 맞이했다. 최저임금위원회는 2025년도 최저임금을 시급 기준으로 전년도보다 1.7% 오른 10,030원으로 의결했다. 최저임금을 월급으로 환산하면 209만 6,270원(월 노동시간 209시간 기준)이다. 2026년 최저임금은 10,320원이다.

43 일반적으로 출퇴근 시간대에 집중되며 교통이 가장 혼잡해지는 시간을 가리키는 말은? [한국소비자원]

① 플렉스타임
② 러시아워
③ 피크타임
④ 코어타임

해설
러시아워(Rush Hour)는 통근·통학 인구의 집중으로 인해 교통이 매우 혼잡한 시간대를 말한다. 보통 오전 출근시간(7~9시)이나 저녁 퇴근시간(17~20시)에 혼잡도가 최고조에 이른다. 이에 따라 지하철 증편, 버스 전용차로 운영과 같은 혼잡 완화 정책이 시행되기도 한다.

44 기업이 친환경 정책 또는 논란에 대해 침묵하는 것을 뜻하는 용어는? [폴리텍]

① 그린딜
② 그린버블
③ 그린워싱
④ 그린허싱

해설
그린허싱(Green Hushing)은 친환경을 뜻하는 '그린(Green)'과 침묵하다는 뜻의 '허시(Hush)'의 합성어로 기업이 친환경 정책이나 논란에 대해 침묵으로 일관하거나 이와 관련된 구체적인 정책을 더 이상 제시하지 않는 것을 말한다. 기업들이 실제로는 친환경적이지 않지만 마치 친환경적인 것처럼 홍보하는 '그린워싱(Green Washing)'으로 비판받는 것을 두려워해 등장한 용어다.

45. 영국의 사상가 존 로크에 대한 설명으로 옳은 것은? [부산광역시공무직통합채용]

① 왕권신수설을 통해 절대왕정을 옹호했다.
② 사회계약론을 바탕으로 저항권을 강조했다.
③ 일반의지를 통한 직접 민주정을 주장했다.
④ 계급투쟁을 통해 역사발전을 설명했다.

해설

17세기 영국의 철학자이자 사상가인 존 로크(John Locke)는 인간의 정신을 백지상태로 여기고 감각을 통해 인식이 가능하다고 주장했다. 또 권력 분립을 가장 먼저 제시하며 '2권 분립론'을 주장했다. 왕권신수설을 바탕으로 한 절대왕정을 부정했고, 사회계약론을 펴 국가가 이를 침해하면 시민은 저항권을 발동할 수 있다고 봤다. 일반의지를 통한 직접 민주정치는 루소, 계급투쟁은 마르크스의 역사관이다.

46. 최선을 다했는데도 자꾸 일이 꼬이고 나쁜 결과가 이어질 때 쓰는 말은? [한국소비자원]

① 파레토의 법칙
② 머피의 법칙
③ 피터의 원리
④ 샐리의 법칙

해설

머피의 법칙(Murphy's Law)은 "잘못될 가능성이 있으면 결국 잘못된다"는 뜻으로, 노력과 무관하게 일이 좀처럼 풀리지 않거나 불운한 결과가 겹치는 상황을 빗대어 말할 때 쓰인다. 1949년 미국 공군기지에서 에드워드 머피 대위가 중력 실험 중 처음 사용한 말이다.

47. 중증질환이나 장애를 앓는 가족을 돌보는 아동·청소년 등을 일컫는 말은? [폴리텍]

① 퍼플칼라
② 페라싱글족
③ 영케어러
④ 갭이어

해설

영케어러(Young Carer)는 질병, 정신건강, 알코올·약물중독 등의 중증질환 또는 장애를 가진 가족구성원을 돌보며 생계를 책임지는 13~34세의 아동·청소년·청년을 일컫는다. '가족돌봄청년'이라고도 한다. 이들은 학업과 가족돌봄을 병행하고 있어 미래를 계획하기 힘들 뿐만 아니라 신체적 고통은 물론 심리·정서적 고통, 경제적 어려움 등의 삼중고를 겪는 경우가 많다.

48 직업 없이 돈이 필요할 때 일시적으로 아르바이트를 하며 생활하는 젊은 층을 뜻하는 용어는?

[광명도시공사]

① 프리터족
② 패라싱글족
③ 그루밍족
④ 딘트족

해설

프리터족(Freeter族)은 Free(프리)와 Arbeit(아르바이트)를 합성해 일본에서 생겨난 용어로 일정한 직업 없이 돈이 필요할 때 일시적으로 아르바이트를 하며 생활하는 젊은 층을 말한다.

49 신체적·정신적·사회적으로 조화롭고 균형 잡힌 건강 상태를 의미하는 용어는?

[광주광역시공공기관통합채용]

① 피트니스
② 웰 빙
③ 웰니스
④ 슬로우 라이프

해설

웰니스(Wellness)는 웰빙(Well-being), 행복(Happiness), 건강(Fitness)의 합성어로 신체적·정신적·사회적 건강이 조화를 이루는 이상적인 상태를 말한다. 2000년대 이후 웰빙 트렌드가 사회적으로 확산되면서 등장했다.

50 전체 인구를 나이순으로 배열했을 때, 정확히 절반으로 나누는 기준이 되는 연령은?

[폴리텍]

① 평균연령
② 기대수명
③ 고령화지수
④ 중위연령

해설

중위연령은 인구의 연령 분포를 절반으로 나누는 중간값에 해당하는 나이로, 사회의 고령화 정도를 파악하는 주요 지표다. 수치가 높을수록 고령화가 진행되었음을 의미한다. 우리나라의 중위연령은 2024년 기준 46.2세로 10년 전보다 5세가량 높아진 것으로 나타났다.

정답 45 ② 46 ② 47 ③ 48 ① 49 ③ 50 ④

51 초여름에 한반도에 더위를 가져오는 기단으로, 고온다습한 성질을 가진 해양성 열대 기단은?

[대전광역시공공기관통합채용]

① 오호츠크해기단
② 시베리아기단
③ 양쯔강기단
④ 북태평양기단

해설
북태평양기단은 아열대 고기압에 의해 북태평양 부근의 바다에서 형성되는 해양성 기단으로, 여름철 한반도에 고온다습한 날씨를 가져오며 장마철 무더위의 원인이 된다.

52 주류 문화와 구별되는 특정 집단이나 세대가 공유하는 독특한 문화를 일컫는 말은? [폴리텍]

① 대중문화
② 하이컬처
③ 서브컬처
④ 매스미디어

해설
서브컬처(Subculture)는 어떤 사회의 전체적인 문화 또는 주요 문화에 반대되는 개념으로, '하위문화' 또는 '부차적 문화'라고도 한다. 특정 연령층이나 집단의 취향과 정체성을 반영한다. 예를 들어 애니메이션·게임·스트리트 패션·팬덤 문화 등이 대표적인 서브컬처로 꼽힌다.

53 기후변화로 인한 환경 문제로 불안감·무력감을 느끼는 심리적 현상은? [폴리텍]

① 환경 스트레스
② 기후우울증
③ 녹색 피로
④ 에코패닉

해설
기후우울증은 지구온난화, 이상기후 등의 환경문제로 인해 심리적 불안과 우울감을 느끼는 현상을 말한다. 이는 단순히 날씨 변화로 인한 일시적 우울감이 아니라, 개인의 노력만으로는 환경 파괴나 기후 위기를 막을 수 없다는 무력감에서 비롯된다.

54 고령사회를 구분하는 65세 이상 노인의 비율은?   [부산광역시공무직통합채용]

① 7%
② 10%
③ 14%
④ 20%

해설
국제연합(UN)의 기준에 따르면 65세 이상 노인이 전체 인구의 7% 이상을 차지하면 고령화사회(Aging Society), 14% 이상을 차지하면 고령사회(Aged Society), 20% 이상을 차지하면 초고령사회(Super-aged Society)로 구분한다. 대한민국은 2025년 기준 65세 이상의 인구가 전체 인구의 20%를 넘어서며 초고령사회에 접어들었다.

55 패션과 미용에 아낌없이 투자하는 남성들을 뜻하는 신조어는?   [대구의료원]

① 더피족
② 딘트족
③ 그루밍족
④ 여피족

해설
'그루밍족(Grooming族)'은 패션과 미용에 아낌없이 투자하는 남성을 뜻하는 신조어다. 피부, 두발, 치아 관리는 물론 성형수술까지 마다하지 않으면서 자신을 꾸미는 것에 대한 투자를 아끼지 않는 남성들을 가리킨다. 패션과 외모에 관심이 많은 메트로섹슈얼족의 증가와 함께 자신을 치장하고 꾸미는 것에 큰 관심을 갖는 그루밍족도 늘고 있다.

56 상담이나 의사소통을 통해 구축된 상호 신뢰관계를 뜻하는 심리학 용어는?   [폴리텍]

① 라 포
② 그루밍
③ 메타인지
④ 모글리 현상

해설
라포(Rapport)는 상담 또는 교육, 의사소통을 바탕으로 구축된 상호 신뢰관계를 뜻하는 말이다. 주로 상담 과정에서 상담자와 내담자 사이에 쌓이는 친근한 인간관계를 지칭할 때 쓰인다. 라포는 공감대 형성과 상호 협조가 필요한 상담·치료·교육과정에서 성공을 이끌어 낼 수 있는 필수요소로 꼽힌다.

정답 51 ④ 52 ③ 53 ② 54 ③ 55 ③ 56 ①

57 하나의 부정적 행동이 연쇄적으로 다른 부분에 영향을 끼치며 전반적 상황을 악화시키는 현상은?

[부산광역시공공기관통합채용]

① 피셔 효과
② 둠루프
③ 트리플딥
④ 그레샴의 법칙

해설

둠루프(Doom Loop)란 '파멸의 고리'라는 뜻으로 하나의 부정적 행동이나 사고가 연쇄적으로 다른 부분으로까지 악영향을 끼치며 전반적인 상황을 악화시키는 현상을 말한다. 경제상황에서는 하나의 기업이 무너지면 그 충격으로 산업 전체가 몰락하는 현상을 뜻하기도 한다. 2008년 전 세계를 금융위기로 몰아넣었던 '서브프라임 모기지 사태'를 대표적 사례로 꼽을 수 있다.

58 구직자·근로자들이 더 좋은 조건을 찾는 탐색행위로 인해 발생하는 실업은?

[폴리텍]

① 구조적 실업
② 기술적 실업
③ 마찰적 실업
④ 경기적 실업

해설

마찰적 실업이란 구직자·근로자들이 더 좋은 조건을 찾는 탐색행위로 인해 발생하는 실업으로, 고용시장에서 노동의 수요와 공급 간에 소통이 원활하지 않아 발생한다. 근로자들이 자발적으로 선택해서 발생하는 일시적인 실업 유형이므로 자발적 실업에 해당한다. 자발적 실업은 일할 능력과 의사는 있지만 현재의 임금수준이나 복지 등에 만족하지 못하고 다른 곳으로 취업하기 원하여 발생하는 실업을 말한다.

59 부유한 가정에서 태어나 별다른 노력 없이도 성공한 삶을 사는 자녀를 뜻하는 말은?

[부산광역시공공기관통합채용]

① 눕 프
② 킨포크
③ 네포 베이비
④ 텐포켓

해설

네포 베이비(Nepo Baby)란 족벌주의를 뜻하는 '네포티즘(Nepotism)'과 '아기(Baby)'를 합친 말로, 우리말로 하면 '금수저'를 뜻한다. 부유하고 유명한 부모에게서 태어나 별다른 노력 없이 풍족하고 성공적인 삶을 사는 자녀를 의미하는 말이다. 최근 미국에서는 청년층을 비롯한 대중들이 부모의 후광으로 화려한 삶을 사는 네포 베이비에 대한 반감을 느끼는 것으로 보도되기도 했다.

60 한 여성이 가임기간 동안 낳을 것으로 예상되는 평균 출생아수를 뜻하는 용어는? [전국택시공제조합]

① 합계출산율
② 조출생률
③ 일반출산율
④ 대체출산율

해설
② 조출생률 : 1년 동안의 총 출생아수를 해당 연도의 총 인구로 나눈 값에 1,000을 곱한 값
③ 일반출산율 : 1년 동안의 총 출생아수를 15~49세 여성인구의 수로 나눈 값에 1,000을 곱한 값
④ 대체출산율 : 한 국가의 현재 인구 규모가 감소하지 않고 유지되는 데 필요한 수준의 출산율

61 저임금 노동에 시달리는 노동계급을 뜻하는 말은? [부산광역시공무직통합채용]

① 룸 펜
② 부르주아
③ 프롤레타리아
④ 프레카리아트

해설
프레카리아트(Precariat)는 '불안정하다'라는 의미의 이탈리아어 'Precario'와 노동계급을 뜻하는 독일어 'Proletariat'가 조합된 단어로, 불안정한 고용과 저임금에 시달리는 노동자들을 의미한다. 영국 경제학자 가이 스탠딩은 '엘리트-봉급생활자-연금생활자-프롤레타리아'라는 전통적 계급 아래에 프레카리아트가 존재한다고 말하며, 이들은 평생 불안정한 직업을 전전하고 노동의 가치를 깨닫지 못할 뿐만 아니라 자기계발을 하기도 힘든 계급이라고 설명했다.

62 도심에는 상업기관·공공기관 등만 남아 주거인구가 텅 비어 있고, 외곽에 주택이 밀집되는 현상은? [폴리텍]

① 토페카 현상
② 지가구배 현상
③ 스프롤 현상
④ 도넛화 현상

해설
도넛화 현상은 '공동화 현상'이라고도 하며 높은 토지가격, 공해, 교통 등 문제들로 인해 도심에는 주택들이 줄어들고 상업·공공기관 등만이 남게 되는 현상이다. 주거인구의 분포를 보면 도심에는 텅 비어 있고, 외곽 쪽에 밀집돼 있어 도넛 모양과 유사하게 나타난다. 이로 인해 도심의 직장과 교외의 주택 간 거리가 멀어지는 직주분리가 나타나는데, 심해지면 교통난이 가중되고 능률이 떨어져 다시 도심으로 회귀하는 현상이 일어날 수도 있다.

정답 57 ② 58 ③ 59 ③ 60 ① 61 ④ 62 ④

문화·예술·미디어·스포츠

25년 기출 63 개인의 성명, 초상 등 자신을 식별할 수 있는 모든 것에 대한 상업적 이용을 통제할 수 있는 권리는?

[부산광역시공공기관통합채용]

① 프라이버시권
② 초상권
③ 저작권
④ 퍼블리시티권

해설
퍼블리시티권(Right of Publicity)은 개인의 성명, 초상 등을 상업적으로 이용해 경제적 이익을 얻거나 그러한 사용을 통제, 금지할 수 있는 배타적 권리를 말한다. 초상권이 주로 개인의 사생활이나 인격을 보호하는 권리에 가깝다면, 퍼블리시티권은 경제적 이익과 연결되는 재산권적 성격을 가지고 있다.

25년 기출 64 논란에 휩싸인 유명인을 사적으로 단죄하려는 현상을 뜻하는 신조어는?

[폴리텍]

① 미닝아웃
② 미러링
③ 디지틴
④ 분조장

해설
디지틴(디지털 단두대, Digital Guillotine)은 사회적으로 논란을 일으킨 연예인, 인플루언서 등 유명인들이나 기업을 단순히 '보이콧'하는 것을 넘어 단죄하려는 경향을 의미하는 신조어다. SNS 등 인터넷 서비스의 발달로 사회적 물의를 일으킨 유명인들은 인터넷상에서 쉽게 집단적 거부와 비난의 대상이 된다. 그런데 이 과정에서 제대로 된 사회적 논의와 사실 확인 없이 사과를 강요받고 처벌 압박을 받게 되면 문제가 될 수 있다.

25년 기출 65 미술 등에서 원작자가 직접 만든 작품의 사본을 뜻하는 말은?

[폴리텍]

① 레플리카
② 어센틱
③ 레디메이드
④ 카피레프트

해설
레플리카(Replica)는 그림·조각 등 미술분야에서 원작자가 기존과 동일한 방법으로 원작을 재현한 사본을 의미하는 용어다. 기존 재료와 기술을 그대로 활용해 원작을 동일하게 모사한다. 레플리카는 화학·산업분야에서 물체의 표면에 플라스틱으로 피막을 만들어 그 표면상태를 그대로 복제한 것을 뜻하기도 한다.

66 2025년 10월을 기준으로 세계에서 가장 높은 건축물은? [광명도시공사]

① 알베이트 타워
② 제다 타워
③ 상하이 타워
④ 부르즈 할리파

해설

2025년 10월 기준 세계에서 가장 높은 빌딩은 두바이의 '부르즈 할리파(Burj Khalifa)'다. 2010년에 완공됐으며 건물높이만 828m, 전체높이는 829.8m에 달한다. 총 154층이며 오피스, 호텔 등 복합적 용도로 사용되고 있다. 사우디아라비아의 제다 타워(Jeddah Tower)는 높이 약 1,008m를 설계로 현재 건설 중이다. 2013년 착공 후 2018년부터 건설이 중단됐다가 2024년 10월 재개했다. 2028년 완공될 예정이다.

67 다음 중 우리나라의 국보가 아닌 것은? [광명도시공사]

① 원각사지 10층 석탑
② 북한산 신라 진흥왕 순수비
③ 경주 불국사 다보탑
④ 서울 보신각종

해설

보물과 국보는 모두 유형문화유산으로 '보물'은 건조물·전적·서적·고문서·회화·조각·공예품·고고자료·무구 등의 문화유산 중에서 국가유산청이 심의를 거쳐 지정한다. '국보'는 보물에 해당하는 문화유산 중 제작연대가 오래되고 시대 특유의 제작기술이 뛰어나며 형태나 용도가 특이한 것을 심의를 거쳐 지정한다. 서울 보신각종은 '보물 2호'로 지정돼 있다.

68 〈하멜표류기〉를 쓴 헨드릭 하멜은 어느 나라 출신인가? [화성시공공기관통합채용]

① 미 국
② 영 국
③ 네덜란드
④ 스웨덴

해설

〈하멜표류기〉는 네덜란드의 동인도회사 소속 선원이었던 헨드릭 하멜이 일본 나가사키로 향하던 중 1653년 제주도 인근 해역에서 난파된 후 조선에 체류하던 때의 기록이다. 하멜을 포함해 36명의 선원이 조선에 13년간 억류돼 살았고, 1666년 하멜을 비롯한 일부가 탈출해 나가사키에 도착했다. 이후 귀국한 하멜이 조선에서의 경험을 기록해 네덜란드에서 출간했다.

정답 63 ④ 64 ③ 65 ① 66 ④ 67 ④ 68 ③

69 스피넬로의 저서 〈사이버윤리〉에서 정한 네 가지 원칙에 해당하지 않는 것은? [부산광역시공무직통합채용]

① 자율성
② 선행 원칙
③ 개별성
④ 정 의

해설
사회학자 리처드 스피넬로는 저서 〈사이버윤리〉에서 인터넷 등 사이버 공간이 인간사회에 미치는 윤리적·법률적 문제를 탐구했다. 그는 저서에서 사이버 윤리 4원칙을 제시했는데, 개인이 스스로 삶의 방향을 선택하는 '자율성', 누군가에게 폐를 끼치지 않는 '무해의 원칙', 가능한 사회에 좋은 영향을 주는 '선행 원칙', 디지털 자원과 산물이 누구에게나 공정하게 돌아가는 '정의'가 그것이다.

70 최근 종량제 봉투 디자인에도 활용된 것으로, 사람들이 글자 없이도 직관적으로 이해할 수 있도록 나타낸 그림을 뜻하는 것은? [광주광역시공공기관통합채용]

① 레터링
② 픽토그램
③ 아이콘
④ 심볼마크

해설
픽토그램(Pictogram)은 그림을 뜻하는 'Picture'와 전보를 뜻하는 'Telegram'의 합성어로, 사물이나 개념을 단순화된 그림 기호로 표현한 것이다. 언어에 상관없이 누구나 쉽게 이해할 수 있어 교통 표지판, 공공시설 안내 등에 활용된다.

71 축구에서 티키타카(Tiki-Taka)란 무엇을 말하는가? [부평구문화재단]

① 심판의 판정 신호
② 상대 선수를 넘어뜨리거나 미는 행위
③ 화려한 드리블을 강조하는 기술
④ 짧은 패스를 빠르게 주고받는 전술

해설
티키타카(Tiki-Taka)는 짧고 빠른 패스를 반복적으로 주고받는 축구 전술을 말한다. 스페인어로 '탁구공이 빠르게 왔다 갔다 한다'는 뜻에서 유래했으며, 2000년대 후반 스페인 라리가의 FC 바르셀로나가 사용한 전술로 유명해졌다. 이후 스페인 축구의 대표적인 특징으로 평가받는다. 이 용어는 나아가 사람들 사이의 호흡이 잘 맞아 대화가 자연스럽게 이어지는 상황을 비유적으로 표현할 때도 쓰인다.

72 24절기 중 양력 4월 5일경이며 봄기운이 완연해지고 하늘이 맑아지는 시기를 뜻하는 것은? [폴리텍]

① 백 로
② 청 명
③ 상 강
④ 우 수

해설
청명(淸明)은 양력 4월 4일~4월 6일경으로 봄의 절기 가운데 하나다. 날씨가 맑고 청명하다는 뜻으로 봄기운이 완연해지고 하늘이 맑아지는 시기다. 태양의 황경이 15℃일 때로, 날씨가 따뜻해지고 초목이 푸르게 돋기 시작하며 농사 준비가 본격적으로 시작된다.

73 다음 중 안중근 의사가 거사 후 옥중에서 집필하다가 미완성된 저술의 이름은? [화성시공공기관통합채용]

① 〈동양평화론〉
② 〈흠흠신서〉
③ 〈독립정신〉
④ 〈경세유표〉

해설
〈동양평화론〉은 안중근 의사가 1909년 하얼빈에서 이토 히로부미를 저격한 뒤 옥중에서 집필하였지만 사형 집행으로 끝내 미완성된 저작이다. 그는 이 저작에서 한국과 중국, 일본이 힘을 합해 서양 열강의 침략에 공동대응해야 한다는 '동양 삼국 협력론'을 폈다. 아울러 일본의 한국을 침략한 행위는 결국 동양의 평화를 깨뜨려 일본 스스로 자멸의 길을 초래할 것이라고 경고하기도 했다.

74 가톨릭에서 위령미사를 바칠 때 사용된 음악을 뜻하는 것은? [광주광역시공공기관통합채용]

① 광상곡
② 레퀴엠
③ 그레고리오성가
④ 오르가눔

해설
레퀴엠(Requiem)은 '위령곡', '진혼곡'이라고도 불린다. 가톨릭에서 죽은 이를 기리기 위한 위령 미사에서 사용된 곡을 뜻한다. 광상곡은 '카프리치오(Capriccio)'라고도 불리며, 일정한 형식에 구속되지 않는 자유로운 요소가 강한 기악곡을 말한다.

75 문학에서 진부하고 판에 박힌 표현을 가리키는 표현은? [인천시설공단]

① 클리셰
② 플 롯
③ 골 계
④ 그로테스크

해설
클리셰(Cliché)는 인쇄에서 '연판'을 뜻하는 프랑스에서 기원했으며, 현재는 문학·영화에 등장하는 진부하고 상투적인 표현을 일컫는다. 지나친 클리셰는 극의 전개를 정형화하고 예측 가능하게 만들어 독자와 관객의 흥미를 반감시킨다. 가령 전쟁터에서 수세에 몰린 병사들이 지휘관의 장엄한 연설에 힘을 얻어 승부를 뒤집는다든지, 범죄 현장에서 모든 상황이 끝난 뒤에야 경찰이 도착하는 등의 다양한 클리셰가 존재한다.

76 다음 중 노벨상에서 시상하지 않는 부문은? [대구의료원]

① 수학상
② 생리의학상
③ 화학상
④ 물리학상

해설
노벨상은 다이너마이트를 발명한 스웨덴 발명가 알프레드 노벨의 유산을 기금으로 하여 해마다 물리학·화학·생리의학·경제학·문학·평화의 6개 부문에서 인류문명의 발달에 공헌한 사람이나 단체를 선정하여 수여하는 상이다. 1901년에 제정되어 매년 12월 10일 스웨덴의 스톡홀름에서 시상식이 열리며, 평화상 시상식만 노르웨이의 오슬로에서 열린다.

77 소설 〈젊은 베르테르의 슬픔〉을 쓴 작가의 이름은? [대구의료원]

① 토마스 만
② 프리드리히 니체
③ 요한 볼프강 폰 괴테
④ 프리드리히 실러

해설
〈젊은 베르테르의 슬픔〉은 독일의 문학가 요한 볼프강 폰 괴테가 쓴 서간체 소설로 당대의 인습적 체제와 귀족사회의 통념에 반대하는 지식인의 우울함과 열정을 그렸다. 베르테르가 다른 사람의 약혼녀인 로테를 사랑하다가 끝내 권총으로 자살한다는 내용으로 당시 이에 공감한 젊은 세대의 자살이 유행했다.

78 우리 전통악기 중 '국악의 바이올린'으로 꼽히는 것은? [대전도시공사]

① 해 금
② 아 쟁
③ 양 금
④ 비 파

해설

해금은 현악기 중 하나로 우리나라에는 고려 예종 때 중국에서 유입됐다고 전해진다. 민간에서는 '깽깽이'나 '깡깡이'라고도 칭한다. 활로 현을 마찰시켜 소리를 내는 찰현악기로 흔히 '국악의 바이올린'이라 불린다. 원통 모양의 울림통에 대나무로 된 기둥을 꽂아 자루로 삼고, 굵은 줄과 가는 줄을 하나씩 기둥 상단의 줄감개에 감아 제작한다. 줄은 명주실로 되어 있다.

79 물질문화의 급속한 발전을 비물질문화가 따라잡지 못하는 현상은? [광주광역시공무직통합채용]

① 문화실조
② 문화접변
③ 문화지체
④ 문화충격

해설

문화지체(Cultural Lag)는 급속히 발전하는 기술 등의 물질문화를 국가정책이나 개인의 가치관 등의 비물질문화가 따라잡지 못하면서 발생하는 현상을 일컫는다. 미국의 사회학자 'W. F. 오그번'이 주장한 이론이다. 자동차가 발명돼도 교통법규 등의 시민의식은 금방 확립되지 않는 것처럼, 신기술이나 획기적인 발명품이 탄생해도 이와 관련된 윤리의식이나 가치관의 발달은 더디게 일어난다는 것이다.

80 사진을 통해 자신의 정체성을 드러내는 세대를 뜻하는 신조어는? [광주광역시공무직통합채용]

① 미닝아웃
② 포토프레스
③ 쓸쓸비용
④ 나포츠족

해설

포토프레스(Photopress)란 'Photo(사진)'와 'Express(표현)'의 합성어로 사진을 통해 자신의 정체성을 드러내는 세대를 가리키는 용어다. 이들은 사진을 촬영하는 과정 자체를 놀이이자 경험으로 여기기 때문에 단순히 촬영하는 것에서 끝내지 않고 실물사진으로 현상해 소장한다. 또한 이러한 사진을 선별해 소셜네트워크서비스(SNS)에 올려 타인과 공유·소통하기도 한다.

81 다음 중 작가와 소설작품의 연결이 옳지 않은 것은? [밀양시시설관리공단]

① 박경리 - 〈토지〉
② 이청준 - 〈서편제〉
③ 최인훈 - 〈광장〉
④ 김수영 - 〈장마〉

해설
김수영은 1960년대 전후로 활동한 참여문학의 대표적인 시인이다. 활동 초기에는 모더니즘을 바탕으로 현대문명과 도시생활에 대한 비판을 시에 담았으나, 4·19 혁명을 기점으로 저항적 색채를 물씬 드러내는 작품을 썼다. 대표작으로는 〈달나라의 장난〉(1953), 〈눈〉(1957), 〈어느 날 고궁을 나오면서〉(1965), 〈풀〉(1968) 등이 있다. 〈장마〉(1973)는 윤흥길의 단편소설이다.

82 이슬람력의 9월에 해당하며, 이슬람교도들이 의무적으로 금식을 하는 신성한 기간은? [의정부도시공사]

① 이드 알 아드하
② 이 맘
③ 메 카
④ 라마단

해설
라마단(Ramadan)은 이슬람력에서 9월에 해당하며, 아랍어로는 '더운 달'을 의미한다. 이슬람교에서는 이 절기를 대천사 가브리엘이 선지자 무함마드에게 〈코란〉을 가르친 달로 생각해 신성하게 여긴다. 이 기간에 신자들은 일출부터 일몰까지 해가 떠 있는 동안 금식하고 하루 다섯 번의 기도를 드린다.

83 다음 중 작가와 해당 작품의 연결이 올바른 것은? [대구의료원]

① 공지영 - 〈외딴방〉
② 조정래 - 〈아리랑〉
③ 신경숙 - 〈우리들의 일그러진 영웅〉
④ 이문열 - 〈봉순이 언니〉

해설
〈외딴방〉은 1994년 겨울부터 계간지 〈문학동네〉에 연재된 신경숙의 장편소설이다. 〈우리들의 일그러진 영웅〉은 1987년 발표된 중편소설로 이문열의 대표작이며, 〈봉순이 언니〉는 1998년 나온 공지영의 장편소설이다.

84. 예고편의 한 형식으로 영화의 장면을 조금만 보여주거나 전혀 보여주지 않는 것을 뜻하는 용어는?

[대구의료원]

① 스포일러
② 틸트업
③ 티저 트레일러
④ 테일 리더

해설

티저 트레일러(Teaser Trailer)는 예고편의 한 형식으로 영화 또는 방송의 장면을 조금만 보여주거나, 전혀 보여주지 않는 것으로 관객의 호기심과 호감을 자극하는 영상물을 의미하는 용어다.

85. 축구경기에서 1명의 선수가 1경기에서 3득점을 하는 것을 뜻하는 용어는?

[한국원자력환경공단]

① 해트트릭
② 발롱도르
③ 멀티골
④ 그랜드슬램

해설

해트트릭(Hat-trick)은 축구경기에서 1명의 선수가 1경기에서 3득점을 하는 것을 말한다. 크리켓(Cricket)에서 3명의 타자를 연속으로 삼진 아웃시킨 투수에게 그 명예를 기리는 뜻으로 선물한 모자(Hat)에서 유래한 용어이다.

86. 베토벤이 작곡한 교향곡이 아닌 것은?

[대전광역시공공기관통합채용]

① 영웅 교향곡
② 운명 교향곡
③ 전원 교향곡
④ 미완성 교향곡

해설

독일의 음악가인 루트비히 판 베토벤은 음악사에 남을 주옥같은 교향곡을 작곡한 인물이다. 특히 유명한 것은 〈교향곡 3번, "영웅"〉, 〈교향곡 5번 "운명"〉, 〈교향곡 6번 "전원"〉 등이다. 미완성 교향곡은 보통 오스트리아의 작곡가인 프란츠 슈베르트의 〈교향곡 8번〉을 말하는 것으로, 슈베르트는 이 작품을 의도적으로 미완성으로 남겨두었다.

정답 81 ④ 82 ④ 83 ① 84 ③ 85 ① 86 ④

과학·컴퓨터·IT·우주

87 지구 외의 행성을 인류가 거주할 수 있도록 환경을 개조하는 것을 뜻하는 용어는? [화성시공공기관통합채용]

① 스페이스 콜로니
② 애스트로바이올로지
③ 테라포밍
④ 패러테라포밍

해설
테라포밍(Terraforming)이란 다른 행성의 환경을 인간을 비롯한 생명이 서식할 수 있게끔 지구와 유사하게 바꾸는 것을 뜻한다. '땅(Terra, 지구)'과 '형태를 바꾸다(Forming)'의 합성어. 우주개척을 위해 인위적으로 행성의 환경을 개조하는 것이다. 현재 가장 가능성 있게 거론되고 있는 것은 화성에 대한 테라포밍이다.

88 이용자가 플랫폼을 바꾸거나 동시에 여러 개의 플랫폼을 사용하는 현상을 뜻하는 용어는? [폴리텍]

① 리버스호밍
② 플랫폼호밍
③ 멀티호밍
④ 태스크호밍

해설
멀티호밍(Multi-homing)은 플랫폼 이용자가 기존에 사용하던 플랫폼에서 다른 플랫폼으로 옮겨 가거나 여러 개의 플랫폼을 동시에 사용하는 현상을 말한다. 정보기술(IT) 분야에서는 다중 IP주소를 사용해 둘 이상의 네트워크 또는 링크에 다중접속을 실현하는 것을 의미한다. 이용자의 입장에서는 목적과 니즈에 따라 여러 플랫폼을 이용할 수 있으므로 선택의 폭이 넓어지고 합리적인 선택을 할 수 있다.

89 검색 없이도 알고리즘에 맞는 상품의 광고나 정보가 자동으로 노출되는 현상은? [수원시공공기관통합채용]

① 원클릭
② 더블클릭
③ 제로클릭
④ 스마트클릭

해설
제로클릭은 사용자가 별도의 검색이나 클릭을 하지 않아도, 인공지능 알고리즘이 수집한 데이터 분석을 통해 개인에게 최적화된 정보나 광고를 자동으로 제공하는 방식을 말한다.

90. 열화상 카메라로 대상을 비췄을 때, 일반적으로 온도가 높은 부분은 어떤 색으로 표시되는가?

[수원시공공기관통합채용]

① 파란색
② 초록색
③ 빨간색
④ 보라색

해설
열화상 카메라는 적외선을 감지해 온도 분포를 시각적으로 표현하는 장치다. 온도가 높을수록 붉은색 계열, 낮을수록 푸른색 계열로 나타난다. 화재 현장, 의료·방역 현장 등 다양한 분야에서 활용된다.

91. 해양 생태계가 흡수하는 탄소를 뜻하는 용어는?

[화성시공공기관통합채용]

① 블루카본
② 그린카본
③ 블랙카본
④ 브라운카본

해설
블루카본(Blue Carbon)은 잘피, 염생식물, 맹그로브숲, 염습지 등 해양 생태계가 흡수·저장하는 탄소를 의미한다. 탄소 흡수 속도가 육상 생태계보다 최대 50배 빠르고 수천 년간 저장이 가능해 기후위기 극복 자원으로 주목받고 있다. 한편 블랙카본은 화석연료나 목재의 불완전 연소로 생긴 탄소, 그린카본은 열대우림이나 침엽수림 등 육상 생태계가 흡수한 탄소를 뜻한다.

92. 스마트폰으로 QR코드 접속을 유도해 금융범죄를 벌이는 수법은?

[폴리텍]

① 파 밍
② 스미싱
③ 큐 싱
④ 트래킹

해설
큐싱(Qshing)은 QR코드(Quick Response Code)와 '개인정보 및 금융정보를 낚는다(Fishing)'는 의미를 띤 합성어로, 스마트폰이 대중화되면서 새롭게 나타난 금융범죄 수법이다. QR코드에 접속하면 자동으로 악성코드가 심어지게 해 개인정보를 탈취하고 스마트폰을 해킹해 금전적 피해를 입힌다. 정상적인 QR코드를 다른 것으로 바꾸거나 덮어씌운 뒤, 악성링크로 접속을 유도하고 악성앱을 설치하는 등의 방식으로 나타난다.

정답 87 ③ 88 ③ 89 ③ 90 ③ 91 ① 92 ③

93 복잡하고 대규모인 인공지능 모델이 가진 지식을 더 작은 모델에 전달하는 기술은? [폴리텍]

① 전이학습
② 강화학습
③ 지식증류
④ 합성데이터

> **해설**
> 지식증류(Knowledge Distillation)는 사전 학습된 대형 모델(교사 모델)의 지식을 소형 모델(학생 모델)에 전달하여 학습시키는 머신러닝 기법이다. 모든 사용자가 고성능 연산 환경을 갖추기 어렵기 때문에, 지식증류는 모델의 크기를 줄이면서도 정확도를 유지하기 위한 경량화 기술로 활용된다. 이를 통해 모바일 기기나 소형 디지털 기기에서도 효율적인 AI 모델 운영이 가능해진다.

 94 중력장이 극도로 강해 빛조차 빠져나올 수 없게 되는 경계 지점은? [화성시공공기관통합채용]

① 블랙홀
② 화이트홀
③ 웜 홀
④ 사건의 지평선

> **해설**
> 사건의 지평선(Event Horizon)은 중력장이 극도로 강한 블랙홀의 경계를 이루는 가상의 면을 말한다. 이 경계를 기준으로 바깥쪽은 외부 우주와 정보 교환이 가능하지만, 안쪽은 중력이 너무 강해 빛조차 빠져나올 수 없다. 이러한 개념은 과학적 의미를 넘어 문학·철학·대중문화 등에서도 비유적으로 활용되며, 되돌릴 수 없는 변화의 한계, 즉 한번 넘으면 다시 돌아올 수 없는 경계선을 상징하는 표현으로 자주 사용된다.

 95 세포 속에서 포도당을 분해해 에너지를 생산하는 기관으로, '세포의 발전소'라고 불리는 것은?

[화성시공공기관통합채용]

① 리보솜
② 엽록체
③ 핵
④ 미토콘드리아

> **해설**
> 미토콘드리아는 포도당과 같은 영양분을 이용해 생물체가 사용할 수 있는 에너지원을 생성하는 세포 내 소기관을 말한다. '세포의 발전소'로 불리며, DNA를 가지고 있어 세포 내에서 독립적으로 증식할 수 있다.

96 눈, 코, 입 등 점막이 건조해지는 자가면역 질환으로, 침샘과 눈물샘에 염증이 생겨 구강건조 · 안구건조 증상이 나타나는 질환은?

[대전광역시공공기관통합채용]

① 루푸스
② 쇼그렌 증후군
③ 류머티즘 관절염
④ 크론병

해설
쇼그렌 증후군(Sjogren's Syndrome)은 자가면역질환의 일종으로 면역세포가 침샘과 눈물샘을 공격하여 침과 눈물 분비가 줄어든다. 그 결과 눈 · 입 · 코가 마르는 증상이 대표적으로 나타나며, 피로감 · 관절통을 동반하기도 한다.

97 디지털 기기의 사용을 일정 기간 중단하거나 줄여 심리적 피로를 해소하고 균형을 회복하려는 행위는?

[강서구시설관리공단]

① 디지털노마드
② 디지털디톡스
③ 언플러그드
④ 슬로우라이프

해설
디지털디톡스(Digital Detox)는 과도한 디지털 기기 사용으로 인한 주의력 저하, 불안, 스트레스 등을 완화하기 위해 일정 기간 기기 사용을 제한하거나 멈추는 행위를 말한다. 단식으로 몸에 축적된 독소나 노폐물을 해독하듯이 스마트기기 사용을 잠시 중단함으로써 정신적 회복을 취한다.

98 대기권의 층상구조 중 약 10~13km 상공부터 시작하며, 과거에는 거의 사용되지 않았으나 최근 드론의 활동 영역으로도 활용되기 시작한 이곳은?

[수원시공공기관통합채용]

① 대류권
② 성층권
③ 중간권
④ 열 권

해설
성층권은 일반적으로 고도 10km부터 50km까지의 대기층을 말한다. 성층권에는 다량의 오존(Ozone)이 존재하는데 이 오존층은 지표면에 도달하는 자외선을 차단하는 역할을 한다. 지상의 7%에 불과한 낮은 대기 밀도, 영하 70℃의 극한 기온 등으로 인해 그동안 사람이 활용하지 못했다. 그러나 최근 전 세계적으로 성층권에 장기간 체공하며 통신 중계, 정찰 등의 임무를 수행하는 '성층권 드론'의 개발이 활발하게 진행 중이다.

정답 93 ③ 94 ④ 95 ④ 96 ② 97 ② 98 ②

99. 인간의 두뇌 신경세포 구조를 모방하여 데이터를 스스로 학습하고 패턴을 인식하도록 설계된 인공지능 알고리즘은?
[대전광역시공공기관통합채용]

① 머신러닝
② 딥러닝
③ 인공신경망
④ 강화학습

해설
인공신경망은 인간의 뉴런(신경세포) 연결 방식을 본떠 정보를 처리하는 알고리즘이다. 여러 개의 노드(뉴런)가 층을 이루며 입력 데이터를 분석·학습해 결과를 도출한다. 이는 머신러닝과 딥러닝의 핵심 구조로 음성인식, 이미지분석, 자연어처리 등 다양한 AI 기술의 기반이 된다.

100. 양쪽 눈의 색깔이 다른 현상을 일컫는 용어는?
[광명도시공사]

① 백내장
② 알비노
③ 난시
④ 홍채 이색증

해설
홍채 이색증은 오드아이(Odd-eye)라고도 하며, 유전적 요인이나 질병, 외상 등으로 홍채의 색소 분포가 달라져 눈의 색이 다르게 보이는 현상이다. 한쪽 눈만 다른 색을 띠는 경우를 '완전 이색증', 한쪽 눈 안에서도 색이 섞여 있는 경우를 '부분 이색증'이라 한다. 인간뿐 아니라 고양이·개 등 동물에서도 자주 나타나는 특징적인 유전 현상이다.

101. 누구나 자유롭게 소스코드를 열람·수정·공유할 수 있도록 공개한 소프트웨어는?
[폴리텍]

① 프리웨어
② 셰어웨어
③ 오픈소스
④ 클로즈드소스

해설
오픈소스(Open Source)는 소프트웨어를 개발할 때, 그 작동 원리와 구조를 알 수 있도록 설계도에 해당하는 소스코드를 공개하고 자유롭게 배포하는 방식을 말한다. 누구나 자유롭게 이용할 수 있으며 공개된 코드를 기반으로 프로그램을 마음대로 변형할 수 있다.

102. 다음 중 증강현실에 대한 설명으로 옳지 않은 것은? [한국농수산식품유통공사]

① 현실세계에 3차원 가상물체를 겹쳐 보여준다.
② 스마트폰의 활성화와 함께 주목받기 시작했다.
③ 실제 환경은 볼 수 없다.
④ 위치 기반 서비스, 모바일 게임 등으로 활용범위가 확장되고 있다.

해설
가상현실은 가상환경에 사용자를 몰입하게 하여 실제 환경을 볼 수 없지만 증강현실은 실제 환경을 볼 수 있게 하여 현실감을 제공한다.

103. 가시광선보다 파장이 긴 전자기파는? [대전도시공사]

① 감마선
② 엑스선
③ 자외선
④ 적외선

해설
전자기파는 전기가 흐르며 생기는 전자기장의 주기적 변화로 인한 파동을 의미한다. 전자기파는 저마다 파동이 퍼져나간 거리인 '파장'을 갖는데 이 중 사람의 눈에 보이는 범위의 파장을 가진 전자기파를 '가시광선(빛)'이라고 한다. 감마선, 엑스(X)선, 자외선은 가시광선보다 파장이 짧고, 열선이라고도 불리는 적외선은 가시광선보다 파장이 길다.

104. 다음 중 화학물질인 다이옥신에 대한 설명으로 옳은 것은? [부산광역시공무직통합채용]

① 무색무취의 맹독성 물질이다.
② 주로 오염된 생활하수에서 발견된다.
③ 과거에는 살충제로서 널리 사용됐다.
④ 인간을 제외한 동식물에는 무해한 물질이다.

해설
다이옥신(Dioxin)은 본래 산소 원자 2개를 포함하고 있는 분자를 총칭하는 용어였지만, 흔히 우리가 다이옥신이라고 부르는 것은 벤젠 고리에 산소 원자와 염소가 결합된 화학물질로 무색무취의 맹독성 물질을 말한다. 주로 플라스틱, 쓰레기 등을 소각할 때 발생하며 건물 등 인공구조물에 화재가 났을 때도 검출된다. 인체에 노출되면 치명적이며 암, 염소여드름, 간 손상, 면역·신경체계 변화, 기형아 등을 유발하고 과다노출 시 사망에까지 이를 수 있다.

105 우리 몸에서 배고픔을 느낄 때 분비되는 호르몬의 이름은? [대전광역시공공기관통합채용]

① 아디포넥틴
② 인슐린
③ 그렐린
④ 세로토닌

해설
그렐린(Ghrelin)은 펩타이드계 호르몬으로 배고픔을 느낄 때 위에서 주로 생성되며 식욕을 당기게 한다. '배고픔 호르몬'이라고도 부른다.

106 스타트업이 주로 구사하는 것으로 데이터를 통해 사용자를 분석해 마케팅 전략을 수립하는 것은? [광주광역시공공기관통합채용]

① 린스타트업
② 그로스해킹
③ 에이비 테스팅
④ 퍼포먼스 마케팅

해설
그로스해킹(Growth Hacking)은 사용자의 행동을 분석해 나타나는 다양한 정보를 사업적으로 활용하는 것이다. 사용자가 특정 페이지에 접속한 기록이나 시간 등의 단순한 정보부터 선호 정보, 선호 정보전달 양식 등과 같은 고차원적 정보까지 모든 데이터를 활용하여 마케팅 전략을 수립하거나 새로운 비즈니스를 모색한다. 페이스북, 인스타그램, 에어비앤비, 트위터, 드롭박스 등이 이 기술을 활용해 사업을 성장시킨 것으로 유명하다.

107 엘니뇨는 평년보다 해수면 온도가 몇 도 이상 높은 상태가 지속될 때를 말하는가? [광주광역시도시공사]

① 0.3℃
② 0.5℃
③ 1.0℃
④ 2.0℃

해설
엘니뇨(El Nino)는 평년보다 섭씨 0.5℃ 이상 해수면 온도가 높은 상태가 5개월 이상 지속되는 현상을 말한다. 주로 열대 태평양 적도 부근의 남미 해안이나 중태평양 해상에서 발생한다. 엘니뇨는 대기순환에 영향을 끼쳐 세계 각 지역에 홍수, 무더위, 가뭄 등 이상기후를 일으킨다.

02 공기업 한국사 기출문제

01 다음 중 구석기 시대의 특징이 아닌 것은? [한국산업인력공단]

① 동굴이나 강가의 막집에서 살았다.
② 주먹도끼와 슴베찌르개 등의 석기도구와 활 등의 사냥도구를 사용했다.
③ 고인돌을 만들어 부족장의 장례를 치렀다.
④ 식량을 찾아 이동생활을 했다.

해설
구석기 시대 사람들은 강가의 동굴이나 막집에서 살았으며, 식량을 찾아 이동생활을 했다. 사용도구로는 돌을 깨뜨려 만든 주먹도끼, 슴베찌르개, 긁개 등이 있다. 한반도에서 구석기 시대가 시작된 시기는 약 70만 년 전으로 추정된다. 연천 전곡리에 구석기 유적이 분포돼 있다.

02 다음 중 신석기 시대의 특징이 아닌 것은? [한국산업인력공단]

① 귀족과 평민 등의 계급이 뚜렷이 분화됐다.
② 빗살무늬 토기를 사용했다.
③ 농경문화가 나타나기 시작했다.
④ 강가나 평지에 움막을 짓고 모여 살았다.

해설
계급사회의 특징이 나타나는 것은 청동기 시대부터다.

03 다음 중 철기시대에 중국과 교류한 증거가 아닌 것은? [부산항보안공사]

① 명도전
② 오수전
③ 비파형 동검
④ 다호리 붓

해설
명도전, 반량전, 오수전은 중국 화폐로 중국과 활발하게 교류했음을 보여준다. 경남 창원 다호리 유적지에 나온 다호리 붓은 중국의 문자와 문방 문화가 유입된 증거로 평가된다. 비파형 동검은 한반도 청동기시대의 유물로 중국과 교류와는 관련이 없다.

정답 105 ③ 106 ② 107 ② // 01 ③ 02 ① 03 ③

04 고대 한반도 국가인 삼한에 대한 설명으로 옳지 않은 것은? [부산광역시공공기관통합채용]

① 신지, 읍차 등의 제사장이 종교를 담당했다.
② 수릿날, 계절제 등의 제천 행사를 개최했다.
③ 일부 국가의 경우 철기 문명이 발달해 철을 화폐로 사용하기도 했다.
④ 크게 마한·진한·변한의 3개 국가로 이뤄졌으며, 각 국가는 수많은 부족국가로 이뤄진 연맹체였다.

해설
삼한은 신지, 읍차 등의 군장이 정치를 담당하고, 소도의 천군이 제사를 담당하는 제정 분리 사회였다. 소도는 신성시되어 범죄자가 소도로 도망 올 경우 처벌할 수 없는 풍습이 있었다. 벼농사를 지어 5월에는 수릿날, 10월에는 계절제를 제천 행사로 열었다. 변한 등의 경우 철을 생산해 낙랑·일본 등에 수출했으며 철을 화폐로 이용하기도 했다.

05 금관가야의 시조로, 오늘날 김해 김씨의 시조로도 알려진 인물은? [광주광역시공공기관통합채용]

① 김춘추
② 김수로
③ 김알지
④ 김유신

해설
김수로왕은 금관가야(가락국)의 시조로, 오늘날 김해 김씨의 시조로 알려져 있다. 그는 서기 42년에 가락국을 세운 인물로 전해지며, 이후 가야의 기틀을 마련하였다.

06 다음 중 고대국가인 동예에 대한 설명으로 틀린 것은? [광주광역시공공기관통합채용]

① 민며느리제와 가족공동묘의 풍습이 있었다.
② 함경도와 강원 북부·동해안을 중심으로 세력을 형성했다.
③ 읍군과 삼로라는 군장이 통치했다.
④ 단궁과 과하마 등의 특산물이 생산됐다.

해설
동예는 철기문화를 바탕으로 함경남도와 강원도의 해안 지역에 등장한 국가로, 읍군이나 삼로라는 군장들이 부족을 다스렸다. 특산물로는 단궁, 과하마, 반어피 등이 유명했으며, 읍락 간의 영역을 중요시해 다른 부족의 경계를 침범하는 경우 노비와 소, 말로 변상하게 하는 책화제도가 있었다. 민며느리제는 옥저의 혼인풍습으로 여자가 어렸을 때 혼인할 남자의 집에서 생활하다가 성인이 된 후에 혼인하는 것이었다.

07 신라의 화랑이 지키던 계율 세속오계(世俗五戒)를 지은 대사(大師)는? [대전도시공사]

① 원 광
② 원 효
③ 의 상
④ 자 장

해설
원광은 신라 진평왕 대의 승려다. 〈여래장경사기〉, 〈대방등여래장경소〉 등의 저술을 남겼으며, 세속오계를 지어 화랑에 정신적 지침을 전수했다.

08 다음 중 백제의 사비 천도 후 신라와의 전투에서 전사한 백제의 왕은? [광주광역시도시공사]

① 성 왕
② 고이왕
③ 의자왕
④ 근초고왕

해설
백제 성왕은 국가의 중흥을 목적으로 538년 도읍을 웅진에서 사비로 재천도했다. 성왕은 사비 천도로 왕권 강화와 지배질서 확립을 시도했고, 동시에 체제 정비를 추진했다. 천도 후 성왕은 신라와 손잡고 고구려를 공격했으나, 신라의 배신으로 한강 유역을 빼앗기고 말았다. 그리고 성왕은 553년 신라와의 관산성 전투에서 전사했다.

09 다음 중 통일신라의 관리 등용 제도로 옳은 것은? [부산항보안공사]

① 과거제도
② 음서제도
③ 상수리제도
④ 독서삼품과

해설
독서삼품과는 788년 원성왕이 실시한 관리 등용 제도이다. 학문의 성취도를 상품(上品), 중품(中品), 하품(下品)의 3등급으로 나누고 그에 따라 관리를 선발하였다. 기존에 골품제에 의해 신분이 높은 사람들 위주로 선발하던 방식에서 벗어나 행정 능력 중심으로 관료를 선발하는 방식으로 전환된 것이라 볼 수 있다.

정답 04 ① 05 ② 06 ① 07 ① 08 ① 09 ④

10. 다음 중 발해의 특징으로 옳지 않은 것은? [수원시공공기관통합채용]

① 지배층은 고구려 유민, 피지배층은 말갈족이었다.
② 대조영이 상경용천부를 수도로 삼아 건국했다.
③ 행정구역은 5경 15부 62주가 있었다.
④ 자신들이 고구려의 후예임을 밝혔다.

해설
발해는 고구려가 멸망한 뒤 만주·한반도 북부(현 연해주 일대)에 698년 세워진 국가이다. 건국 당시 수도는 동모산 일대였으며, 상경용천부는 멸망 때의 수도이다.

11. 고려를 건국한 태조 왕건에 대한 설명으로 옳지 않은 것은? [한국서부발전]

① 춘궁기에 백성에게 곡식을 나누어 주고 추수한 후에 갚게 하는 흑창을 설치했다.
② 호족과 정략결혼을 하거나 호족에 성(姓)을 하사함으로써 호족을 포용하려 했다.
③ 최승로의 시무 28조를 받아들여 유교 정치이념을 바탕으로 통치체제를 정비했다.
④ 북진정책의 걸림돌이자 발해를 멸망시킨 거란을 적대시하고, 청천강까지 영토를 확장했다.

해설
고려 태조(왕건)은 고려를 건국한 시조로 불교를 장려하여 연등회·팔관회 등의 불교 행사를 장려했으며, 흑창을 설치해 민생을 안정시켰다. 또 왕권 강화책으로 정략결혼과 사성 정책, 역분전 정책을 시행했다. 최승로의 시무 28조를 받아들여 유교 정치이념의 통치체제를 정비한 것은 6대 임금인 성종이다.

12. 다음 중 고려의 어사대에 대한 설명으로 옳은 것은? [한국동서발전]

① 왕명을 집행하고 군사 업무를 담당했다.
② 관리의 비행을 감찰하고 풍속을 바로잡는 일을 담당했다.
③ 백성의 조세를 관리하고 회계를 담당했다.
④ 법률 제정과 판결을 전담했다.

해설
어사대는 고려시대의 감찰 기관으로, 관리의 부정과 비리를 조사하고 기강을 바로잡는 역할을 했다. 또한 왕에게 간언(諫言)을 올리거나 부당한 정치를 비판하는 언론 기능도 수행했다. 이 기관의 관원인 대관(臺官)은 중서문하성의 낭사와 함께 정치의 견제와 균형을 이루었으며, 조선시대에는 사헌부로 그 기능이 계승되었다.

13. 다음 중 고려시대 광종의 업적이 아닌 것은? [광주광역시공무직통합채용]

① 광덕·준풍이라는 자주적 연호를 사용했다.
② 노비안검법으로 호족세력을 견제했다.
③ 과거제를 시행해 신진세력을 등용했다.
④ 전시과 제도를 마련해 관리에게 지급했다.

해설

고려의 광종은 '광덕, 준풍'이라는 자주적 연호를 사용하며 대외적으로 자주권을 선언했고, 노비안검법을 실시해 불법적으로 노비가 된 자들을 평민으로 해방하고 공신과 호족세력을 약화시켜 국가 조세수입원의 확대를 이루었다. 또한 과거제도를 실시해 유학을 익힌 실력파 신진세력을 등용함으로써 신·구세력의 교체를 도모했다. 관리에게 직역의 대가로 토지를 나눠주는 전시과는 경종 때 처음 시행됐다.

14. 고려 무신정권 집권 순서로 바르게 나열된 것은? [광주광역시공공기관통합채용]

① 이의민 → 경대승 → 정중부 → 이의방 → 최충헌
② 이의방 → 정중부 → 경대승 → 이의민 → 최충헌
③ 정중부 → 이의방 → 이의민 → 경대승 → 최충헌
④ 이의방 → 경대승 → 정중부 → 최충헌 → 이의민

해설

무신정권은 고려시대에 약 100년간 지속된 군사 정권으로, 1170년(의종 24년) 정중부를 비롯한 무신들이 일으킨 무신정변에서 시작됐다. 문신 중심의 정치에서 소외된 무신들이 정변을 통해 정권을 장악하였으며, 이후 집권 세력은 이의방 → 정중부 → 경대승 → 이의민 → 최충헌 → 최우로 이어졌다.

15. 고려시대 문신이었던 이승휴가 지은 역사서는? [광명도시공사]

① 〈제왕운기(帝王韻紀)〉
② 〈백운소설(白雲小說)〉
③ 〈계원필경(桂苑筆耕)〉
④ 〈동사강목(東史綱目)〉

해설

〈제왕운기(帝王韻紀)〉는 고려시대 문신이었던 이승휴가 지은 역사서로 상·하권으로 되어 있으며, 칠언고시의 형태로 저술됐다. 상권에는 중국의 신화부터 하나라, 은나라, 주나라, 한나라를 거쳐 원나라의 흥성기까지의 역사가 기록되어 있다. 하권은 우리나라의 역사서로 고조선부터 삼국, 후삼국을 걸쳐 고려의 통일까지를 담고 있다.

정답 10 ② 11 ③ 12 ② 13 ④ 14 ② 15 ①

16. 다음과 같은 본문이 수록된 책의 저자와 관련 없는 사실은? [한국산업인력공단]

> 세상 삼라만상의 원리에는 이(理)가 자리 잡으며, 인간의 마음과 본성 모두 이(理)이거늘, 불가에서는 인간의 마음과 본성을 구분 짓고 있다.

① 〈경국대전〉을 편찬해 국가의 기틀을 다졌다.
② 〈불씨잡변〉을 지어 불교의 교리를 성리학의 원리로 비판했다.
③ 명나라에 대립해 요동정벌을 주장하기도 했다.
④ 역성혁명을 일으켜 왕을 폐위하고 새 왕조를 수립했다.

해설
본문은 정도전의 저서 〈불씨잡변〉의 일부분이다. 고려 말 급진개혁파를 이끌었던 정도전은 신흥 무인세력인 이성계와 연합했다. 이들은 위화도 회군 이후 최영 세력을 몰아내고 이색, 정몽주 등의 온건개혁파를 제거하면서 조선 건국을 주도했다. 국가의 유교적 이념을 성문화하기 위해 〈조선경국전〉(1394)과 〈경제문감〉(1395)을 편찬했다. 성리학자였으나 자주적인 면모를 보여 요동정벌을 주장하기도 했으며, 〈불씨잡변〉을 저술해 불교를 비판하는 등 성리학을 강력히 신봉했다.

17. 다음과 같은 명령을 내린 왕이 실시한 정책으로 옳은 것은? [한국산업기술시험원]

> - 정초와 변효문에게 새로운 농서 편찬을 지시하였다.
> - 우리 풍토에 맞는 농법을 보급하기 위한 서적이 되어야 할 것을 당부하였다.

① 결작을 징수해 재정 부족 문제에 대처했다.
② 연분 9등법을 시행해 수취체제를 정비했다.
③ 기유약조를 체결해 일본과의 무역을 재개했다.
④ 직전법을 실시해 현직 관리에게만 수조권을 지급했다

해설
세종은 조선의 4대 임금으로 훈민정음을 만들고 명령을 내려 〈삼강행실도〉, 〈효행록〉, 〈농사직설〉을 편찬했다. 최윤덕과 김종서를 시켜 북방에 4군 육진을 개척하도록 했으며, 이종무를 시켜 대마도를 정벌하도록 했다. 연분 9등법을 실시해 수취체제를 정비했다.

18 조선시대 세종의 재임 중 발명되지 않은 것은? [광주광역시도시공사]

① 신기전
② 침금동인
③ 혼 상
④ 병진자

해설

군사무기인 로켓추진 화살 '신기전'은 1448년(세종 30년)에 제작되었고, 별의 위치와 별자리를 표시한 '혼상'은 1437년(세종 19년)에 제작됐다. 또한 세계최초의 납 활자인 '병진자'도 1436년(세종 18년)에 세종의 명으로 제작된 것이다. '침금동인'은 조선 후기의 기술자인 '최천약'이 발명한 것으로 조선시대 의관들이 침과 뜸을 연습하던 의료기기다.

19 다음 중 조선시대 사림 세력에 대한 설명으로 옳지 않은 것은? [대전광역시공공기관통합채용]

① 향촌 사회를 중심으로 성장했다.
② 성리학적 도덕 정치를 강조했다.
③ 왕조 교체를 주장했다.
④ 서원과 향약을 통해 학문과 교화를 중시했다.

해설

사림(士林) 세력은 주로 조선 전기부터 중기까지 활동했던 유학 기반의 정치 집단이다. 향촌 기반의 중소 지주층이 많았으며, 훈구 세력의 세습·전제적 통치를 비판하면서 유교적 이상 정치와 도덕 정치를 강조했다. 또한 그들은 서원 설립, 향약 보급 등을 통해 지방 사회의 교육과 도덕적 자치를 중시했으며, 중앙 정계 진출은 성종 15년 이후 본격화됐다. 사림은 왕조 자체의 정통성을 부정하거나 왕조 교체를 주장한 세력이라기보다, 유교적 이상에 따라 기존 왕조 안에서 도덕성과 정치의 개혁을 추구한 것으로 평가된다.

20 대동법의 시행 결과로 틀린 것은? [한국수력원자력]

① 방납의 폐단이 경감되어 백성들의 생활이 비교적 안정됐다.
② 국가에 관수품을 조달하는 공인이 생겨났다.
③ 토산물 등 사치품에 대한 교역량이 줄었다.
④ 토지를 많이 보유한 양반층의 반발을 샀다.

해설

대동법은 이원익 등의 주장으로 광해군이 실시한 백성들의 생활안정책이다. 민호(民戶)에 부과하던 토산물을 토지 결수에 따라 쌀, 포목, 돈으로 징수하는 것이다. 이로 인해 국가에 관수품을 조달하는 공인이 나타났고, 상품 수요의 증가와 공인의 활동 때문에 상공업의 발전이 촉진됐다. 효종은 이를 충청·전라 지역까지 확장하여 공납의 폐단을 바로잡으려 했다.

정답 16 ① 17 ② 18 ② 19 ③ 20 ③

21 다음 중 조선시대 영조의 업적으로 옳은 것은? [광주광역시공공기관통합채용]

① 대동법을 전국적으로 확대 실시했다.
② 경국대전을 편찬했다.
③ 균역법을 제정했다.
④ 과전법을 실시했다.

해설
조선의 영조는 백성의 군역 부담을 줄이기 위해 1750년(영조 26년)에 균역법을 제정하였다. 균역법은 영조의 대표적인 민생 안정책으로 군포(군대에 내는 세금)를 1년에 2필에서 1필로 줄이고, 부족분은 결작·어염세 등으로 충당하게 하였다.

22 다음 중 조선시대 정조의 업적에 해당하는 것은? [한국산업인력공단]

① 통일법전인 〈대전회통〉을 편찬했다.
② 의정부서사제를 도입했다.
③ 직전법을 실시해 토지 부족 문제를 해결하려 했다.
④ 규장각을 설치하고 인재를 등용했다.

해설
조선의 제22대 왕인 정조는 선왕인 영조의 탕평책을 이어 받아 각종 개혁정치를 펼쳤다. 왕의 친위부대인 장용영을 설치해 왕권을 강화했고, 규장각을 설치하고 초계문신제를 시행해 훌륭한 인재를 등용하기 위해 힘썼다. 또한 수원에 계획도시인 화성을 건설하고, 시전 상인들의 금난전권을 폐지하는 신해통공을 단행했다.

23 다음 중 갑신정변에 대한 내용으로 옳지 않은 것은? [광주광역시공무직통합채용]

① 임오군란 이후 급진개화파가 일본의 군사적 지원을 받아 일으켰다.
② 우정총국 개국 축하연 자리에서 일으켰다.
③ 구본신참을 기본정신으로 삼았다.
④ 개화당 정부를 수립하고 14개조 개혁정강을 발표했다.

해설
1882년 벌어진 임오군란 이후 청의 내정간섭이 심화되자 김옥균, 박영효 등 급진개화파는 근대화 추진과 민씨 세력 축출을 위해 일본의 군사적 지원을 받아 1884년 우정총국 개국 축하연 자리에서 갑신정변을 일으켰다. 이후 개화당 정부를 수립하고 14개조 개혁정강을 발표한 후 입헌군주제, 청과의 사대관계 폐지, 능력에 따른 인재등용 등의 개혁을 추진했다. 그러나 청군의 개입과 일본의 군사지원이 약속대로 이뤄지지 않아 3일 만에 실패했다.

24 다음 중 1895년 을미개혁에서 실시한 제도가 아닌 것은? [광주광역시공공기관통합채용]

① 태양력 실시
② 우편제도 실시
③ 과거제 폐지
④ 단발령

해설
을미개혁은 1895년 명성황후 시해 사건 이후 김홍집 내각이 추진한 개혁 운동이다. 일본의 영향 아래 근대적 제도를 도입하려는 성격이 강했다. 태양력 사용, 종두법 시행, 개국 연호 건양(建陽) 사용, 우편제도 등이 단행됐다. 명성황후 시해사건 후 반일감정이 극도에 이른 상황에서 시행되어 저항이 심했으며, 특히 단발령의 강제 시행은 전국적인 대규모 항일의병인 을미의병의 기폭제가 됐다.

25 흥선대원군의 정책에 대한 설명으로 옳은 것은? [수원시공공기관통합채용]

① 서원을 철폐하고, 양반에게도 군포를 부과했다.
② 천주교를 공인하고 서양과 통상 조약을 체결했다.
③ 개화정책을 추진하여 신식 군대를 창설했다.
④ 일본의 요구로 수신사 파견을 허락했다.

해설
흥선대원군은 세도정치로 인해 혼란에 빠진 국가체제를 복구하고 왕권을 회복하고자 했다. 그는 지방 사족의 세력 기반이던 서원을 철폐했으며, 국가의 재정을 확보하기 위해 양반에게도 군포를 부과하는 호포제를 시행했다. 또한 임진왜란 때 불에 타서 방치된 경복궁을 중건하였고, 비변사를 폐지한 후 의정부와 삼군부를 부활시켜 왕권을 강화했다.

26 대한제국의 고종이 주도한 국가개혁은? [대전광역시공공기관통합채용]

① 광무개혁
② 을미개혁
③ 갑오개혁
④ 갑신정변

해설
러시아 공사관에서 경운궁으로 환궁한 고종은 광무개혁을 천명하며 국가의 연호를 광무로 하고, 환구단을 쌓아 황제 즉위식을 거행하여 대한제국이 자주 독립국가임을 선언했다. 1897년 선언한 광무개혁은 구본신참으로서 복고주의적이고 점진적인 개혁을 표방했으며, 근대적 시설을 확충하고자 했다. 정치적으로는 대한국제를 반포해 전제 황권을 강화했음을 선언했다.

정답 21 ③ 22 ④ 23 ③ 24 ③ 25 ① 26 ①

27. 독립협회에 대한 설명으로 틀린 것은? [한국서부발전]

① 갑신정변 이후 서재필 등이 창립했다.
② 만민공동회와 관민공동회를 개최했다.
③ 독립문을 건립했다.
④ 중추원 폐지를 통해 서구식 입헌군주제 실현을 목표로 했다.

해설

갑신정변 이후 미국에서 돌아온 서재필은 남궁억, 이상재, 윤치호 등과 함께 독립협회를 창립하고 만민공동회와 관민공동회를 개최하여 국권·민권신장 운동을 전개했다. 또한 중추원 개편을 통한 의회 설립과 서구식 입헌군주제 실현을 목표로 활동했다. 아울러 청의 사신을 맞던 영은문을 헐고 그 자리 부근에 독립문을 건립하기도 했다.

28. 다음 중 국채보상운동의 목표로 옳은 것은? [수원시공공기관통합채용]

① 외세의 침략에 대비해 신식 군대를 창설하려 했다.
② 일본의 차관 도입을 통해 경제를 안정시키려 했다.
③ 국민의 성금으로 외채를 갚아 국권을 회복하려 했다.
④ 토지 개혁을 통해 자주적 경제를 구축하려 했다.

해설

국채보상운동은 1907년 대구의 서상돈, 김광제 등이 제안하여 시작된 국권 회복 운동이다. 일본이 대한제국이 진 빚(차관)을 구실로 경제를 지배하려 하자, 국민이 금연·절약 운동을 통해 모은 돈으로 외채를 갚아 국권을 수호하자는 취지로 전개됐다. 전국적으로 확산됐지만, 일본 통감부의 탄압과 언론 통제로 인해 결국 좌절되었다.

29. 일제강점기에 일제의 통치방식이 무단통치에서 문화통치로 바뀌게 된 계기가 된 사건은? [광주광역시공무직통합채용]

① 3·1 운동
② 2·8 독립선언
③ 국채보상운동
④ 대한민국 임시정부 설립

해설

일본 도쿄 유학생들이 결성한 조선청년독립단은 1919년 대표 11인을 중심으로 도쿄에서 2·8 독립선언서를 발표했다. 이는 미국 대통령 윌슨이 주창한 민족자결주의의 영향을 받은 것으로, 이후 국내에서도 3·1 운동이 전개돼 민족대표 33인이 독립선언서를 발표하고 국내외에 독립을 선언했다. 3·1운동은 일제가 무단통치를 완화하고 식민지 통치를 문화통치 방식으로 변화시키는 계기가 됐다.

30 일제강점기 당시 독립운동가로 1932년 일왕의 생일날 거사를 일으킨 인물은?   [중소기업유통센터]

① 윤봉길
② 이봉창
③ 김원봉
④ 조소앙

해설
일제강점기 독립운동가인 윤봉길 의사는 임시정부의 김구가 창설한 한인애국단에 가입해, 1932년 중국 상하이 훙커우 공원에서 열린 일왕의 생일 기념식에 폭탄을 던져 의거했다. 일왕을 사살하지는 못했으나, 일본군 대장과 일본인 거류민단장이 그 자리에서 사망했다. 현장에서 체포된 윤봉길 의사는 사형 선고를 받아 1932년 12월 19일 순국했다.

31 6·25 전쟁이 발생한 배경과 관련이 있는 사건은?   [부산광역시공공기관통합채용]

① 애치슨 선언
② 브라운 각서
③ 닉슨 독트린
④ 7·4 남북공동성명

해설
1950년 1월 미국의 국무장관 딘 애치슨(D. Acheson)은 미국의 극동 방위선(애치슨 라인)에서 한국과 대만을 제외한다고 발표했다. 이 선언은 미국이 한반도를 방위권 밖에 두었다는 인식을 주어 소련과 북한이 미국의 개입 가능성을 낮게 평가하도록 만들었고, 결과적으로 6·25 전쟁 발발의 한 요인으로 작용했다. 이후 애치슨 선언은 공화당으로부터 비난을 받고 철회됐다.

32 다음 중 박정희 정부 시기의 긴급조치에 대한 설명으로 옳지 않은 것은?   [광주광역시공공기관통합채용]

① 유신헌법에 근거해 대통령이 헌법을 수호한다는 명목으로 발동됐다.
② 긴급조치 위반자는 사법 절차 없이 구속·처벌될 수 있었다.
③ 국민의 기본권을 강화하고 언론 자유를 확대했다.
④ 유신체제에 대한 비판과 반대 활동을 금지했다.

해설
긴급조치는 1972년 제정된 유신헌법 제53조에 근거하여 대통령이 발동할 수 있었던 비상조치다. 이는 국가 안보와 사회 질서를 명분으로 국민의 기본권과 언론·표현의 자유를 심각하게 제한하였다.

33 다음의 사건을 일어난 순서대로 배치한 것은? [수원시공공기관통합채용]

> ㉠ 5 · 18 민주화운동 ㉡ 6월 민주항쟁
> ㉢ 12 · 12사태 ㉣ 4 · 13 호헌조치

① ㉠ → ㉢ → ㉣ → ㉡
② ㉢ → ㉠ → ㉡ → ㉣
③ ㉢ → ㉠ → ㉣ → ㉡
④ ㉣ → ㉢ → ㉠ → ㉡

해설

㉢ 12 · 12사태(1979) : 전두환 등 '하나회' 중심의 신군부 세력이 군사 쿠데타를 일으켜 권력을 장악한 사건이다.
㉠ 5 · 18 민주화운동(1980) : 신군부의 비상계엄 확대에 맞서 광주 시민들이 민주주의 회복을 요구하며 일어난 항쟁이다.
㉣ 4 · 13 호헌조치(1987) : 전두환 정부가 대통령 직선제 개헌 요구를 거부하고 당시 현행 헌법(간선제)을 유지하겠다고 선언한 뒤, 시국 혼란을 이유로 일체의 개헌 논의를 중단시킨 조치다.
㉡ 6월 민주항쟁(1987) : 4 · 13 호헌조치에 반발한 전국적 민주화 시위로, 직선제 개헌을 이끌어냈다.

34 다음과 같은 경제 사안들이 있던 시기에 벌어진 사건으로 옳은 것은? [한국서부발전]

> • 세계무역기구(WTO) 가입
> • 경제협력개발기구(OECD) 가입
> • 대통령의 '세계화 구상' 발표

① 미국과의 자유무역협정(FTA)이 체결됐다.
② YH 무역 노동자들이 폐업에 항의하며 농성했다.
③ 경자유전의 원칙에 따른 농지개혁법이 제정됐다.
④ 금융거래의 투명성을 확보하고자 금융실명제가 실시됐다.

해설

금융실명제는 신분증 없이는 계좌 개설과 이체가 불가능한 금융제도를 말한다. 1993년 김영삼 정부는 경제적으로 탈세와 부정부패를 뿌리뽑겠다는 의지로 금융실명제를 실시했다.

정답 33 ③ 34 ④

PART 3

실전문제로 최종 마무리

CHAPTER 01 분야별 일반상식 출제예상문제
1. 정치 · 국제 · 법률
2. 경제 · 경영 · 금융
3. 사회 · 노동 · 환경
4. 문화 · 예술 · 미디어 · 스포츠
5. 과학 · 컴퓨터 · IT · 우주
6. 한국사 · 세계사

CHAPTER 02 실전모의고사
제1회 실전모의고사
제2회 실전모의고사
실전모의고사 정답 및 해설

지식에 대한 투자가 가장 이윤이 많이 남는 법이다.

— 벤자민 프랭클린 —

CHAPTER 01 분야별 일반상식 출제예상문제

01 정치·국제·법률

01 1973년 북한이 서해 5개 섬 주변 수역이 북한 연해라고 주장하면서 서해 5도라는 말이 사용되기 시작했다. 오늘날 서해 5도는 국가 안보상 매우 중요한 요충지이다. 다음 중 서해 5도에 속하지 않는 섬은?

① 우 도
② 백령도
③ 연평도
④ 덕적도

해설
서해 5도는 백령도, 대청도, 소청도, 연평도, 우도이다.

02 정책이나 사회 현안에 대해 조사·연구를 수행하고, 정부나 기업에 전문적인 조언과 대안을 제시하는 연구집단은?

① 컨설팅 펌
② 싱크탱크
③ 로비스트
④ 액션 플랜

해설
싱크탱크(Think Tank)는 정치, 경제, 외교, 사회 등 다양한 분야에서 정책 분석과 전략을 연구하는 전문가 집단이다. 정부의 자문기관 형태로 운영되기도 하고 민간이나 대학, 국제기구 산하에서 독립적으로 활동하기도 한다. 세계적인 싱크탱크로는 미국의 랜드 연구소, 헤리티지 재단 등이 있다.

03 출처를 위장하거나 밝히지 않은 의도적인 흑색선전을 뜻하는 말은?   *출제유형*

① 마타도어(Matador)
② 발롱데세(Ballon D'essai)
③ 데마고그(Demagogue)
④ 매니페스토(Manifesto)

해설
마타도어는 적국 내부를 교란시켜 전의(戰意) 상실, 사기 저하 등을 유발함으로써 국민과 정부, 군대와 국민 간을 이간질할 목적으로 행해지는 흑색선전이다.

정답 01 ④ 02 ② 03 ①

04 선거에서 약세 후보가 유권자들의 동정을 받아 지지도가 올라가는 경향을 가리키는 말은?

① 밴드왜건 효과 ② 언더독 효과
③ 스케이프고트 현상 ④ 레임덕 현상

해설

절대 강자가 지배하는 세상에서 약자에게 연민을 느끼며 이들이 언젠가는 강자를 이겨주기를 바라는 현상을 언더독 효과라 한다.

언더독 효과와 밴드왜건 효과
- 언더독(Under Dog) 효과 : 약세 후보가 유권자들의 동정을 받아 지지도가 올라가는 경향을 말한다. 여론조사 전문가들은 밴드왜건 효과와 언더독 효과가 동시에 발생하기 때문에 여론조사 발표가 선거 결과에 미치는 영향은 중립적이라고 말한다.
- 밴드왜건(Bandwagon) 효과 : 선거에서 유권자들이 승리할 가능성이 큰 후보를 더욱더 지지하게 되는 경향을 말한다.

05 다음 중 자유무역협정인 CPTPP에 가입되지 않은 국가는?

① 미 국 ② 페 루
③ 호 주 ④ 말레이시아

해설

본래 미국과 일본이 주도한 자유무역협정이었으나 2016년 당선된 미국의 도널드 트럼프 대통령이 탈퇴 공약을 이행하면서 2018년 3월 미국을 제외한 나머지 11개국이 명칭을 'TPP(Trans-Pacific Partnership)'에서 'CPTPP(Comprehensive and Progressive Agreement for Trans-Pacific Partnership)'로 변경했다. '포괄적·점진적 환태평양경제동반자협정'이라고도 하며 태평양 연안의 광범위한 지역을 하나의 자유무역지대로 묶는 다자간 자유무역협정이다. 2025년 10월 기준 일본, 캐나다, 멕시코, 호주, 뉴질랜드, 베트남, 말레이시아, 싱가포르, 칠레, 페루, 브루나이, 영국 등 12개국이 가입돼 있다.

06 정당의 대통령 후보를 뽑는 본 경선에 앞서 일정 순위 밖의 열세 후보를 걸러내는 예비 경선을 뜻하는 용어는?

① 게리맨더링 ② 매니페스토
③ 오픈 프라이머리 ④ 컷오프

해설

컷오프(Cutoff)는 정당에서 평가를 통해 후보자로 추천된 후보를 탈락 또는 선출하는 방식을 뜻하는 정치 용어다. 정치인이 당의 일원으로 선거에 출마하기 위해서는 공천(후보자 추천)을 받아야 하는데, 컷오프로 탈락했다는 것은 더이상 그 당의 후보로서 선거에 나설 수 없다는 의미가 된다. 방송에서는 시청자의 관심을 집중시키기 위해 음악이나 이야기를 갑자기 중단하는 것을 뜻하기도 한다.

07 우리나라의 기초의원 선거에 대한 설명으로 틀린 것은? 〔출제유형〕

① 선거권은 만 18세 이상의 국민에게 주어진다.
② 지방의회의원 선거의 경우 소선거구제이다.
③ 정당 추천제와 선거권자 추천제를 병행하고 있다.
④ 기초의원 선거의 기탁금은 200만 원이다.

해설

시·도의원 선거 시 선거구별 1인을 선출하는 소선거구제를 채택하고 있다. 한편, 자치구·시·군의원 선거의 경우 선거구별로 2~4인을 선출하는 중선거구제를 도입하고 있다.

선거구
독립적으로 선거를 시행할 수 있는 단위 구역을 의미하며 선거구마다 선출하는 의원의 수에 따라 소선거구·중선거구·대선거구로 나뉜다.

- 소선거구제 : 선거구별 1인을 선출하는 제도로 다수대표제와 연관된다.

장점	• 군소정당의 난립을 방지하여 정국의 안정 촉진 • 후보자에 대한 판단이 쉬워 정확한 선택 가능 • 투표율이 높고 선거공영제 실시 유리
단점	• 사표가 많이 발생 • 부정선거가 이뤄질 수 있으며 소수당에 불리함

- 중·대선거구제 : 선거구별 2인 이상을 선출하는 제도로 소수대표제와 연관된다.

장점	• 사표를 방지할 수 있음 • 지연·혈연에 의한 당선을 줄이고 신진세력 진출에 용이
단점	• 선거비용이 증가하고 관리가 어려움 • 후보자가 난립하고, 후보자에 대한 판단이 어려움

08 남북 긴장이 고조될 때 발령되는 대비 태세에 관한 설명으로 옳지 않은 것은?

① 인포콘 : 정보 작전 방호 태세, 총 5단계, 사이버 공격이 있거나 예상될 때의 대비 태세
② 데프콘 : 전면전에 대비한 전투 준비 태세, 총 5단계, 평시는 상시적으로 4단계가 적용
③ 워치콘 : 대북 정보 감시 태세, 총 5단계, 평시는 상시적으로 4단계가 적용
④ 진돗개 : 국지 도발에 대비한 방어 준비 태세, 총 5단계, 평시는 상시적으로 4단계가 적용

해설

진돗개는 총 3단계로 나뉘며 숫자가 내려갈수록 대비 태세가 강화된다. 평시는 진돗개 셋이 발령된다.

정답 04 ② 05 ① 06 ④ 07 ② 08 ④

09 법률 용어인 '인 두비오 프로 레오(In dubio pro leo)'의 의미로 옳은 것은?

① 의심스러울 때는 피고인에게 유리하게 판결하라.
② 위법하게 수집된 증거는 증거능력을 배제해야 한다.
③ 범죄 용의자를 연행할 때 그 이유와 권리가 있음을 미리 알려주어야 한다.
④ 재판에서 최종적으로 유죄 판정되기 전까지는 무죄로 추정한다.

> **해설**
> '인 두비오 프로 레오(In dubio pro leo)'는 형사소송에서 검사의 입증이 부족하여 법원에서 유죄의 심증을 얻지 못한 경우 피고인에게 유리한 판결(무죄)을 해야 한다는 원칙을 말한다. 단, 유무죄에 관한 것만 결정되는 것일 뿐 소송법상의 사실의 존부에는 해당 원칙이 적용되지 않는다. ②는 독수독과 이론, ③은 미란다 원칙, ④는 형사 피고인의 무죄 추정의 원칙에 관한 설명이다.

10 헌법재판소에서 탄핵 결정을 인용하기 위해 필요한 최소 인원수는?

① 3명 ② 4명
③ 5명 ④ 6명

> **해설**
> 헌법재판소에서 법률의 위헌, 탄핵, 정당해산, 헌법소원 등의 인용을 결정할 때에는 재판관 9인 중 6인 이상의 찬성이 필요하다.

11 국회에 관한 내용 중 옳은 것은? 〈출제유형〉

① 한 번 부결된 의안은 같은 회기 중 다시 제출할 수 없다.
② 국회의원은 현행범이라 할지라도 회기 중 국회 동의 없이 체포할 수 없다.
③ 임시국회는 대통령 또는 국회 재적의원 3분의 1 이상의 요구로 열린다.
④ 국회의장은 무기명투표로 선거하되 재적의원 3분의 2의 득표로 당선된다.

> **해설**
> ①은 일사부재의의 원칙을 설명한 것이다. 일사부재의의 원칙은 한 번 부결된 안건은 같은 회기 중에 다시 발의하거나 제출하지 못한다는 것으로서 소수파에 의한 의사방해를 막기 위한 제도이다.
> ② 국회의원은 현행범을 제외하고 국회의 동의 없이 체포·구금할 수 없다.
> ③ 임시국회는 대통령 또는 국회 재적의원의 4분의 1 이상의 요구로 열린다.
> ④ 국회의장은 무기명투표로 선거하되 재적의원 과반수의 득표로 당선된다.

12 다음과 같은 선거 전 부당한 행위에 대한 소송은?

- 선거관련자가 불법적인 선거자금을 조성·수수한 행위
- 뇌물 증수뢰 행위
- 상대운동원 폭행

① 민사재판 ② 선거재판
③ 행정재판 ④ 형사재판

해설
선거소송은 선거절차상의 하자를 이유로 그 선거의 전부 또는 일부의 효력을 다투는 소송이다. 반면 정치자금법이나 공직선거법을 위반하면 그 해당하는 법조문에 형벌규정이 있다. 형법이 기본적인 처벌법이라면 정치자금법과 공직선거법의 처벌규정은 형사 관련 법률로 포괄적인 형법에 속한다. 그러므로 검사가 조사하고 기소를 하게 된다.

13 특별 의결 정족수에 관한 내용으로 옳은 것은?   출제유형

① 법률안의 재의결은 재적의원 과반수의 출석과 출석의원 과반수 이상의 찬성이 있어야 한다.
② 국무총리·국무위원 해임건의는 재적의원 과반수 출석과 2/3 이상의 찬성이 있어야 한다.
③ 헌법개정안 발의는 재적의원 2/3 이상의 찬성이 있어야 한다.
④ 계엄령 해제는 재적의원 과반수의 찬성이 있어야 한다.

해설
① 법률안의 재의결 : 재적의원 과반수의 출석과 출석의원 3분의 2 이상의 찬성
② 국무총리·국무위원 해임건의 : 재적의원 3분의 1이상 발의와 재적의원 과반수의 찬성
③ 헌법개정안 발의 : 재적의원 과반수의 찬성

14 다음 중 헌법에서 규정하는 모든 국민의 의무이자 권리인 것은?

① 국 방
② 모성 보호
③ 납 세
④ 근 로

해설
헌법 제32조 제2항
모든 국민은 근로의 권리를 가지며(헌법 제32조 제1항), 근로의 의무를 진다(헌법 제32조 제2항).

15 선거로 정권을 잡은 사람이나 정당이 관직을 지배하는 인사 관행은?

① 실적제 ② 스핀닥터
③ 엽관제 ④ 다면평가제

해설
엽관제(Spoils System)는 공무원의 임면(任免)을 충선도나 기여도에 따라 결정하는 정치적 관행을 말한다. 복수정당제도와 긴밀한 관계를 가지며 정권이 바뀔 때마다 공무원들도 따라서 바뀌는 것을 전제로 한다. 이 경우 관직은 선거에 승리한 정당의 전리품처럼 이해되어, 특정 정당의 정치적 봉사에 대한 보상으로 여겨지기도 했다. 엽관주의와 정실주의는 오늘날 거의 같은 뜻으로 사용되고 있으나 정치성·혈연·지연 등에 의해 임용을 결정하는 정실주의가 정치적 요인을 중요시하는 엽관주의보다 더 넓은 개념으로 인식되고 있다.

16 여성의 참정권을 최초로 보장한 나라는?

① 노르웨이 ② 미 국
③ 덴마크   ④ 뉴질랜드

해설
여성의 참정권을 최초로 보장한 국가는 뉴질랜드로 1893년 선거법에 명시함으로써 여성도 투표권을 얻게 되었다. 노르웨이는 1913년, 덴마크는 1915년, 미국은 1920년부터 보장하고 있다.

17 다음 중 의원내각제에 대한 설명으로 옳지 않은 것은?

① 내각은 의회에 대해 연대적으로 책임을 진다.
② 내각의 각료는 의회의 신임 여하에 따라 임명된다.
③ 의회다수파의 횡포 가능성이 존재한다.
④ 정치적 책임에 둔감하다.

해설
의원내각제는 국회의 다수 의석 정당이 구성하는 내각이 행정권을 가지는 통치제도를 의미한다. ④ 정치적 책임에 둔감한 것은 대통령제에 대한 내용으로 의원내각제는 내각불신임권으로 내각의 잘못에 대해 사퇴하도록 할 수 있지만, 대통령제는 잘못에 대해 비판은 할 수 있어도 직접적인 영향력을 행사할 수는 없기 때문에 책임에 민감하지 못할 수 있다는 단점이 존재한다.

18 다음 중 '집회 및 시위에 관한 법률'의 적용을 받지 않는 시위의 유형은?

① 촛불집회 ② 1인 시위
③ 옥외집회 ④ 평화행진

해설
1인 시위는 집시법의 적용을 받지 않으며, 시위 금지 지역에서도 1인 시위는 가능하다.

19 다음 중 국제원자력기구(IAEA)에 대한 설명으로 옳지 않은 것은?

① 본부는 스위스 제네바에 있다.
② 한국은 설립연도인 1957년에 가입했다.
③ 원자력의 평화적 이용과 국제적인 공동 관리를 목적으로 한다.
④ 핵무기 비보유국이 핵연료를 군사적으로 전용하는 것을 방지하기 위해 핵무기 비보유국의 핵물질 관리실태를 점검하고 현지에서 직접 사찰할 수 있다.

해설
국제원자력기구(IAEA ; International Atomic Energy Agency)는 원자력의 평화적 이용을 위한 연구와 국제적인 공동 관리를 위하여 설립된 국제연합기구로, 본부는 오스트리아의 수도 빈(Wien)에 있다. 국제연합(UN) 총회 아래 설치된 준독립기구로서, 전 세계 평화를 위한 원자력의 사용을 촉진·증대하기 위해 노력하며, IAEA의 원조가 군사적 목적으로 이용되지 않도록 보장하는 데 설립목적을 두고 있다. 1970년에 발효된 NPT(핵확산금지조약)에 따라 핵무기 비보유국은 IAEA와 평화적 핵 이용 활동을 위한 안전협정을 체결해야 하며, IAEA는 핵무기 비보유국이 핵연료를 군사적으로 전용하는 것을 방지하기 위해 현지에서 직접 사찰할 수 있다. 한국은 설립연도인 1957년에 가입했다.

20 다음 중 검찰이 법원의 구속영장 기각에 불복해 상급법원에 항고하는 제도는?

① 영장실질심사제
② 구속영장항고제
③ 구속적부심제
④ 구속전피의자심문제도

해설
영장항고제는 검찰이 청구한 영장(令狀)을 법원에서 기각한 경우 검찰이 상급법원에 재심사를 요청하는 제도이다. 즉, 영장청구를 기각한 법원보다 상급법원에 이에 대한 판단을 다시 요청하는 것으로 독일, 프랑스, 일본 등에서 운용되고 있으나 우리나라에는 도입되지 않았다.

21 다음 중 출구조사에 대한 설명으로 옳지 않은 것은?

① 선거 당일 투표소를 나온 유권자를 대상으로 실시한다.
② 공식 개표 전에 투표 성향과 결과를 예측하기 위한 조사이다.
③ 선거관리위원회가 법적으로 의무적으로 시행하는 조사이다.
④ 투표소로부터 50m 밖에서 출구조사를 할 수 있다.

해설
출구조사는 선거 당일 투표를 마친 유권자를 대상으로, 언론사나 여론조사 기관이 투표 성향과 결과를 예측하기 위해 실시하는 비공식 조사이다. 공식 개표 전에 유권자 선택의 흐름을 통계적으로 추정하는 것이 목적이며, 법적 의무사항이 아니라 언론기관이 자율적으로 시행한다. 공정성을 위해 투표 마감시간까지 그 경위와 결과를 공표할 수 없도록 법으로 제한되어 있다.

22 우리나라 국민훈장의 이름은 식물에서 유래했다. 다음 중 1등급 훈장은?

① 무궁화장
② 모란장
③ 동백장
④ 목련장

해설
상훈법에 따른 국민훈장은 정치 · 경제 · 사회 · 교육 · 학술 분야에 공을 세워 국민의 복지향상과 국가발전에 기여한 공적이 뚜렷한 자에게 수여하며, 무궁화장(1등급) · 모란장(2등급) · 동백장(3등급) · 목련장(4등급) · 석류장(5등급)으로 나눈다.

23 다음 중 대통령직 인수위원회에 대한 설명으로 틀린 것은?

① 대통령 당선인이 임명한다.
② 대통령 취임 이후 20일까지 존속할 수 있다.
③ 통상 위원장 1인, 부위원장 1인, 24인 이내의 인수위원으로 구성된다.
④ 대통령직 인수위원회는 활동이 끝난 후 활동 경과, 예산 사용내역을 공개해야 한다.

해설
대통령직 인수위원회는 대통령 당선인의 원활한 인수를 위한 업무를 담당한다. 대통령 취임 이후 30일까지 존속할 수 있다.

24 미국의 주도로 2022년 5월 출범한 인도-태평양 지역의 다자협의체의 약자는?

① TPP
② CPTPP
③ RCEP
④ IPEF

해설
인도-태평양경제프레임워크(IPEF)는 조 바이든 미국 행정부가 제안한 경제협력체로 인도와 태평양 지역의 공동번영을 목적으로 추진됐다. 우리나라와 일본, 호주, 인도, 인도네시아 등 총 14개국이 참여하고 있고, 2022년 5월 출범했다. 인도-태평양의 포괄적 경제협력체를 표방하고 있지만, 실상은 중국이 주도하는 역내포괄적경제동반자협정(RCEP)을 견제하기 위한 미국의 전략적 움직임으로 분석된다.

25 다음 중 우리나라 선거와 관련하여 옳지 않은 것은?

① 우리나라 국회의원 정수는 고정되어 있지 않고 법률로 정하도록 되어 있다.
② 무소속 후보는 후보자의 나이 순서대로 기호 순위가 정해진다.
③ 국회의원 선거와 지방자치단체의 의회의원 및 장의 선거운동 기간은 14일이다.
④ 후보자의 배우자가 대한민국 국민이 아니어도 선거운동을 할 수 있다.

해설
공직선거에 있어서 후보는 공직선거법 제150조 투표용지의 정당·후보자의 게재순위 등에 따라 기호를 정하게 되며, 무소속 후보자 사이의 게재순위는 공직선거법 제150조 제5항 제3호에 따라 관할 선거구 선거관리위원회에서 추첨하여 결정한다.

26 이산화탄소 배출규제가 느슨한 국가에서 생산하는 제품에 관세를 부과하는 탄소국경조정제도의 영문 약자는?

① CBAM
② CERs
③ CDM
④ DOE

해설
탄소국경조정제도의 영문약자는 CBAM(Carbon Border Adjustment Mechanism)이다. CBAM은 유럽연합(EU)이 역내 탄소 배출 규제의 실효성을 확보하기 위해 도입한 제도다. 탄소배출 규제가 상대적으로 느슨한 국가에서 생산된 제품이 EU로 수출될 경우, 해당 제품의 생산 과정에서 발생한 이산화탄소 배출량에 비례한 비용을 부과한다. 이는 EU 역내 기업들이 부담하는 탄소가격과의 형평성을 맞추고, 탄소누출로 인한 산업 경쟁력 왜곡을 방지하는 것이 목적이다. 2026년 1월부터 본격적으로 시행될 예정이다.

27 다음 중 국정조사에 대한 설명으로 틀린 것은?

① 비공개 진행이 원칙이며, 국정조사위원회의 활동 결과는 국정보고서 형태로 본회의에 제출된다.
② 재적의원 4분의 1 이상의 요구가 있을 때에는 국정조사를 시행하게 된다.
③ 국정조사위원회는 관련 기관에 자료를 요청하거나 그 기관의 보고를 들을 수 있다.
④ 국정 전반에 대한 일반 조사는 인정되지 않는다.

해설
국정조사는 국회가 특정사안에 관해 조사할 수 있는 권한이다. 공개를 원칙으로 하고, 비공개를 요할 경우에는 위원회의 의결을 얻도록 한다.

정답 22 ① 23 ② 24 ④ 25 ② 26 ① 27 ①

28 대통령제의 요소와 의원내각제의 요소를 결합한 절충식 정부 형태는?

① 일국이체제
② 연방제
③ 연립내각제
④ 이원집정부제

> **해설**
> 이원집정부제는 대통령중심제와 내각책임제의 절충식 형태로, 비상시에는 대통령이 행정권을 전적으로 행사하고 평상시에는 총리가 내정 관련 행정권을 행사하며 대통령은 외교 등의 권한만을 가지는 제도이다.

29 외교상의 중립정책, 즉 일종의 고립주의를 뜻하는 용어는?

① 먼로주의
② 패권주의
③ 티토이즘
④ 삼민주의

> **해설**
> 먼로주의(Monroe Doctrine)는 미국의 제5대 대통령 J. 먼로가 의회에 제출한 연례교서에서 밝힌 외교방침으로, 유럽으로부터의 간섭을 받지 않기 위해 선언했다.

30 상하원을 민주당이 모두 차지해 선거에 압승하는 것을 일컫는 말은?

① 퍼플웨이브
② 레드웨이브
③ 블루웨이브
④ 그린웨이브

> **해설**
> 블루웨이브(Blue Wave)란 미국 민주당의 상징색인 파란색, 즉 '블루(Blue)'와 파동을 뜻하는 '웨이브(Wave)'의 합성어다. 미국의 상원의원과 하원의원을 모두 민주당이 차지하는 경우 블루웨이브라고 한다. 반대로 공화당이 상하원을 차지하면 공화당 상징색인 빨간색을 따서 '레드웨이브(Red Wave)'라 부른다.

31 다음의 설명에 해당하는 용어는?

> 정치인 또는 고위관료의 측근에서 대변인 역할을 하는 정치홍보 전문가로 입장 · 정책을 정리하여 발표하거나 국민을 설득하는 역할을 한다.

① 스몰딜(Small Deal)
② 미니뱅(Mini Bang)
③ 스핀닥터(Spin Doctor)
④ 데탕트(Détente)

> **해설**
> ① 스몰딜 : 각 기업에서 사업부 간의 부문별 M&A 사업조정 등의 구조개편을 일컫는다.(↔빅딜)
> ② 미니뱅 : 여러 문제를 현실적이고 쉬운 것부터 해결해나가면서 목표지점에 도달하는 것을 말한다.(↔빅뱅)
> ④ 데탕트 : 국가 간의 대립과 긴장이 완화되어 화해의 분위기 조성되는 상태를 말한다.

32 다음 중 감사원에 대한 설명으로 옳지 않은 것은?

① 15명 이내의 감사위원으로 구성된다.
② 대통령 직속이지만 직무에 관하여는 독립적인 지위를 갖는다.
③ 감사원장은 국회의 동의를 얻어 대통령이 임명한다.
④ 감사위원의 임기는 4년이다.

해설
헌법에 따르면 감사원은 감사원장을 포함한 5인 이상 11인 이하의 감사위원으로 구성해야 하며, 현행 감사원법에서는 감사위원 수를 7인으로 규정하고 있다. 대통령 직속기관이지만 행정기관과 공무원 직무를 감찰하는 목적을 수행하기 위해 최대한 독립성을 보장받도록 법률로 규정하고 있다.

33 다음 중 불문법(不文法)이 아닌 것은? 출제유형

① 판례법 ② 조 리
③ 관습법 ④ 규 칙

해설
규 칙
헌법 또는 기타 법률에 근거하여 성립하는 성문법의 일종으로 헌법에 의해 제정되는 국회규칙 · 대법원규칙, 법률에 의해 제정되는 공정거래위원회규칙 · 감사원규칙, 행정기관의 직권으로 제정할 수 있는 행정입법으로서의 행정규칙 등이 있다. 규칙은 헌법 기타 법률에 위반되는 내용을 규정할 수 없다.
① 판례법 : 구체적 법률 문제에 대한 동일한 취지의 법원 판결이 반복될 경우, 그 판결을 법적규범으로 삼는 것을 말한다. 우리나라는 성문법 국가로 판례의 법원성이 부인된다.
② 조리 : 사회생활에 있어 건전한 상식으로 판단할 수 있는 사물의 본질적 법칙으로서, 경험 · 사회통념 · 신의성실의 원칙 등으로 대변될 수 있다. 일반적으로 법의 흠결을 보완하는 해석상 · 재판상의 기준으로 적용된다.
③ 관습법 : 일정한 행위가 계속적으로 반복되어 사람들을 구속할 만한 법적 확신을 취득한 자연발생적 규범을 말한다.

34 국민들이 배심원으로 형사재판에 참여할 수 있는 국민참여재판제도에 관한 내용으로 옳지 않은 것은? 출제유형

① 만 20세 이상의 국민 가운데 무작위로 배심원을 선정한다.
② 만 70세 이상인 국민일 경우 배심원의 면제 사유가 된다.
③ 군인인 경우 직업 등의 사유로 인해 배심원에서 제외된다.
④ 판사는 배심원의 결정과 다른 판결을 내릴 수 없다.

해설
판사는 배심원들이 내린 결정에 반드시 따라야 하는 것은 아니며, 배심원들의 의견을 참고해 결정을 내린다.

35 다음에서 설명하는 법률 용어는?

> 행정청의 위법 또는 부당한 처분, 그밖에 공권력의 행사·불행사 등으로 인한 국민의 권리 또는 이익의 침해를 구제하고, 아울러 행정의 적정한 운영을 도모하기 위하여 이루어지는 행정기관의 심급제도로서 권력분립과 자율적 행정통제, 사법 기능의 보충 및 부담경감, 행정능률의 보장 등에 그 존재 이유가 있다. 청구기간은 원칙적으로 처분이 있음을 안 날부터 90일 이내 또는 처분이 있었던 날부터 180일 이내이며, 이는 불변기간이다.

① 항소   ② 행정심판
③ 이의제기   ④ 행정소송

해설
① 항소 : 제1심 종국판결에 대하여 불복하여 판결의 취소·변경을 구하기 위해 상소하는 것을 말한다.
③ 이의제기 : 행정·법률적 처리 결과에 대해 반대 또는 불복의 의사를 표시하는 것을 말한다.
④ 행정소송 : 법원이 행정사건에 대하여 정식의 소송절차에 의하여 행하는 사법작용으로, 행정청의 위법한 처분, 그밖에 공권력의 행사·불행사 등으로 인한 국민의 권리 또는 이익의 침해를 구제하고, 공법상의 권리관계 또는 법 적용에 관한 다툼을 적정하게 해결하는 것을 그 목적으로 한다.

36 범인이 유죄를 인정하는 대신에 협상을 통하여 형량을 줄여주거나 조정해주는 제도는?

① 선고유예   ② 가처분
③ 면소판결   ④ 플리바게닝

해설
① 선고유예 : 경미한 범죄를 저지른 범인에 대해 일정 기간의 형의 선고를 유예하고 그 유예 기간 동안 사고 없이 지내면 형의 선고를 면하게 해주는 제도이다.
② 가처분 : 권리의 실현이 소송의 지연이나 채무자의 재산 은닉 등으로 어려워질 때, 그 권리를 보장하기 위해 분쟁이 타결되거나 강제집행이 가능해질 때까지 잠정적으로 행하여지는 처분을 말한다.
③ 면소판결 : 해당 사건에 대한 공소가 적당하지 못한 경우, 해당 법원의 소송절차를 종결시키는 재판이다.

37 각 나라마다 다른 공업규격을 통일하고 물자와 서비스 등의 국제교류를 활발히 하며, 과학·경제·기술 등의 활동 분야의 협력 증진을 목적으로 활동하는 국제기구는?

① FAO   ② ISO
③ ILO   ④ IEA

해설
국제표준화기구(ISO)에 대한 설명이다.
① FAO(유엔식량농업기구) : 세계 여러 나라의 식량과 농산물의 생산, 분배의 개선 등을 목적으로 하는 국제연합(UN)의 전문기구 중 하나이다.
③ ILO(국제노동기구) : 1919년에 창설되어 사회복지 향상과 노동조건의 개선 및 노동자의 생활 수준 향상을 목적으로 하는 국제연합(UN)의 전문기관이다.
④ IEA(국제에너지기구) : 산유국의 공급 감축에 대항하여 세계의 주요 석유 소비국들에 의해 만들어진 기구로, 참가국 간에 석유를 긴급 융통하거나 소비의 억제, 대체에너지 개발 등을 목적으로 한다.

38 다음 중 페르시아만에서 생산되는 석유의 운송로이자 국제 에너지 안보의 중심지가 되는 곳은?

① 지브롤터 해협
② 호르무즈 해협
③ 베링 해협
④ 말라카 해협

해설

호르무즈 해협은 페르시아만과 오만만을 연결하는 해협으로 사우디아라비아, 이란, 쿠웨이트 등에서 생산되는 석유가 이 해협을 경유하여 전 세계에 공급된다.

39 다음 중 북방한계선(NLL)에 대한 설명으로 옳지 않은 것은?

① 1953년 정전 직후 주한 유엔군 사령관이 북한과의 협의하에 해상경계선을 설정했다.
② 북한은 북방한계선을 자주 침범하면서 해상경계선의 효력을 부정해왔다.
③ 서해 백령도·대청도·소청도·연평도·우도의 5개 섬과 북한 측에서 관할하는 옹진반도 사이의 중간선이다.
④ NLL을 둘러싼 남북의 대립은 연평해전과 서해교전으로 이어져 수십 명의 사망자를 냈다.

해설

북방한계선(NLL ; Northern Limit Line)은 1953년 정전 직후 클라크 주한 유엔군 사령관이 북한과의 협의 없이 일방적으로 설정한 해상경계선으로, 북한은 1973년부터 서해 5개 섬 주변 수역을 북한 연해라고 주장하며 NLL을 인정하지 않아 빈번히 북방한계선을 침범하면서 남한 함정들과 대치하는 사태가 벌어지곤 했다.

40 일본이 위안부 모집을 위해 강제 연행했다는 것을 인정하는 내용이 담긴 담화는?

① 고노 담화
② 미야자와 담화
③ 무라야마 담화
④ 노변담화

해설

고노 담화는 1993년 8월 4일 고노 요헤이 당시 관방장관이 위안부 문제와 관련, 일본군 및 관헌의 관여와 징집·사역에서의 강제를 인정하고 문제의 본질이 중대한 인권침해였음을 승인하면서 사죄한 것으로 일본 정부의 공식 입장이다.
② 미야자와 담화 : 1982년 역사 교과서 파동 당시 미야자와 관방장관이 "일본 정부가 책임지고 교과서 기술을 시정하겠다"라고 밝힌 내용으로, 일본은 이에 근거해 교과서 검정기준에 '근린 제국 (배려) 조항'을 집어넣기도 했다.
③ 무라야마 담화 : 1995년 일본이 전후 50년을 맞아 식민지 지배와 침략에 대해 총체적인 사죄와 반성의 뜻을 표명한 것이다.
④ 노변담화 : 미국의 대통령이었던 루즈벨트가 뉴딜정책에 대한 국민들의 지지를 호소하기 위해 시작한 담화이다.

41 특정 국가와 거래하는 다른 국가에 관세를 부과하는 행위를 가리키는 용어는?

① 상호 관세
② 보복 관세
③ 긴급 관세
④ 세컨더리 관세

> **해설**
> 세컨더리 관세(Secondary Tariff)는 제재 대상 국가와 거래하는 다른 국가도 제재하는 제3국 제재(세컨더리 보이콧)에 빗댄 표현이다. 미국 트럼프 행정부는 베네수엘라 갱단원 추방 사건에 대한 후속 조치로, 베네수엘라 석유나 가스를 구매하면 마지막 구입 일자부터 1년간 미국에 제품을 수출할 때 25%의 추가 관세를 부담하는 세컨더리 관세를 부과한 바 있다.

42 다음 중 보기에 대한 설명으로 가장 거리가 먼 것은?

> 기본권을 침해 받은 국민이 직접 헌법재판소에 구제를 제기하는 기본권 구제 수단

① 대한민국 국민이면 누구나 청구할 수 있고, 회사와 같은 법인도 청구 가능하다.
② 미성년자도 청구할 수 있으나 부모 등 법정대리인이 소송행위를 대신하여야 한다.
③ 사건이 발생한 날로부터 2년 이내, 기본권 침해 사유를 안 날로부터 1년 이내에 청구해야 한다.
④ 권리구제형 헌법소원과 위헌심사형 헌법소원으로 나뉜다.

> **해설**
> 헌법소원에 대한 설명이다. 헌법 제111조 제1항 제5호는 헌법재판소 관장사항으로 '법률이 정하는 헌법소원'을 규정하고 있다. 헌법소원의 청구기간은 그 사유가 있은 날로부터 1년 이내, 기본권 침해 사유를 안 날로부터 90일 이내이다.

43 다음 중 유로존 가입 국가가 아닌 것은?

① 크로아티아
② 벨기에
③ 독 일
④ 영 국

> **해설**
> 유로존(Eurozone)은 유럽연합(EU)의 단일화폐인 유로를 국가통화로 도입하여 사용하는 국가나 지역을 통칭한다. 에스토니아, 오스트리아, 벨기에, 키프로스, 핀란드, 프랑스, 독일, 그리스, 슬로바키아, 아일랜드, 이탈리아, 룩셈부르크, 몰타, 네덜란드, 포르투갈, 슬로베니아, 스페인 등 총 17개국이 정식 회원국으로 가입했다. 이후 2014년 1월에는 라트비아, 2015년 1월에는 리투아니아, 2023년 1월에는 크로아티아가 추가로 유로존에 포함됨에 따라 20개국(2025년 10월 기준)이 됐다.
> • 유로존 불참 국가 : 영국, 스위스, 스웨덴, 덴마크, 체코, 헝가리, 폴란드, 루마니아 등

44 다음 중 댜오위다오(일본명 : 센카쿠 열도)에 대한 설명으로 옳지 않은 것은?

① 8개 무인도로 구성되어 있다.
② 현재 중국이 점유하고 있으나 일본과 대만이 영유권을 주장하고 있다.
③ 중동과 동북아를 잇는 해상교통로이자 전략 요충지로 주목받고 있다.
④ 2012년 일본의 국유화에 따라 중·일 간 갈등이 격화되었다.

해설
센카쿠 열도(중국명 : 댜오위다오)는 현재 일본이 실효 지배를 하고 있지만 일본과 중국 간의 영유권 분쟁이 벌어지고 있다.

45 다음 중 대통령 선거에 대한 설명으로 옳은 것은?

① 우리나라 대통령의 임기는 4년 단임이다.
② 대통령 선거에 출마하기 위해서는 선거일 현재 10년 이상 국내에 거주하고 있는 만 40세 이상 국민이어야 한다.
③ 만 18세 이상의 국민에게 투표권이 주어진다.
④ 선거·당선의 효력에 관하여 이의가 있는 경우 선거일 또는 당선인 결정일부터 90일 이내에 대법원에 소송을 제기할 수 있다.

해설
우리나라 대통령의 임기는 5년 단임이며, 대통령 선거에 출마하기 위해서는 선거일 현재 5년 이상 국내에 거주해야 한다. 또한 선거·당선의 효력에 관하여 이의가 있는 경우 선거일 또는 당선인 결정일부터 30일 이내에 대법원에 소송을 제기할 수 있다.

46 중대재해기업처벌법 적용대상에서 제외되는 사업장의 인원 기준은?

① 20인 미만
② 10인 미만
③ 5인 미만
④ 3인 미만

해설
2022년 1월 27일부터 시행 중인 중대재해기업처벌법은 중대한 인명피해가 동반된 산업재해가 발생하는 경우 사업주에 대한 형사처벌을 강화하는 법안이다. 50인 이상의 사업장에서는 즉시 적용됐으며, 50인 미만의 사업장에서는 2024년 1월 27일부터 적용됐다. 단, 5인 미만의 소규모 사업장은 적용대상에서 제외된다.

47 다음 중 우리나라 최초의 이지스함은?

① 서애 류성룡함　　② 세종대왕함
③ 율곡 이이함　　　④ 권율함

> **해설**
> 이지스함은 미국 해군이 개발한 '이지스 전투체계'를 탑재한 구축함으로, 한 척으로 다수의 적 항공기와 전함, 미사일, 잠수함을 제압하는 것이 가능하다. 우리나라는 2007년 5월 국내 최초의 이지스함인 '세종대왕함'을 진수시킨 데 이어 2008년 두 번째 이지스함인 '율곡 이이함'을 진수시켰고, 2011년 '서애 류성룡함', 2022년 '정조대왕함', 2025년에 '다산 정약용함'을 진수시키며 총 5척의 이지스함을 보유하게 됐다.

48 계약 당사자나 법률관계의 주체가 서로의 신뢰를 저버리지 않도록 성실하고 정직하게 행동해야 한다는 민법의 기본 원칙은?

① 과실책임의 원칙　　② 불소급의 원칙
③ 신의성실의 원칙　　④ 자기책임의 원칙

> **해설**
> 신의성실의 원칙은 권리의 남용이나 부당한 행위를 제한하기 위한 기준으로, 우리나라 민법 제2조 1항에서 "권리의 행사와 의무의 이행은 신의에 좇아 성실히 하여야 한다"라고 규정하고 있다.

49 대통령이 주재하며 국정의 중요 정책과 국가의 기본계획, 법률안 제출 등을 심의하는 헌법상 기관은?

① 감사원　　　② 국무회의
③ 헌법재판소　④ 국무총리실

> **해설**
> 국무회의는 대통령을 의장으로 하는 헌법상 최고 정책 심의기관으로, 정부의 권한에 속하는 중요 정책을 심의하는 기관이다. 대통령(의장) 및 국무총리(부의장)와 15인 이상 30인 이하의 국무위원으로 구성돼 국가 운영의 기본 방향을 논의·조정하는 역할을 한다.

50 다음 중 전당대회와 같은 정치 이벤트 직후 해당 후보의 지지율이 상승하는 효과는?

① 전시 효과　　② 컨벤션 효과
③ 베블런 효과　④ 데킬라 효과

> **해설**
> 컨벤션 효과(Convention Effect)는 전당대회나 경선 행사와 같은 정치 이벤트 직후 대선 후보나 해당 정당의 지지율이 상승하는 효과로, 일반적으로 후보자가 미디어에 집중적으로 노출되면서 지지율이 크게 오른다.

51 세계에서 가장 넓은 영토를 가진 국가는?

① 중 국　　　　　　　　② 미 국
③ 러시아　　　　　　　　④ 캐나다

해설
러시아의 면적은 17,098,242km²로 세계 1위이다. 동아시아부터 동유럽에 이르는 세계 최대의 영토를 갖고 있다.

52 다음 보기의 괄호 안에 들어가기에 적절한 것은?

> 배타적경제수역(EEZ)이란 자국 연안으로부터 (　　)해리까지의 모든 자원에 대해 독점적 권리를 행사할 수 있는 수역이다. 영해와 달리 영유권이 인정되지 않지만, EEZ 내에서 어업행위 등 경제활동을 하기 위해서는 연안국의 허가를 받아야 한다.

① 100　　　　　　　　② 200
③ 300　　　　　　　　④ 400

해설
배타적 경제수역은 자국 연안으로부터 200해리까지의 수역에 대해 천연자원의 탐사·개발 및 보존, 해양환경의 보존과 과학적 조사활동 등 모든 주권적 권리를 인정하는 유엔 해양법상의 개념이다.

53 다음 중 이슬람 저항 운동을 전개하는 팔레스타인의 무장단체는?　　　　　　출제유형

① 하마스　　　　　　　　② 알카에다
③ 헤즈볼라　　　　　　　④ 탈레반

해설
하마스(HAMAS)는 이스라엘에 대한 테러 및 무장 투쟁을 전개하는 이슬람 저항 운동 단체 겸 정당이다.

54 쿠릴 열도를 둘러싸고 분쟁을 벌이는 국가는?

① 일본 - 중국　　　　　　② 일본 - 러시아
③ 중국 - 러시아　　　　　④ 중국 - 대만

해설
일본과 러시아는 쿠릴 열도 20개 도서 중 4개 섬에 대한 영유권 분쟁을 벌이고 있다. 이 지역은 전후 구소련이 점령한 곳으로, 일본은 러시아에 대해 강력히 반환을 요청하고 있다.

정답　47 ②　48 ③　49 ②　50 ②　51 ③　52 ②　53 ①　54 ②

55 다음 중 친고죄에 해당하지 않는 것은?

① 비밀침해죄
② 사자(死者) 명예훼손죄
③ 모욕죄
④ 협박죄

해설
친고죄란 피해자의 고소가 있어야 공소할 수 있는 범죄로 비밀침해죄, 사자 명예훼손죄, 모욕죄 등이 해당한다. 협박죄는 반의사불벌죄에 해당하는데, 반의사불벌죄란 피해자의 고소 없이도 기소할 수 있지만 피해자가 가해자의 처벌을 원하지 않는다는 의사를 표시하면 처벌할 수 없는 범죄이다.

56 다음 중 교섭단체에 대한 설명으로 옳지 않은 것은?

① 국회의 원활한 의사진행을 위해 구성한다.
② 소속 국회의원의 20명 이상을 구성 요건으로 한다.
③ 하나의 정당으로만 교섭단체를 구성해야 한다.
④ 교섭단체 구성 시 매년 임시회와 정기회에서 연설을 할 수 있다.

해설
하나의 정당으로 교섭단체를 구성하는 것이 원칙이지만 복수의 정당이 연합해 구성할 수도 있다.

57 어느 한 쪽이 양보하지 않을 경우 양쪽 모두 무너지는 극단적인 경쟁을 가리키는 용어는?

① 죄수의 딜레마
② 치킨 게임
③ 제로섬 게임
④ 침묵의 카르텔

해설
치킨 게임(Chicken Game)은 1950년대 미국 젊은이들 사이에서 유행하던 게임으로, 도로의 양쪽에서 두 명의 경쟁자가 차를 몰고 돌진하다가 먼저 핸들을 꺾는 사람이 지는 것에서 유래했다. 1950~1970년대 미국과 소련 사이의 극심한 군비경쟁을 꼬집는 용어로 사용되었고, 양쪽 모두 파국으로 치닫게 되는 극단적인 경쟁을 가리킬 때 쓴다.

58 다음 중 정부의 정책이 의회의 반대에 부딪혀 추진되지 못하는 상황을 뜻하는 용어는?

① 로그롤링
② 필리버스터
③ 그리드락
④ 아그레망

해설
그리드락(Gridlock)은 일반적으로 정부와 의회를 각각 다른 당이 장악한 여소야대 정국에서 나타나며 정부의 정책이 의회의 반대에 부딪혀 추진되지 못하는 상황을 의미한다. 독단적인 국정운영을 막을 수 있다는 장점이 있는 반면, 지나친 견제에 몰두할 경우 정국이 교착 상태에 빠질 수 있다.

59 다음 중 구상권에 대한 설명으로 옳은 것은?

① 다른 사람의 채무를 갚아준 사람이 그 사람에 대하여 상환을 청구할 수 있는 권리
② 채권자가 채권의 담보로 제공된 목적물에 대해 채무자가 변제를 하지 않을 때 일반 채권자에 우선하여 변제를 받는 권리
③ 타인의 토지에 건물이나 수목을 소유하기 위하여 그 토지를 사용할 수 있는 물권
④ 물건을 사실상 지배하는 사람에게 인정되는 물권

해설
②는 저당권, ③은 지상권, ④는 점유권에 대한 설명이다.

60 우리나라 국회에 대한 설명으로 옳은 것은?   출제유형

① 국회의원을 체포 또는 구금하려면 언제나 국회의 동의가 있어야 한다.
② 국회의원의 임기는 5년이다.
③ 국회는 재적의원 과반수의 찬성으로 의결한다.
④ 국회의원 수는 법률로 정하되 200인 이상으로 한다.

해설
① 현행범인 경우에는 예외이다.
② 국회의원의 임기는 4년이다.
③ 국회는 헌법 또는 법률에 특별한 규정이 없는 한 재적의원 과반수의 출석과 출석의원 과반수의 찬성으로 의결한다. 가부동수인 때에는 부결된 것으로 본다.

61 다음 중 특수활동비에 대한 설명으로 옳지 않은 것은?

① 기밀 유지가 요구되는 정보 수집·수사·국가안보 등의 활동에 사용되는 예산이다.
② 사용 내역을 투명하게 공개하도록 법으로 의무화하고 있다.
③ 감사원, 국정원, 경찰, 검찰 등에서 주로 집행된다.
④ 지급 상대방에게 영수증서로 대신 교부할 수 있다.

해설
특수활동비는 국가안보나 수사 등 기밀 유지가 필요한 업무 수행에 사용되는 예산으로, 일반 경비와 달리 영수증 등 증빙 없이 지출할 수 있도록 허용되며 사후 내역 공개 의무도 제한적이다.

정답 55 ④ 56 ③ 57 ② 58 ③ 59 ① 60 ④ 61 ②

62 다음 중 국회의 임명 동의가 필요 없는 직책은 어느 것인가?

① 국무총리　　　　　　　　　　② 대법원장
③ 헌법재판소장　　　　　　　　④ 검찰총장

> **해설**
> 국회의 임명 동의 대상은 국무총리, 감사원장, 대법원장, 대법관, 헌법재판소장이다.

63 다음 중 북극해를 지나 아시아, 유럽, 북미를 연결하는 항로는?

① 대서양항로　　　　　　　　　② 북극항로
③ 수에즈 운하　　　　　　　　 ④ 녹색해운항로

> **해설**
> 북극항로는 북극해를 따라 대서양과 태평양을 연결하는 해상 운송로로, 지구온난화로 북극 빙하가 녹으면서 대형 선박의 통항이 가능해지고 운항 기간도 점차 늘어나고 있다. 이 항로는 유럽과 아시아 간 물류 운송 시간과 비용을 크게 단축할 수 있다는 장점이 있다. 다만 해빙(海氷) 예측의 불확실성, 환경 훼손 위험, 러시아의 통제력 확대 등으로 인해 상용화에는 여전히 제약이 존재한다.

64 해상의 안전과 항해의 능률을 위해 해운에 영향을 미치는 사항과 관련된 정부 간 협력 촉진, 해상오염방지, 해운 관련 법적 문제 해결 등의 임무를 수행하는 유엔 산하의 전문기구는?

① FAO　　　　　　　　　　　　② ILO
③ IMO　　　　　　　　　　　　④ ICAO

> **해설**
> IMO(International Maritime Organization, 국제해사기구)는 국제무역에 이용되는 선박에 영향을 미치는 각종 사항들과 관련된 정부 규제 및 실행 분야에서 각국이 협력할 것을 목적으로 설립되었다. 총회, 이사회, 위원회, 사무국으로 구성되며 본부는 영국 런던에 있다.

65 다음 중 역대 대통령의 업적으로 잘못 연결된 것은?

① 박정희 – 새마을 운동　　　　② 김영삼 – 금융실명제 실시
③ 김대중 – 노벨평화상 수상　　④ 노무현 – 6·15 남북공동선언

> **해설**
> 6·15 남북공동선언은 당시 김대중 대통령과 김정일 국방위원장이 합의하여 발표한 공동선언이다.

66 다음 중 뉴거버넌스에 대한 설명으로 옳지 않은 것은?

① 행정관리 차원에서 교환관계, 임무수행의 비개인화, 권력구조의 이원화 및 공급자 중심적 접근을 중시한다.
② 국가에 대한 국내외 신뢰뿐만 아니라 정책, 기업, 대통령, 정당, 시민단체, 민간 등에 대한 종합적인 신뢰의 확립이 중요한 과제로 등장하고 있다.
③ 시민단체, 제3섹터 또는 민간 등도 정부와 더불어 정책네트워크형 거버넌스의 주체로서 역할을 수행한다.
④ 공공 부문이 하지 않아도 될 영역과 공공 부문이 새로 해야 할 영역에 대해 전면적으로 재검토하는 국가 재창조의 개념을 포함한다.

해설
①은 Old Governance인 전통적인 정부 모형의 특성에 해당한다.

67 정당에 대한 설명으로 옳지 않은 것은?

① 국민의 다양한 요구를 집약하여 법률이나 정책을 직접 결정한다.
② 선거에 후보자를 추천하여 국민의 의사를 대변할 대표자를 배출한다.
③ 정치권력을 획득함으로써 정치를 통해 자신들의 주장을 실현하고자 한다.
④ 개인이나 집단이 표출하는 다양한 의견을 조직화하여 정부에 전달하는 역할을 한다.

해설
정당은 국민의 다양한 요구를 집약하여 법률이나 정책을 제안하기는 하나, 직접 정책을 결정하는 것은 아니다.

68 아직 확정되지 아니한 제1심 법원의 판결에 대하여 지방법원 단독판사가 선고한 것은 지방법원 본원합의부에, 지방법원 합의부가 선고한 것은 고등법원에 하는 불복신청은?

① 항소(抗訴)
② 항고(抗告)
③ 상고(上告)
④ 상소(上訴)

해설
② 항고 : 결정에 대한 상소를 말하는 것으로 여기에는 일반항고와 재항고가 있다.
③ 상고 : 항소심의 '판결'에 대해 대법원에 상소하는 것을 말한다.
④ 상소 : 항소(抗訴), 상고(上告), 항고(抗告)의 내용을 포괄하는 것으로 미확정인 재판에 대하여 상급법원에 불복신청하는 것을 말한다.

69 협상 단계를 잘게 나누어 하나씩 단계별로 해결해나가는 협상 전술은?

① 살라미 전술
② 쿼터리즘
③ 벼랑끝 전술
④ 니블링 전술

해설
살라미 전술은 얇게 썰어먹는 이탈리아 소시지 '살라미'에서 유래한 말로, 부분별로 문제를 세분화해 쟁점화한 뒤 차례로 대가를 얻어내면서 이익을 극대화하는 것을 말한다. 북한이 핵 협상 단계를 잘게 나누어 하나씩 이슈화한 뒤 국제사회로부터 최대한의 보상을 얻어내려 하는 것을 예로 들 수 있다.

70 미국 정부의 재정전략 중 하나로 감세를 통해 세출을 줄이는 방안은?

① 그린메일
② 황금낙하산
③ 낙타의 코
④ 야수 굶기기

해설
야수 굶기기(Starving the Beast)는 미국 공화당이 주로 쓰던 재정정책 중 하나다. 야수를 굶기듯이 감세를 하고 그에 따라 재정 적자가 늘면 이를 구실로 복지 지출 등의 세출을 줄이는 전략이다.

71 공직자와 그 임기가 바르게 묶이지 않은 것은?

① 헌법재판소 재판관 – 6년
② 중앙선거관리위원회 위원 – 6년
③ 대법관 – 6년
④ 감사원장 – 6년

해설
주요 공직자 임기
• 대통령 : 5년
• 국회의원, 감사원장, 감사위원 : 4년
• 일반법관 : 10년
• 헌법재판소 재판관, 중앙선거관리위원회 위원, 대법관, 대법원장 : 6년
• 검찰총장, 국회의장 : 2년

72 다음 보기에서 설명하는 것은?

> 선거 전 여론조사에서는 우세하였던 비(非)백인 후보가 실제 선거에서는 조사보다 낮은 득표율을 얻는 현상

① 밴드왜건 효과
② 언더독 효과
③ 컨벤션 효과
④ 브래들리 효과

해설
브래들리 효과에 대한 설명이다. 백인 유권자들이 여론조사 때는 비(非)백인 후보를 지지한다고 답한 뒤 실제 투표장에서는 백인 후보를 지지하기 때문에 실제 득표율이 낮게 나오는 현상이다.

73 다음 중 오픈 프라이머리에 대한 설명으로 옳지 않은 것은?

① 공직 후보를 선출할 때 일반 국민이 직접 참여하는 방식이다.
② 투표자들은 정당의 성향을 밝히고, 특정 정당의 예비선거에 투표할 수 있다.
③ 국민에게 인기 있고 명망 있는 인물을 후보로 영입하는 데 유리하다.
④ 정당정치를 약화시키고, 국민들의 영향력을 강화한다.

해설
오픈 프라이머리(Open Primary)는 '국민참여경선제'라고도 하며 선거 후보를 결정하는 예비선거에 참여할 수 있는 자격을 당원에 국한하지 않고 누구에게나 개방한다. 투표자들은 정당의 성향을 밝히지 않고, 특정 정당의 예비선거에 투표할 수 있다.

74 스페인에서 분리독립 운동으로 중앙정부와 심각한 갈등을 빚은 자치정부는?

① 그라나다
② 쿠르드
③ 카탈루냐
④ 발렌시아

해설
2017년 카탈루냐 자치정부는 스페인으로부터 분리·독립을 선언해 중앙정부와 갈등이 격화됐고, 스페인 중앙정부는 카탈루냐 자치정부의 자치권을 몰수하고 당분간 카탈루냐를 직접 통치하기로 했다. 이러한 조치에 카탈루냐 자치정부는 강력하게 반발했으며 곳곳에서 대규모 시위가 일어났다.

75 형사소송법상 영장에 의한 체포에 대한 내용으로 틀린 것은?

① 피의자가 죄를 범하였다고 의심할 만한 상당한 이유가 있고, 정당한 이유 없이 규정에 의한 출석요구에 응하지 아니하거나 응하지 아니할 우려가 있는 때 검사는 관할 지방법원 판사에게 청구하여 체포영장을 발부받아 피의자를 체포할 수 있다.
② 지방법원 판사가 체포영장을 발부하지 아니할 때에는 청구서에 그 취지 및 이유를 기재하고 서명 날인하여 청구한 검사에게 교부한다.
③ 동일한 범죄사실에 관하여 그 피의자에 대하여 전에 체포영장을 청구하였거나 발부받은 사실이 있는 때에는 다시 체포영장을 청구하는 취지 및 이유를 기재하여야 한다.
④ 체포한 피의자를 구속하고자 할 때에는 체포한 때부터 24시간 이내에 구속영장을 청구해야 한다.

해설
형사소송법 제200조의2(영장에 의한 체포) 참고
체포한 피의자를 구속하고자 할 때에는 체포한 때부터 48시간 이내에 구속영장을 청구하여야 하고, 그 기간 내에 구속영장을 청구하지 아니하는 때에는 피의자를 즉시 석방하여야 한다.

76 헌법의 개정 절차에 대한 설명 중 틀린 것은?

① 헌법개정은 국회 재적의원 과반수 또는 대통령의 발의로 제안된다.
② 대통령은 제안된 헌법개정안을 20일 이상 공고하여야 한다.
③ 국회는 헌법개정안이 공고된 날로부터 30일 이내에 의결하여야 하며, 국회의 의결은 재적의원 3분의 1 이상의 찬성을 얻어야 한다.
④ 헌법개정안은 국회가 의결한 후 30일 이내에 국민투표에 붙여 국회의원 선거권자 과반수의 투표와 투표자 과반수의 찬성을 얻어야 한다.

해설
헌법 제130조 제1항 참고
국회는 헌법개정안이 공고된 날로부터 60일 이내에 의결하여야 하며, 국회의 의결은 재적의원 3분의 2 이상의 찬성을 얻어야 한다.

77 다음 중 다양성을 존중하며 포용적인 환경을 구축하고자 하는 정책을 뜻하는 용어는?

① CSR 정책
② OKR 정책
③ DEI 정책
④ KPI 정책

해설
DEI 정책은 Diversity(다양성), Equity(형평성), Inclusion(포용성)의 약자로, 인종·성별·성정체성 등 다양한 배경을 가진 사람들에게 공정한 기회와 포용적인 환경을 제공하려는 정책을 말한다.

78 국무총리의 헌법상 지위에 관한 설명 중 틀린 것은?

① 국무총리는 중앙행정기관장의 명령이나 처분이 위법 또는 부당하다고 인정할 때에는 대통령의 승인이 없어도 이를 중지 또는 취소할 수 있다.
② 국무총리는 국회의 동의를 얻어 대통령이 임명하되, 국회는 임명동의안이 제출된 날부터 20일 이내에 그 심사 또는 인사청문을 마쳐야 한다.
③ 현행 헌법이 대통령제 정부 형태를 취하면서도 국무총리제도를 둔 이유는 부통령제를 두지 않았기 때문이다.
④ 국무총리는 대통령의 명(命)을 받아 행정 각부를 통할하는 대통령의 제1위의 보좌기관이다.

해설
국무총리는 중앙행정기관장의 명령이나 처분이 위법 또는 부당하다고 인정할 때에는 대통령의 승인을 얻어야만 이를 중지 또는 취소할 수 있다.

79 선거운동에 있어서 기회균등을 보장하고 선거비용의 일부 또는 전부를 국가가 부담함으로써, 선거의 공정을 기함과 동시에 자력(資力)이 없는 유능한 후보자의 당선을 보장하려는 제도는? **출제유형**

① 석패율제도
② 로그롤링
③ 국민소환제
④ 선거공영제

해설
① 석패율제도 : 한 후보자가 지역구와 비례대표에 동시에 출마하는 것을 허용하고 중복 출마자들 중에서 가장 높은 득표율로 낙선한 후보를 비례대표로 뽑는 제도이다.
② 로그롤링 : 정치세력이 자기의 이익을 위해 경쟁세력의 요구를 수용하거나 암묵적으로 동의하는 정치적 행위를 말한다.
③ 국민소환제 : 선거로 선출·임명한 국민의 대표나 공무원을 국민의 발의에 의하여 파면·소환하는 제도다.

80 형법에서 규정하는 형사미성년자의 나이는?(만 나이 기준) **출제유형**

① 14세 미만
② 15세 미만
③ 16세 미만
④ 17세 미만

해설
형법 제9조에서 14세가 되지 아니한 형사미성년자의 행위는 벌하지 아니한다고 규정되어 있다. 만 19세 미만의 범죄자인 소년범(少年犯)은 미성년자이기 때문에 일정한 기준에 따라 형사처벌을 받지 않거나 보호처분을 받을 수 있다. 만 10세 미만은 '범법소년', 만 10세 이상~만 14세 미만 소년범은 '촉법소년'이라고 부르며 만 14세 이상은 '범죄소년'으로 분류한다.

정답 75 ④ 76 ③ 77 ③ 78 ① 79 ④ 80 ①

02 경제·경영·금융

01 IPO에 대한 설명 중 옳지 않은 것은?

① 주식공개나 기업공개를 의미한다.
② IPO 가격이 낮아지면 투자가의 투자수익이 줄어 자본조달 여건이 나빠진다.
③ 소유권 분산으로 경영에 주주들의 압력이 가해질 수 있다.
④ 발행회사는 주식 발행가격이 높을수록 IPO 가격도 높아진다.

> **해설**
> IPO(Initial Public Offering)는 기업이 일정 목적을 가지고 주식과 경영상의 내용을 공개하는 것을 의미한다. 발행회사는 주식 발행가격이 높을수록 IPO 가격이 낮아지므로 투자가의 투자수익은 줄어 추가 공모 등을 통한 자본조달 여건이 나빠진다. 성공적인 IPO를 위해서는 적정 수준에서 기업을 공개하는 것이 중요하며 투자자들의 관심을 끄는 것이 필요하다.

02 주식투자에서 특정 기업에 집중함으로써 발생할 수 있는 위험을 피하고, 투자수익을 극대화하기 위해 여러 종목에 분산투자하는 방법은?

① 리베이트
② 포트폴리오
③ 베이시스
④ 골든크로스

> **해설**
> 포트폴리오(Portfolio)는 본래 '서류가방' 또는 '자료수집철'을 뜻하며 수익을 극대화하기 위해 분산투자하는 방법을 말한다.
> ① 리베이트(Rebate) : 지불대금이나 이자의 일부 상당액을 지불인에게 되돌려주는 일이나 돈
> ③ 베이시스(Basis) : 정상 시장에서 형성된 현물가격과 선물가격 간의 차이
> ④ 골든크로스(Golden Cross) : 주가를 예측하는 기술적 분석의 지표로, 단기 이동평균선이 중장기 이동평균선을 아래에서 위로 뚫고 올라가는 현상

03 제품의 가격은 그대로지만 은밀한 방식으로 소비자 부담을 높이는 현상은?

① 스태그플레이션
② 슬로우플레이션
③ 리플레이션
④ 스니크플레이션

> **해설**
> 스니크플레이션(Sneakflation)은 '몰래'를 뜻하는 'Sneak'와 물가상승을 뜻하는 'Inflation'의 합성어로, 제품의 가격은 그대로 유지하면서 은밀하게 소비자 부담을 증가시키는 형태의 물가상승을 뜻한다. 소비자가 가격 변화를 직접 체감하기 어려우며, 제품 품질을 낮추거나 서비스를 축소하는 방식이 대표적이다.

04 국내 시장에서 외국 기업들이 활개를 치고 다니는 반면, 자국 기업들은 부진을 면하지 못하는 현상을 일컫는 용어는?

① 윔블던 효과
② 롱테일 법칙
③ 서킷 브레이커
④ 스핀오프

해설

윔블던 효과(Wimbledon Effect)란 윔블던 테니스 대회를 개최하는 것은 영국이지만, 우승은 외국 선수들이 더 많이 한다는 데서 따온 말이다. 즉, 개방된 시장을 외국 기업이 석권하는 현상을 뜻한다.
② 롱테일 법칙(Long Tail Theory) : 비인기 상품이 올리는 매출을 모두 합하면 인기 상품 매출만큼 커지는 의외의 현상을 말한다. '우수 고객(상품) 20%가 전체 매출의 80%를 만든다'라는 파레토 법칙과 반대되는 개념이다.
③ 서킷 브레이커(Circuit Breakers) : 주식거래를 일시적으로 중단하는 제도로, '주식거래중단제도'라고도 하며, 주가가 폭락하는 경우 거래를 정지시켜 시장을 진정시키는 목적으로 도입됐다.
④ 스핀오프(Spin Off) : 기업 경쟁력 강화를 위해 다각화된 기업이 한 회사를 독립시키는 '회사 분할'을 말한다. 회사 분할은 경영 효율성 증진 및 필요 없는 부분을 정리하려는 목적으로 실시한다.

05 한 사람이 소유하고 있는 모든 주택과 토지를 합하여 일정 금액 이상이 될 때 부과하는 세금은?

① 종합부동산세
② 종합토지세
③ 양도소득세
④ 재산세

해설

종합부동산세에 대한 설명으로, 부동산 과다 보유자에 대한 과세 강화와 부동산 투기 억제, 불합리한 지방세 체계를 개편하기 위해 2005년에 도입됐다.

06 적대적 M&A 방어책 중, 예를 들어 동시 2인 이상의 이사 해임을 결의하는 경우 출석한 주주 의결권의 90% 이상으로 해서 경영권을 방어하는 방법은?

① 황금 낙하산
② 백기사 전략
③ 독약 조항
④ 초다수 의결제

해설

초다수 의결제란 이사나 감사의 해임 등 경영권 변동과 관련된 안건에 대한 결의 요건을 까다롭게 하는 제도를 말한다.
① 황금 낙하산 : 경영진들이 회사에서 밀려날 경우 막대한 보상을 받도록 하는 제도
② 백기사 전략 : 우호적인 제3의 매수 희망기업을 찾아서 매수 결정에 필요한 정보 등 편의를 제공해주고 매수오퍼를 하는 전략
③ 독약 조항 : 포이즌 필(Poison Pill)이라고도 하며, 위협적인 M&A 세력이 나타났을 때 극단적인 방법을 동원해 주가를 높이거나 대상 기업의 매력을 감소시켜 적대적 M&A를 포기하게 만드는 전략

07 환율이 1,000원에서 1,100원으로 올랐을 때의 결과는?

① 외채 상환부담이 줄어든다.
② 내국인의 해외여행이 증가한다.
③ 국내 물가가 상승한다.
④ 무역수지가 악화된다.

해설
환율이 상승하면 수출가격이 낮아져 수출이 증가하고 수입가격이 높아져 수입이 감소한다. 따라서 국제 무역수지가 개선된다. 또한 환율이 올라 동일한 외환과 교환되는 원화가 증가하므로 해외여행비가 증가해 해외여행의 부담이 증가한다.

08 소비자가 기본 제품에 다양한 옵션을 추가해 자신만의 취향을 반영해 구성하는 경제 모델은?

① 구독경제
② 옵션경제
③ 선택경제
④ 토핑경제

해설
토핑경제는 피자에 다양한 토핑을 추가하듯이 기본 제품이나 서비스에 소비자가 선택한 옵션을 덧붙여서 소비하는 경향을 뜻한다. 예를 들어 요거트에 여러 가지 토핑을 추가하거나, 가전제품의 색상·부품을 자유롭게 추가하는 방식이 이에 해당한다. 소비자들은 표준화된 제품보다 개성을 반영한 맞춤형 제품을 선호하게 되고, 기업은 이러한 선택을 서비스로 제공하면서 부가가치를 창출한다.

09 지주회사에 대한 설명으로 옳지 않은 것은?

① 카르텔형 복합기업의 대표적인 형태이다.
② 둘 이상의 다른 회사(자회사)의 주식을 갖고 있으면서 그 회사의 경영권을 가지고 지휘·감독하는 회사를 말한다.
③ '독점규제 및 공정거래에 관한 법률'에 따라 지주회사는 자산총액 5,000억 원 이상, 자산총액 중 자회사 주식가액 합계의 비율이 50% 이상이 되어야 한다.
④ 콘체른형 복합기업의 전형적인 기업집중 형태이다.

해설
지주회사는 콘체른형 복합기업의 대표적인 형태로서 모자회사 간의 지배관계를 형성할 목적으로 자회사의 주식 총수에서 과반수 또는 지배에 필요한 비율을 소유·취득하여 해당 자회사의 지배권을 갖고 자본적·관리기술적인 차원에서 지배관계를 형성하는 기업을 말한다.

10 주식시장에서 일반적으로 쓰는 용어로, 주가가 단기간에 과다하게 급락하는 상황을 뜻하는 말은?

① 언더슈팅
② 오버슈팅
③ 언더제트
④ 오버제트

해설
언더슈팅(Under Shooting)은 하락 추세의 최저점마저 이탈하는 급격한 하락이 나오는 구간을 말한다. 반면 정부가 정책적으로 통화를 팽창시키면 환율이 상승하게 되는데, 처음에는 통화가치가 균형 수준 이하로 하락했다가 점차 상승(환율 하락)하여 새로운 균형 수준에 이르게 되는 상태를 오버슈팅(Over Shooting)이라고 한다.

11 주식회사 경영의 투명성을 확보하기 위한 제도로서 '주식회사의 사외이사'의 기능이 아닌 것은?

① 경영자 지배의 독선을 시정한다.
② 경영상태를 객관적으로 평가한다.
③ 회사의 일상적 업무에 관여한다.
④ 이사회의 감사기능을 담당한다.

해설
사외이사제도는 회사의 경영을 직접 담당하는 이사 이외에 외부의 전문가들을 이사회 구성원으로 선임하는 제도다. 사외이사는 회사의 일상적 업무에는 종사하지 않고 이사회에 참석해 경영진의 결정을 감시하고 조언한다. 대주주와 관련이 없는 사람들을 이사회에 참가시킴으로써 대주주의 전횡을 방지하려는 데 목적이 있다. 사외이사는 회사의 업무를 집행하는 경영진과도 직접적인 관계가 없기 때문에 객관적인 입장에서 회사의 경영상태를 감독하고 조언하기도 용이하다.

12 채권가격의 변동 요인에 대한 설명으로 옳지 않은 것은?

① 채권가격과 채권수익률은 역의 방향으로 움직인다.
② 채권의 만기가 증가할수록 채권가격의 변동폭은 줄어든다.
③ 일정한 수준의 채권수익률 변동에 따른 채권가격의 변화율은 만기까지의 기간에 비례하여 증가하지 않고 체감하면서 증가한다.
④ 시장금리가 상승하면 기존 채권의 가격은 하락한다.

해설
채권가격과 수익률은 반비례하고, 만기가 길수록 가격 변동폭이 커진다.

13 다음 중 예금자보호의 주체가 다른 하나는?

① 은 행
② 새마을금고
③ 증권회사
④ 저축은행

해설
은행, 보험, 증권, 저축은행 등의 예금자보호는 예금자보호법을 근거로 하여 예금보험공사가 그 주체로서 보호하는 반면, 새마을금고 예금자보호는 새마을금고법을 근거로 하여 새마을금고중앙회가 주체가 되어 예금자보호를 한다.

14 사회구성원의 주관적인 가치판단을 반영하여 소득분배의 불평등도를 측정하는 지표는?

① 지니계수
② 빅맥지수
③ 엥겔계수
④ 앳킨슨지수

해설
불평등에 대한 사회구성원의 주관적 판단을 반영한 앳킨슨지수는 앤토니 앳킨슨 런던정경대 교수가 개발한 불평등 지표로 1에 가까울수록 불평등 정도가 심각하다는 뜻이다.

15 대기업들이 간과하고 있거나 무시하고 있는 시장을 중소기업들이 개척하는 전략은?

① 시장세분화 전략
② 제품차별화 전략
③ 적소 전략
④ 가격차별화 전략

해설
적소 전략(Niche Strategy)은 경영자원이 뛰어난 대기업이 간과하거나 무시하는 일종의 '틈새시장(Niche Market)'을 찾아낸 후 그곳에 경영자원을 집중투입해 차별화를 도모하고 참여장벽을 구축함으로써 '유일'의 지위를 확보하는 경쟁전략을 말한다. 주로 중소기업에서 활용하는 전략으로 '전문화'를 통해 특정 영역에서 우위를 확보한다.

16 다음 중 연결이 잘못된 것은?

① 벌처펀드 – 고위험 고수익
② 인덱스펀드 – 주가지표 연동수익
③ 스폿펀드 – 장기 고수익
④ 뮤추얼펀드 – 회사형 투자신탁

해설
스폿펀드는 투자신탁회사들이 '일정한 수익률을 올려주겠다'라고 가입 고객들에게 약속한 후 이 목표수익률을 달성하면 만기 이전이라도 환매수수료 없이 투자자에게 원금과 이자를 돌려주는 초단기 상품이다.
① 벌처펀드 : 저평가된 부동산을 싼 가격으로 매입하기 위해 운용되는 투자기금
② 인덱스펀드 : 주가지수에 영향력이 큰 종목들 위주로 펀드에 편입해 펀드 수익률이 주가지수를 따라가도록 운용하는 상품
④ 뮤추얼펀드 : 투자자들이 맡긴 돈을 굴려 수익을 돌려주는 간접투자상품

17 다음 보기에서 설명하는 FTA 독소조항은?

> 한 번 개방된 수준은 어떠한 경우에도 되돌릴 수 없는 조항으로, 예를 들어 한 번 의료보험이 영리화되고 병원이 사유화된 후에는 예전으로 되돌릴 수 없게 되는 것을 의미한다.

① 래칫 조항
② 스냅백 조항
③ 투자자-국가소송제도(ISD)
④ 정부의 입증책임

해설
래칫(Ratchet)은 '한 방향으로만 도는 톱니바퀴'를 의미하는 것으로, 래칫 조항은 '역진방지 조항'이라고도 불린다.
한미 FTA 독소조항
래칫 조항, 금융 및 자본시장의 완전개방, 지적재산권 직접규제 조항, 스냅백 조항, 서비스시장의 네거티브 방식 개방, 미래의 최혜국 대우 조항, 투자자-국가제소권(ISD), 비위반 제소, 정부의 입증책임, 간접수용에 의한 손실보상, 서비스 비설립권 인정, 공기업 완전민영화&외국인 소유 지분제한 철폐

18 다음에서 각 국가와 주가지수가 바르게 연결되지 않은 것은?

① 한국 - KOSPI
② 독일 - DAX
③ 미국 - Dow-Jones
④ 일본 - Hang Seng

해설
일본을 대표하는 주가지수는 니혼게이자이 신문사가 발표하는 니케이(Nikkei)지수이고, 항생(Hang Seng)지수는 홍콩의 대표적 주가지수이다.
① KOSPI(Korea Composite Stock Price Index) : 국내종합주가지수
② Dax(Deutscher Aktien Index) : 독일주가지수
③ Dow-Jones : 미국의 다우존스 사(社)가 〈월 스트리트 저널〉을 통해 발표하는 주가지수

19 선진국에는 기술과 품질에서, 개도국에는 가격 경쟁력에서 밀리는 현상을 가리키는 말은?

① ODM
② BOP
③ 부메랑 효과
④ 넛 크래커

해설
넛 크래커(Nut-cracker)는 호두를 양쪽으로 눌러 까는 기계를 말하는데, 외환위기 당시에 한국이 저렴한 비용을 앞세운 중국과 효율적인 기술을 앞세운 일본의 협공을 받아 넛 크래커 속에 끼인 호두처럼 되었다는 말에서 유래했다.

정답 13 ② 14 ④ 15 ③ 16 ③ 17 ① 18 ④ 19 ④

20 다음 중 콜옵션에 대한 설명으로 옳지 않은 것은?

① 투자자가 일정한 가격에 자산을 살 수 있는 권리를 가진다.
② 기초자산의 가격이 상승할수록 콜옵션의 가치가 높아진다.
③ 옵션 매수자는 행사가격이 시장가격보다 낮을 때 이익을 얻는다.
④ 기초자산의 가격이 하락하면 옵션 매수자의 이익이 커진다.

> **해설**
> 콜옵션(Call Option)은 투자자가 정해진 가격(행사가격)으로 자산을 살 수 있는 권리를 의미한다. 매수자는 반드시 옵션을 행사해야 하는 의무는 없으므로, 가격이 유리할 때만 옵션을 행사하고 불리할 경우에는 포기할 수 있다. 매수자는 기초자산의 행사가격이 현재가격보다 낮을 때 이익을 얻는다. 반대로 기초자산의 가격이 하락하면 옵션을 구매하기 위해 지불한 프리미엄만큼 손해가 발생한다.

21 국가의 통화가치가 평가절하될 경우 나타날 수 있는 현상이 아닌 것은?

① 수입이 감소한다.
② 물가가 안정된다.
③ 수출기업의 주가가 상승한다.
④ 부채상환에 어려움이 생긴다.

> **해설**
> 평가절하(환율 인상)의 영향
> • 원화표시 외채 증가로 원리금 상환부담의 가중
> • 수출업체의 채산성 향상으로 수출의 증가
> • 수입상품의 가격 상승으로 수입의 감소
> • 수입원자재 가격 상승으로 물가의 상승

22 다음 중 리디노미네이션(Redenomination)에 대한 설명으로 옳지 않은 것은?

① 나라의 화폐를 가치의 변동 없이 모든 지폐와 은행권의 액면을 동일한 비율의 낮은 숫자로 표현하는 것을 말한다.
② 리디노미네이션의 목적은 화폐의 숫자가 너무 커서 발생하는 국민들의 계산이나 회계 기장의 불편, 지급상의 불편 등의 해소에 있다.
③ 리디노미네이션은 인플레이션 기대심리를 유발할 수 있다는 문제점이 있다.
④ 화폐단위가 변경되면서 새로운 화폐를 만들어야 하기 때문에 화폐 제조비용이 늘어난다.

> **해설**
> 리디노미네이션은 인플레이션의 기대심리를 억제시키고, 국민들의 거래 편의와 회계장부의 편리화 등의 장점을 갖고 있다.

23 다음의 설명과 관련 있는 것은?

- 2009년 11월 당시 미국 오바마 대통령이 중국에 방문해 세계경제의 위기와 선진국 경제의 무역 불균형이 심화됨에 따라 위안화 시스템을 개혁해야 한다고 주장하면서 위안화 절상을 촉구했다.
- 경기회복 시점에 과도하게 풀린 자금이나 각종 완화정책을 인플레이션 등의 부작용을 일으키지 않고 회수하는 것을 말한다.

① 출구전략 ② 디레버리지
③ 양적완화 정책 ④ 통화스와프

해설
출구전략은 일반적으로 좋지 않은 경제상황에서 빠져나갈 때 쓰는 전략으로, 구체적으로는 금리 인상, 은행의 지급준비금 조절 등의 방법이 있다.
② 디레버리지 : 외부 자금을 지렛대 삼아 자기 자본의 이익률을 높이는 것을 '레버리지(Leverage)'라고 하는데, 이와는 반대로 레버리지를 해소하기 위해 빚을 상환하는 것을 '디레버리지(Deleverage)'라고 한다.
③ 양적완화 정책 : 중앙은행이 새로 돈을 찍어내 시중에 통화량을 늘려 유동성을 공급하는 정책을 말한다. 금리를 낮추는 통화정책이 더이상 금리를 인하할 수 없는 수준에 도달하고, 시중의 자금경색 현상과 경기하강이 멈추지 않는 비정상적인 시장상황이 지속될 때 추진되는 금융정책이다.
④ 통화스와프 : 외환 부족 등 유사시 국가 간에 통화를 맞교환하는 것으로, 즉 거래 당사국들이 일정 기간 상품이나 금융자산을 상대국의 것과 바꾸는 것을 말한다.

24 주택의 매매가와 전세가의 차액을 투자금으로 주택을 매입하는 방식의 투자는?

① 리 츠 ② 갭 투자
③ 스윙매매 ④ 분산투자

해설
갭(Gap) 투자는 전세를 안고 주택을 매입하는 방식으로 투자를 한 후에 시세차익을 노리는 투자 기법이다.

25 값싼 가격에 질 낮은 저급품만 유통되는 시장을 가리키는 용어는?

① 레몬마켓 ② 프리마켓
③ 제3마켓 ④ 피치마켓

해설
레몬마켓(Lemon Market)은 정보의 비대칭으로 인해 소비자들이 상품의 품질을 신뢰하지 못하고 낮은 가격만 지불하려 해서 결국 저품질 상품만 거래되는 시장을 말한다. 피치마켓(Peach Market)은 레몬마켓의 반대어로, 고품질의 상품이나 우량의 재화·서비스가 거래되는 시장을 의미한다.

정답 20 ④ 21 ② 22 ③ 23 ① 24 ② 25 ①

26 수출국이 특정 수출산업에 대해 장려금이나 보조금을 지급하여 수출상품의 가격 경쟁력을 높일 경우, 수입국이 그 수입상품에 대해 보조금액에 해당하는 만큼의 관세를 부과하는 것은?

① 상계관세
② 조정관세
③ 탄력관세
④ 보호관세

> **해설**
> ② 조정관세 : 국민경제에 부정적인 영향을 미칠 우려가 있을 경우에 일시적으로 일정 기간 동안 세율을 조정하여 부과하는 것을 말한다.
> ③ 탄력관세 : 국내 산업을 보호하고 물가를 안정시킬 목적으로 정부가 국회의 위임을 받아 일정한 범위 내에서 관세율을 가감할 수 있는 권한을 갖는 것을 말한다.
> ④ 보호관세 : 국내의 산업을 보호하고 육성하기 위해 여러 산업의 제품과 동일한 외국의 수입품에 높은 관세를 부과하는 것을 말한다.

27 은행에서 보험상품을 함께 판매할 수 있게 한 금융 서비스는?

① 랩 어카운트(Wrap Account)
② 커버드본드(Covered Bond)
③ 신디케이트론(Syndicated Loan)
④ 방카슈랑스(Bancassurance)

> **해설**
> ① 랩 어카운트 : 증권사가 다양한 금융상품을 투자고객의 성향에 맞게 한 계좌에 담아 운용해주는 '종합자산관리계좌'를 말한다.
> ② 커버드본드 : 주택담보대출 자산을 담보로 발행되는 채권의 일종으로, 발행회사에 문제가 생기더라도 담보자산에서 우선적으로 변제받을 수 있어 안전성이 보장되어 있다.
> ③ 신디케이트론 : 다수의 금융기관으로 구성된 차관단이 공통의 조건으로 차주에게 일정액을 융자하는 중장기 대출방식을 말한다.

28 BIS 비율에 관한 설명 중 올바른 것은?

① 위험자산을 자기자본으로 나눈 값이다.
② 은행의 건전성을 나타내는 지표이다.
③ 이 비율의 계산에 쓰이는 자기자본은 기본자본에서 보완자본을 뺀 것이다.
④ 이 비율이 8% 이하이면 우량은행으로 평가받는다.

> **해설**
> BIS 비율은 '자기자본비율'이라고도 하며 국제결제은행(BIS)이 일반은행에 권고하는 자기자본비율 수치를 말한다. 8% 이상이 합격권이며, 자기자본(자본금 + 이익잉여금)을 위험자산(전체 대출 + 투자)으로 나눠 구한다. 8%를 밑돌면 해외에서의 차입과 유가증권 발행이 불가능해지는 등 부실은행 취급을 받는다.

29 다음 중 경기부양을 위해 어떤 정책을 내놓아도 경제주체가 반응을 보이지 않는 불안한 경제상황을 빗댄 용어는?

① 유동성 함정 ② 마냐냐 경제
③ 좀비 경제 ④ 자전거 경제

해설
① 유동성 함정 : 경제주체들이 돈을 움켜쥐고 시장에 내놓지 않아 금리를 아무리 낮추어도 실물경제에 아무런 영향을 미치지 못하는 상태
② 마냐냐 경제 : 일부 경제 전문가들이 미국의 경기회복 전망을 지나치게 낙관하는 것
④ 자전거 경제 : 중국의 고도성장 이면에 내재되어 있는 내부 문제로 인해 지속적인 고도성장을 유지해야만 중국 경제가 붕괴되지 않는다는 뜻에서 국제금융전문가들이 붙인 명칭

30 다음 보기에서 설명하는 것과 관계 깊은 용어는?

- 산업폐기물을 해체·재생·재가공하는 사업
  예 농업폐기물을 이용해 플라스틱이나 세제를 만들고, 돼지의 배설물에서 돼지의 먹이를 재생산하는 것 등

① 정맥산업 ② 동맥산업
③ 재생산업 ④ 포크배럴

해설
정맥산업은 더러워진 피를 새로운 피로 만드는 정맥의 구실과 같이 쓰고 버린 제품을 수거해서 산업 쓰레기를 해체·재생·재가공 등 폐기 처리하는 산업이다.

31 한 국가의 금융·통화 위기가 주변의 다른 국가로 급속히 확산하는 현상을 지칭하는 용어는?

① 카페라테 효과 ② 테킬라 효과
③ 카푸치노 효과 ④ 스필오버 효과

해설
테킬라 효과(Tequila Effect)는 멕시코의 전통 술인 테킬라에 빗대 표현한 것으로, 한 나라의 경제위기로 인해 주변 국가들도 모두 취한 것처럼 금융·통화 위기가 급속히 확산한다는 의미에서 만들어졌다. 1997년 태국의 외환위기가 필리핀·한국·말레이시아 등에 영향을 끼쳐 우리나라가 IMF에 구제금융을 신청하게 된 것도 테킬라 효과의 하나로 볼 수 있다.
① 카페라테 효과 : 식사 후 마시는 커피 한 잔 값을 아낄 경우 기대 이상의 재산을 모을 수 있다는 뜻의 용어
③ 카푸치노 효과 : 거품이 많은 카푸치노처럼 실제보다 과대팽창하는 버블경제 효과
④ 스필오버 효과 : 특정 지역에 나타나는 현상이나 혜택이 흘러넘쳐 다른 지역에까지 영향을 미치는 것

32 다음 중 재정절벽에 대한 설명으로 옳지 않은 것은?

① 정부의 재정 지출이 갑작스럽게 줄거나 중단되면서 경제에 충격을 준다.
② 미국은 2013년 1월부터 자동적으로 시작된 연방정부 지출 삭감과 세금 인상으로 재정절벽이 최대 화두로 떠올랐었다.
③ 재정절벽이 현실화될 경우 세금이 오르고, 정부의 지출 또한 증가한다.
④ 재정절벽은 기업투자와 소비의 위축을 불러오면서 전 세계 경제에 큰 타격을 준다.

해설
재정절벽(Fiscal Cliff)이 발생한 경우 세금이 오르고 정부의 지출이 감소해 국민의 세금부담이 늘고, 기업투자와 소비가 위축되면서 전 세계 경제에 충격을 준다.

33 다음 중 기업이 공익을 추구하면서도 실질적인 이익을 얻을 수 있도록 공익과의 접점을 찾는 마케팅은?

① 바이럴 마케팅
② 코즈 마케팅
③ 니치 마케팅
④ 헤리티지 마케팅

해설
코즈 마케팅(Cause Marketing)은 기업이 일방적으로 기부나 봉사활동을 하는 것에서 나아가 기업이 공익을 추구하면서도 이를 통해 실질적인 이익을 얻을 수 있도록 공익과의 접점을 찾는 것이다. 예를 들어 소비자가 물을 구입하면 수익의 일부가 아프리카 어린이들을 위한 비용으로 기부되는 등 소비자의 구매가 기부활동으로 연결되게 하여 수익과 기부의 접점을 찾는다.

34 다음 중 엥겔계수에 대한 설명으로 옳지 않은 것은?

① 총 가계 지출액 중에서 식료품비가 차지하는 비율을 의미한다.
② 식료품은 소득 수준과 관계없이 소비되는 동시에 일정 수준 이상은 소비할 필요가 없다.
③ 엥겔계수는 소득 수준이 높아짐에 따라 점차 증가하는 경향이 있다.
④ 일반적으로 엥겔계수가 50% 이상이면 후진국, 30% 이하일 경우 선진국으로 분류한다.

해설
엥겔계수(Engel coefficient)는 가계의 소비 지출 중 식료품비가 차지하는 비율을 나타낸 지표로 가계의 생활 수준을 측정하는 데 활용한다. 저소득 가계일수록 가계 지출 중 식료품비가 차지하는 비율이 높고, 고소득 가계일수록 식료품비가 차지하는 비율이 낮게 나타나는 것을 '엥겔의 법칙'이라고 하는데, 식료품은 필수품이기 때문에 소득 수준과 상관없이 소비되는 동시에 일정 수준 이상은 소비할 필요가 없다. 따라서 엥겔계수는 소득 수준이 높아짐에 따라 점차 감소하는 경향이 있다. 보통 25% 이하이면 소득 최상위, 25~30%이면 상위, 30~50%이면 중위, 50~70%이면 하위, 70% 이상이면 극빈층으로 분류한다.

35 경기침체 속에서 물가 상승이 동시에 발생하는 상태를 가리키는 용어는?

① 디플레이션(Deflation)
② 하이퍼인플레이션(Hyperinflation)
③ 스태그플레이션(Stagflation)
④ 애그플레이션(Agflation)

해설
① 디플레이션 : 물가가 지속적으로 하락하고 경제활동이 침체되는 현상
② 하이퍼인플레이션 : 물가 상승 현상이 통제를 벗어난 초인플레이션 상태
④ 애그플레이션 : 곡물 가격이 상승하면서 일반 물가도 오르는 현상

36 다음 중 프로젝트 파이낸싱(PF ; Project Financing)의 특징으로 옳지 않은 것은?

① 금융기관이 사업의 수익성과 장래의 현금흐름을 보고 자금을 지원한다.
② 프로젝트 자체를 담보로 장기간 대출을 해준다.
③ 대출을 받는 회사의 사업주가 높은 신용도와 충분한 담보 여력을 갖고 있어야 한다.
④ 본래 석유개발과 같은 고수익 사업을 대상으로 시작됐으나 점차 도로, 공항 등 시설투자 사업으로 확대됐다.

해설
프로젝트 파이낸싱은 회사와 사업을 별도로 분리해 특정 프로젝트의 사업성만을 분석해 자금을 공급하므로 회사의 신용을 보지 않고, 사업주가 충분한 담보 여력이 있어도 아무 소용이 없다.

37 금융시장이 극도로 불안한 상황일 때 은행에 돈을 맡긴 사람들이 대규모로 예금을 인출하는 사태는?

① 더블딥
② 디폴트
③ 펀드런
④ 뱅크런

해설
뱅크런(Bank Run)은 '대규모 예금인출 사태'를 의미한다. 금융시장이 불안정하거나 거래은행의 재정상태가 좋지 않다고 판단할 때, 많은 사람들이 한꺼번에 예금을 인출하려고 하면서 은행은 위기를 맞게 된다. 한편, 펀드 투자자들이 펀드에 투자한 돈을 회수하려는 사태가 잇따르는 것은 '펀드런(Fund Run)'이라 한다.

38 담합행위를 한 기업들에 자진신고를 유도하는 리니언시에 대한 설명이다. 다음 괄호 안에 들어갈 말이 바르게 연결된 것은?

> · 담합 사실을 처음 신고한 업체에는 과징금 (   )%를 면제해준다.
> · 2순위 신고자에게는 (   )%를 면제해준다.

① 80, 50
② 80, 40
③ 100, 60
④ 100, 50

해설
리니언시(Leniency)는 자진신고자 감면제도로, 담합행위를 한 기업들에게 자진신고를 유도하여 상호불신을 자극하고, 담합을 방지하려는 제도이다. 담합사실을 처음 신고한 업체에는 과징금 100%를 면제해주고, 2순위 신고자에게는 50%를 면제해준다.

39 다음 중 경제고통지수에 대한 설명으로 옳지 않은 것은? **출제유형**

① 국민들이 느끼는 경제적 고통을 계량화하여 수치로 나타낸 것이다.
② 소비자물가상승률과 실업률을 곱하여 계산한다.
③ 고통지수의 수치가 높다는 것은 경제적 어려움도 크다는 것을 의미한다.
④ 한 나라의 1년간 경제성과를 가늠하는 척도로 널리 활용된다.

해설
경제고통지수(Misery Index)는 국민들이 느끼는 경제적 삶의 어려움을 계량화해서 수치로 나타낸 것으로 특정 기간의 물가상승률과 실업률을 합하여 나타낸다. 수치가 높다는 것은 국민이 느끼는 경제적 어려움도 그만큼 크다는 것이며, 수치가 낮다는 것은 경제적 어려움도 적다는 것이다. 우리나라에서는 LG경제연구원에서 물가상승률, 실업률, 어음부도율, 산업생산증가율을 활용하여 경제고통지수를 발표한다.

40 다음 중 양도성예금증서(CD)에 대한 설명으로 옳지 않은 것은? **출제유형**

① 은행의 정기예금에 대해 발행하는 무기명의 예금증서이다.
② 은행과 증권사에서 발행한다.
③ 중도해지는 불가능하나 양도가 자유로워 현금화가 용이하다.
④ 제3자에게 양도가 가능하다.

해설
양도성 정기예금증서(CD ; Certificate of Deposit)는 은행이 정기예금에 양도성을 부여한 것으로, 제3자에게 양도가 가능한 무기명 증권이다. 은행에서 발행하고 증권회사와 종합금융회사의 중개를 통해 매매되며 금융시장에서 자유롭게 매매할 수 있다.

41 다음 중 외국 기업이 자국 이외의 지역에서 현지통화 표시로 발행하는 채권인 외국채의 국가별 연결이 잘못된 것은?

① 김치본드 – 한국
② 양키본드 – 미국
③ 사무라이본드 – 일본
④ 불독본드 – 영국

해설
김치본드는 외국 기업이 자금을 조달하기 위해 우리나라에서 달러나 유로화 등의 외화로 발행하는 채권이다. 아리랑본드는 외국 기업이 우리나라에서 원화로 발행하는 외국채이며 양키본드와 사무라이본드, 불독본드 역시 이러한 외국채에 해당한다.

42 다음 중 경기가 회복되는 국면에서 일시적인 어려움을 겪는 상황을 나타내는 것은?

① 스크루플레이션(Screwflation)
② 소프트 패치(Soft Patch)
③ 러프 패치(Rough Patch)
④ 그린 슈트(Green Shoots)

해설
소프트 패치는 경기가 상승하는 국면에서 본격적으로 침체되거나 후퇴하는 것은 아니지만 일시적으로 성장세가 주춤해지면서 어려움을 겪는 현상을 의미한다. 경기가 아주 나쁜 상황은 아니라는 의미에서 이러한 이름이 붙여졌다.
① 스크루플레이션 : 쥐어짤 만큼 어려운 경제상황에서 체감 물가가 올라가는 상태
③ 러프 패치 : 소프트 패치보다 더 나쁜 경제상황으로, 소프트 패치 국면이 상당기간 길어질 수 있음을 의미
④ 그린 슈트 : 경제가 침체에서 벗어나 조금씩 회복되면서 발전할 조짐을 보이는 것

43 미국 보스턴 컨설팅 그룹이 개발한 BCG 매트릭스에서 기존 투자에 의해 수익이 계속적으로 실현되는 자금 공급 원천에 해당하는 사업은?

① 스타(Star) 사업
② 도그(Dog) 사업
③ 캐시카우(Cash cow) 사업
④ 물음표(Question mark) 사업

해설
스타 사업은 수익성과 성장성이 모두 크고 지속적인 투자가 필요한 사업이며, 그 반대가 사양산업인 도그 사업이다. 물음표 사업은 앞으로 어떻게 될지 알 수 없는 사업이다.

44 다음 중 임금상승률과 실업률 사이의 상충관계를 나타낸 것은?

① 로렌츠 곡선
② 필립스 곡선
③ 지니계수
④ 래퍼 곡선

해설
필립스 곡선(Phillips Curve)은 실업률과 임금·물가상승률의 반비례 관계를 나타낸 곡선으로, 실업률이 낮으면 임금이나 물가의 상승률이 높고, 실업률이 높으면 임금이나 물가의 상승률이 낮다는 것이다. 영국의 경제학자 필립스가 찾아낸 법칙으로, 물가안정과 완전고용이라는 두 가지의 목표는 동시에 달성될 수 없고, 어느 한쪽을 달성하기 위해서 다른 한쪽은 희생되어야 함을 의미한다.

45 다음 중 스톡옵션에 대한 설명으로 옳지 않은 것은?

① 일종의 능률급이다.
② 우리나라에서는 1997년 도입됐다.
③ '우리사주조합제도'와 다르다.
④ 상장 회사만 가능하다.

해설
스톡옵션(Stock Option)은 회사가 임직원들에게 일정 기간이 지나면 회사의 주식을 일정 부분 매입·처분할 수 있도록 부여한 권한이다. 임직원들의 근로의욕을 고취시키기 위한 일종의 인센티브제도이며 직급 또는 근속연수를 기준으로 하는 '우리사주조합제도'와 달리 능력 중심으로 실시된다. 우리나라에서는 1997년 4월 증권거래법이 개정되면서 도입됐고, 2000년부터 모든 주식회사로 확대되면서 비상장 기업도 스톡옵션 제도를 활용할 수 있게 됐다.

46 다음 중 (A)와 (B)에 들어갈 말로 알맞은 것은?

> (A) : 여러 선택방안 중 어느 한 가지만을 선택했을 경우 나머지 포기한 방안에서 얻을 수 있는 이익
> (B) : 한 번 의사결정을 하고, 실행한 이후에는 어떤 선택을 하든지 회수할 수 없는 비용

① (A) : 매몰비용 (B) : 기회비용
② (A) : 기회비용 (B) : 기회손실
③ (A) : 기회비용 (B) : 매몰비용
④ (A) : 매몰비용 (B) : 기회손실

해설
- 기회비용 : 여러 가능성 가운데 하나를 선택했을 때 이로 인해 포기해야 하는 가치에 대한 비용이다. 한정된 생산요소로 다양한 선택의 기회를 제공하기 때문에 발생하며 기업이 투자를 통해 얻는 이윤은 기회비용보다 많아야 한다.
- 매몰비용 : 한 번 비용이 지출되고 계획이 실행된 후에는 매몰되어 다시는 되돌릴 수 없는 비용을 말한다. 이미 투입된 경비나 시간, 노력 등을 나타내며 합리적인 정책 결정의 제약 요인이 된다.

47 부유층이나 대기업의 소득이 증가하면, 그 혜택이 중산층과 서민층으로 확산되어 전체 경제가 성장한다는 경제 이론은?

① 분수효과　　　　　　　　　② 규모의 경제
③ 파급효과　　　　　　　　　④ 낙수효과

해설
낙수효과는 대기업과 고소득층의 부가 늘어나면 이들의 소비와 투자가 확대되고, 이는 중소기업과 저소득층의 소득 확대로 이어져 경제 전반에 선순환 효과가 발생한다는 이론이다. 이에 대응되는 개념으로는 '분수효과'가 있으며, 이는 저소득층의 소득 증가가 전체 경기 활성화로 이어진다는 이론이다.

48 다음 중 단기성 외환거래에 부과하는 것으로, 단기자금이 국경을 넘을 때 매기는 세금은?

① 피구세　　　　　　　　　　② 핫머니
③ 토빈세　　　　　　　　　　④ 로빈후드세

해설
① 피구세 : 정부의 정책을 통해 환경오염으로 인한 사회적 비용을 경제주체들에게 부담하도록 하는 것
② 핫머니 : 투기적인 이익을 위해 국제금융시장을 돌아다니는 단기자금
④ 로빈후드세 : 막대한 수익을 올리는 기업 또는 개인에게 세금을 부과하여 저소득층에게 지원하는 세금

49 다음 중 캐리 트레이드에 대한 설명으로 옳지 않은 것은?　　　　　　　　　　출제유형

① 금리가 낮은 국가에서 빌린 돈으로 금리가 높은 국가에 투자한다.
② 금리가 낮고 통화가치가 상승할 것으로 예상되는 국가에서 많이 발생한다.
③ 빌린 통화가 달러일 경우 달러 캐리 트레이드, 엔일 경우 엔 캐리 트레이드라고 부른다.
④ 투자 성공 시 높은 수익을 거둘 수 있지만 위험성이 크다.

해설
캐리 트레이드(Carry Trade)는 금리가 낮은 국가에서 빌린 돈으로 수익률이 높을 것으로 예상되는 국가의 주식이나 채권에 투자하는 것을 말한다. 금리가 낮고 통화가치가 추가로 하락할 것으로 예상되는 국가에서 많이 일어나며 낮은 금리로 빌리기 때문에 투자 성공 시 고수익을 거둘 수 있는 반면 위험성이 존재한다.

정답　44 ②　45 ④　46 ③　47 ④　48 ③　49 ②

50 경기가 과열되지도, 침체되지도 않고 잠재성장률을 회복할 수 있는 금리를 가리키는 말은?   출제유형

① 기준금리   ② 명목금리
③ 중립금리   ④ 제로금리

> **해설**
> 중립금리는 인플레이션이나 디플레이션을 유발하지 않고 경제의 균형 상태를 유지하는 이론적 금리 수준이다. 기준금리가 중립금리보다 낮으면 통화정책은 완화적, 높으면 긴축적으로 작용한다. 중립금리는 중앙은행이 통화정책 방향을 판단할 때 정책 판단의 기준선으로 활용된다.

51 연초에 금연, 다이어트 등 많은 신년계획을 세우지만 이를 지속적으로 추구하지 못하는 것을 현상으로 설명하는 용어는?

① 역선택   ② 기회비용
③ 죄수의 딜레마   ④ 시간선호의 비일관성

> **해설**
> 시간 흐름에 따라 효용의 변화로 인해 선호가 바뀌는 현상을 '시간선호의 비일관성(Time-inconsistency)' 또는 '동태적 비일관성(Dynamic Inconsistency)'이라고 한다.

52 '서민경제의 3재(災)'라고 불리며 스태그플레이션, 애그플레이션과 함께 물가와 경기를 관련지어 설명한 용어는?

① 스크루플레이션   ② 에코플레이션
③ 매니플레이션   ④ 초인플레이션

> **해설**
> 스크루플레이션(Screwflation)은 나사를 돌려 조인다는 뜻의 '스크루(Screw)'와 물가 상승을 뜻하는 '인플레이션(Inflation)'의 합성어로 물가 상승으로 인해 소비액이 늘어나 경제지표상으로는 경기가 회복되는 것처럼 보일 수 있지만, 실질 구매력은 줄어드는 상태를 말한다.

53 유망 벤처기업에 투자해 추후 성장했을 때 자금을 회수하는 자본은?   출제유형

① 벤처펀드   ② 벤처넷
③ 벤처캐피탈   ④ 코픽스

> **해설**
> 벤처캐피탈은 보통 해당 벤처의 사업 초기 때 담보 없이 자본을 투자해 성장할 수 있도록 돕고 이후 벤처가 성장해 기업공개를 통해 상장하거나 성과를 내면, 자금을 회수하여 수익을 올린다.

54 가계부채를 줄이려 제1금융권의 대출을 제한했으나 자금 사정이 어려운 기업과 자영업자의 대출수요가 제2금융권으로 이동하는 것 같은 현상을 일컫는 것은?

① 풍선 효과 ② 나비 효과
③ 톱니 효과 ④ 전시 효과

해설
풍선 효과는 풍선의 한 곳을 누르면 다른 곳이 나오는 것처럼 하나의 문제가 해결되면 그로 말미암아 다른 문제가 생기는 현상을 말한다.

55 다음 중 소액 주주의 권리 보호와 관련이 없는 것은?

① 주주제안권 ② 섀도보팅
③ 회계장부 열람 ④ 집중투표제

해설
섀도보팅(Shadow Voting)이란 정족수 미달로 주주총회가 무산되지 않도록 하기 위한 의결권 대리행사제도이다. 소액 주주가 주주총회에 의안을 제출할 수 있는 권리인 주주제안권, 주주의 권리 보호를 위한 기초라 할 수 있는 회계장부 열람, 2명 이상의 이사를 선임할 때 주당 뽑을 이사 수만큼의 투표권을 주는 집중투표제는 모두 소액 주주의 권리를 보호하기 위한 제도이다.

56 최저생계비 대비 1~1.2배의 소득이 있는 계층과 소득은 최저생계비 이하지만 고정재산이 있어 기초생활보장 대상자에서 제외된 계층을 합쳐 부르는 말은?

① 잠재빈곤층 ② 비수급빈곤층
③ 차상위계층 ④ 기초생활보장층

해설
차상위계층이란 기초생활수급자 바로 위의 계층으로, 잠재빈곤층과 비수급빈곤층을 합하여 이르는 말이다.

57 다음 부동산 관련 세금 중 '보유세'에 해당하는 것이 아닌 것은?

① 재산세 ② 종합부동산세
③ 도시계획세 ④ 등록세

해설
부동산 관련 세금을 보면, 먼저 취득 단계에서는 취득세·등록세, 여기에 붙는 농어촌특별세와 교육세가 있다. 보유 단계에서는 재산세와 종합부동산세가 누진세율로 분리 과세되며 여기에 도시계획세와 공동시설세가 붙는다. 처분 단계에서 시세차익을 얻었을 때는 양도소득세를 낸다.

정답 50 ③ 51 ④ 52 ① 53 ② 54 ① 55 ② 56 ③ 57 ④

58 다음 중 세계국채지수에 대한 설명으로 옳지 않은 것은?

① 전 세계 투자기관이 국채를 사들이는 지표가 된다.
② 런던증권거래소의 FTSE 러셀이 발표한다.
③ 세계 3대 채권지수 중 하나다.
④ 우리나라는 편입에 실패했다.

> **해설**
> 세계국채지수(WGBI ; World Government Bond Index)는 블룸버그-버클레이즈 글로벌 종합지수, JP모던신흥국 국채지수와 함께 세계 3대 채권지수 중 하나다. 영국 런던증권거래소의 파이낸셜타임스 스톡익스체인지(FTSE) 러셀이 발표한다. 세계 투자기관들이 국채를 사들이는 지표가 되는 지수로, 우리나라는 그간 시장접근성 기준에 미달해 2년간 관찰대상국에만 머무르다가 마침내 2024년 10월 WGBI 편입에 성공했다. 이에 따라 약 1년의 유예기간을 거쳐 2025년 11월부터 분기별로 편입비중이 단계적으로 확대될 예정이다.

59 소비자의 구매행동을 이끄는 과정을 설명하는 것으로 AIDMA의 원칙이 있다. 이 과정을 순서대로 옳게 나열한 것은?

① 주의 → 흥미 → 기억 → 욕구 → 행동
② 주의 → 흥미 → 욕구 → 기억 → 행동
③ 흥미 → 주의 → 기억 → 욕구 → 행동
④ 흥미 → 주의 → 욕구 → 기억 → 행동

> **해설**
> AIDMA 원칙은 소비자가 상품을 구매할 때의 심리 과정을 분석하여 방식화한 것이다. 이를 조금 더 구체적으로 설명하면 소비자는 상품을 구매하기 전 해당 상품에 주의를 기울이고(Attention), 흥미(Interest)와 관심을 가지며, 사고 싶다는 욕구(Desire)를 일으키고, 기억(Memory)하여 의사결정을 한 후 최종적으로 이를 행동(Action)에 옮기는 5가지 과정을 거친다.

60 주택담보인정비율을 의미하는 용어는?

① LTV
② DTI
③ ABS
④ LOI

> **해설**
> LTV(Loan To Value ratio)는 주택을 담보로 대출받을 때 적용되는 담보가치 대비 대출가능한도, 즉 '주택담보대출비율'을 말한다.
> ② DTI(Debt To Income ratio) : '총부채상환비율'로 금융회사에 갚아야 하는 대출금 원금과 이자가 개인의 연소득에서 차지하는 비중을 뜻한다.
> ③ ABS(Asset-banked Securities) : '자산담보부증권'으로 금융회사나 기업이 보유하고 있는 부동산, 회사채, 대출채권, 외상매출채권 등 각종 자산을 기초자산으로 발행하는 증권을 가리킨다.
> ④ LOI(Letter Of Intention) : '투자의향서'를 말한다.

61 금융시장 가운데 특히 자본시장 부문에서 급성장하고 있는 국가들의 신흥시장을 일컫는 용어는?

① 니치 마켓
② 이머징 마켓
③ 요소시장
④ 선물시장

해설
이머징 마켓(Emerging Market)은 '떠오르는 시장' 또는 '신흥시장' 정도로 번역된다. 주로 금융시장, 더욱 좁게는 자본시장 부문에서 새로 급성장하는 시장을 의미할 때 사용된다. 개발도상국 가운데 상대적으로 경제성장률이 높고 산업화가 빨리 진전되고 있는 나라의 증시를 일컫는다. 이들 증시에 포함되는 국가로는 우리나라를 비롯하여 러시아, 동유럽 국가, 브라질, 중국 등이 대표적이다.

62 다음 중 회사 분할의 방법이 아닌 것은?

① 스핀업(Spin-up)
② 스플릿오프(Split-off)
③ 스핀오프(Spin-off)
④ 스플릿업(Split-up)

해설
기업 분할이란 하나의 기업이 실질적으로나 법적으로 독립된 두 개 이상의 기업으로 나누어지는 조직 재편 방식의 하나로, 기업 분할의 유형은 주식 배당형(Spin-off), 주식 교환형(Split-off), 모회사 소멸형(Split-up)등 크게 세 가지로 나눌 수 있다.

63 높은 성장률을 기록하면서도 물가 상승 압력이 거의 없는 이상적인 경제상황을 의미하는 용어는?

① 러프패치
② 톱니 효과
③ 골디락스
④ 그린슈트

해설
골디락스(Goldilocks)는 영국 동화 〈골디락스와 곰 세 마리〉에 등장하는 소녀의 이름에서 유래한 용어로 경제에 비유하여 뜨겁지도 차갑지도 않은 경제 호황을 의미한다.

64 다음 중 간접세가 아닌 것은?

① 개별소비세
② 부가가치세
③ 주 세
④ 법인세

해설
세금을 납부하는 사람과 실제로 부담하는 사람이 다른 세금인 간접세에는 부가가치세, 개별소비세, 주세, 관세, 교육세, 기름 값에 붙는 교통세 등이 포함된다.

65 통화량 지표 중 시중의 현금 흐름을 파악할 수 있는 '본원통화'의 구성은?

① 화폐발행액 + 비통화금융기관 예수금
② 화폐발행액 + 요구불예금 + 저축성예금
③ 화폐발행액 + 은행의 요구불예금
④ 화폐발행액 + 은행의 지급준비예치금

해설
본원통화는 모든 통화공급의 기초가 되며, 통화관리정책 수행에 중요한 지표로 사용된다. 중앙은행이 발행한 화폐발행액과 금융기관이 중앙은행에 예치한 지급준비예치금을 합한 것으로 측정한다.

---

66 다음에서 설명하는 경제 용어는?

> 다이아몬드는 희소하기 때문에 한계효용이 큰 반면, 물은 풍부하기 때문에 한계효용이 적다. 따라서 물의 총효용이 다이아몬드의 총효용보다 훨씬 클지라도 값은 정반대가 되는 것이다.

① 가치의 역설
② 기펜의 역설
③ 레온티에프 역설
④ 개발의 역설

해설
가치의 역설은 애덤 스미스(Adam Smith, 1723~1790)가 도입한 용어로 가격과 효용의 괴리 현상을 나타내는 말이다. '물과 다이아몬드의 역설'이라고도 한다.

---

67 다음 중 안테나 숍에 대한 설명으로 틀린 것은?

① 상품의 판매동향을 탐지하기 위해 메이커나 도매상이 직영하는 소매점포이다.
② 의류 등 유행에 따라 매출액이 좌우되기 쉬운 상품에 관해 소비자의 반응을 재빨리 파악하여 상품개발이나 판매촉진책의 연구를 돕는 전략적인 점포이다.
③ 파일럿 숍이라고도 하며, 주위에서 흔히 볼 수 있는 체인점 본사가 직영하는 점포를 예로 들 수 있다.
④ 백화점이나 제조업체에서 판매하고 남은 재고 상품, 비인기 상품, 하자 상품 등을 매우 싼 가격으로 판매한다.

해설
안테나 숍(Antenna Shop)은 상품의 판매동향을 살피기 위해 실제 판매에 앞서 운영되는 점포 형태로, 신제품이나 신업태 등에 대한 시장조사나 수요조사, 광고 효과 측정 등을 목표로 운영되는 점포이다. 제품기획과 생산에 필요한 정보 입수를 우선 과제로 삼는다. ④는 '아웃렛(Outlet)'에 관한 설명이다.

68 환경친화적 프로젝트에 투자할 자금을 마련하기 위해 발행하는 특수 목적 채권은?

① 핑크본드(Pink Bond) ② 그린본드(Green Bond)
③ 블랙본드(Black Bond) ④ 블루본드(Blue Bond)

해설
친환경 녹색사업을 하기 위해 발행한 채권을 그린본드라고 한다. 환경친화적 프로젝트에는 신재생에너지, 지속가능한 폐기물의 관리 및 토지의 이용, 생물의 다양성 보전, 에너지 효율, 정수, 청정운송 등이 있다.

---

69 다음 중 주가연계증권(ELS)에 대한 설명으로 바르지 못한 것은?

① 주가 또는 지수의 변동에 따라 만기 지급액이 결정되는 증권이다.
② 투자자는 만기 시에 '원금 + α' 또는 원금의 일정 비율을 받게 된다.
③ 투자자금의 일부는 채권투자를 통해 원금을 일정 부분 보장하고 나머지는 주가지수 또는 개별종목의 등락에 연동해 수익률을 결정하는 옵션 등으로 구성된 파생상품의 일종이다.
④ 수익이 주가지수의 변동에 연계해서 결정되는 은행판매예금으로, 고객의 투자자금은 정기예금에 넣고 창출되는 이자만 파생상품에 투자하여 추가 수익을 낸다.

해설
주가연계증권(ELS ; Equity Linked Securities)은 특정 기업의 주가나 주가지수에 연동해 수익률이 결정되는 상품이다. 주가지수 상승 시 일정한 수익을 얻을 수 있도록 하는 것부터 주가지수 등락구간별 수익률에 차이가 나게 하는 것 등 다양한 유형의 상품이 존재한다. 원금손실정도에 따라 원금 보장형, 원금 부분 보장형, 원금 조건부 보장형으로 분류할 수 있다. ④는 증권사의 주가연계증권(ELS)에 비해 안정성이 높은 '주가지수연동예금(ELD ; Equity Linked Deposit)'에 대한 설명이다.

---

70 다음 중 비경제활동인구에 포함되지 않는 사람은?

① 가정주부 ② 학 생
③ 노 인 ④ 현역군인

해설
경제활동인구와 비경제활동인구

경제활동인구	• 만 15세 이상인 사람들 가운데 일할 능력이 있고 취업할 의사가 있는 인구 • 취업 능력과 의사가 있어도 현실적으로 취업이 불가능한 현역군인, 의무경찰, 방위병, 기결수 등은 제외
비경제활동인구	• 만 15세 이상 인구 중 취업자도 실업자도 아닌 사람으로서 일할 능력은 있어도 일할 의사가 없거나 아예 일할 능력이 없는 인구 • 가정주부, 학생, 노인, 불구자, 자발적으로 자선사업이나 종교단체에 관여하는 사람들도 포함

71 투자 대상을 미리 정하지 않은 상태에서 펀드를 설정하고 우량 투자 대상이 확보되면 투자하는 펀드는?

① 프로젝트 펀드
② 블라인드 펀드
③ 인덱스 펀드
④ 헤지 펀드

해설
블라인드 펀드(Blind Fund)는 투자 대상을 확정한 후 자금을 모집하면 이미 자금을 확보한 다른 펀드에 투자 기회를 선점당할 수 있기 때문에, 일반적으로 대략적인 투자 계획만 세운 뒤 자금을 확보하고 이후 투자 대상을 결정하는 구조를 취한다.

72 다음 재화에 대한 설명 중 바르지 못한 것은?

① 필수재는 가격에 탄력적이다.
② 기펜재는 대체효과보다 소득효과가 더 커서, 가격하락에도 불구하고 수요가 감소한다.
③ 정상재는 소득이 증가(감소)함에 따라 수요도 증가(감소)하는 재화이다.
④ 베블런재는 사람들의 선호가 가격에 직결되고, 가격에 따라 선호도가 올라간다.

해설
경제변수 A가 1% 변화할 때 B가 몇 % 변화하는가를 나타내는 수치를 B의 A에 대한 탄력성(Elasticity)이라고 한다. 예를 들면 가격변동에 따른 수요량의 변화를 수요의 가격탄력성, 공급량의 변화를 공급의 가격탄력성이라 부른다. 탄력성은 마이너스(-)의 수치를 나타낼 수도 있는데 일반적으로 절대치가 클수록 시장 메커니즘의 기능이 활발하다고 말할 수 있으며, 수요의 가격탄력성의 경우 탄력성이 크면 사치재, 작으면 필수재로 분류하기도 한다.

73 특정 주식의 주당시가를 주당이익으로 나눈 수치로서 주가가 1주당 수익의 몇 배가 되는지를 나타내는 것은?

① ROE
② ROA
③ EPS
④ PER

해설
PER(주가수익비율, Price Earning Ratio)에서 PER이 높다는 것은 주당이익에 비해 주식가격이 높다는 것을 의미하고 PER이 낮다는 것은 주당이익에 비해 주식가격이 낮다는 것을 의미하므로, PER이 낮은 주식은 앞으로 주식가격이 상승할 가능성이 크다.
① ROE(Return On Equity, 자기자본이익률)
② ROA(Return On Assets, 총자산이익률)
③ EPS(Earning Per Share, 주당순이익)

74 다음 보기가 설명하고 있는 공격적 M&A 기법은?

> 사전 경고 없이 매수자가 목표기업의 이사들에게 편지를 보내 매수 제의를 하고 신속한 의사결정을 요구하는 공개매수 전략의 하나이다.

① 그린메일
② 토요일 밤 기습작전
③ 곰의 포옹
④ 턴어라운드

해설

곰의 포옹(Bear's Hug)이란 최고경영자 간에 이루어지는 공개매수 전략의 방법 중 하나로 마치 곰이 몰래 뒤에서 껴안듯이 공포 분위기를 조성하면서 회사의 매수가격과 조건을 제시한다고 하여 이 같은 명칭이 붙었다. 사전 경고 없이 매수자가 목표기업의 이사들에게 편지를 보내어 매수 제의를 하고 신속한 의사결정을 요구하기 때문에 목표기업 이사들이 반대하기 어렵다.
① 그린메일(Green Mail) : 기업사냥꾼(Green Mailer)이 상장기업의 주식을 대량 매입한 뒤 경영진을 위협해 적대적 M&A를 포기하는 대가로 자신들이 확보한 주식을 시가보다 훨씬 높은 값에 되사들이도록 강요하는 방법이다.
② 토요일 밤 기습작전 : 인수자 측이 매수당하는 기업에 방어할 시간을 주지 않기 위해 공휴일인 토요일 저녁에 공개매수를 선언하는 경우를 말하며, 1980년대 미국에서 주로 쓰였다.
④ 턴어라운드(Turn Around) : 넓은 의미로는 기업 회생을 뜻하며, 주식시장에서는 실적이 호전되는 기업을 말한다.

75 미국의 연방준비제도이사회(Fed)의 양적완화 정책의 효과 중 바르지 않은 것은?

① 달러화의 가치가 점진적으로 하락한다.
② 한국 원화가치의 상승압력이 나타날 수 있다.
③ 미국의 채권 가격이 하락한다.
④ 원화가치 상승압력으로 한국 금리가 상승할 수 있다.

해설

양적완화 정책의 가장 주요한 수단은 미국 국채를 연방준비제도가 매입하는 것이므로 국채가격이 하락할 이유가 되지는 않는다.
연방준비제도이사회(Fed ; Federal Reserve Board)
미국 내 통화정책의 관장, 은행·금융기관에 대한 감독과 규제, 금융체계의 안정성 유지, 미국 정부·국민·금융기관 등에 대한 금융 서비스 제공 등의 역할을 한다. 1918년에 제정된 연방준비법에 따라 발족했으며, 본부는 워싱턴에 위치해 있다. 각 지역 은행장들이 주요 기업가, 경제학자, 시장전문가들의 경제상황 의견을 종합해 작성하는 베이지 북(Beige Book)을 1년에 여덟 차례 발행한다.

76 다음 보기와 같은 현상을 일컫는 것은?

> 서로 관련이 없는 다른 분야를 접목시켜 독창적인 아이디어를 내거나 높은 생산성을 창출시키는 등 큰 시너지 효과를 내는 것

① 링겔만 효과
② 사일로 효과
③ 메디치 효과
④ 헤일로 효과

해설
① 링겔만 효과 : 집단 속에 참여하는 개인의 수가 늘어날수록 전체 성과에 대한 각 개인의 공헌도가 떨어지는 현상을 말한다.
② 사일로 효과 : 어떠한 조직 내의 각 부서들이 다른 부서와 벽을 쌓고, 자신이 속한 부서의 이익만을 추구하는 '부서이기주의'와 같은 현상을 말한다.
④ 헤일로 효과 : 인사고과를 평가할 때 어떤 사람에 대한 호의적 또는 비호의적 인상이나 특정 요소로부터 받은 인상이 다른 모든 요소를 평가하는 데 중요한 영향을 미치는 것을 말한다.

77 납세자들이 세금을 낸다는 사실을 잘 인식하지 못하고 내는 세금은?

① 시뇨리지
② 인플레이션 세금
③ 스텔스 세금
④ 버핏세

해설
스텔스 세금은 부가가치세, 판매세 등과 같이 납세자들이 인식하지 않고 내는 세금을 레이더에 포착되지 않고 적진에 침투하는 스텔스 전투기에 빗대 표현한 것이다.

78 다음 중 기업과 기업 간의 거래는?

① EDI
② B2C
③ B2G
④ B2B

해설
B2B(Business To Business)는 기업과 기업 간 거래를 의미한다.
① EDI(Electronic Data Interchange) : 기업 간의 거래데이터를 교환하기 위한 표준시스템
② B2C(Business To Customers) : 기업과 소비자 간 거래
③ B2G(Business To Government) : 기업과 정부 간 거래

79 개발도상국이나 후진국이 선진국의 소비 수준의 영향을 받아 그들의 소비패턴을 모방하려는 현상은?

출제 유형

① 가격 효과
② 전시 효과
③ 자산 효과
④ 낙인 효과

해설
전시 효과는 소득이 낮은 개인 혹은 개발도상국에서 높은 소비성향을 모방하여 소비지출 수준을 높이는 것으로 '시위 효과'라고도 한다. 이것은 개발도상국이나 후진국의 저축과 자본축적을 저해하는 요인이 된다.
① 가격 효과 : 물품의 가격 변화가 가져오는 상품의 수요량 변화를 말한다.
③ 자산 효과 : 자산이 상승하면 소비도 증가하는 효과를 말한다.
④ 낙인 효과 : 사회제도나 규범 등에 근거하여 특정인에 부정적인 낙인을 찍으면 실제로 그렇게 되는 현상을 가리킨다.

80 물가 상승 등으로 인해 가격표, 전단지, 시스템 등을 바꾸는 데 드는 모든 비용은?

① 거래비용
② 수정비용
③ 메뉴비용
④ 기회비용

해설
메뉴비용(Menu Cost)은 인플레이션 등으로 가격을 변경해야 할 때 발생하는 비용을 뜻한다. 식당이 메뉴판을 다시 인쇄하거나, 기업이 시스템 가격 정보를 변경하는 데 드는 시간·노력·비용 전반이 여기에 포함된다. 메뉴비용은 인플레이션과도 관계가 깊은데, 물가가 급격히 오르는 시기에는 기업이 잦은 가격 조정을 피할 수 없어 비용 부담이 커지고, 반대로 물가 변동이 안정적인 시기에는 이러한 조정 비용을 최소화하기 위해 가격 변경을 지연시키는 경향이 나타난다.

81 전 세계 인구의 약 70%에 해당하지만 그동안 소외되었던 저소득층을 고객으로 하는 새로운 시장을 창출해야 한다는 것으로 스튜어트 하트(Stuart L. Heart)가 주장한 이론은?

① 무어 이론
② 파레토 이론
③ 케빈 베이컨 이론
④ 피라미드 저변 이론

해설
스튜어트 하트(Stuart L. Heart)와 프라할라드(C. K. Prahalad) 교수가 주장한 피라미드 저변 이론은 하루 2달러 이하로 살아가는 저소득층을 고객으로 하는 시장에 관심을 가져야 한다는 이론이다.

정답 76 ③ 77 ③ 78 ④ 79 ② 80 ③ 81 ④

03 사회·노동·환경

01 국제앰네스티가 규정하는 사실상의 사형제 폐지국(Abolitionist in Practice Country)으로 분류되기 위해 필요한 사형 미집행 기간은?

① 5년　　　　　　　　　　② 10년
③ 20년　　　　　　　　　 ④ 30년

해설
국제앰네스티는 10년간 사형이 집행되지 않을 경우, 사실상의 사형제 폐지국으로 인정한다.

02 다음 중 바이오 연료인 바이오에탄올을 뽑아낼 수 있는 식물이 아닌 것은?

① 쌀 겨　　　　　　　　　② 옥수수
③ 카사바　　　　　　　　 ④ 감 자

해설
바이오에탄올은 녹말(전분) 작물에서 포도당을 얻은 뒤 이를 발효시켜 만들지만, 바이오디젤은 쌀겨와 같은 유지(油脂) 작물에서 식물성 기름을 추출해 만든다.

03 큰 사고가 일어나기 전에 반드시 유사한 유형의 작은 사고가 발생하거나 사전징후가 나타난다는 법칙은?

① 샐리의 법칙　　　　　　② 하인리히 법칙
③ 이케아 효과　　　　　　④ 깨진 유리창 이론

해설
하인리히 법칙(Heinrich's Law)이란 큰 사고가 일어나기 전에 반드시 유사한 형태의 작은 사고와 사전징후가 나타난다는 법칙을 말한다. 1931년 미국의 보험회사에서 일하던 헐버트 하인리히가 발견했다. 그는 다양한 산업재해를 분석하면서 통계학적으로 유의미한 결과를 확인했다. 즉, 대규모 사고가 발생하기 이전에는 반드시 수차례의 작은 사고가 수반되고, 이에 앞서 훨씬 더 많은 사고의 징후가 포착된다는 것이다.

04 유엔 정부 간 기후변화위원회(IPCC)가 제안한 온실가스 감축방안이 아닌 것은?

① 에너지 효율 향상　　　　② 프레온가스 금지
③ 신재생에너지 확대　　　 ④ 효율적인 조명

해설
프레온가스(CFCs)는 1985년 제정된 몬트리올 의정서에 의해 소비가 제한되어 대부분의 선진국들은 1996년 이미 사용을 중단했으며 개도국들에서도 2010년 사용이 전면 금지됐다.

05 원자력발전에 관한 내용 중 사실과 다른 것은?

① 2025년 고리 1호기의 해체가 승인됐다.
② 원자력발전의 kW당 발전원가는 화력발전보다 높아서 비효율적 · 비경제적이다.
③ 원자력발전은 kW당 이산화탄소 배출량이 상당히 낮기 때문에 지구온난화 문제에 있어 화력발전의 대안이 된다.
④ 월성 1~4호기는 가압중수로형 원자로이다.

해설
화력발전보다 원자력발전의 단가가 더 낮아서 효율적이고 경제적이다.

06 사이코패스에 대한 설명으로 옳지 않은 것은?

① 사이코패스 판정도구(PCL-R)는 캐나다 심리학자 로버트 헤어가 개발했다.
② 한국판 PCL-R도 개발되어 범죄 피의자를 대상으로 정신병질 및 성격장애의 유무를 판단하는 검사도구로 활용되고 있다.
③ 보통 사이코패스를 '반사회적 인격장애'라고 부르기도 한다.
④ PCL-R은 쉽게 적용이 가능해 일상생활에서도 많이 사용되고 있다.

해설
PCL-R은 심리훈련을 받은 전문가가 대상자와 면담을 통해 점수를 매기는 것으로 일반인의 자가 진단용으로 만든 것이 아니다. 검사자들은 정신병질에 대해 현존하는 임상적 · 경험적 자료를 충분히 접하고, 심리검사와 해석의 기본원리와 한계를 이해하고 있어야 하며, 그들의 검사가 심리검사에 대한 전문가적 · 법률적 기준에 따라 수행되는 것을 분명히 해야 한다.

07 은퇴 시점 이전에 자발적으로 퇴사나 휴직함으로써 일정 기간 휴식기를 갖는 것은?

① 파이어족
② 갭이어
③ 마이크로 은퇴
④ 번아웃

해설
마이크로 은퇴란 은퇴 시점을 기다리지 않고, 일정 주기마다 퇴사나 휴직을 통해 휴식기를 갖는 행위를 말한다. 번아웃 예방과 자기계발을 중시하는 사회적 경향이 확산되면서 이러한 형태가 늘고 있으며, 프리랜서 · 재테크 등 다양한 수입원 확보로 인한 경제적 부담 완화도 마이크로 은퇴 확산에 영향을 미치고 있다.

08 범죄의 피해자가 가해자의 심리에 동화되어 오히려 그들의 행위를 변호하는 범죄심리학 현상은?

① 가면 증후군   ② 스톡홀름 증후군
③ VDT 증후군   ④ INS 증후군

> **해설**
> 스톡홀름 증후군은 일반적으로 인질이 인질범에 동조하며 그의 행위를 변호하는 비이성적인 심리 현상을 가리킨다. 또한 아동학대나 가정폭력 피해자가 오히려 가해자를 변호하는 현상을 말하기도 한다. 이러한 현상은 극도로 위협적인 상황에서 상대적으로 자신보다 강한 사람에게 심리적으로 공감하거나 연민과 같은 긍정적인 감정을 느끼는 것이 원인이라고 알려져 있다.

09 친분을 이용해 피해자를 정신적으로 속박하여 벌어지는 성범죄를 뜻하는 용어는? `출제유형`

① 그루밍 성범죄   ② 어썰트 성범죄
③ 사슬 성범죄   ④ 재갈 성범죄

> **해설**
> 그루밍 성범죄는 피해자와 친분을 쌓아 심리적으로 지배한 뒤 피해자에게 성적 가해를 하는 것을 뜻한다. '그루밍(Grooming)'이란 길들인다는 의미로, 그루밍 성범죄에서 가해자는 피해자에게 원하는 것을 주거나 희망을 주어서 성적 가해를 해도 거부할 수 없게 만든다. 경제적·심리적으로 취약한 아동·청소년에 대한 성범죄에서 쉽게 나타나며, 표면적으로는 피해자가 동의한 것처럼 보여 처벌이 어려워지기도 한다.

10 다음 중 비정규직 관련법이 규정하고 있는 비정규직 노동자에 해당하지 않는 것은?

① 기간제 근로자   ② 단시간 근로자
③ 파견 근로자   ④ 무기계약직 근로자

> **해설**
> 비정규직 관련법에 따르면 비정규직 근로자의 범위에는 기간제 근로자, 단시간 근로자, 파견 근로자가 포함된다.

11 노동조합의 운영제도에 있어서 숍제도가 양적인 파워를 확보하는 수단이라고 한다면, 다음 중 질적인 확보수단은?

① 단체교섭제도   ② 체크오프제도
③ 단결권제도   ④ 경영참가제도

> **해설**
> 체크오프(Check-off)제도는 노동조합의 안정과 독립을 위한 방법으로, 조합비를 징수할 때 급여에서 일괄공제하여 조합에 인도하는 제도다. 조합원 2/3 이상의 동의가 있으면 조합은 그 세력확보의 수단으로 체크오프의 조항을 둘 수 있다.

12 노동조합의 일반적 정의로 옳지 않은 것은?

① 노동조합은 근로자의 자주적인 단체이다.
② 노동조합은 근로조건의 유지·개선을 목적으로 하는 단체이다.
③ 노동조합은 근로자의 조직적 단결력에 의해 그 이익을 옹호한다.
④ 노동조합은 노동자의 임금 향상을 도모하는 단체이다.

해설
노동조합 및 노동관계 조정법에 따르면 노동조합이란 "노동자가 주체가 되어 민주적으로 단결하여 노동조건의 유지·개선 및 기타 경제적·사회적 지위 향상을 도모하는 조직체 또는 그 연합체"라고 규정돼 있다. 따라서 노동조합은 근로자의 조직적 단결력에 의해 그 이익을 옹호하고, 또 기업에서 근로자의 지위를 향상시키기 위해서 근로자의 자주적 협력에 의하여 결정된 조직이라고 집약할 수 있다.

13 탄소감축 목표 중 하나인 NDC 2030에 대한 설명으로 틀린 것은? **출제유형**

① 2015년 파리 기후변화협약에 따른 것이다.
② 2050년 탄소중립 달성을 위한 중간목표다.
③ 참여국은 협약의 공동 목표기준에 따른다.
④ 우리나라는 2030년까지 2018년 대비 탄소배출량 40% 감축을 목표로 한다.

해설
NDC(Nationally Determined Contributions) 2030은 2015년 파리 기후변화협약에 따른 것으로 2050년까지 전 세계의 탄소중립을 이뤄내자는 목표의 중간 단계이다. 참여국은 스스로 달성목표를 정할 수 있으며, 우리나라는 2030년까지 탄소배출량이 정점이었던 2018년에 대비해 40% 감축을 목표로 정했다.

14 다른 사람들이 기대하는 것이 있으면 그에 부응하는 쪽으로 변하게 되는 현상을 가리키는 말은?

① 소크라테스 효과
② 피그말리온 효과
③ 가르시아 효과
④ 베르테르 효과

해설
① 소크라테스 효과 : 소크라테스가 자기 제자들에게 질문을 던져 자발적으로 결론에 이르도록 한 것처럼 사람들이 자발적으로 자신의 태도를 논리적으로 일관성 있게 변화시키려는 현상을 말한다.
③ 가르시아 효과 : 사람을 비롯한 모든 유기체들이 가지고 있는 생존 본능으로 먹는 행동과 그로 인해 나타나는 결과 사이에는 시간적으로 차이가 있지만 일정한 인과관계가 존재하는데, 특정한 먹을거리의 미각과 뒤에 따르는 결과 사이의 관련성을 학습하는 재능을 일컫는다.
④ 베르테르 효과 : 자신이 모델로 삼고 있던 사람 또는 사회적으로 영향력 있는 유명인 등이 자살할 경우, 그 사람과 자신을 동일시해서 자살을 시도하는 현상으로 '동조자살' 또는 '모방자살'이라고도 한다. 독일의 문호 괴테의 소설 〈젊은 베르테르의 슬픔〉에서 유래했다.

정답 08 ② 09 ① 10 ④ 11 ② 12 ④ 13 ③ 14 ②

15 채용 당시에는 비조합원이라도 일단 채용이 허락된 이후 정규직원이 되면 반드시 조합에 가입해야 하는 조합원 가입제도의 형태는?

① 클로즈드숍
② 오픈숍
③ 유니언숍
④ 에이전시숍

해설
유니언숍(Union Shop)은 클로즈드숍(Closed Shop)과 오픈숍(Open Shop)의 중간 형태로서 고용주는 노동조합 이외의 노동자까지도 자유롭게 고용할 수 있으나, 일단 고용된 노동자는 일정 기간 내에 조합에 가입해야 한다.

16 노사분쟁을 해결하기 위해 실시할 수 있는 조정제도가 아닌 것은?

① 조정
② 중재
③ 긴급조정
④ 재알선

해설
① 조정 : 조정위원회가 노사 당사자들의 의견을 들어 조정안을 작성·제시하고 수락을 권고하는 방법
② 중재 : 중재위원회에서 관계 당사자에 대해 구속력 있는 중재재정을 하는 절차
③ 긴급조정 : 공익과 관련된 것이거나 국민경제를 해칠 수 있는 경우 노동부 장관이 결정하는 강제적 절차

17 완전고용에 대해 바르게 설명한 것은?

① 일자리가 노동자보다 더 많아진 상태
② 실업자가 한 명도 없는 상태
③ 일하고자 하는 사람들이 모두 고용된 상태
④ 비자발적 실업자가 완전히 없어진 상태

해설
완전고용은 일할 의지와 능력을 갖추고 취업을 희망하는 모든 사람이 고용된 상태를 말한다.

18 많은 사람들이 실제와는 다르게 기억하거나, 존재하지 않았던 일을 사실처럼 기억하는 집단적 착각 현상은?

① 플라시보 효과
② 만델라 효과
③ 도플러 효과
④ 피그말리온 효과

해설
만델라 효과(Mandela Effect)는 집단이 동일한 잘못된 기억을 공유하는 현상으로, 남아프리카공화국의 대통령이었던 넬슨 만델라가 감옥에서 사망했다고 많은 사람이 잘못 기억한 사례에서 유래했다.

19 우리나라 생산가능인구의 연령 기준은?

① 14~60세
② 15~64세
③ 17~65세
④ 20~67세

해설
생산가능인구는 노동가능인구라고도 불린다. 우리나라의 생산가능인구의 연령 기준은 15세에서 64세인데, 급격한 고령화로 생산가능인구수가 빠른 속도로 줄어들고 있는 실정이다. 통계청의 자료에 따르면 지난 2020년 3,738만 명이었던 생산가능인구는 2030년에는 3,381만 명으로 감소하고, 2070년에는 1,737만 명으로 줄어 2020년의 절반 이하 수준일 것으로 전망됐다.

20 노동자가 아닌 사용자 측이 할 수 있는 유일한 쟁의행위는?

① 준법투쟁
② 생산관리
③ 피케팅
④ 직장폐쇄

해설
노사쟁의가 일어났을 때 사용자가 자신의 주장을 관철시키기 위해 공장, 작업장을 폐쇄하는 것이 사용자가 할 수 있는 유일한 쟁의행위이다.

21 만 65세 이상 고령층의 안정적인 노후생활을 지원하기 위해 소득 수준이 일정 기준 이하인 사람에게 매월 일정 금액을 지급하는 제도는?

① 국민연금
② 퇴직연금
③ 기초연금
④ 노령수당

해설
기초연금은 만 65세 이상이며 소득인정액이 선정기준액 이하인 어르신에게 매월 일정 금액을 지급하는 복지 제도로, 노후빈곤을 완화하고 기본적인 생활 안정을 보장하기 위한 목적에서 시행되고 있다. 선정기준액은 2025년 기준 단독가구 2,280,000원, 부부가구 3,648,000원이다.

22 다음 중 국민의 권리이자 의무가 아닌 것은?

① 납 세
② 교 육
③ 근 로
④ 환경보전

해설
국민의 기본적인 의무는 국방·납세·교육·근로의 의무가 있다. 한편 국민의 권리인 동시에 의무인 것은 교육·근로·환경보전의 의무가 속한다.

정답 15 ③ 16 ④ 17 ③ 18 ② 19 ② 20 ④ 21 ③ 22 ①

23 도심의 낙후된 지역이 활성화되자 중산층이 이주해오면서 땅값 및 임대료의 상승으로 기존에 살던 저소득층이 다른 지역으로 쫓겨나는 현상은?

① 리제너레이션 ② 공동화 현상
③ 스프롤 현상 ④ 젠트리피케이션

> **해설**
> 젠트리피케이션(Gentrification)이란 지주계급을 뜻하는 'Gentry'에서 유래한 말로, 낙후된 지역이 다양한 이유로 활성화되어 유명세를 타면서 중산층이 유입되고 비싼 임대료를 감당하지 못한 원주민들은 내몰리는 현상을 말한다. 우리나라의 경우 '망리단길'로 불리는 망원동 일대, 서촌, 성수동 등에서 나타난다.

24 모든 종류의 편견 섞인 표현을 쓰지 말자는 '정치적 올바름'을 뜻하는 주장은?

① 다원주의 ② 페미니즘
③ PC ④ 상호문화주의

> **해설**
> PC(Political Correctness : 정치적 올바름)는 말의 표현이나 용어의 사용 시 인종·민족·언어·종교·성차별 등의 편견이 포함되지 않도록 하자는 주장을 나타내는 말로 사회적 운동으로서의 성격을 띤다.

25 고객과 직접적으로 접촉하는 일이 많기 때문에, 의지를 가지고 미소와 친절 등 특정 감정 상태를 지속적으로 드러내야 하는 노동자를 가리키는 말은?

① 블랙컨슈머 ② 헤비업로더
③ 감정노동자 ④ 얼리어답터

> **해설**
> 실제 자신이 느끼는 감정을 배제하고 직무를 행해야 하는 감정적 노동을 '감정노동'이라고 한다. 감정노동자들은 고객과 직접 대면하는 일이 많기 때문에 의지를 갖고 미소, 친절 등 특정한 감정 상태를 지속해서 드러내야 한다. 이로 인해 발생하는 스트레스를 적절하게 해소하지 못할 경우 우울증과 자살로까지 이어질 수 있다.

26 다음 설명의 현상을 나타내는 말은?

> 사람이 많을수록 어려움에 처한 사람을 돕지 않는 현상으로 1964년 뉴욕의 한 여인이 살해당하는 동안 아무도 구하거나 신고하지 않은 사건에서 유래했다.

① 루키즘 ② 포비아
③ 제노비스 신드롬 ④ 제노포비아

> **해설**
> 제노비스 신드롬은 목격자가 많을수록 '내가 아닌 다른 사람이 나서겠지'라는 생각에 책임감이 덜 느껴져, 도움이 필요한 사람에게 먼저 손 내밀기보다 방관하게 되는 심리 현상을 말한다.

27 유럽연합이 개인정보 보호와 자기 통제권 강화를 위한 법안을 입법화하려는 움직임을 보이면서 생겨난 권리로, 온라인상에 남아 있는 개인정보를 삭제 요청할 수 있는 이 권리는?

① 잊힐 권리
② 사라질 권리
③ 삭제할 권리
④ 정보통제의 권리

해설
인터넷 환경에서는 생산은 쉽지만 정보의 삭제와 파기가 쉽지 않기 때문에 잊힐 권리를 도입해야 한다는 필요성이 제기됐다. 인터넷상에서 특정한 기록을 삭제할 수 있는 권리를 말하며, 자신의 정보가 더 이상 적법한 목적을 위해 필요하지 않을 때 그것을 지울 수 있는 개인의 권리이다.

28 인터넷상에서의 마녀사냥식 여론몰이를 의미하는 말은 무엇인가?

① 매카시즘
② 네카시즘
③ 카파이즘
④ 아케이즘

해설
네카시즘은 '네티즌(Netizen)'과 '매카시즘(McCarthyism)'의 합성어. 익명의 인터넷 환경 속에서 어떠한 이슈에 대해 논하다가 특정인에게 가해지는 무차별적인 온라인 폭력으로, 일종의 '마녀사냥'이다.

29 다음 중 공공부조에 대한 설명으로 틀린 것은?

① 행정비용이 많이 든다.
② 낙인 효과가 발생한다.
③ 비용 효과가 적다.
④ 근로능력이 저하된다.

해설
공공부조는 생활유지능력이 없거나 생활이 어려운 국민의 최저생활을 보장하고 자립을 지원하는 제도다. 국민은 생존을 위해 보호받을 권리가 있고, 국가는 국민을 보호할 의무가 있기 때문에 공공부조가 필요하다. 공공부조는 사전에 보험료를 내는 것이 아니라 빈곤이나 손실을 당했을 때 신청자의 형편에 따라 급여 수준이 달라진다는 점에서 사회보험과는 다르며, 의료보호, 생활보호, 재해구호, 보훈사업 등을 지원한다.

30 나와 관계 있는 정보에 대해서는 나도 모르게 주의를 기울이게 되는 현상은?

① 코브라 효과
② 허니문 효과
③ 풍선 효과
④ 칵테일파티 효과

해설
시끄러운 칵테일파티에서도 '나'에 관한 이야기는 주의를 기울여 잘 듣게 된다고 하여 '칵테일파티 효과'라 한다.
① 코브라 효과 : 어떤 문제를 해결하기 위해 추진한 정책이 오히려 상황을 악화시키는 결과를 가져오는 현상
② 허니문 효과 : 새 정부에 대한 기대감으로 인해 나타나는 사회 안정
③ 풍선 효과 : 어떤 문제를 해결하면 그로 말미암은 또 다른 문제가 생기는 현상

정답 23 ④ 24 ③ 25 ③ 26 ③ 27 ① 28 ② 29 ③ 30 ④

31 다음에서 공통으로 연상되는 말은?

> • 도시나 넓은 지역의 전기가 동시에 모두 끊기는 정전 사태
> • 조종사가 전투기를 급상승하거나 급선회시킬 때, 일시적으로 시야가 흐려지는 현상
> • 실신, 일시적 기억상실을 뜻하는 의학 용어

① 화이트아웃
② 블랙아웃
③ 앨런튜닝
④ 바로미터

해설
블랙아웃(Blackout)은 대표적으로 도시나 넓은 지역에서 동시에 전기가 모두 끊기는 최악의 정전 사태를 일컫는다.

32 컴퓨터를 초기화시키듯 현실에서도 잘못되거나 실수한 부분이 있으면 얼마든지 새로 시작할 수 있다고 착각하는 현상을 가리키는 용어는?

① 리마 증후군
② 리셋 증후군
③ 베르테르 증후군
④ 스톡홀름 증후군

해설
리셋 증후군은 컴퓨터가 제대로 작동하지 않을 경우 리셋 버튼을 눌러 재부팅하는 기능에서 이름을 따온 질병이다. 실제로 1997년 5월 일본 고베시에서 컴퓨터 게임에 빠진 한 중학생이 리셋 증후군에 걸려 토막살인을 저지른 충격적인 사건이 벌어지기도 했다.

33 LOHAS에 대한 설명으로 틀린 것은?

① 라이프스타일이다.
② 2006년부터 우리나라에서 인증제도가 시작됐다.
③ 친환경 제품을 소비한다.
④ 사회참여운동이다.

해설
로하스(LOHAS)는 공동체 전체의 더 나은 삶을 위해 소비생활을 건강하고 지속 가능한 친환경 중심으로 전개하자는 생활양식을 뜻한다. '환경보전'과 '웰빙'뿐 아니라 건강과 관련된 현 시점의 개인적 소비행위와 미래에도 지속 가능한 경제발전과 소비활동을 연결시키는 데 주안점을 둔다. 이런 점이 사회참여운동으로서 자연의 중요성과 보전의 당위성을 강조하는 '친환경주의'와 다른 점이라고 할 수 있다. 한국표준협회는 2006년 세계 최초로 로하스 인증제도를 도입했다.

34 '공익을 위하여'라는 뜻으로, 전문 분야 종사자들이 공익을 위해 지식이나 서비스를 무료로 제공하는 활동은?

① CSR
② 노블레스 오블리주
③ 프로보노
④ 메세나

해설
프로보노는 라틴어 문구인 '공익을 위하여(Pro Bono Publico)'의 약어로 변호사를 선임할 여유가 없는 개인 혹은 단체에 대해 보수를 받지 않고 법률 서비스를 제공하는 것을 말한다. 최근에는 의미가 확장되어 각 분야의 전문가들의 공익활동을 지칭하기도 한다. 우리나라에서는 2001년 7월 변호사법이 개정되면서 변호사들이 연간 일정 시간 이상 의무적인 공익활동을 하도록 규정돼 있다

35 19세기 초 영국 노동자가 자본가에 맞서 계급투쟁을 벌인 운동은?

① 차티스트 운동
② 러다이트 운동
③ 생디칼리즘
④ 7월 혁명

해설
19세기 초 산업혁명이 도래하고, 기계가 인간의 수공업을 능가하는 생산력을 보여주면서 수공업자들은 점차 도태됐다. 당시 수공업자들은 기계를 보유한 자본가의 밑에서 노동자로 살아갈 수밖에 없었는데, 수공업자들은 빈곤과 불행의 원인이 기계 때문이라 여기고 비밀결사의 형태로 활동하며 생산기계를 파괴하는 등 자본가에 맞서 계급투쟁(러다이트 운동)을 벌였다.

36 여성들의 영향력 있는 고위직 승진을 가로 막는 회사 내 보이지 않는 장벽을 의미하는 용어는?

① 그리드락
② 데드락
③ 로그롤링
④ 유리천장

해설
유리천장은 충분한 능력을 갖춘 사람이 직장 내 성차별이나 인종차별 등의 이유로 고위직을 맡지 못하는 상황을 비유적으로 이르는 말이다.

37 세계자연기금이 주최하는 어스아워 캠페인이 처음 시작된 도시는?

① 하노이
② 시드니
③ 런던
④ 파리

해설
세계자연기금의 세계적 환경 캠페인인 어스아워(Earth Hour)는 매년 3월 마지막주 토요일에 열리며, 파리의 에펠탑, 일본의 도쿄타워, 뉴욕의 타임스퀘어처럼 전 세계의 랜드마크가 저녁 8시 30분부터 1시간 동안 소등하는 캠페인이다. 2007년 3월 31일에 호주의 시드니에서 처음 시작됐다.

38 프랑스의 사회학자 자크 아탈리(Jacques Attali)가 그의 저서 〈21세기 사전〉에서 21세기형 신인류의 모습을 소개하면서 사용한 이 용어는?

① 디지털 노마드
② 디지털 코쿠닝
③ 디지털 디바이드
④ 디지털 쿼터

> **해설**
> 디지털 노마드(Digital Nomad)란 자동차와 최첨단 정보통신 기기를 가지고 시공간을 넘나드는 21세기형 신인류를 말한다. '유목민, 정착하지 않고 떠돌아다니는 사람'을 뜻하는 노마드(Nomad)라는 용어를 활용해 붙인 이름이다. 인터넷, 모바일 컴퓨터, 휴대용 통신기기 등 디지털 시스템의 발전으로 시간적·공간적 제약이 사라진 덕분에 인간의 삶이 정착보다는 유목으로 변모해간다는 것이다.

39 다음 중 중장년층을 중심으로 늙지 않고 젊게 살아가려는 욕구가 확산하는 현상을 가리키는 용어는?

① 샹그릴라 증후군
② 스탕달 증후군
③ 쿠바드 증후군
④ 코르사코프 증후군

> **해설**
> 샹그릴라 증후군이란 중장년층을 중심으로 노화를 최대한 늦추고 나이에 비해 젊게 살아가려는 욕구가 확산하는 현상을 일컫는다.
> ② 스탕달 증후군 : 뛰어난 예술작품을 감상하면서 정신적 충동이나 환각을 경험하는 현상
> ③ 쿠바드 증후군 : 남편이 임신 중인 아내와 함께 입덧과 같은 증상을 겪는 것
> ④ 코르사코프 증후군 : 보통 알코올 중독의 결과로 나타나며 시간적·공간적 짐작이 어려운 기억력의 장애

40 다음 괄호 안에 들어갈 알맞은 용어는?　　　　　　　　　　　　　　　　　　　　　　　**출제유형**

> (　　)란/이란 한 나라의 인구가 그 나라의 사용 가능한 자원에 의해 생활할 수 있는 능력을 말한다. 즉, 한 지역이 얼마만큼의 인구를 수용할 능력을 가지고 있는가를 나타낸 것이다.

① 인구피라미드　　　　　　　　　② 인구부양력
③ 인구센서스　　　　　　　　　　④ 인구오너스

> **해설**
> ① 인구피라미드 : 인구의 성별·연령별 분포를 나타낸 도표
> ③ 인구센서스 : 특정 지역의 인구 상태를 알아보기 위해 실시하는 인구주택 총조사
> ④ 인구오너스 : 생산연령인구의 비중이 낮아지는 것

41 청소년을 대상으로 하는 학교폭력이 증가하는 것으로 나타났다. 다음 중 인터넷상에서 집단으로 특정인을 따돌리거나 괴롭히는 행위를 일컫는 말은?

① 사이버 테러
② 사이버 불링
③ 스쿨슈팅
④ 사이버 슬래킹

해설
사이버 불링(Cyber Bullying)은 인터넷과 SNS, 휴대전화 등을 이용해 온라인 공간에서 특정 인물을 괴롭히는 행위이다. 최근 학교폭력도 인터넷 메신저나 휴대전화 문자메시지를 통해 상대방을 24시간 괴롭히는 사이버 불링의 형태로 나타나고 있다. 한편, 스쿨슈팅은 교내 총기범죄를 의미한다.

42 현실을 부정하고 스스로 만들어낸 거짓의 세계를 진실이라고 믿으며, 거짓된 말과 행동을 상습적으로 반복하는 반사회적 인격장애를 가리키는 말은?

① 앨리스 증후군
② 리플리 증후군
③ 뮌하우젠 증후군
④ 베르테르 증후군

해설
리플리 증후군(Ripley Syndrome)은 현실을 부정하고 스스로 만들어낸 거짓의 세계를 진실이라고 믿으며, 거짓된 말과 행동을 상습적으로 반복하는 반사회적 인격장애를 가리킨다. 여러 드라마에서 전형적인 악역 캐릭터로 많이 등장한다.

43 '어디에든 아무것도 짓지 말라'는 의미로 쓰레기 소각장, 원자력발전소, 댐 등 자신이 사는 지역권 내에 환경오염 유발 시설 설치를 반대하는 것은?

① 바나나(BANANA) 현상
② 임피(IMFY) 현상
③ 핌피(PIMFY) 현상
④ 노비즘(Nobyism) 현상

해설
바나나(BANANA) 현상은 'Build Absolutely Nothing Anywhere Near Anybody'의 머리글자를 따서 만든 말로, 지역이기주의와 공공정신의 약화를 의미한다. 님비(NIMBY) 현상과 비슷한 개념이다.

44 일과 휴가를 함께하며 직원들이 휴식을 취하면서도 일의 생산성을 높일 수 있도록 자신이 원하는 휴양지에서 원격으로 일을 하는 근무 형태는?

① 잡 셰어링
② 워케이션
③ 클럽하우스
④ 허브 앤 스포크

해설
워케이션(Worcation)이란 일을 뜻하는 'Work'와 휴가를 뜻하는 'Vacation'의 합성어로, 시간과 장소에 구애받지 않고 회사 이외 장소에서 근무하는 텔레워크(Telework) 이후에 새롭게 등장한 근무방식이다.

45 다음 중 구세군에 대한 설명으로 옳지 않은 것은?

① 19세기 후반기에 영국의 감리교 목사였던 윌리엄 부스가 창시했다.
② '세상을 구하는 군대'라는 명칭처럼 성직자를 '사관', 교인을 '병사, 군우'라고 부른다.
③ 우리나라에서는 1908년 로버트 호가드 사관이 구세군 선교사업을 시작했다.
④ 구세군 자선냄비 모금활동은 일제강점기에 우리나라에서 최초로 시작됐다.

해설
구세군 자선냄비는 1891년 샌프란시스코에서 난파한 배의 생존자를 돕기 위해 시작됐고, 한국에서는 1908년부터 이어지고 있다. 구세군은 런던에 세계 본영을 두고 있으며, 세계 132개 나라에 본영·연대·소대·분대 등의 조직을 운영하고 있다.

46 인터넷 사용 후기를 참조해 물건을 구매하는 소비자를 가리키는 말은?

① 넥소블리안
② 트윈슈머
③ 크리슈머
④ 트레저 헌터

해설
트윈슈머(Twinsumer)는 다른 구매자들의 후기를 읽고 구매를 결정하는 사람들을 일컫는 말이다. 이들은 가격비교 사이트에서 가격을 비교하고 다른 구매자들의 사용 경험담을 읽어본 뒤 품질을 꼼꼼히 확인하고 결정한다. 쌍둥이를 의미하는 '트윈(Twin)'과 소비자를 의미하는 '컨슈머(Consumer)'의 합성어로 인터넷으로 상품을 구매하고, SNS 활용이 활발해짐에 따라 등장한 새로운 소비 흐름이다.

47 외부 세상으로부터 인연을 끊고 자신만의 안전한 공간에 머무르고자 하는 칩거 증후군의 사람들을 일컫는 용어는?

① 딩크족
② 딘트족
③ 코쿤족
④ 니트족

해설
① 딩크(DINK)족 : 'Double Income, No Kids'의 준말이다. 자녀 양육에 대한 경제적 부담과 극심한 경제난으로 인해 국내에 딩크족이 늘어나고 있으며 이는 저출산의 원인이 되고 있다.
② 딘트(DINT)족 : 'Double Income, No Time'의 준말이다. 맞벌이를 해서 수입은 두 배이지만 업무가 바쁘고, 서로 시간이 없어 소비를 못 하는 신세대 맞벌이 부부를 지칭하는 신조어이다. 이들을 겨냥하기 위해 예술 공연이나 쇼핑몰 등이 영업시간을 연장하고 있다.
④ 니트(NEET)족 : 'Not in Education, Employment or Training'의 준말로, 취업 연령의 인구 중에 취업 의욕이 전혀 없거나, 의욕은 있지만 일자리를 구하지 못하는 청년들을 말한다. 경제상황이 악화되고 고용환경은 더욱 나빠져 어쩔 수 없이 취업을 포기하는 청년 실업자들이 늘어나고 있어 경제·사회적으로 심각한 문제가 될 수 있다.

48 필수 공익 사업의 노·사 양측이 단체협약 등을 둘러싸고 합의된 조정안을 도출해내지 못할 경우 중앙노동위원회가 직권으로 타협안을 제시하는 것은?

① 긴급조정 ② 중재재정
③ 임의조정 ④ 조정명령

해설
현행 노동조합 및 노동관계조정법은 중앙노동위원회가 직권으로 중재안을 제시하는 것을 '중재재정'으로 규정하고 있는데, 이를 우리 사회에서는 편의상 '직권중재'라고 지칭한다.

49 인터넷상의 컴퓨터 주소인 도메인을 투기나 판매 목적으로 선점하는 행위는?

① 사이버스쿼팅 ② 사이버 테러리즘
③ 스피어피싱 ④ 스미싱

해설
사이버스쿼팅(Cybersquatting)은 인터넷 주소를 악용하거나 판매할 목적으로 선점하는 것을 말한다.

50 고소득이나 빠른 승진 등 사회적 성공을 위해 직장에 붙잡혀 사는 것보다 소득이 적더라도 여유 있는 직장생활과 삶의 만족을 중요하게 생각하는 경향이 강한 신세대를 칭하는 말은?

① 여피(YUPPIES)족 ② 니트(NEET)족
③ 예티(YETTIE)족 ④ 다운시프트(Downshift)족

해설
① 여피족 : '젊은(Young), 도시화(Urban), 전문직(Professional)'의 세 머리글자를 딴 'YUP'에서 나온 말이다.
③ 예티족 : 젊고(Young), 기업가적(Entrepreneurial)이며, 기술에 바탕을 둔(Tech-based) 인터넷 엘리트(Internet Elite)를 말한다.

51 네티즌으로 구성된 사이버 외교사절단으로, 한국과 한국인에 대해 바르게 홍보하는 것을 목적으로 하는 단체는?

① 주빌리 ② 시에라클럽
③ G2K그룹 ④ 반크

해설
반크(VANK ; Voluntary Agency Network of Korea)는 인터넷상에서 한국과 한국인에 대해 바르게 홍보하기 위해 만들어진 사이버 외교사절단으로 온라인을 통해 회원 1명당 5명의 외국인 펜팔 친구를 사귀어 한국의 이미지를 전 세계에 전파하자는 취지로 1999년 출범했다.

정답 45 ④ 46 ② 47 ③ 48 ② 49 ① 50 ④ 51 ④

52 능력보다 인상이나 고정관념 등이 평가에 큰 영향을 미치는 것은?

① 헤일로 효과 ② 사일로 효과
③ 메디치 효과 ④ 메기 효과

> **해설**
> 외적인 특징에서 연상되는 고정관념을 바탕으로 그 특정 대상을 완전히 이해했다고 착각하는 현상을 헤일로 효과 또는 후광 효과라 한다. 예를 들어 호감이 가는 외모를 가지고 있으면 그 사람의 지능, 성격, 인격 등도 좋다고 평가하는 것이다.

53 부자의 부의 독식을 부정적으로 보고 사회적 책임을 강조하는 용어로 월가 시위에서 1대 99라는 슬로건이 등장하며 1%의 탐욕과 부의 집중을 공격하는 이 용어는?

① 뉴비즘 ② 노블레스 오블리주
③ 뉴리치 현상 ④ 리세스 오블리주

> **해설**
> 노블레스 오블리주(Noblesse Oblige)가 지도자층의 책임감을 요구하는 것이라면, 리세스 오블리주(Richesse Oblige)는 부자들의 부의 독식을 부정적으로 보며 사회적 책임을 강조하는 것을 말한다.

54 도시에서 생활하던 노동자가 고향과 가까운 지방도시로 취직하려는 현상은?

① U턴 현상 ② J턴 현상
③ T턴 현상 ④ Y턴 현상

> **해설**
> J턴 현상이란 도시생활에 염증을 느낀 노동자가 자신의 출신지인 지방으로 돌아가려 하지만, 출신지에는 고용기회가 적어 상대적으로 구직활동이 편한 근처의 지방도시로 돌아가는 현상을 말한다. U턴 현상은 대도시에 취직한 타지방 출신 노동자가 다시 출신지로 되돌아가는 현상으로 도시생활 부적응·생활비 부담·직장의 지방 진출 등이 원인이다. 출신지 근처의 지방도시로 돌아가는 J턴 현상과 구별된다.

55 행정구역상 거주 인구뿐만 아니라, 지역에서 체류하며 생활하는 인구를 포함한 개념은? **출제 유형**

① 상주인구
② 생활인구
③ 유입인구
④ 통근인구

> **해설**
> 생활인구는 특정 지역에 거주하는 인구뿐만 아니라 근무·통학·관광·휴양 등으로 일정 시간 체류하며 생활하는 사람까지 포함한 개념이다. 2023년 시행된 인구감소지역 지원 특별법을 계기로 도입됐으며, 지방소멸 대응과 지역 활력 제고를 위한 새로운 인구 지표로 활용되고 있다.

56 정보화 시대에 뒤처져서 사람 사이의 단절과 격차가 발생하는 현상은?

① 사이버 불링
② 디지털 디바이드
③ 사이버 슬래킹
④ 내셔널리즘

해설
디지털 디바이드(Digital Divide)는 디지털 기기의 발전과 이를 제대로 활용하는 사람들은 지식축적과 함께 소득까지 증가하는 반면, 경제적 · 사회적인 이유로 디지털 기기를 활용하지 못하는 사람은 정보격차를 느끼게 되는 것을 말한다.

57 평소 익숙했던 것들이 갑자기 생소하게 느껴지는 현상은?

① 자메뷔(Jamais Vu)
② 데자뷔(Deja Vu)
③ 리비도(Libido)
④ 루시드 드림(Lucid Dream)

해설
자메뷔는 과거의 경험을 마치 처음인 듯 느끼는 '미시감'을 의미한다.

58 지식과 정보로 고부가가치를 창출하는 전문직 종사자를 일컫는 말은?

① 화이트칼라
② 골드칼라
③ 핑크칼라
④ 퍼플칼라

해설
첨단기술 · 통신 · 광고 · 서비스직 등에서 아이디어를 통해 창의적인 부가가치를 창출하여 사업능력을 발휘하는 지식창조형 전문가를 '골드칼라'라고 한다.

59 가난을 대물림하지 않기 위해서 시민들이 자발적으로 벌이는 운동은?

① 프로보노 운동
② 뉴스타트 운동
③ 뉴라이트 운동
④ 위스타트 운동

해설
위스타트 운동은 '복지(Welfare)'와 '교육(Education)'의 영문명의 첫 글자와 '출발(Start)'의 영문명을 합친 것이다. 저소득층 아이들에게 복지와 교육의 기회를 제공함으로써 보다 동등한 삶의 출발선이 주어지도록 하는 활동으로 지난 2004년 국내에서도 '가난의 대물림을 끊자'라는 각계 각층의 뜻이 모아져 사단법인 '위스타트 운동본부'가 만들어졌다.

정답 52 ① 53 ④ 54 ② 55 ② 56 ② 57 ① 58 ② 59 ④

60 다음 중 노동생산성에 대한 설명으로 옳은 것은?

① 노동생산성은 근로시간이 늘어날수록 자동으로 향상된다.
② 노동생산성은 노동자의 근속연수와 무관하다.
③ 산업재해율이 증가할 때, 노동자 1인당 부가가치는 감소하는 경향이 있다.
④ 노동생산성은 투입된 자본량에만 영향을 받는다.

> **해설**
> 노동생산성은 일정 시간이 투입된 노동량과 그 성과인 생산량과의 비율로, 노동자 1인이 일정기간 동안 산출하는 생산량 또는 부가가치를 나타낸다. 산업재해율이 높아질수록 1인당 부가가치가 감소하는 경향이 있다. 반대로 노동생산성이 높으면, 재해율도 낮은 것으로 나타난다. 노동생산성 증가가 임금·복지수준 증가, 노동환경 개선 등으로 이어져 산업재해 감소에 긍정적인 영향을 미칠 수 있다.

61 컴퓨터 등의 디스플레이를 장시간 보면서 작업하는 사람에게 일어나는 증후군으로 안질환, 두통, 불안감 등의 증상을 나타내는 것은?

① 모라토리엄 증후군
② 공소 증후군
③ 와부와부 증후군
④ VDT 증후군

> **해설**
> VDT(Visual Display Terminal) 증후군은 브라운관이 부착된 컴퓨터 단말기를 많이 사용함에 따라 장시간 컴퓨터 작업을 하면 눈이 피로해지거나 침침해지고, 시력이 떨어지는 증상이다. 더 심해지면 머리가 아프거나 구토, 불안감 등의 증상이 동반된다. VDT 증후군을 예방하기 위해서는 일정 시간 동안 컴퓨터를 사용하고 나면 반드시 휴식을 취해야 한다. 고용노동부는 관련 법에 따라 VDT 증후군도 업무상 재해로 보상받을 수 있다고 명시하고 있다.

62 다음 중 직장폐쇄와 관련된 설명으로 옳지 않은 것은?

① 직장폐쇄 기간에는 임금을 지급하지 않아도 된다.
② 직장폐쇄를 금지하는 단체협약은 무효다.
③ 사용자의 적극적인 권리행사 방법이다.
④ 노동쟁의를 사전에 막기 위해 직장폐쇄를 실시하는 경우에는 사전에 해당 관청과 노동위원회에 신고해야 한다.

> **해설**
> 직장폐쇄는 고용주가 노사협상에서 자신의 뜻을 이루기 위해 일정 기간 직장의 문을 닫는 행위이다. 노동조합의 쟁의행위에 대한 대항수단이므로 노동조합이 쟁의행위를 개시한 이후에만 할 수 있다.

63 우리나라가 국제노동기구(ILO)에 가입한 연도는?

① 1990년 ② 1991년
③ 1992년 ④ 1993년

해설

국제노동기구(ILO)는 제1차 세계대전이 끝난 후 1919년 베르사유 조약에 따라 설립됐고, 우리나라는 1991년 151번째 회원국으로 가입했다.

64 노동쟁의 방식 중 하나로, 근로자들이 직장을 이탈하지 않는 대신에 불완전노동으로 사용자를 괴롭히는 방식은?

① 사보타주 ② 스트라이크
③ 보이콧 ④ 피케팅

해설

노동쟁의는 임금, 근로시간, 복지, 해고 등의 근로조건에 대해 근로자와 고용주 간에 의견 불일치를 보여 발생하는 분쟁을 말한다. 노동쟁의가 벌어질 때에는 한쪽이 상대방에게 서면으로 통보해야 하고, 만약 어느 한쪽이 노동위원회에 노동쟁의 조정을 신청한 경우 위원회는 지체 없이 조정을 시행해야 한다.

노동쟁의의 종류
- 파업 : 근로 거부 행위
- 태업 : 근로를 게을리해 고용주에게 피해를 주는 행위(사보타주)
- 보이콧 : 회사의 상품 또는 거래관계에 있는 제3자의 상품에 대한 불매운동
- 피케팅 : 플래카드, 피켓, 확성기 등을 사용해 근로자들이 파업에 동참할 것을 호소하는 행위
- 직장폐쇄 : 고용주가 노사협상에서 자신들의 뜻을 이루기 위해 일정 기간 직장의 문을 닫는 행위

65 다음 중 노동 3권이 아닌 것은?

① 단결권 ② 노동쟁의권
③ 단체교섭권 ④ 단체행동권

해설

노동 3권
- 단결권 : 자주적으로 노동조합을 설립할 수 있는 권리
- 단체교섭권 : 근로자가 근로조건을 유지하거나 개선하기 위해서 단체로 모여 사용자와 교섭할 수 있는 권리이다. 노동조합이 단체교섭권을 들어 합리적인 교섭을 요청할 때 사용자는 정당한 이유 없이 이를 거부하거나 피할 수 없다.
- 단체행동권 : 근로자가 자신의 근로조건을 유리하게 하기 위해서 단체로 집단적인 행위를 할 수 있도록 한 쟁의권으로 정당한 단체행동권의 행사는 민사상·형사상 책임이 면제된다.

정답 60 ③ 61 ④ 62 ④ 63 ② 64 ① 65 ②

66 환경영향평가에 대한 설명으로 옳은 것은?

① 환경보존 운동의 효과를 평가하는 것
② 환경보전법, 해상환경관리법, 공해방지법 등을 총칭하는 것
③ 공해지역 주변에 특별감시반을 설치하여 환경보전에 만전을 기하는 것
④ 건설이나 개발 전에 주변 환경에 미치는 영향을 미리 측정하여 대책을 세우는 것

해설
환경영향평가는 개발이 환경에 미치는 영향의 정도나 범위를 사전에 예측·평가하고 그 대처방안을 마련하여 환경오염을 사전에 예방하는 제도다.

67 대기권 중상층에 발달한 고기압이 정체되며 뜨겁게 달궈진 공기를 지면에 가둬 더위가 심해지는 현상은?

① 온실효과
② 엘니뇨
③ 라니냐
④ 열돔현상

해설
열돔현상(Heat Dome)은 강한 고기압이 마치 뚜껑처럼 대기 상층을 덮어 뜨거운 공기가 지표면 근처에 갇히는 기상 현상이다. 이로 인해 열이 빠져나가지 못해 예년보다 5~10℃ 이상 기온이 올라 극심한 폭염이 장기간 지속된다. 중위도 지역에서 주로 발생하며 지구 온난화로 인한 이상기후의 대표적 사례로 꼽힌다.

68 관료제의 역기능으로 옳지 않은 것은?

① 분업화
② 무사안일주의
③ 할거주의
④ 번문욕례

해설
분업화란 관료제의 순기능으로서, 능력별로 업무와 권한을 적절하게 나누어 일하는 방식이다.
② 무사안일주의 : 계층제 원칙에 따라 조직구성원의 무사안일주의를 초래한다.
③ 할거주의 : 분업·전문화에 따라 능률을 높이지만, 자기소속 부서의 이익만을 따져 일하는 배타적인 할거주의를 초래한다.
④ 번문욕례 : 규칙과 규정을 지나치게 강조하다 보면 형식적인 행정을 하게 된다.

69 생물학적 산소요구량을 의미하는 것은?

① BOD
② SO
③ POP
④ CERs

> **해설**
> BOD(Biochemical Oxygen Demand)는 물속에 있는 유기물을 측정함으로써 오염물질을 정화시키기 위해 필요한 산소의 양을 알아보는 지표이다. 생화학적 산소요구량이라고도 하며 BOD 값이 클수록 오염 정도가 높고, BOD 값이 작을수록 깨끗한 물이다.

70 여론조사방법 중 RDD 방식에 대한 내용으로 틀린 것은?

① 무작위 임의전화걸기(Random Digit Dialing) 방식을 적용하는 기법이다.
② 전화번호부에 등록되지 않은 가구도 표본에 포함된다.
③ ARS 조사방식을 보완하기 위해 도입된 방식이다.
④ 기존 조사에 비해 조사기간도 짧고 추가 비용도 적다.

> **해설**
> RDD(Random Digit Dialing) 방식은 지역번호와 국번이 제외된 상태에서 전화면접조사가 이루어지므로 별도의 지역에 대한 질의시간이 필요하다. 따라서 기존 조사에 비해 조사시간이 길어지고, 이에 따른 추가 비용이 소요된다는 단점이 있다.

71 다음은 기사 내용의 일부분이다. 밑줄 친 호우주의보의 기준으로 옳은 것은?

> 제14호 태풍 덴빈(TEMBIN)의 영향으로 대전과 세종, 충남 전 지역에 호우주의보가 내려졌으며 이날 오후 들어서는 태풍의 직접 영향권으로 들어갈 것으로 보인다.

① 3시간의 강수량이 60mm 이상 예상될 때
② 6시간의 강수량이 70mm 이상 예상될 때
③ 10시간의 강수량이 100mm 이상 예상될 때
④ 12시간의 강수량이 130mm 이상 예상될 때

> **해설**
> 호우주의보는 호우로 인하여 다소의 피해가 예상될 때 기상청에서 발표하는 특별한 기상예보이다. 3시간의 강수량이 60mm 이상 예상되거나 12시간의 강수량이 110mm 이상 예상될 경우에 발표한다.

72 보기의 밑줄 친 전자발찌 부착대상으로 틀린 것은?

> 법무부가 전자발찌 부착대상 및 성폭력 범죄자 등 강력사범들을 관리하기 위한 보호관찰 인력 증원작업에 본격 착수했다. 최근 잇따라 발생한 아동 상대 성폭력 범죄 등 흉악사건의 재발 및 예방을 위해서다.

① 성폭력 범죄로 징역형의 실형을 선고받은 사람이 그 집행을 종료한 후 또는 집행이 면제된 후 20년 이내에 성폭력 범죄를 저지른 때
② 성폭력 범죄로 이 법에 따른 전자장치를 부착받은 전력이 있는 사람이 다시 성폭력 범죄를 저지른 때
③ 성폭력 범죄를 2회 이상 범하여(유죄의 확정판결을 받은 경우를 포함) 그 습벽이 인정된 때
④ 19세 미만의 사람에 대하여 성폭력 범죄를 저지른 때

해설
성폭력 범죄로 징역형의 실형을 선고받은 사람이 그 집행을 종료한 후 또는 집행이 면제된 후 10년 이내에 성폭력 범죄를 저지른 때가 전자발찌 부착대상이 된다.

73 사용자가 경영상의 이유로 인하여 근로자를 해고하려 할 때 해고 요건으로 틀린 것은?

① 긴박한 경영상의 필요가 있어야 한다.
② 합리적이고 공정한 해고의 기준을 정하고 이에 따라 그 대상자를 선정해야 한다.
③ 노동조합에 해고를 하려는 날의 3개월 전까지 통보하고 성실하게 협의해야 한다.
④ 일정한 규모 이상의 인원을 해고하려면 대통령령으로 정하는 바에 따라 고용노동부 장관에게 신고해야 한다.

해설
사용자는 해고를 피하기 위한 방법과 해고의 기준 등에 관하여 그 사업 또는 사업장에 근로자의 과반수로 조직된 노동조합이 있는 경우에는 그 노동조합(근로자의 과반수로 조직된 노동조합이 없는 경우에는 근로자의 과반수를 대표하는 자)에 해고를 하려는 날의 50일 전까지 통보하고 성실하게 협의하여야 한다.

74 다음 중 적조 현상이 일어나는 원인으로 바르지 않은 것은?

① 적조 현상이 일어나는 가장 큰 원인은 물에 유기양분이 너무 많은 부영양화에 있다.
② 연안 개발 및 간척사업으로 인한 갯벌의 감소도 적조 현상의 원인으로 작용한다.
③ 바람에 의해 바닷물이 잘 섞이는 경우에도 적조 현상이 발생한다.
④ 기온의 변화로 수온이 상승하여 미생물의 번식이 증가하면 적조 현상이 발생한다.

해설
바람이 적게 불어서 바닷물이 잘 섞이지 않는 경우에 적조 현상이 발생한다.
① 적조란 플랑크톤을 비롯한 미생물이 갑자기 대량 번식하여 바다, 강, 호수 등의 색깔이 붉게 변하는 현상인데, 적조를 일으키는 미생물을 대량 번식하게 만드는 물의 부영양화가 가장 큰 원인이다.
② 갯벌에 사는 생물들이 플랑크톤이나 미생물을 먹이로 함으로써 자연정화 작용을 했었으나, 간척사업 등으로 갯벌이 감소하면서 부영양화가 심해지고 적조도 증가하게 되었다.
④ 기온 변화로 수온이 상승하면 미생물이 더욱 왕성하게 번식하므로 적조 현상이 발생한다.

75 사람의 활동이나 상품을 생산·소비하는 전 과정을 통해 배출되는 온실가스 배출량을 이산화탄소로 환산한 총량을 가리키는 말은?

① 탄소세
② 탄소수지
③ 탄소배출권
④ 탄소발자국

해설
탄소발자국(Carbon Footprint)은 생산부터 폐기까지 하나의 제품이 발생시키는 이산화탄소 배출 총량을 말한다. 2006년 영국 의회 과학기술처(POST)에서 처음 사용한 용어로 제품 생산 시 발생된 이산화탄소의 총량을 탄소발자국으로 표시하게 함으로써 유래됐다.

76 다음 내용에서 밑줄 친 용어에 대한 설명으로 가장 옳은 것은?

> 노스웨스턴대학 캐롤라인 첸 교수는 최근 LA타임스 칼럼에 대학 입시에서 '대나무 천장(Bamboo Ceiling)'이 점점 더 높아지고 있다며 <u>어퍼머티브 액션(Affirmative Action)</u>을 비판했다.

① 공적으로 제시하는 기본방침
② 소수계를 우대하는 정책
③ 반사회적인 행위
④ 다수의 평등지수 높이기

해설
어퍼머티브 액션(Affirmative Action)은 인종이나 경제적 신분 간 갈등을 해소하고 과거의 잘못을 시정하기 위해 특혜를 주는 사회정책이다. 단순히 차별을 철폐하고 공평한 대우를 하는 것보다 좀 더 적극적으로 가산점을 주는 형태로 이루어진다.

77 뛰어난 인재들만 모인 집단에서 오히려 성과가 낮게 나타나는 현상을 일컫는 용어는?

① 번아웃 신드롬
② 샹그릴라 신드롬
③ 스톡홀름 신드롬
④ 아폴로 신드롬

해설
아폴로 신드롬은 경영학자 메러디스 벨빈이 〈팀 경영의 성공과 실패〉라는 책을 통해 도입한 용어로, 한국에서는 〈팀이란 무엇인가〉라는 제목으로 출판됐다. 저자는 아폴로 우주선을 만드는 일과 같이, 어렵고 복잡한 일일수록 명석한 두뇌를 가진 인재들이 필요하지만 실제 사례에서는 뛰어난 자들만 모인 조직은 정치역학적인 위험을 가지고 있다고 주장했다.

78 다음의 사회적 증후군 중 성격이 다른 하나는?

① 파랑새 증후군
② 피터팬 증후군
③ 번아웃 증후군
④ 모라토리엄 증후군

> **해설**
> 피터팬 증후군과 모라토리엄 증후군은 성인이 되어서도 그 이전 단계의 자아에 머물러 있으려 하고 사회적 자아를 확립하지 못한다는 점에서 일맥상통하며, 현실을 거부하고 백일몽을 쫓는다는 점에서 파랑새 증후군과도 통한다고 볼 수 있다. 번아웃 증후군은 현대사회의 탈진 증후군을 뜻한다.

79 다음 중 사회보험에 대한 설명으로 옳지 않은 것은?

① 사회보험은 전 국민을 대상으로 하며 가입이 강제된다.
② 사회보험은 건강보험, 산업재해보상보험, 고용보험, 연금보험 등이 있다.
③ 사회보험은 일반 조세에 의하여 충당된다.
④ 소득 재분배의 기능을 가진다.

> **해설**
> 사회보험의 보험료는 조세가 아닌 국민, 기업, 국가가 서로 분담하여 부담한다.
> **사회보험**
> 국민에게 발생하는 사회적 위험을 보험방식에 의해 대처함으로써 국민건강과 소득을 보장하는 제도이며, 우리나라에서는 국민연금·건강보험·고용보험·산업재해보험 등을 실시하고 있다.

80 사회적 목표는 분명하지만 그것을 성취할 만한 적절한 수단들이 제공되지 못할 경우에 목표와 수단이 어긋나서 규범의 부재나 혼란의 상태를 보이게 되는 현상으로 '무규범 상태'를 이르는 말은?

① 차별적 접촉 이론
② 아노미 현상
③ 낙인 이론
④ 문화지체 현상

> **해설**
> ① 차별적 접촉 이론 : 미국의 범죄학자 에드윈 H. 서덜랜드의 사회학적 이론으로 특정한 사람이 일탈적 행위유형을 학습하게 되는 이유를 설명한다. 범죄는 일반적인 행위와 마찬가지로 학습을 통해서 익히게 되고, 학습은 주로 친밀한 사람들과의 상호작용을 통해 일어난다고 한다.
> ③ 낙인 이론 : 1960년대에 등장한 범죄학 이론으로, 어떤 사람이 사회구성원들이 일탈 행동이라고 규정한 어떤 행동을 하여 일탈 행위자로 낙인찍히면 그 사람은 낙인찍힌 대로 범죄자가 된다는 이론이다.
> ④ 문화지체 현상 : 미국의 사회학자 W. F. 오그번이 주장한 이론으로 급속히 발전하는 물질문화와 비교적 완만하게 변하는 비물질문화 간 변동속도의 차이에서 생겨나는 사회적 부조화 현상을 말한다.

04 문화·예술·미디어·스포츠

01 다음 중 야수주의에 대한 설명으로 옳은 것은?

① 자연의 형태를 사실적으로 표현하고 명암을 중시했다.
② 기하학적 형태와 원근법을 강조한 회화 양식이다.
③ 강렬한 색채와 단순한 형태로 감정을 자유롭게 표현한 회화 운동이다.
④ 사물을 기계적이고 냉정하게 묘사한 산업미술의 한 경향이다.

해설
야수주의(Fauvism)는 20세기 초 프랑스를 중심으로 일어난 회화 운동으로, 사실적인 묘사보다 순수한 색채와 자유롭고 강렬한 표현을 통해 화가의 감정을 드러내는 것을 중시했다. 대표 화가로는 앙리 마티스(Henri Matisse)와 앙드레 드랭(André Derain) 등이 있다.

02 다음 중 세계 3대 패션위크가 열리는 도시가 아닌 것은?

① 미국 뉴욕
② 이탈리아 밀라노
③ 영국 런던
④ 프랑스 파리

해설
패션위크(Fashion Week)는 일주일 안팎의 기간 동안 패션브랜드의 패션쇼가 집중적으로 열리는 기간을 의미한다. 보통 2월 즈음에 가을·겨울 컬렉션(F/W), 9월경에 봄·여름 컬렉션(S/S)을 꾸려 패션쇼를 진행한다. 세계적으로 3대 패션위크로 꼽히는 것은 뉴욕·파리·밀라노 컬렉션이고, 이 중에서도 가장 큰 규모와 영향을 가진 패션위크는 파리에서 열린다. 런던 컬렉션까지 더해 4대 패션위크로 꼽기도 한다.

03 캐나다의 문학비평가 마셜 맥루한이 제시한 개념으로서 풍부한 정보 전달량을 지녔고, 정보를 수용하는 이의 낮은 참여가 요구되는 미디어는?

① 쿨미디어
② 핫미디어
③ 프라이밍 미디어
④ 퍼블릭액세스

해설
문화비평가 마셜 맥루한은 저서 〈미디어의 이해〉를 통해 핫미디어와 쿨미디어라는 개념을 제시했다. 정보량이 많지만 참여를 요구하지 않는 것을 핫미디어, 참여를 요구하지만 정보량이 적은 것은 쿨미디어라고 설명했다. 사진이나 라디오처럼 직접적이고 분명하게 전달되는 정보들은 정보 수신자가 이에 관여하거나 정보의 빈틈을 메울 여지가 없어 핫미디어로 분류된다.

04 다음 중 세계 4대 통신사가 아닌 것은?

① AP 통신사
② UPI 통신사
③ 로이터 통신사
④ 블룸버그 통신사

해설

세계 4대 통신사
- AP(Associated Press of America) : 신문사 방송국 회원사에 의해 공동관리되는 비영리조합 조직의 미국 연합통신사이며, 전 세계적인 통신망을 가지고 있다.
- AFP(Agence France Press) : 서유럽적 입장에서 논평과 보도를 하는 프랑스의 국영 통신사로 파리에 본부가 있으며, 제2차 세계대전 중 활동하던 아바스(Havas) 통신사의 후신이다. 전 세계에 100여 개의 지국을 두고 있다.
- UPI(United Press International) : 1958년에 UP가 경영난에 빠진 INS(International News Service) 통신사를 병합하여 발족시킨 국제 합동 통신사이다(영리조직). 국내는 물론 전 세계에 통신을 공급하고 있다.
- 로이터(Reuter) : 독일인 로이터가 1851년 영국에 귀화하여 런던에 설립한 통신사이다. 현재는 전 세계에 통신망을 가지고 국제신문계의 일대 세력을 이루고 있으며 경제통신, 외교 기사가 특히 유명하다.

05 다음 중 우리나라가 보유한 유네스코 세계문화유산이 아닌 것은? 출제 유형

① 경복궁
② 수원 화성
③ 해인사 장경판전
④ 경주 역사유적지구

해설

우리나라는 현재 창덕궁, 수원 화성, 석굴암 · 불국사, 해인사 장경판전, 종묘, 경주 역사유적지구, 고창 · 화순 · 강화 고인돌 유적, 조선왕릉, 안동하회 · 경주양동 마을, 제주 화산섬과 용암동굴, 남한산성, 백제역사유적지구, 산사 한국의 승원, 한국의 서원, 한국의 갯벌, 가야고분군, 반구천의 암각화까지 총 17건의 세계문화유산을 보유하고 있다.

06 다음 중 변형된 기형 인간이 등장하는 호러 영화는 무엇인가?

① 스플래터 무비
② 좀비 무비
③ 프릭스 무비
④ 오컬트 무비

해설

1932년에 제작된 프릭스 무비에는 실제 서커스단의 프릭스(돌연변이 기형 인간)가 출연했다.
① 스플래터 무비 : 극단적인 신체 훼손 장면을 사실적으로 보여주는 영화로 스플래터(Splatter)는 '피가 튄다'라는 뜻이다.
② 좀비 무비 : 살아 있는 시체들이 등장하는 영화이다.
④ 오컬트 무비 : 엑소시스트 등과 같이 마술, 악령, 영혼, 사후 세계 따위를 다룬 괴기 영화이다.

07 작곡가와 오페라 작품이 잘못 연결된 것은?

① 푸치니 – 〈라보엠〉
② 베버 – 〈라 트라비아타〉
③ 베르디 – 〈아이다〉
④ 바그너 – 〈니벨룽겐의 반지〉

해설
〈라 트라비아타〉는 베르디의 작품이다.
주요 오페라 작곡가와 작품
- 푸치니 : 〈나비부인〉, 〈라보엠〉, 〈토스카〉, 〈투란도트〉
- 베르디 : 〈리골레토〉, 〈라 트라비아타(춘희)〉, 〈아이다〉, 〈오셀로〉
- 모차르트 : 〈피가로의 결혼〉, 〈돈 조반니〉, 〈마적〉
- 바그너 : 〈탄호이저〉, 〈니벨룽겐의 반지〉, 〈트리스탄과 이졸데〉

08 악장 앞에 'BWV'라고 쓰인 곡들의 작곡가는 누구인가?

① 바흐
② 슈베르트
③ 모차르트
④ 베토벤

해설
음악가의 작품번호
바흐(BWV), 슈베르트(D), 모차르트(K), 베토벤(WoO), 헨델(HWV), 하이든(Hob), 비발디(R), 드보르작(B)

09 다음 중 유네스코 세계기록유산에 등재된 기록물이 아닌 것은?

① 용비어천가
② 조선통신사 기록물
③ 4 · 19 혁명 기록물
④ 동학농민혁명 기록물

해설
용비어천가 권 3, 4는 2001년 12월 31일 서울유형문화재 제140호로 지정되었다.
우리나라 세계기록유산
훈민정음 해례본(1997), 조선왕조실록(1997), 직지심체요절(2001), 승정원일기(2001), 조선왕조의궤(2007), 해인사 팔만대장경판 및 제경판(2007), 동의보감(2009), 5 · 18 민주화운동 기록물(2011), 일성록(2011), 난중일기(2013), 새마을운동 기록물(2013), 한국의 유교책판(2015), KBS 특별생방송〈이산가족을 찾습니다〉기록물(2015), 조선왕실 어보와 어책(2017), 국채보상운동 기록물(2017), 조선통신사 기록물(2017), 4 · 19 혁명 기록물(2023), 동학농민혁명 기록물(2023), 제주 4 · 3 기록물(2025년), 산림녹화 기록물(2025년)으로 총 20건 보유하고 있다.

10 내용은 보도해도 되지만 취재원을 밝혀서는 안 되는 것을 뜻하는 취재 용어는?

① 백그라운드브리핑
② 딥백그라운드
③ 오프더레코드
④ 엠바고

해설
딥백그라운드(Deep Background)는 취재원을 인터뷰한 내용을 쓸 때 특별한 경우를 제외하고 취재원 정보를 보도하지 않거나 익명으로 보도하는 관례이다.

11 유럽 축구에서 한 팀이 한 시즌에 자국 리그와 FA(축구협회)컵, UEFA(유럽축구연맹) 챔피언스리그를 석권하는 것을 일컫는 말은?

① 사이클링 히트(Cycling Hit)
② 그랜드슬램(Grand Slam)
③ 트리플 플레이(Triple Play)
④ 트레블(Treble)

> **해설**
> ① 야구에서 한 선수가 한 게임에서 단타, 2루타, 3루타, 홈런을 순서에 관계없이 모두 쳐낸 것을 말한다.
> ② 메이저 대회를 석권하는 것을 말한다. 골프의 4대 메이저 대회는 남자골프는 US 오픈 · 브리티시 오픈 · 미국 프로골프협회선수권(PGA) · 마스터스 대회를 말한다. 여자골프(LPGA) 5대 메이저 대회는 US 여자오픈 · KPMG 여자 PGA 챔피언십 · AIG 여자오픈 · 더 셰브론 챔피언십)을 말한다(4개를 석권하면 커리어 그랜드슬램, 5개를 석권하면 슈퍼 커리어 그랜드슬램). 테니스의 경우에는 호주 오픈 · 프랑스 오픈 · 윔블던 · US 오픈을 말한다.
> ③ 야구경기에서 수비팀이 연속된 동작으로 3명의 공격팀 선수를 아웃시키는 플레이를 말한다.

12 다음에서 설명하는 것은?

> 사람들을 끌기 위해 자극적이고 선정적인 기사를 과도하게 취재하여 보도하는 행태

① 블랙 저널리즘
② 옐로 저널리즘
③ 레드 저널리즘
④ 포토 저널리즘

> **해설**
> 1890년대 미국에서 랜돌프 허스트와 조지프 퓰리처는 각각 자신의 신문에 실었던 만화 〈노란 꼬마〉를 서로의 신문을 공격하는 PR로 사용했는데, 이를 두고 '뉴욕프레스'의 편집국장이었던 어빈 워드먼이 끔찍한 사건과 스캔들을 이용하는 두 신문의 방식을 '황색 언론'이라 부른 것에서 옐로 저널리즘이 탄생했다.

13 미국 콜롬비아대 언론대학원에서 선정하는 미국 최고 권위의 보도 · 문학 · 음악상은?

① 토니상
② 그래미상
③ 퓰리처상
④ 템플턴상

> **해설**
> 퓰리처상은 미국의 언론인 퓰리처의 유산으로 제정된 언론 · 문학상이다. 1917년에 시작되어 매년 저널리즘 및 문학계의 업적이 우수한 사람을 선정하여 21개 부분에 걸쳐 시상한다.
> ① 토니상 : 1947년에 브로드웨이의 유명한 연극인 앙트와네트 페리를 기념하기 위하여 미국의 극장 기구 · 극장 및 제작자 연맹 등에 의하여 창설된 상으로 'A. 페리상'이라고도 한다.
> ② 그래미상 : 전 미국 레코드 예술과학아카데미가 1년간의 우수한 레코드와 앨범을 선정해 수여하는 우수레코드상이다.
> ④ 템플턴상 : 1972년 미국의 사업가 템플턴이 창설하여 종교활동의 증진 · 향상에 기여한 사람에게 주는 상이다.

14 유료방송 시청자가 OTT 등 새로운 방송 플랫폼으로 이동하는 현상은?

① 빈지워칭
② 빈지뷰잉
③ 코드커팅
④ 코드제로

해설
코드커팅(Cord-cutting)은 케이블TV 가입을 해지하고 OTT 같은 동영상 스트리밍 서비스 등으로 옮겨가는 것이다.

15 20년 동안 1,000만 부 이상 판매된 조정래 작가의 대하소설 3부작의 시대적 배경을 순서대로 바르게 연결한 것은?

① 〈객주〉, 〈아리랑〉, 〈토지〉
② 〈아리랑〉, 〈태백산맥〉, 〈한강〉
③ 〈아리랑〉, 〈토지〉, 〈한강〉
④ 〈혼불〉, 〈아리랑〉, 〈태백산맥〉

해설
〈아리랑〉은 일제강점기를, 〈태백산맥〉은 광복과 한국전쟁기를, 〈한강〉은 1960년대 이후 한국의 현대사를 배경으로 다루었다.

16 윤동주의 시 〈참회록〉에서 주제 의식을 드러내는 소재로 맞는 것은?

① 거울
② 안경
③ 편지
④ 찻잔

해설
윤동주는 나라를 잃은 국민으로서의 부끄러움과 이에 대한 반성을 주제로 쓴 〈참회록〉에서 녹슨 청동거울에 자신의 얼굴을 비춰보며 부끄러움을 느끼고, 스스로 거울을 닦으며 성찰하겠다는 마음을 표현했다.

17 TV나 라디오에서 한 프로그램이 끝나고 다음 프로그램으로 넘어가는 시간을 뜻하는 방송 용어는?

① 스테이션 브레이크
② 스탠바이 프로그램
③ 스폿 영상
④ 리퀘스트 아워

해설
② 스탠바이 프로그램 : 공연이나 스포츠 등의 중계가 계획된 시간보다 빨리 끝나거나 방송이 불가능할 경우를 대비해서 미리 준비해두는 프로그램을 말하며, 레인코트(Raincoat Program)이라고도 한다.
③ 스폿 영상 : 프로그램과 프로그램 사이에 들어가는 광고 혹은 프로그램 안내 방송을 말한다.
④ 리퀘스트 아워 : 라디오에서 전화나 우편으로 청취자들의 참여에 의해 진행되는 프로그램을 말한다.

정답 11 ④ 12 ② 13 ③ 14 ③ 15 ② 16 ① 17 ①

18 직접 경험해본 적은 없지만 마치 그 시대를 살아본 사람처럼 과거에 대한 향수 등의 감정을 느끼는 것은?

① 소네트
② 노스텔지아
③ 레트로
④ 아네모이아

> **해설**
> 아네모이아(Anemoia)는 2012년 미국의 시인 존 쾨닉(John Koeinig)의 저서 〈모호한 슬픔들의 사전(The Dictionary of Obscure Sorrows)〉에서 등장한 개념으로, 경험해보지 못한 시절에 대해 향수를 느끼는 현상을 말한다.

19 다음 광고 용어에 대한 설명으로 옳지 않은 것은?

① POP 광고 – 소비자가 상품을 구매하기 전에 대형 광고업체에서 광고물을 제작·게시하여 소비자의 구매를 촉진한다.
② 인포머셜 광고 – 상품이나 점포에 대한 상세한 정보를 제공해 소비자의 이해를 돕는 광고기법이다.
③ 키치 광고 – 어떤 제품을 알리는 데 있어서 설명보다는 기호와 이미지를 중시하는 광고기법이다.
④ 티저 광고 – 핵심 부분을 내보이지 않고, 점차 단계적으로 전체 모습을 명확히 해 나가는 광고기법이다.

> **해설**
> POP 광고는 소비자가 상품을 구입하는 점포에 의해 제작·게시되는 광고로 구매시점 광고라고도 한다. 이 광고는 구매시점에서 소비자가 상품에 주목하게 만들고, 구매를 직접적으로 촉진하는 역할을 한다.

20 다음 중 종합편성채널에 대한 설명 중 틀린 것은?

① 뉴스 보도를 비롯하여 드라마·교양·오락·스포츠 등의 모든 장르를 방송할 수 있다.
② 24시간 종일 방송이 가능하고 중간광고도 허용된다.
③ 지상파 방송만 시청하는 사람들은 따로 가입하지 않아도 시청이 가능하다.
④ 오락 프로그램을 전체 편성표에서 60% 이내로 편성해야 한다.

> **해설**
> 지상파 방송국은 국가가 허락한 주파수를 통해 방송이 가능한 반면, 종합편성채널은 케이블TV나 위성TV를 통해서 방송할 수 있으므로 지상파 방송만을 시청하는 가구는 별도로 가입해야 시청이 가능하다.
> **종합편성채널**
> 2009년 7월 22일 미디어 관련법(방송법, 신문법, IPTV법)이 통과됨에 따라 도입한 것으로 뉴스·교양·드라마·오락 등의 모든 장르를 제공하는 프로그램 공급자이다. 기존의 지상파 방송과의 차이점은 케이블TV나 위성TV의 가입자만 시청이 가능하다는 점과 24시간 방송, 중간광고의 허용 등이 있다. 프로그램 편성에 있어 오락 프로그램을 전체 프로그램의 60% 이내로 해야 한다는 규정 이외에는 특별한 제한 사항이 없다.

21 정보민주주의의 기본권과 관계 없는 것은?

① 알 권리
② 액세스권
③ 주민소환제
④ 프라이버시권

> **해설**
> 정보민주주의란 정보화 사회에서 정보에 관한 기본적 권리가 실현됨으로써 정보 공공시설의 민주적인 운영과 직접참여민주주의가 보장되는 것을 말한다. 정보에 관한 기본적 권리로는 프라이버시권(사생활에 관한 정보가 타인에게 알려지지 않을 권리)·알 권리(국민이 국가의 정보를 알 수 있는 권리)·정보사용권(모든 정보를 자유로이 이용할 수 있는 권리)·정보참가권(중요한 정보원 관리에 참가하는 것과 정부의 중요 정책 결정에 참가하는 것)·액세스권(언론의 자유를 확보하기 위해 시민이 대중매체에 접근하여 이용할 권리) 등이 있다.

22 신문·방송에 관련된 다음 용어 중 설명이 잘못된 것은?

① 커스컴(Cuscom) – 특정 소수의 사람들을 상대로 전달되는 통신체계
② 오프 더 레코드(Off the Record) – 기자회견이나 인터뷰의 경우 발언자의 이야기를 정보로 참고할 뿐 기사화해서는 안 된다는 조건을 붙여 하는 발표
③ 전파 월경(Spill Over) – 방송위성의 전파가 대상 지역을 넘어 주변국까지 수신이 가능하게 되는 것
④ 블랭킷 에어리어(Blanket Area) – 어느 시간까지만 보도를 중지하는 시한부 보도중지를 일컫는 말

> **해설**
> ④는 엠바고(Embargo)에 대한 설명이며, 블랭킷 에어리어는 난시청 지역을 뜻한다.

23 세계 골프 4대 메이저 대회 중에서 가장 역사가 오래된 대회는?

① PGA 챔피언십
② 브리티시 오픈
③ 마스터스
④ US 오픈

> **해설**
> 브리티시 오픈은 1860년 8명의 선수가 12홀 코스인 프레스트 위크 골프 클럽에서 벌인 첫 경기에서 출발하였으며, 4대 메이저 대회 중 가장 오래된 역사를 가지고 있다.
> ① PGA 챔피언십 : 4대 메이저 대회 중 유일하게 프로만 참가할 수 있는 대회로 1916년 시작됐다.
> ③ 마스터스 : 1930년 영국과 미국에서 개최된 오픈과 아마추어 대회를 휩쓴 바비 존스가 친구들과 골프를 즐기기 위해서 설립한 것이 시초로 1935년부터 마스터스로 불리게 됐다.
> ④ US 오픈 : 1895년 뉴욕의 뉴포트 CC에서 최초로 개최됐다.

24 아래에 제시된 것들과 연관이 있는 인물은?

| • 마릴린 먼로 | • 코카콜라 병 |
| • 캠벨 수프 깡통 | • 팝아트 |

① 르네 마그리트 ② 앤디 워홀
③ 키스 해링 ④ 잭슨 폴록

> **해설**
> 앤디 워홀은 미국 팝아트를 대표하는 화가로 실크스크린을 화면에 전사하는 방법으로 현대문명의 소비문화, 대중적 이미지 등을 표현한 작품을 다수 발표했다. 마릴린 먼로, 엘리자베스 테일러 등 할리우드 여배우들의 사진을 실크스크린으로 나타낸 작품이나 나란히 진열된 캠벨 수프 깡통이 새겨진 작품 등은 그를 상징하는 대표작들이다.
> ① 르네 마그리트 : 스페인의 살바도르 달리, 독일의 막스 에른스트와 더불어 초현실주의 미술을 대표하는 벨기에 화가이다. 주변에서 볼 수 있는 일상적인 소재를 이용하여 고정관념을 깨뜨리는 발상으로 결합한 작품을 많이 발표했다.
> ③ 키스 해링 : 미국의 팝아트 화가로, 지하철역 낙서에서 시작해 굵은 선과 밝은 색, 단순한 인물 형태로 사회적 메시지를 표현한 예술가다.
> ④ 잭슨 폴록 : 추상 표현주의를 대표하는 미국의 화가로 개인의 복잡한 내면을 표현하고자 캔버스에 물감을 마구 뿌리는 액션 페인팅 기법을 창조해 미술계의 반향을 불러일으켰다. 2006년 11월 경매시장에서 그의 작품 〈No.5〉가 1억 4,000만 달러에 낙찰되면서, 당시 세계에서 가장 비싼 그림의 판도가 바뀌어 화제가 되기도 했다.

25 연극의 3요소가 아닌 것은?

① 배 우 ② 무 대
③ 관 객 ④ 희 곡

> **해설**
> 연극의 3요소는 배우, 희곡, 관객이며, 무대는 연극의 3요소와 함께 연극의 4요소로 정의된다.

26 다음 중 유럽의 국가와 국가별 프로축구리그의 연결로 옳은 것은?

① 스페인 - 프리미어리그 ② 독일 - 분데스리가
③ 이탈리아 - 슈페리가 ④ 잉글랜드 - 라리가

> **해설**
> 유럽의 프로축구리그를 올바르게 연결하면 ① 스페인 - 라리가, ③ 이탈리아 - 세리에 A, ④ 잉글랜드 - 프리미어리그가 된다.

27 다음 보기의 괄호 안에 공통으로 들어갈 말로 가장 적절한 것은?

> 핫코너란 (   )가 지키는 수비 지역을 가리키는 야구 용어이다. 대부분의 타자가 오른손잡이이기 때문에 보통 (   )에게 가장 강하고 날카로운 타구가 집중되자 메이저리그 초창기에 핫코너라는 이름을 붙이게 됐다.

① 1루수 ② 2루수
③ 3루수 ④ 투수

해설
핫코너란 3루수가 지키는 수비 지역으로, 강한 타구가 많이 날아오는 곳이라는 의미를 지니고 있다.

28 1886년 스위스에서 체결된 협약으로, 문학·예술 저작물의 저작권 보호를 위한 국제 규범을 정한 협약은?

① 파리 협약 ② 제네바 협약
③ 베른 협약 ④ 마드리드 협약

해설
베른 협약(Berne Convention)은 1886년 스위스 베른에서 채택된 문학·예술 저작물의 국제적 저작권 보호 협약이다. 회원국 국민의 저작물은 다른 회원국에서도 자국민과 동일한 보호를 받는다(내국민 대우 원칙). 또한 저작권은 등록 절차 없이 창작과 동시에 자동으로 발생한다는 점을 명시하고 있다. 현재 우리나라도 이 협약의 회원국으로, 국내 저작권법은 베른 협약의 기본 원칙을 따르고 있다.

29 다음 중 유네스코 지정 세계무형유산에 등재되지 않은 것은?

① 판소리 ② 처용무
③ 회다지소리 ④ 매사냥

해설
우리나라 유네스코 인류무형문화유산
종묘제례 및 종묘제례악, 판소리, 강릉단오제, 강강술래, 남사당놀이, 영산재, 처용무, 제주칠머리당영등굿, 가곡, 대목장, 매사냥, 택견, 줄타기, 한산모시짜기, 아리랑, 김장문화, 농악, 줄다리기, 제주해녀문화, 씨름, 연등회, 한국의 탈춤, 한국의 장 담그기 문화

30 다음 중 고딕양식에 대한 설명으로 옳지 않은 것은?

① 뾰족한 아치와 높은 첨탑, 스테인드글라스로 대표된다.
② 영국, 프랑스를 중심으로 발전했다.
③ 하늘로 향한 수직적 구조를 강조해 종교적 상징성이 강하다.
④ 로마의 콜로세움처럼 둥근 아치와 두꺼운 벽을 특징으로 한다.

해설
고딕양식은 12세기에서 15세기 무렵까지 서유럽 각지에 널리 퍼진 미술 양식이다. 높은 첨탑과 뾰족한 아치, 넓은 창과 스테인드글라스의 화려한 채광 효과가 특징이다. 파리의 노트르담 성당, 랭스, 아미앵, 루앙, 샤르트르 대성당 등이 대표적인 건축물이다. ④는 로마네스크 양식(Romanesque)의 특징이다.

31 우리나라 국보 1호와 보물 1호가 바르게 연결된 것은?

	국보 1호	보물 1호
①	숭례문	옛 보신각 동종
②	숭례문	흥인지문
③	경복궁	흥인지문
④	경복궁	북한산 신라 진흥왕 순수비

해설
국보 1~5호와 보물 1~4호
- 국보 1호 : 숭례문
- 국보 2호 : 원각사지 10층 석탑
- 국보 3호 : 북한산 신라 진흥왕 순수비
- 국보 4호 : 고달사지 승탑
- 국보 5호 : 법주사 쌍사자 석등
- 보물 1호 : 서울 흥인지문
- 보물 2호 : 옛 보신각 동종
- 보물 3호 : 원각사지 대원각사비
- 보물 4호 : 중초사지 당간지주

32 판소리 공연 중 창자가 장단 없이 말로 연기하는 것을 일컫는 용어는?

① 추임새
② 아니리
③ 발 림
④ 너름새

해설
① 추임새 : 판소리에서 소리의 중간에 곁들이는 감탄사
③ 발림 : 판소리에서 창자가 손·발·온몸을 움직여 소리나 이야기의 감정을 표현하는 몸짓
④ 너름새 : 발림과 같이 판소리 창자가 소리하는 도중에 하는 표정이나 몸짓

33 투수가 뚜렷한 이유 없이 갑자기 스트라이크를 던지지 못하는 현상은?

① 서번트 증후군 ② 므두셀라 증후군
③ 번아웃 증후군 ④ 스티브 블래스 증후군

해설
스티브 블래스 증후군이란 투수가 이유 없이 정신적인 압박 때문에 스트라이크를 던지지 못하는 현상으로, 1973년 메이저리그 피츠버그의 투수 스티브 블래스가 갑자기 스트라이크를 던지지 못하고 1974년 방출돼 은퇴한 것에서 유래한 용어이다.
① 서번트 증후군 : 장애를 가지고 있는 사람들이 특정 영역에서 천재성이나 뛰어난 재능을 보이는 증상
② 므두셀라 증후군 : 추억은 아름답다고 하여 항상 좋은 기억만 남겨두려고 하는 증상
③ 번아웃 증후군 : 한 가지 일에 지나치게 몰두하던 사람이 극도의 피로감으로 인해 자기혐오·무기력증 등에 빠지는 증상

34 다음 중 패럴림픽에 대한 설명으로 옳지 않은 것은?

① 신체 장애인들의 국제 경기 대회이다.
② 올림픽 폐막 후 1개월 이내에 올림픽 개최국에서 경기가 열린다.
③ 2024년 파리 패럴림픽에서 한국 선수단은 '보치아 10회 연속 금메달'이라는 기록을 세웠다.
④ '옆의, 나란히'를 뜻하는 'Para'와 'Olympics'의 합성어이다.

해설
패럴림픽(Paralympic)은 올림픽이 폐막 후 2주일 내에 올림픽 개최국에서 10일간 개최되는 장애인 올림픽이다. '옆의, 나란히'를 뜻하는 'Para'와 'Olympic'의 합성어에서 유래했다.

35 다음 보기에서 설명하는 것은?

> 하나의 주제를 중심으로 몇 개의 단편을 결합하여 전체적인 분위기를 내도록 만든 작품이다. '합승마차·합승자동차'라는 뜻에서 유래했으며 책, 영화 등 여러 분야에서 사용된다.

① 옴니버스 ② 에피소드
③ 피카레스크 ④ 액자식 구성

해설
② 에피소드 : 중심적인 갈등 구조에서 벗어나 어떤 이야기나 사건 사이에 끼어든 짧은 이야기
③ 피카레스크 : 각각 독립된 여러 개의 이야기를 같은 주제나 인물을 중심으로 모아서 연속적으로 전개하는 구성
④ 액자식 구성 : 문학작품 등에서 하나의 이야기 속에 또 다른 이야기가 들어있는 구성

정답 30 ④ 31 ② 32 ② 33 ④ 34 ② 35 ①

36 다음 중 갈라쇼에 대한 설명으로 옳지 않은 것은?

① 이탈리아 전통 축제 복장인 'Gala'에서 유래했다.
② 공연예술과 피겨스케이팅 분야에서 축하하기 위하여 벌이는 공연을 의미한다.
③ 오프닝 공연으로서의 성격을 지닌다.
④ 피겨스케이팅의 경우 갈라쇼에 서는 선수들은 다양한 프로그램을 자유롭게 선보인다.

> **해설**
> 갈라쇼(Gala Show)는 주로 피겨스케이팅과 음악 공연에서 벌이는 규모가 큰 오락 행사이다. 갈라쇼에 서는 피겨스케이팅 선수들은 다양한 스타일의 프로그램을 자유롭게 선보이지만, 오프닝으로서의 성격을 지니고 있지는 않다.

37 미국 대통령 선거에 출마했던 상원의원 유진 매카시는 언론을 '전화선 위에 앉은 개똥지빠귀'에 비유한 적이 있다. 하나가 날면 다른 새들도 날고, 하나가 앉으면 모두 따라서 한 줄로 앉는다는 것이다. 이와 같은 언론의 행태와 가장 관련이 깊은 용어는?

① 옐로 저널리즘
② 팩 저널리즘
③ 퍼블릭 저널리즘
④ 오피니언 저널리즘

> **해설**
> '팩 저널리즘(Pack Journalism), 처널리즘(Churnalism), 허드 저널리즘(Herd Journalism)' 같은 용어들 모두 개성 없이 유사한 뉴스기사나 신문기사의 행태를 꼬집는 말들이다.

38 소위 B급 문화, 마이너 문화로 불리며 저속한 예술 등을 의미하다가 최근 하나의 사회 현상으로 자리잡은 이 문화는 무엇인가?

① 키치 문화
② 오컬트 문화
③ 레트로 문화
④ 르네상스 문화

> **해설**
> 키치(Kitsch) 문화란 조악한 감각으로 만들어진 예술품과 저속한 대중적 취향의 문화를 의미한다. 저속한 미술품이나 대중 패션을 뜻하는 용어로 쓰이다가 현대에 이르러 하나의 예술 장르로 개념이 확대되면서 대중문화의 흐름을 형성하는, 척도가 됐다. 복고 열풍, 촌티 패션 등도 키치 문화의 일종으로 볼 수 있다.

39 다른 신문사나 방송사보다 특종기사를 먼저 보도하는 것은?

① 엠바고(Embargo)
② 르포르타주(Reportage)
③ 스쿠프(Scoop)
④ 발롱데세(Ballon D'essai)

> **해설**
> ① 엠바고 : 일정 시간까지 뉴스의 보도를 미루는 것
> ② 르포르타주 : 사회 현상이나 실제 사건을 사실대로 서술하는 기록문학
> ④ 발롱데세 : 여론의 방향을 탐색하기 위해 정보나 의견을 흘려보내는 것

40 문화유적이나 공공시설을 파괴하는 행위를 일컫는 말은?

① 다다이즘 ② 쇼비니즘
③ 니힐리즘 ④ 반달리즘

> **해설**
> 반달리즘(Vandalism)은 5세기 초 로마를 침략해 문화를 파괴하고 약탈했던 반달족의 활동에서 유래했으며 문화유적을 파괴하거나 약탈하는 등의 행위를 의미한다.
> ① 다다이즘(Dadaism) : 제1차 세계대전 당시 유럽과 미국을 중심으로 일어난 예술운동
> ② 쇼비니즘(Chauvinism) : 맹목적 · 광신적 · 호전적 애국주의로, 배타적 애국주의를 의미하는 징고이즘과 유사함
> ③ 니힐리즘(Nihilism) : 도덕규범이나 생활양식 등을 전적으로 부정하는 허무주의

41 다음의 설명과 관계 깊은 것은?

- 2012년 당시 김연아 선수가 선보인 프리스케이팅 프로그램
- 나폴레옹 집정기의 파리를 배경으로 한 세계 4대 뮤지컬
- 휴 잭맨, 앤 해서웨이 주연의 영화

① 〈오페라의 유령〉 ② 〈레 미제라블〉
③ 〈시카고〉 ④ 〈미스 사이공〉

> **해설**
> 〈레 미제라블〉은 장발장 이야기를 소재로 한 세계 4대 뮤지컬 가운데 하나로 앤 해서웨이, 휴 잭맨 주연의 영화로도 제작돼 큰 사랑을 받았으며, 2012년 복귀했을 당시 김연아 전 피겨스케이팅 선수의 프리스케이팅 프로그램 이름이기도 하다.

42 컬링은 중세 스코틀랜드에서 얼어붙은 호수나 강에 무거운 돌을 미끄러뜨리며 즐기던 놀이에서 유래한 스포츠이다. 다음 중 컬링에 대한 설명으로 옳지 않은 것은?

① 볼링이나 셔플보드와 방식이 유사하다.
② 4인으로 구성된 두 팀이 얼음 위에서 경기한다.
③ 마지막에 '스톤'을 '하우스'에 얼마나 멀게 위치시켰느냐로 득점을 한다.
④ 경기 시 '브룸'이라 불리는 솔을 이용한다.

> **해설**
> 컬링(Curling)은 한 팀당 4인으로 구성된 두 팀이 얼음 경기장에서 스톤을 표적(하우스, House)에 가깝게 미끄러뜨리는 스포츠이다. 각 팀이 번갈아가면서 스톤을 미끄러뜨리며, '브룸(Broom)'이라는 솔을 이용해 스톤의 진로를 조절한다. 스톤이 최대한 하우스에 가깝게 위치했을 때 득점을 할 수 있다. 볼링, 셔플보드 등과 비슷한 방식이다.

43 다음 보기의 설명에 가장 알맞은 것은?

> 덕수궁의 이 건물이 100여 년 전의 모습으로 복원돼 '대한제국 역사관'으로 개관했다. 고종황제의 황궁으로 설계되었으며, 덕수궁 내에 위치한 근대식 석조 건물이다.

① 중명전
② 함녕전
③ 석조전
④ 중화전

해설
덕수궁 석조전은 덕수궁 안에 지어진 최초의 서양식 석조 건물로, 고종황제의 처소와 사무공간으로 활용하기 위해 영국인 하딩에 의해 설계됐으며 1900년 착공하여 1910년에 완공한 르네상스식 근대 건물이다. 일제강점기에 원형이 훼손된 석조전은 2008년 복원 사업을 시작해 2014년 10월 옛 모습을 되찾았다.

44 특정 제품을 개발하여 소비자들에게 널리 알릴 때 어떤 소품(小品)을 활용하여 펼치는 광고기법은?

① 더블업(Double Effect of Advertisement)
② 멀티스폿(Multi Spot Advertisement)
③ 비넷(Vignet Advertisement)
④ 시즐(Sizzle Advertisement)

해설
더블업은 '광고 속의 광고'라고도 한다. 이러한 광고 방법은 대행사나 자기 계열사 제품을 소품으로 이용하여 광고를 함으로써, 주제품 광고에 덤으로 자사 제품 또는 계열사 제품 등 주광고 상품 외의 제품을 선전하는 이중 광고 효과를 노리는 새로운 광고기법의 하나다.
② 멀티스폿 : 내용은 비슷하지만 모델만 바꿔 여러 편을 한꺼번에 내보내는 광고
③ 비넷 : 어떤 한 가지 주제에 맞추어 여러 가지 다양한 것을 계속해서 방송하는 광고
④ 시즐 : 어떤 제품의 광고 효과를 위해 그 제품의 핵심 포인트가 될 만한 소리를 활용하는 광고

45 사물놀이에서 '사물(四物)'에 속하는 악기가 아닌 것은?

① 소 고
② 장 구
③ 북
④ 꽹과리

해설
사물놀이는 사물(四物 : 꽹과리, 징, 장구, 북)을 중심으로 연주하는 풍물놀이에서 취한 가락을 토대로 발전시킨 것으로, 1978년 2월 28일 서울 종로구 인사동에 위치한 소극장 '공간사랑'에서 김덕수를 중심으로 창단된 사물놀이패의 연주가 그 시작이다.

46 다음과 같은 등장인물이 나오는 작품의 작가는?

- 수 : 아픈 친구를 따뜻하게 간호하고 룸메이트가 병마에 지지 않도록 끊임없이 용기를 주는, 심지 굳고 강인한 화가 지망생 소녀
- 존시 : 심약하고 예민한 소녀로 폐렴에 걸린 동안 부정적으로 생각하며 삶에 대한 용기를 잃어간다.
- 베어먼 : 겉으로는 까칠하고 퉁명스러운 듯해도 내면에 이웃을 향한 따뜻한 마음과 희생정신이 넘쳐난다.

① 헤르만 헤세
② 빅토르 위고
③ 조지 오웰
④ 오 헨리

해설
〈마지막 잎새〉는 삶의 아이러니 안에 감춰진 희망의 비밀을 그린 오 헨리의 명작이다. 화가 지망생 소녀 '수'와 '존시'는 공동생활을 하는데 몸이 약한 '존시'는 폐렴에 걸리고 곧 죽을 것이라는 부정적인 생각을 한다. '존시'는 '수'에게 창문 밖 담쟁이가 다 떨어지면 자기도 죽을 거라 이야기한다. '수'는 이웃집 '베어먼 영감'에게 '존시'에 대한 이야기를 한다. 그날 밤 폭풍우가 몰아쳤지만 담쟁이 잎사귀 하나만은 끝까지 떨어지지 않았다. 이걸 보면서 '존시'는 그간의 태도를 반성하고 삶에 대한 의지를 찾는다.

47 다음 중 문학작품과 작가 연결이 잘못된 것은?

① 〈난장이가 쏘아 올린 작은 공〉 - 채만식
② 〈소나기〉 - 황순원
③ 〈서시〉 - 윤동주
④ 〈진달래꽃〉 - 김소월

해설
〈난장이가 쏘아 올린 작은 공〉은 1978년 간행된 조세희의 연작소설집으로 산업화의 과정에서 자기 삶의 터전을 일구지 못한 도시 노동자들의 비참한 생활과 절망이 인상적으로 결합되어 있다. 채만식의 대표작품으로는 〈치숙〉(1938), 〈탁류〉(1937~1938), 〈태평천하〉(1938) 등이 있다.

48 다음 글에서 강조하는 문화에 대한 관점으로 가장 적절한 것은?

각 사회의 구성원은 서로 다른 환경이나 상황에 적응해가면서 독특한 생활방식을 쌓아왔으며, 각자가 추구하는 가치관 또한 다르다. 문화는 독특한 자연환경과 사회적 상황 등을 고려하여 형성된 것이다. 따라서 각각의 문화가 가지고 있는 고유성과 상대적 가치를 이해하고 존중하는 태도나 관점이 필요하다.

① 문화 사대주의
② 문화 상대주의
③ 윤리 상대주의
④ 자문화 중심주의

해설
문화 상대주의는 각각의 문화를 그 문화의 전통 속에서 이해하며, 편견 없이 각 문화의 다양성을 인정하고 고유한 가치 또한 인정하여 각각의 문화를 있는 그대로 받아들이려는 태도이다.

49 레오나르도 다빈치는 르네상스 시대 이탈리아를 대표하는 천재적 미술가이자 과학자·기술자·사상가이다. 다음 중 그의 작품이 아닌 것은?

① 〈다비드 상〉
② 〈최후의 만찬〉
③ 〈모나리자〉
④ 〈그리스도의 세례〉

해설
〈다비드 상〉은 미켈란젤로의 최대 걸작품 가운데 하나이다. '조각의 극치'라는 찬사를 받고 있으며, 높이 5.5m의 대리석을 깎아 만든 걸작이다.
레오나르도 다빈치
르네상스 시대의 이탈리아를 대표하는 천재적인 미술가이자 기술자인 레오나르도 다빈치는 조각·건축·수학·과학·음악·철학에 이르기까지 다양한 방면에서 활약했다. 작품으로는 〈그리스도의 세례〉, 〈수태고지〉, 〈동굴의 성모〉, 〈흰 족제비를 안고 있는 여인〉, 〈음악가의 초상〉, 〈리타의 성모〉, 〈최후의 만찬〉, 〈모나리자〉, 〈암굴의 성모〉, 〈성 안나와 성 모자〉, 〈세례자 요한〉 등이 있다.

50 다음 중 황석영에 대한 설명으로 옳지 않은 것은?

① 1970년 단편소설 〈탑〉이 조선일보 신춘문예에 당선되면서 등단했다.
② 민주화·통일운동 등의 사회운동에 참여하면서 정부의 감시를 받고 옥고를 치르기도 했다.
③ 〈삼포 가는 길〉 등의 단편과 〈장길산〉, 〈무기의 그늘〉, 〈오래된 정원〉 등의 장편을 발표했다.
④ 작품 대부분이 리얼리즘을 바탕으로 하여 사회적 상황에 대한 예리한 시선과 강한 문제의식을 드러낸다.

해설
황석영은 1962년 11월 〈사상계〉 신인문학상에 단편 〈입석부근〉이 당선되면서 등단했다.

51 다음에서 설명하는 잡지는?

- 세계 최고 권위를 인정받는 레스토랑 평가 잡지이다.
- 여행 가이드북 '그린 가이드'와 식당 가이드북 '레드 가이드'가 있다

① 론리 플래닛
② 미쉐린 가이드
③ 뚜르드몽드
④ 트립어드바이저

해설
미쉐린 가이드는 프랑스 타이어 회사 미쉐린(Michelin)사가 매년 발간하는 여행안내서이다. 1,300여 쪽에 이르는 방대한 분량으로 책머리에 간단하게 실려 있는 여행정보와 레스토랑 선택에 대한 몇 가지 조언을 빼면 그 방대한 분량은 전부가 식당과 호텔정보에 할애되어 있다. 숙박시설과 식당에 관한 정보를 제공해주는 '레드 가이드'와 박물관, 자연경관 등 관광정보를 제공해주는 부록 형태의 '그린 가이드'가 있다.

52 다음 중 기네스북에 대한 설명으로 옳지 않은 것은?

① 영국 맥주회사의 의뢰로 시작하여 출간되고 있으며 종목의 제한은 없다.
② 우리나라에서는 한국기록원이 기록의 공모와 기네스북 등재 등을 대행하고 있다.
③ 출간 첫 해에 영국 최고의 베스트셀러가 됐다.
④ 기록대상은 최초, 최고, 최다, 최대, 제일 등으로 분류할 수 있는 '우주의 모든 사물과 현상'이다.

해설
기네스북은 영국의 맥주회사 기네스의 경영주 휴 비버가 기록광 맥워터 형제에게 의뢰하여 1955년부터 출간을 시작했으며 기록대상은 '우주의 모든 사물과 현상'이지만, 술 빨리 마시기처럼 인명을 해칠 수 있거나 소송의 위험이 있는 종목은 기피대상이다.

53 프로야구 정규시즌이 끝난 겨울철에 각 구단이 팀 전력을 강화하기 위해 새로운 선수를 영입하고 연봉협상에 나서며, 동계훈련 등 활발하게 움직이는 시기를 가리키는 용어는?

① 휴먼리그(Human League)
② 인터리그(Inter League)
③ 스토브리그(Stove League)
④ 스프링 캠프(Spring Camp)

해설
스토브리그는 프로야구에서 시즌오프(Season-off)를 일컫는 말이다. 이 시기에는 각 구단이 팀 전력 강화를 위해 신인 선수 획득이나 선수 연봉협상을 둘러싸고 활발하게 움직인다. 팬들이 난로(Stove) 주위에 모여서 선수들의 소식을 이야기하는 모습에서 스토브리그라는 명칭이 생겨났다.

54 다음 중 루소에 대한 설명으로 옳지 않은 것은?   출제유형

① 프랑스 혁명의 주체세력이 되어 혁명을 직접 지도해 봉건사회의 종말을 이끌었다.
② 사회문화와 제도는 자연 상태의 선량한 인간을 부자유하고 불행하게 만든다고 보았다.
③ 프랑스의 드니 디드로, 영국의 데이비드 흄 등의 사상가와 논쟁을 벌이며 갈등했다.
④ 소설〈에밀(Emile)〉의 종교적 내용 때문에 가톨릭교의 고발로 체포령이 내려져 도피한 바 있다.

해설
자유민권사상가 루소가 죽은 지 약 11년 후인 1789년 7월 프랑스 혁명이 일어났으며, 루소·몽테스키외·볼테르 등의 계몽사상은 프랑스 혁명의 사상적 배경이 되었다.

55 국문학사에서 장르별로 최초의 작품을 연결한 것이 아닌 것은?   출제유형

① 최초의 신소설 -〈혈의 누〉
② 최초의 순문예동인지 -〈폐허〉
③ 최초의 한글소설 -〈홍길동전〉
④ 최초의 한문소설 -〈금오신화〉

해설
최초의 순문예동인지는〈창조〉이다.

정답 49 ① 50 ① 51 ② 52 ① 53 ③ 54 ① 55 ②

56 다음 중 알베르 카뮈의 작품은?

① 〈변 신〉
② 〈페스트〉
③ 〈데미안〉
④ 〈지하생활자의 수기〉

해설
알베르 카뮈(Albert Camus)는 프랑스의 실존주의 계열 작가로, 부조리한 인간 존재와 삶의 의미를 탐구한 작품으로 유명하다. 1957년 10월, 44세의 젊은 나이로 노벨문학상을 수상했다. 대표작에는 〈이방인〉, 〈페스트〉, 〈시지프 신화〉 등이 있다.

---

57 다음 ㉠·㉡과 각각 관련 있는 스포츠 종목으로 바르게 묶인 것은?

| | ㉠ 더블헤더 | ㉡ 러브게임 |

	㉠	㉡		㉠	㉡
①	축구	골프	②	야구	농구
③	배구	피구	④	야구	테니스

해설
더블헤더는 야구경기에서 모든 경기가 우천 등으로 순연됐을 경우, 그 다음 날에 하루 두 경기를 몰아서 하는 제도를 말한다. 러브게임은 테니스경기에서 0을 '러브'라고 부르며, 점수를 한 점도 얻지 못한 경기를 '러브게임'이라고 한다.

---

58 영화가 극장에서 상영된 뒤 다른 플랫폼에서 서비스되기까지의 유예기간을 뜻하는 용어는?

① 리드타임
② 선점권
③ 락인 조항
④ 홀드백

해설
홀드백(Hold Back)은 영화나 방송 콘텐츠가 한 매체에서 공개된 뒤 다른 플랫폼에서 유통되기까지 설정된 일정한 유예기간을 말한다. 이는 극장 관람 수익을 보호하고 단계별 수익 구조를 유지하기 위한 장치로, 과거에는 통상 6개월 이상의 간격이 유지됐다. 그러나 코로나19 팬데믹 이후 이 기간이 단축되거나 사실상 무력화되면서, 현재는 극장 상영 종료 후 6개월 이내 공개를 제한하는 법제화 논의도 진행되고 있다.

---

59 다음 중 우리나라 최초의 장편 애니메이션은?

① 〈홍길동〉
② 〈로보트 태권V〉
③ 〈블루 시걸〉
④ 〈아기공룡 둘리〉

해설
〈홍길동〉은 1967년 개봉된 한국 최초의 장편 애니메이션이다. 〈로보트 태권V〉는 1976년 1월에 개봉했으며 〈블루 시걸〉은 1994년 개봉된 최초의 성인 애니메이션이다.

60 방송의 공공성이 주장되는 가장 주된 근거는?

① 방송의 영향력
② 방송의 역할
③ 전파의 국민 소유권
④ 방송국의 사회적 기능

> **해설**
> 국민이 공유하고 있는 재산의 일부라고 할 수 있는 전파를 특정 단체나 특정인에게 대여·사용을 금함으로써 방송 공공성이 의무화되고 있다.

61 1956년 우리나라에서 최초로 개국한 TV 방송국은?

① KORCAD
② DBC
③ JODK
④ TBC

> **해설**
> 1956년 RCA 한국대리점(KORCAD)이 영상출력 100W, 호출부호 HLKZ로 텔레비전 방송을 시작한 것이 최초이다.

62 자코모 푸치니의 3대 명작 중 하나인 〈투란도트(Turandot)〉에서 투란도트 공주는 자신에게 청혼하는 남자들에게 세 가지 수수께끼를 내는데, 다음 중 세 가지 수수께끼의 정답이 아닌 것은?

① 피
② 사 람
③ 희 망
④ 투란도트

> **해설**
> ②는 스핑크스가 낸 수수께끼의 정답이다(스핑크스의 수수께끼 : 아침에는 네 발로 걷고, 점심에는 두 발로 걷고, 저녁에는 세 발로 걷는 짐승은?).

63 다음 중 카메라를 기울여서 촬영하는 기법은?

① 버드아이 뷰
② 틸트 숏
③ 더치 앵글
④ 린 숏

> **해설**
> 더치 앵글(Dutch Angle)은 카메라를 수평선에서 기울여 촬영하는 기법으로, 화면에 비틀린 시각적 효과를 주어 인물의 불안, 긴장, 혼란 등을 강조한다. 주로 스릴러, 심리극, 전환점 장면 등에서 사용된다. '버드아이 뷰'는 새가 하늘에서 내려다보는 것 같은 각도와 높이에서 촬영하는 기법, '틸트 숏'은 상하로 카메라를 움직이는 기법이다.

정답 56 ② 57 ④ 58 ④ 59 ① 60 ③ 61 ① 62 ② 63 ③

64 다음 중 틀린 내용은?

① 우리나라 최초의 신문은 1896년 창간한 〈독립신문〉이다.
② 일간지 수의 증가는 신문 발행 자유화 조치를 담은 1987년 6·29 선언과 맥을 같이 한다.
③ 방송의 날은 9월 3일이고, 신문의 날은 4월 7일이다.
④ 우리나라 잡지의 효시는 재일본 한국 유학생이 1896년 2월 15일 창간한 〈친목회 회보〉다.

해설
1883년 창간된 〈한성순보〉가 우리나라 최초의 신문이다. 〈독립신문〉은 우리나라 최초의 민간신문이다.

65 프레올림픽(Pre-Olympic)에 대한 설명으로 옳은 것은?

① 장애인올림픽
② 주니어올림픽
③ 올림픽이 열리는 해에 개최지에서 열리는 예비경기
④ 올림픽이 열리기 1년 전에 개최지에서 열리는 예비경기

해설
프레올림픽은 대회가 열리기 전 시설점검 등을 목적으로 1년 전 개최지에서 열리는 예비경기이다. 장애인 올림픽은 패럴림픽(Paralympic)이라고 하며, 올림픽이 있는 해에 올림픽 개최국에서 개최된다.

66 다음 중 국악의 빠르기가 올바르게 연결된 것은?

① 진양조 - 중모리 - 중중모리 - 자진모리 - 휘모리
② 진양조 - 중모리 - 중중모리 - 휘모리 - 자진모리
③ 중모리 - 진양조 - 자진모리 - 중중모리 - 휘모리
④ 중모리 - 중중모리 - 진양조 - 자진모리 - 휘모리

해설
국악의 빠르기
진양조 → 중모리 → 중중모리 → 자진모리 → 휘모리

진양조	가장 느린 장단으로 1장단은 4분의 24박자이다.
중모리	중간 속도로 몰아가는 장단으로, 4분의 12박자이다.
중중모리	8분의 12박자 정도이며 춤추는 대목, 통곡하는 대목 등에 쓰인다.
자진모리	매우 빠른 12박으로, 극적이고 긴박한 대목에 쓰인다.
휘모리	매우 빠른 8박으로, 급하고 분주하거나 절정을 묘사한 대목에 쓰인다.

67 동편제와 서편제를 나누는 기준점은 섬진강이다. 그렇다면 영동지방과 영서지방을 나누는 기준이 되는 곳은 어디인가?

① 추풍령
② 대관령
③ 진부령
④ 이화령

> **해설**
>
> | 동편제 | 섬진강 동쪽(전라도 동북지역)의 소리 |
> |---|---|
> | 서편제 | 섬진강 서쪽(전라도 서남지역)의 소리 |
> | 영동(嶺東)지방 | 강원도의 대관령(大關嶺) 동쪽에 있는 지역 |
> | 영서(嶺西)지방 | 강원도의 대관령(大關嶺) 서쪽에 있는 지역 |

68 위성방송의 특성 중 틀린 것은?

① 지상파 방송에 비해 설립 및 운영 경비가 적게 든다.
② 지상파 방송에 비해 화질은 좋으나 음향은 떨어진다.
③ 지상파 방송보다 넓은 지역을 커버한다.
④ 방송위성 또는 통신위성을 이용한다.

> **해설**
>
> 위성방송은 단일의 전파로 전국 어디에서나 동시에 방송을 보낼 수 있고, 적도 상공에 정지하기 때문에 실제로 고정된 위치에서 전파를 송출하는 것과 같은 효과를 가짐으로써 별도의 중계시설이 필요없다. 그뿐만 아니라 높은 산이나 고층 빌딩 등에 의한 난시청이 해소되며 지구상의 어떤 재해에도 방해받지 않고 방송이 가능한 기술상의 장점을 지니고 있다.

69 다음이 설명하는 것은 무엇인가?

> • 단지 배역을 연기하기보다 배역 그 자체가 되는 연기 기술
> • 배우의 내면세계를 중시하여 시나리오에 적혀 있는 대사뿐만 아니라 배우 자신으로부터 나오는 즉흥 대사와 돌발적인 행위까지 포함하는 것

① 내러티브(Narrative)
② 스포일러(Spoiler)
③ 메소드(Method) 연기
④ 시퀀스(Sequence)

> **해설**
>
> 메소드 연기란 매 역마다 자신의 실제 성격에 의존하지 않고 인물이 요구하는 삶의 방식을 실제와 같이 모방하여 완벽한 변신을 꾀하는 것을 말하며, 더스틴 호프만, 알 파치노, 로버트 드 니로 등을 대표적인 메소드 배우라고 한다.

정답 64 ① 65 ④ 66 ① 67 ② 68 ② 69 ③

70 다음에서 설명하는 영화기법은?

> '무대에 올린다'란 뜻의 프랑스어로 연극과 영화 등에서 연출가가 무대 위의 모든 시각적 요소들을 배열하는 작업이다.

① 몽타주
② 롱테이크
③ 미장센
④ 시퀀스

해설
① 몽타주 : 시간이나 사건의 경과를 나타낼 때 사용하는 영상의 편집된 전환 장면들로 종종 디졸브나 다중노출을 사용한다.
② 롱테이크 : 숏을 카메라 이동 없이 오랫동안 촬영하는 것이다.
④ 시퀀스 : 상호연관적인 일정량의 장면으로 구성되어 작품의 클라이맥스로 이어지는 영화의 부정확한 구조 단위이다.

71 전쟁이나 재해, 사고가 벌어졌던 지역의 슬픔을 공유하고 희생자들을 추모하는 관광 유형으로, 제주도가 4·3 사건 유적지와 일제 전적지, 6·25 전적지 등을 관광지로 조성한 것과 관련된 것은?

① 에코 투어리즘(Eco Tourism)
② 다크 투어리즘(Dark Tourism)
③ 서포팅 투어리즘(Supporting Tourism)
④ 매스 투어리즘(Mass Tourism)

해설
다크 투어리즘은 폴란드 아우슈비츠 수용소, 미국 뉴욕의 그라운드 제로 등 잔혹한 참상이 발생한 역사적 장소나 현장을 둘러보는 여행을 가리킨다. '블랙 투어리즘(Black Tourism)' 또는 '그리프 투어리즘(Grief Tourism)'으로 불리기도 한다.

72 근대 5종 경기는 기원전 708년에 실시된 고대 5종 경기를 현대에 맞게 발전시킨 것으로 근대올림픽을 창설한 쿠베르탱의 실시로 시작하게 됐다. 이와 관련된 근대 5종 경기가 아닌 것은?

① 마라톤
② 사 격
③ 펜 싱
④ 장애물

해설
근대 5종 경기는 한 경기자가 사격, 펜싱, 수영, 장애물, 크로스컨트리(육상) 5종목을 겨루어 종합점수로 순위를 매기는 경기이다. 기존에 근대 5종에 포함됐던 승마는 2024년 파리올림픽을 끝으로 공식 종목에서 제외됐으며, 2028년 LA올림픽부터는 장애물 경기가 포함된다.

73 소설을 영화화함으로써 영상이 익숙한 세대들이 책을 친숙하게 여기는 계기가 되고 있으며, 최근 이것이 출판계에서 새롭게 주목을 받고 있다. 이처럼 이미 출간된 소설이 영화나 드라마로 만들어져 다시 베스트셀러에 오르는 것은?

① 스크린스페셜
② 스크린트렌드
③ 스크린셀러
④ 스크린부머

해설
스크린셀러(Screenseller)는 영화를 뜻하는 '스크린(Screen)'과 '베스트셀러(Bestseller)'를 합친 용어로 영화로 성공한 작품이 소설화되는 경우가 증가하면서 등장했다. 영화의 흥행 성공으로 주목을 받게 된 원작소설 또는 이전에 주목받지 못했던 원작이 영화로 제작된 후 흥행에 성공하면서 주목받는 경우를 가리킨다.

74 펜싱 경기 중 베기 또는 찌르기를 유효로 하는 경기는?

① 에페
② 플뢰레
③ 사브르
④ 사브뢰즈

해설
사브르(Sabre)는 베기 또는 찌르기를 유효로 하는 경기이다. 유효되는 득점 부분은 상체(허리 부분까지), 얼굴, 양팔 모두 가능하다.
① 에페(Épée) : 전신을 찌르는 것이 가능한 종목으로 상대 선수의 머리부터 발끝까지 모든 부분이 표적이다.
② 플뢰레(Fleuret) : 찌르기만이 공격으로 인정되며 득점 유효부위는 얼굴, 팔, 다리 빼고 몸통 전부 유효구역이다.

75 역대 노벨문학상 수상자가 아닌 사람은? **출제유형**

① 파트리크 모디아노
② 오르한 파묵
③ 윈스턴 처칠
④ 무라카미 하루키

해설
무라카미 하루키는 일본의 현대소설가로, 1987년 정통 연애소설 〈노르웨이의 숲〉을 발표해 일본에서만 1,000만 부 이상의 판매고를 올렸지만 노벨문학상을 수상하지는 않았다.
① 파트리크 모디아노 : 프랑스 작가로, 2014년 노벨문학상을 수상했다.
② 오르한 파묵 : 터키의 소설가·수필가이며, 2006년 터키인으로는 최초로 노벨문학상을 수상했다.
③ 윈스턴 처칠 : 영국의 정치가이며, 1953년 〈제2차 세계대전〉으로 노벨문학상을 수상했다.

정답 70 ③ 71 ② 72 ① 73 ③ 74 ③ 75 ④

76 우리나라 프로야구에 대한 설명 중 틀린 것은?

① 프로야구 출범 첫 해인 1982년 8개 팀이 전기리그와 후기리그로 나뉘어 게임을 치렀다.
② 전두환 정권이 국민들의 정치적 관심을 다른 방향으로 돌리기 위해 시작한 3S(Screen, Sex, Sports) 정책의 일환으로 출범됐다.
③ 프로야구 경기는 페넌트레이스, 준플레이오프, 플레이오프, 한국시리즈, 올스타전으로 치러진다.
④ 1999년부터는 8개 팀이 전년도의 성적순으로 양대 리그로 나뉘어 경기에 참가했지만, 2001년부터는 단일리그로 변경됐다.

> **해설**
> 우리나라의 프로야구는 1982년 OB 베어스, MBC 청룡, 해태 타이거즈, 롯데 자이언츠, 삼성 라이온즈, 삼미 슈퍼스타즈의 6개 구단으로 출범했다.

77 2026년 동계올림픽과 2028년 하계올림픽 개최국이 바르게 연결된 것은?

① 이탈리아 – 미국
② 일본 – 미국
③ 캐나다 – 프랑스
④ 러시아 – 프랑스

> **해설**
> 2026년 동계올림픽은 이탈리아 밀라노와 코르티나담페초에서, 2028년 하계올림픽은 미국 LA에서 개최될 예정이다.

78 다음 중 가장 오래된 고전은?

① 〈유토피아〉
② 〈오디세이아〉
③ 〈역사란 무엇인가〉
④ 〈군주론〉

> **해설**
> 〈오디세이아〉는 고대 그리스 시인 호메로스의 작품으로 알려진 서사시로 연대는 기원전 800년경으로 추정된다.
> ① 〈유토피아〉: 토마스 모어의 1516년 작품으로 '유토피아(Utopia)'란 '어디에도 없다'라는 의미로 그가 만든 말이다.
> ③ 〈역사란 무엇인가〉: 영국의 역사학자이자 국제정치학자 에드워드 카의 저서로 1961년 캠브리지대학 강연에서 발표됐다.
> ④ 〈군주론〉: 이탈리아 정치이론가 마키아벨리의 저서로 1512년에 집필됐으나 그의 사후인 1532년 출판됐다.

79 다음 보기를 실시 순서대로 배열한 것으로 올바른 것은?

> ㉠ 위성방송 ㉡ 케이블
> ㉢ 지상파 DMB ㉣ IPTV

① ㉠ - ㉡ - ㉢ - ㉣
② ㉠ - ㉢ - ㉡ - ㉣
③ ㉡ - ㉠ - ㉢ - ㉣
④ ㉠ - ㉢ - ㉡ - ㉣

해설
㉡ 케이블TV(CATV ; Communication Antenna Television) : 발상지는 미국의 펜실베이니아로, 1948년 난시청 대책으로 동축 케이블을 사용하여 보통의 텔레비전 방송파를 재송신하기 시작한 것이 시초다.
㉠ 위성방송 : 1974년 미국이 응용기술 위성 ATS-6으로 2.6GHz대로 중계 실험을 한 것이 최초이고, 1976년에 캐나다에서는 통신기술 위성 CTS로 방송 실험을 했다.
㉢ 지상파 DMB : 2005년 2월 본방송을 개시했다. 지상에서 주파수를 이용하여 프로그램을 전송하며, VHF12번 채널과 군 사용인 8번 채널을 이용한다.
㉣ IPTV(Internet Protocol Television) : 2009년 1월에 출범하며 상용화되었고 광대역(Broadband) 연결상에서 인터넷 프로토콜을 사용하여 소비자에게 디지털 텔레비전 서비스를 제공한다.

80 다음 중 의무 재전송해야 하는 채널은?

① KBS2
② SBS
③ KBS1
④ JTBC

해설
의무 재전송(Must Carry)이란 공공성이 강한 방송 프로그램을 다른 매체로 동시에 의무적으로 재전송하는 것으로 우리나라의 경우, 방송법 제78조 규정에 따라 KBS1 TV와 교육방송(EBS) TV를 케이블이나 위성방송에서 동시에 재송신하고 있다.

81 다음 중 시청률 조사에 대한 설명으로 틀린 것은?

① 시청률 조사는 분단위로 측정된다.
② 닐슨 코리아, TNMS 미디어에서 조사한다.
③ 간접광고는 방송시간의 100분의 5까지 허용한다.
④ 광고 효과 측정을 위해서는 개인 시청률보다 가구당 시청률을 본다.

해설
시청률 조사는 초단위로 측정된다.

05 과학·컴퓨터·IT·우주

01 네트워크를 전송하기 쉽도록 데이터를 일정 단위로 나눠서 전송하는 것은?

① 패 킷
② 프로토콜
③ TCP/IP
④ 이더넷

해설

패킷(Packet)은 주로 데이터 통신 분야에서 사용되는 용어로, 네트워크를 통해 전송하기 쉽도록 자른 데이터의 전송단위이다. 본래는 '소포'를 뜻하는 단어지만 이 분야에서는 데이터 전송 시 송신측과 수신측에 의해 하나의 단위로 취급되어 전송되는 집합체를 의미한다.

02 컴퓨터 프로그래밍에서 한 사람의 사용자가 2가지 이상의 작업을 동시에 처리하는 것은?

① ITS
② 멀티플렉스
③ 멀티태스킹
④ 태블릿

해설

멀티태스킹(Multi Tasking)은 '다중 과업화'라고도 하며, 컴퓨터 처리 시 동시에 몇 가지 이상의 일을 할 수 있도록 한 고도의 처리방식이다. 컴퓨터 하드웨어의 발달과 함께 처리속도와 메모리 용량이 증대되면서 한 대의 컴퓨터로 여러 작업을 동시에 하는 것이 가능해졌다. 오늘날 대부분의 운영체계들은 멀티태스킹을 지원하고 있다.

03 다음 중 OLED에 대한 설명으로 옳지 않은 것은?

① 스스로 빛을 내는 현상을 이용했다.
② 휴대전화, PDA 등 전자제품의 액정 소재로 사용된다.
③ 화질 반응속도가 빠르고 높은 화질을 자랑한다.
④ 에너지 소비량이 크고 가격이 높다.

해설

OLED(Organic Light-Emitting Diode)는 형광성 유기 화합물에 전류가 흐르면 빛을 내는 발광 현상을 이용하여 만든 자체발광형 유기물질로, LCD를 대체할 꿈의 디스플레이로 각광받고 있다. 화질 반응속도가 빠르고, 동영상 구현 시 잔상이 거의 나타나지 않으며, 에너지 소비량도 적다. 그뿐만 아니라 높은 화질과 단순한 제조공정으로 인해 가격 경쟁 면에서 유리해 휴대전화, 캠코더, PDA 등 각종 전자제품의 액정 소재로 사용된다.

04 다음 중 대체에너지로 꼽히는 수소를 생산하는 방식 중 하나로 천연가스와 이산화탄소 포집설비를 이용해 생산한 수소를 일컫는 말은?

① 블루수소
② 그레이수소
③ 브라운수소
④ 그린수소

해설
블루수소는 대체에너지로 꼽히는 수소를 생산하는 방식 중 하나로 천연가스와 이산화탄소 포집설비를 이용해 생산하는 수소를 말한다. 탄소배출량이 적어 친환경적이며 경제적이라는 장점을 갖고 있다.

05 다음 보기에서 설명하는 것으로 옳은 것은? ｜출제유형｜

> 악성코드에 감염된 다수의 좀비PC를 이용하여 대량의 트래픽을 특정 시스템에 전송함으로써 장애를 일으키는 사이버 공격이다.

① 해킹
② 스푸핑
③ 디도스
④ 크래킹

해설
디도스(DDoS)는 특정 사이트를 마비시키기 위해 여러 대의 컴퓨터가 일제히 공격을 가하는 해킹수법을 말한다. 특정 컴퓨터의 자료를 삭제하거나 훔치는 것이 목적이 아니라 정당한 신호를 받지 못하도록 방해하는 분산서비스 거부를 말한다. 여러 대의 컴퓨터가 일제히 공격해 대량 접속이 일어나게 함으로써 해당 컴퓨터의 기능이 마비되게 한다.

06 다음 중 힉스입자에 대한 설명으로 바르지 못한 것은? ｜출제유형｜

① 1964년 그 이론을 창안한 힉스 교수의 이름에서 유래했다.
② 우주탄생을 설명하는 입자물리학 '표준모형(Standard Model)'에 의하면 세상은 기본입자 12개와 힘을 전달하는 매개입자 4개 그리고 힉스입자로 구성되어 있다.
③ 우주 생성의 비밀을 밝혀낼 수 있는 단서가 된다고 하며 '신의 입자'라고도 한다.
④ 힉스입자를 예견한 벨기에 프랑수아 앙글레르 교수와 영국의 피터 힉스 교수는 2012년 노벨물리학상을 수상했다.

해설
'표준모형'에 의하면 세상은 12개 기본입자와 상호작용을 담당하는 4개 매개입자, 1개 힉스입자로 총 17개의 작은 입자들로 구성되어 있다. 이 중 힉스입자는 질량의 근원과 우주 생성의 비밀을 밝혀내는 단서가 된다고 해서 '신의 입자'라고도 불린다. 벨기에의 프랑수아 앙글레르 교수와 영국의 피터 힉스 교수가 1964년 힉스입자의 존재를 예견했고, 이들은 연구업적을 인정받아 2013년 노벨물리학상을 수상했다.

07 우리나라 두 번째 해양과학기지의 이름은?

① 가거초 해양과학기지
② 이어도 해양과학기지
③ 독도 해양과학기지
④ 울릉도 해양과학기지

해설
2009년 10월 13일 이어도에 이은 두 번째 해양과학기지인 가거초 해양과학기지가 준공됐다. 전남 가거도 서쪽에 있는 가거초의 수심 15m 아래에 건설된 해양과학기지로, 기상·해양·대기환경 등을 관측하는 임무를 맡고 있다.

08 다음 보기의 설명과 관계 깊은 것은?

> 일부 라면에서 1급 발암물질인 이것이 검출돼 논란이 일었다. 이것은 석탄의 타르 중에 존재하는 황색 결정물질로, 인체에 축적될 경우 각종 암과 돌연변이를 유발하는 환경호르몬이다.

① 석 면
② 벤조피렌
③ 벤지딘
④ 쿠마린

해설
벤조피렌(Benzopyrene)은 5개의 벤젠 고리가 결합한 분자다. 300~600℃ 사이에서 불완전 연소를 통해 생성된 물질로 콜타르나 공장의 물질을 태운 후 연기를 내보내는 굴뚝, 자동차의 배기가스(특히 디젤엔진), 담배 연기, 탄 음식의 일부 등에서 나온다. 현재는 1급 발암물질로 분류되고 있다.

09 다음 중 리튬폴리머 전지에 대한 설명으로 옳지 않은 것은? 출제유형

① 안정성이 높고, 에너지 효율이 높은 2차 전지이다.
② 외부 전원을 이용해 충전하여 반영구적으로 사용한다.
③ 전해질이 액체 또는 젤 형태이므로 안정적이다.
④ 제조공정이 간단해 대량생산이 가능하다.

해설
리튬폴리머 전지(Lithium Polymer Battery)는 외부 전원을 이용해 충전하여 반영구적으로 이용하는 고체전해질 전지로, 안정성이 높고 에너지 효율성이 높은 차세대 2차 전지이다. 전해질이 고체 또는 젤 형태이기 때문에 전지가 파손되어도 발화하거나 폭발할 위험이 없어 안정적이다. 제조공정이 간단해 대량생산이 가능하며 노트북 등에 주로 사용된다.

10 모든 컴퓨터 기기를 하나의 초고속 네트워크로 연결시켜 집중적으로 사용할 수 있게 하는 기술은?

① 멀티태스킹
② 그리드 컴퓨팅
③ 빅데이터
④ 그리드락

해설
그리드 컴퓨팅(Grid Computing)은 PC나 서버, PDA 등 모든 컴퓨팅 기기를 연결해 컴퓨터 처리능력을 한 곳으로 집중시킬 수 있는 인터넷망이다. 정보처리능력을 슈퍼컴퓨터 이상 수준으로 극대화할 수 있으며 빠른 속도로 정보를 처리할 수 있다.

11 다음 중 대규모의 데이터베이스로부터 상관관계를 발견하고 실행 가능한 정보를 추출하여 의사결정에 활용하는 작업은?

① 그리드 컴퓨팅
② LAN
③ 빅데이터
④ 데이터 마이닝

해설
데이터 마이닝(Data Mining)이란 기업이 보유하고 있는 대규모의 데이터베이스로부터 정보의 연관성을 파악하고, 새로운 규칙 등을 발견함으로써 중요한 의사결정을 위한 정보로 활용해 기업의 경쟁력을 높이고 이익을 극대화하는 과정을 말한다.

12 국가가 자체 인프라와 데이터를 활용해 독립적으로 개발하는 인공지능은?

① 생성형 AI
② 범용 AI
③ 소버린 AI
④ 윤리적 AI

해설
소버린 AI(Sovereign AI)는 국가가 자국 내에서 생산된 데이터, 클라우드, 반도체, AI 모델 등을 자체적으로 관리·활용하는 체계를 구축해 데이터 주권(Data Sovereignty)을 확보하고자 한다. 해외 빅테크 기업 중심의 AI 기술 종속을 피하고 국가 안보, 경제 주권을 지키기 위한 전략적 접근으로 볼 수 있다.

13 나침반이 언제나 남북 방향을 가리키는 것은 지구의 자기장 때문이다. 자기장의 3요소가 아닌 것은?

① 수평자력
② 수직자력
③ 편 각
④ 복 각

해설
지구 자기장의 3요소는 편각, 복각, 수평자력이다. 편각은 지리학적인 자오면과의 각을 말하고, 복각은 자석의 중심을 실로 매달고 자유롭게 움직일 수 있도록 했을 때 자석의 수평면과 이루는 경사를 말한다. 그리고 지구 자기에 의한 어느 점의 자기장 세기에 대한 수평 방향의 분력을 수평분력 또는 수평자력이라 한다.

정답 07 ① 08 ② 09 ③ 10 ② 11 ④ 12 ③ 13 ②

14 다음 중 탄소나노튜브에 대한 설명으로 바르지 못한 것은?

① 탄소 6개로 이뤄진 육각형들이 서로 연결되어 관 모양을 이루고 있다.
② 전기 전도도는 구리와 비슷하고, 열 전도율은 자연계에서 가장 뛰어난 다이아몬드와 같다.
③ 머리카락보다 훨씬 가늘면서도 다이아몬드보다 강한 특성(강철의 100배)을 가지고 있다.
④ 분자들의 끌어당기는 힘으로 인해 안정적인 다발 형태로 존재하기 때문에 산업에 쉽게 응용할 수 있다.

> **해설**
> 탄소나노튜브는 엉켜진 다발 형태로 존재하기 때문에 수용액에 들어가면 서로 뭉쳐버리는 성질이 있어서 산업현장에 응용하기 어렵다. 산업적 응용을 위해서는 탄소나노튜브를 고르게 분산시켜 원하는 소재에 흡착시킬 수 있는 기술이 필수적이다.

15 다음 각 용어에 대한 설명이 잘못 연결된 것은?

① ITS : 지능형 교통시스템
② RFID : 스스로 빛을 내는 현상을 이용한 디스플레이
③ ESM : 통합보안관리시스템
④ LAN : 한정된 공간에서 컴퓨터와 주변장치들 간에 정보와 프로그램을 공유할 수 있도록 하는 네트워크

> **해설**
> ②에서 스스로 빛을 내는 현상을 이용한 디스플레이는 OLED이다.
> RFID(Radio Frequency IDentification)
> 생산에서 판매에 이르는 전 과정의 정보를 극소형 IC칩에 내장시켜 이를 무선 주파수로 추적할 수 있도록 함으로써 다양한 정보를 관리하는 인식기술이다. 실시간으로 사물의 정보와 유통 경로, 재고 현황까지 파악할 수 있어 바코드를 대체할 기술로 손꼽힌다.

16 다음 밑줄 친 용어에 대한 설명으로 옳지 않은 것은?

> '자오선 여행'은 이렇듯 우여곡절 끝에 만들어진 <u>본초 자오선</u>을 따라 떠났던 도보 여행의 기록이다.

① 오스트레일리아의 옛 그리니치 천문대의 자오선을 말한다.
② 경도를 측정하는 기준이 된다.
③ 1884년 25개국이 참가한 워싱턴 회의에서 정해졌다.
④ 기준점인 0°로 하여 동경 180°, 서경 180°로 나눈다.

> **해설**
> 본초 자오선이란 영국 런던의 옛 그리니치 천문대의 자오선을 말한다. 이 선을 기준으로 동경과 서경이 나눠진다. 본초 자오선은 1884년 25개국이 참가한 워싱턴 회의에서 정해졌다. 하지만 이들 참가국 가운데 22개국만 그리니치 본초 자오선에 동의했고, 프랑스와 브라질은 기권, 카리브해에 있는 작은 나라 산도밍고는 유일하게 거부의사를 밝혔다.

17 달 탐사와 관련된 위성들과 업적을 연결한 것 중 바르지 못한 것은?

① 파이어니어 1호(미국) – 최초로 달 궤도 진입
② 루나 9호(소련) – 최초로 달 착륙
③ 아폴로 11호(미국) – 최초로 달 착륙한 유인 우주선
④ 스마트 1호(EU) – 유럽 최초의 달 탐사선

해설
파이어니어 1호는 달 궤도 진입에 실패했고, 1959년 발사된 루나 1호(소련)가 최초로 달 궤도에 진입했다.

18 태양의 표면이 폭발할 때 단파(短波)를 사용하는 국제 통신에 일시적으로 장애가 발생하는 현상은?

① 스프롤 현상
② 태양간섭 현상
③ 도넛 현상
④ 델린저 현상

해설
델린저 현상은 27일 또는 54일을 주기로 10분 내지 수십 분 동안 급격하게 일어나는 단파 통신의 장애 현상이다. 그 원인은 태양면의 폭발에 의하여 생긴 자외선이 전리층 중 E층의 하부를 강하게 이온화시켜 거기에 전파가 흡수되기 때문이다.
① 스프롤 현상 : 도시의 급격한 발전과 지가 상승으로 도시 주변이 무질서하게 확대되는 현상
③ 도넛 현상 : 도시 중심부의 상주인구가 감소하고 도시 주변에 인구가 뚜렷하게 증가하는 현상

19 다음 괄호에 들어갈 용어로 알맞은 것은?

> 이것은 다른 사이트의 정보를 복사한 사이트라고 해서 (   )라고 불린다. 사이트가 네트워크에서 트래픽이 빈번해지면 접속이 힘들고 속도가 떨어지는데, 이를 예방하려면 네트워크의 이용 효율을 향상시켜야 한다. 즉, 이것은 다른 사이트들에 원본과 동일한 정보를 복사하여 저장시켜 놓는 것을 뜻한다.

① 게더링 사이트
② 레이더 사이트
③ 옐로 페이지
④ 미러 사이트

해설
미러 사이트(Mirror Site)에서 '미러(Mirror)'는 자료의 복사본 모음을 뜻하며, 미러 사이트들은 가장 일반적으로 동일한 정보를 여러 곳에서 제공하기 위해, 특히 클라이언트가 요청하는 대량의 안정적인 다운로드를 위해서 만들어진다. 웹 사이트 또는 페이지가 일시적으로 닫히거나 완전히 폐쇄되어도 자료들을 보존하기 위해 만들어진다.

20 물리학자들은 우주가 보통물질과 암흑물질, 암흑에너지로 구성돼 있다고 말한다. 이 가운데 암흑물질은 우주의 27%가량을 차지하면서도 그 정체가 밝혀지지 않고 있는데, 여러 현상을 통해 암흑물질의 존재를 간접 확인할 수는 있다. 다음 중 암흑물질의 존재를 간접 확인할 수 있는 현상과 관련이 적은 것은?

① 우주 배경 복사
② 초신성 폭발
③ 중력렌즈 효과
④ 은하의 회전곡선

해설
초신성 폭발은 어두운 항성이 갑자기 대폭발을 일으켜 엄청난 에너지가 순간적으로 방출되면서 15등급(100만 배)이나 밝아졌다가 사멸되는 현상으로, 갓 태어난 별의 모습처럼 보여서 초신성이라 불린다.

21 가시광선 중에서 파장이 가장 긴 색은?

① 파랑색
② 초록색
③ 빨간색
④ 보라색

해설
가시광선 파장은 빨간색은 610~700nm, 주황색은 590~610nm, 노란색은 570~590nm, 초록색은 500~570nm, 파란색은 450~500nm, 보라색은 400~450nm이다.

22 가상화폐로 거래할 때 발생할 수 있는 이중 지불이나 해킹을 막기 위해 개발된 기술은?

① 프로젝트 제로
② 차입매수
③ 랜섬웨어
④ 블록체인

해설
블록체인은 가상화폐 거래 시 해킹이나 위·변조를 막기 위해 개발된 기술이다.
① 프로젝트 제로 : 구글에서 만든 사내 보안분석팀
② 차입매수 : 자금이 부족한 매수기업이 매수 대상의 자산과 수익을 담보로 자금을 끌어와 합병하는 것
③ 랜섬웨어 : 파일을 암호화하여 사용하지 못하게 한 후 이를 해결하는 대가로 금전을 요구하는 악성 프로그램

23 인터넷으로 의견을 수렴하고 필요하면 제품 개발에 반영하는 것은?

① UCC
② Blog
③ Crowd out
④ Crowd Sourcing

해설
크라우드 소싱(Crowd Sourcing)은 '군중(Crowd)'과 '아웃소싱(Outsourcing)'의 합성어로 경제적 보상을 추구하는 대중들의 웹 협동 작업으로서 기업이나 산업계에서 상품이나 서비스를 생산하기 위해 인터넷으로 대중의 의견을 수렴하여 제품 개발에 반영하는 것이다. 웹 2.0시대에 UCC가 활발해지면서 더욱 활성화됐다.

24 특정 행동을 유도하도록 설계된 사용자 인터페이스를 뜻하는 말은?

① 애드 블로킹
② 다크 패턴
③ 그로스 해킹
④ UX 최적화

해설
다크 패턴(Dark Pattern)은 이용자의 심리를 교묘히 이용해 의도치 않은 클릭이나 구매, 개인정보 제공 등을 유도하는 온라인 디자인 방식을 말한다. 예를 들어 탈퇴 버튼을 숨기거나 자동 결제 해지 절차를 복잡하게 만드는 경우 등이 해당된다. 우리나라에서는 2025년 2월 14일자로 전자상거래법이 개정되어 ▲숨은 갱신 ▲순차공개 가격책정 ▲특정옵션 사전선택 ▲잘못된 계층구조 ▲취소 · 탈퇴 등의 방해 ▲반복간섭 등 6가지 유형의 다크 패턴 행위가 명시적으로 규제 대상이 됐다.

25 우주에서 가장 밝은 초신성 중 하나로, 폭발할 경우 마치 태양이 두 개 떠있는 듯한 현상이 1~2주일 정도 지속될 가능성이 있다고 알려진 약 640광년 떨어진 초신성의 명칭은?

① 스피카(Spica)
② 베텔기우스(Betelgeuse)
③ 아크투르스(Arcturus)
④ 데네브(Deneb)

해설
베텔기우스(Betelgeuse)는 지구로부터 약 640광년 떨어져 있으며 오리온자리 사변형의 왼쪽 위 꼭짓점에 위치한 적색의 거대한 별이다. 반지름은 태양의 900배 정도이며 질량은 태양의 20배 정도로, 현재 중력 붕괴 징후를 보이며 질량을 잃고 있다고 알려져 있다. 대폭발을 일으키면 지구에서 두 개의 태양이 떠 있는 것처럼 보일 수 있지만 폭발의 정확한 시점은 확인할 수 없다.

26 인터넷 사이트를 방문하는 사람들의 컴퓨터로부터 사용자 정보를 얻어내기 위해 사용되는 인터넷의 '숨은 눈'을 지칭하는 것은?

① 쿠 키
② 프록시
③ 자 바
④ 캐 시

해설
쿠키는 인터넷 웹 사이트의 방문 기록을 남겨 사용자와 웹 사이트 사이를 매개해주는 정보로서 고객이 특정 홈페이지에 접속할 때 생성되는 정보를 담은 임시 파일로, 크기는 4KB 이하로 작다. 쿠키는 애초 인터넷 사용자들의 홈페이지 접속을 돕기 위해 만들어졌다. 특정 사이트를 처음 방문하면 아이디와 비밀번호를 기록한 쿠키가 만들어지고 다음에 접속했을 때 별도 절차 없이 사이트에 빠르게 연결할 수 있다.

27 생성형 인공지능을 통해 품질이 낮고 의미 없는 콘텐츠가 대량생산되는 현상은?

① 랜덤 웨이스트
② 디지털 딥웹
③ AI 슬롭
④ 제너레이티브 리스크

해설
AI 슬롭(AI Slop)은 인공지능을 의미하는 'AI'와 오물을 뜻하는 단어 'Slop'이 합쳐진 단어로 AI가 생성한 질 낮은 콘텐츠가 여기저기 범람하는 현상을 말한다. 생성형 AI는 인터넷상의 모든 정보를 학습하는 만큼 AI 슬롭을 AI가 다시 학습할 경우 결국 전반적인 AI 콘텐츠 질의 하락을 초래할 수 있다.

28 가상현실이 현실세계와 교차하면서 새로운 가능성을 열어주는 기술을 일컫는 말은? **출제유형**

① 가상현실
② 미래현실
③ 증강현실
④ 내부현실

해설
증강현실(AR ; Augmented Reality)은 '혼합현실'이라고도 하며 사용자가 눈으로 보는 현실세계에 가상물체를 겹쳐 보여주는 기술이다. 이것은 컴퓨터 그래픽으로 만들어진 가상환경을 사용하지만 주역은 현실환경이다. 가상현실기술은 가상환경에 사용자를 끌어들여 실제 환경을 볼 수 없게 하지만 실제 환경과 가상의 객체가 혼합된 증강현실기술은 사용자가 실제 환경을 볼 수 있게 하여 보다 나은 현실감과 부가적인 정보를 제공한다.

29 다음 중 가상 이동통신망 사업자(MVNO)에 대한 설명으로 옳은 것은?

① 무선인터넷 게임에 등장하는 가상의 이동통신 사업자이다.
② 원격으로 로봇을 조종하는 서비스를 제공하는 업체다.
③ 가상의 이동통신망을 사용해 온라인게임 서비스를 제공하는 사업자이다.
④ 이동통신업체의 통신망을 빌려 이동통신 서비스를 제공하는 업체이다.

해설
가상 이동통신망 사업자는 이동통신 서비스를 제공하기 위해 필수적인 주파수를 보유하지 않고, 주파수를 보유하고 있는 이동통신망 사업자(MNO ; Mobile Network Operator)의 망을 통해 독자적인 이동통신 서비스를 제공하는 사업자를 말한다.

30 태양계 행성 중의 하나였으나 행성으로서의 지위를 박탈당한 것은?

① 명왕성
② 천왕성
③ 해왕성
④ 토 성

해설
국제천문연맹(IAU)은 명왕성을 공전궤도가 불규칙하고 크기가 달보다도 작으며 형태가 타원에 가깝다는 등의 이유로 태양계의 행성으로서의 지위를 박탈했다.

31 다음 중 아날로그 신호를 디지털로 변환하여 저장하고, 디지털 데이터를 아날로그로 변환해서 재생하는 장비는?

① 모 뎀 ② DSU
③ 코 덱 ④ 멀티플렉서

해설
코덱(Codec)은 아날로그 데이터를 디지털로 저장 후 아날로그로 재생하는 기술 또는 장치다. 주로 음성이나 동영상을 저장하고, 재생하는 데 이용된다.

32 '식물이 분비하는 살균 물질'이라는 뜻을 가지고 있으며, 식물을 위협하는 각종 해충, 병균, 곰팡이, 박테리아 등에게는 킬러의 역할을 하지만 인간에게는 도리어 이롭게 작용한다고 알려진 물질은?

① 옥시토신 ② 바소프레신
③ 피톤치드 ④ 나이트로사민

해설
피톤치드는 그리스어로 '식물'을 의미하는 'Phyton'과 '살균'을 의미하는 'Cide'를 합성한 말이다. '식물이 분비하는 살균 물질'이라는 뜻으로 수목이 해충이나 미생물로부터 자기를 방어하기 위해 공기 중에 발산하는 천연의 항균물질을 말한다. 피톤치드의 주성분은 휘발성이 강한 테르펜류가 주를 이루며, 향기 이외의 성분도 다량 함유되어 있다.

33 휴대전화, 노트북, 차세대 전기 자동차의 배터리로 쓰이는 이 광물의 절반이 매장되어 있는 국가가 남미에 있다고 한다. 이 광물과 나라가 올바르게 연결된 것은?

① 니켈 - 콜롬비아 ② 리튬 - 브라질
③ 니켈 - 칠레 ④ 리튬 - 볼리비아

해설
세계 리튬 매장량의 절반(약 540만 톤)이 볼리비아 서남부의 황무지에 묻혀 있는 것으로 추정됐다. 이로 인해 우리나라를 포함한 중국, 일본 등이 자원확보를 위해 열띤 경쟁을 벌이고 있다.

34 원자핵을 구성하는 입자가 아닌 것은?

① 양성자 ② 중성자
③ 중간자 ④ 전 자

해설
원자핵은 양성자와 중성자가 몇 개씩 결합한 것이고, 양의 전하를 띠고 있으며, 양성자와 같은 수의 전자가 둘러싸고 있어 전기적으로 중성의 원자가 된다.

35 공공장소의 무료 충전기나 USB 포트를 통해 스마트폰을 충전하는 과정에서, 해커가 데이터를 탈취하거나 악성코드를 심는 수법은?

① 크리덴셜 스터핑
② 스피어 피싱
③ 랜섬웨어
④ 주스재킹

해설
주스재킹(Juice Jacking)은 배터리를 뜻하는 'Juice'와 강탈을 뜻하는 'Hijacking'을 합쳐 만든 용어다. 공공장소에 설치된 USB 포트에 악성코드를 심어, 해당 USB 포트에 연결된 스마트폰에서 개인정보를 탈취하는 해킹 수법을 말한다. 이를 방지하기 위해서는 가능한 공공 USB 포트 사용을 피하고, 전용 어댑터나 데이터 차단 케이블을 사용하는 것이 좋다.
① 크리덴셜 스터핑 : 유출된 로그인 정보를 다른 계정에 무작위 대입해 타인의 개인정보를 빼내는 수법
② 스피어피싱 : 특정 대상의 정보를 캐내기 위한 피싱 공격
③ 랜섬웨어 : 시스템을 암호화해 사용할 수 없게 만들어 금전을 요구하는 수법

36 다음 괄호 안에 공통으로 들어갈 알맞은 용어는?

> ( )은/는 디지털 테크놀로지의 문화적·인식론적 영향과 사회적 활용을 연구하는 프랑스 철학자 레비(Pierre Levy)가 프랑스의 가톨릭계 신학자이자 고고학자인 테야르 드 샤르댕(Pierre Teilhard de Chardin)의 말에서 빌려온 개념이다. ( )은/는 인류가 오랫동안 집적해온 공동의 지적능력과 자산을 바탕으로 사이버 공간에서 이뤄가는 세계를 뜻한다.

① 사이버스쿼팅(Cybersquatting)
② 누스페어(Noosphere)
③ 스마트몹(Smart Mob)
④ 사이버 리터러시(Cyber-Literacy)

해설
누스페어란 'Noo(정신)'와 'Sphere(시공간)'를 결합시킨 사회철학 용어로 인류가 오랫동안 집적해온 공동의 지적능력과 자산을 바탕으로 사이버 공간에서 형성한 세계를 말한다.
① 사이버스쿼팅 : 인터넷상의 컴퓨터 주소인 도메인을 투기나 판매 목적으로 선점하는 행위
③ 스마트몹 : PDA, 휴대전화, 메신저, 인터넷, 이메일 등 첨단 정보통신기술을 바탕으로 긴밀한 네트워크를 이루어 정치·경제·사회 등의 제반 문제에 참여하는 사람들의 집단
④ 사이버 리터러시 : 사이버 공간에서 허구와 진실을 가려내고 성적 편견, 상업주의 등 온라인상의 문제적 글들을 구별할 수 있는 능력

37 초전도 현상에 관한 설명 중 옳은 것은?

① 금속의 열전도율이 100%에 달하는 현상
② 금속이 완전 반자성을 띠는 현상
③ 금속의 전기저항이 갑자기 영(零)으로 떨어지는 현상
④ 금속의 자성이 극히 강해지는 현상

해설
초전도 현상이란 어떤 물질을 절대온도(-273℃)에 가까운 극저온 상태로 냉각시키면 갑자기 전기저항이 없어지는 물리적 현상을 말한다.

38 DNA에서 유전질환의 원인이 되는 유전자 염기를 보다 정교하게 수정할 수 있는 4세대 유전자가위 기술은?

① 프라임 에디팅
② 징크핑거 뉴클레이즈
③ 크리스퍼
④ 복제 DNA

해설
유전자가위(Gene Scissors)는 인간 및 동식물 세포의 유전체를 교정하는 데 사용되는 유전자 교정 기술로, 유전체에서 특정 염기서열을 인식한 후 해당 부위의 DNA를 잘라내거나 다른 염기로 교체하는 시스템이다. 프라임 에디팅(Prime Editing)은 4세대 유전자가위 기술로 이중나선 구조로 이뤄진 DNA 한 가닥만 정밀하게 절단해 원하는 염기를 삽입하거나 교체하는 방식이다. 2019년 미국 브로드연구소에서 처음 개발됐다. DNA 이중 가닥을 자르는 크리스퍼 유전자가위보다 정확도가 높고 부작용이 적다.

39 태양의 활발한 활동으로 인해 가끔씩 통신 교란과 인공위성의 고장 등이 일어난다. 또 이 시기에는 북극과 남극 가까운 지방의 공중에서 아름다운 빛을 발하는 현상이 더욱 두드러지는데, 이런 현상을 일컫는 용어는?

① 코로나
② 흑 점
③ 지자기 폭풍
④ 오로라

해설
오로라(Aurora)란 태양에서 방출된 플라즈마의 일부가 지구의 자기장에 이끌려 대기에 진입하면서 공기 중에 있는 분자와 접촉·반응해 빛을 내는 현상을 말한다.

40 특허가 만료된 바이오의약품의 복제약을 뜻하는 용어는?

① 바이오제네릭
② 바이오시밀러
③ 바이오베터
④ 바이오CMO

해설
바이오시밀러(Biosimilar)는 특허받은 바이오의약품과 비슷한 효능을 갖지만 완벽히 동일한 약품은 아니다.

41 갈릴레이는 같은 높이에서 떨어뜨린 모든 물체는 같은 속도로 떨어진다고 주장했는데, 이것은 이론적으로는 맞지만 실제로는 그렇지 않다. 모든 물체가 같은 속도로 떨어지기 위해서 필요한 조건은?

① 무게가 같은 물체
② 성분이 같은 물체
③ 바람이 불지 않는 상태
④ 진공상태

해설
공기가 있으면 공기와의 마찰과 부력에 의해 일정한 속도로 낙하할 수 없다.

42 지금보다 수백 배 빠른 반도체, 고효율 태양전지, 슈퍼 커패시터, 셀로판지처럼 얇은 두루마기 형태의 디스플레이, 손목에 차는 휴대전화, 종이처럼 지갑에 넣고 다니는 컴퓨터, 고강도 필름을 포함한 고강도 복합재료 등에 활용될 것으로 예상되는 '꿈의 신소재'는?

① 그래핀
② 탄소나노튜브
③ 풀러렌
④ 라 듐

> **해설**
> 영국 맨체스터 대학의 안드레 가임 박사와 콘스탄틴 노보셀로 박사는 2004년 세계 최초로 흑연에서 그래핀(Graphene)을 분리해내는 데 성공하여 완벽한 단원자층 그래핀을 얻음으로써 그래핀의 성질을 밝혀냈다. 이에 대한 공로를 인정받아 2010년 노벨물리학상을 받았다.

43 엔트로피에 관한 다음 설명 중 맞는 것은?

① 엔트로피는 열역학 제1법칙을 설명한다.
② 비가역과정에서 엔트로피는 항상 감소한다.
③ 가역과정에서 엔트로피는 항상 감소한다.
④ 엔트로피는 열역학 제2법칙을 설명한다.

> **해설**
> 열역학 제1법칙은 에너지 보존법칙이며, 자연현상의 변화는 일반적으로 엔트로피가 증가하는 방향으로 진행된다.

44 디지털신호 전송방식에 관한 국제표준을 나타내는 말은?

① MPEG　　② ISO
③ DVD　　④ VHS

> **해설**
> MPEG(Moving Picture Experts Group)는 동영상전문가모임으로 국제표준화기구(ISO)의 기술분과위원회 중의 하나로서 여기서 제정한 동영상 압축 표준을 MPEG라 하고 이 표준에 맞게 설계된 보드가 MPEG 보드다.

45 별이 방출하는 에너지의 주원천은?

① 화학반응　　② 중력붕괴
③ 핵붕괴　　④ 핵융합

> **해설**
> 핵융합에는 1억℃ 이상의 높은 온도가 필요한데, 태양과 같은 별은 그 빛에너지의 핵융합에서 생긴다.

46 정지궤도위성을 설명한 것 중 틀린 것은?

① 정지궤도위성의 고도는 약 36,000km이다.
② 적도 상공에서 정지한 상태로 작동하기 때문에 운영비를 대폭 줄일 수 있다.
③ 통신·기상 분야뿐만 아니라, 위성방송(DBS)도 정지궤도위성을 이용한다.
④ 국산과학위성 우리별 2호는 정지궤도위성이 아니다.

해설
정지궤도위성은 공전주기가 지구의 자전주기와 같아 지구상에서 볼 때 한 곳에 정지해 있는 것처럼 보인다. 적도 상공 약 36,000km에서 매초 약 3,000m를 마하 9의 초음속으로 움직이지만 동력은 필요하지 않다. 최초의 정지궤도위성은 1963년 2월 4일에 발사한 신컴(Syncom)이며, 우리나라의 무궁화호 위성도 정지궤도위성이다.

47 원시프로그램에서 목적프로그램으로 번역하는 과정에서 발생하는 오류를 찾아 수정하는 것을 의미하는 것은?

① Editing
② Debugging
③ Coding
④ Searching

해설
Debugging은 원시프로그램상의 오류를 찾아 수정하는 작업으로 '착오 검색'이라고 한다.
① Editing : 데이터, 문서의 표현 형식이나 배열을 정리하는 것(편집)
③ Coding : 데이터 처리장치가 받아들일 수 있는 기호형식에 의하여 데이터를 표현하는 것(부호화)
④ Searching : 데이터 집합을 살피는 것(탐색)

48 대기 속에서 온실 효과를 일으키는 온실기체가 아닌 것은?

① Co
② CO_2
③ CH_4
④ NO

해설
코발트(Co)는 단단하고 강자성을 띤 은백색 금속원소를 말한다.
온실기체
온실기체가 급격하게 상승하게 되면 지구의 기온이 계속 상승하게 되어 기후대의 변화, 해수면 상승, 지구 생태계 파괴 등 예측하기 어려운 커다란 변화와 피해를 입게 된다. 대표적인 온실기체는 이산화탄소(CO_2), 메탄가스(CH_4), 염화플루오르화탄소(CFC), 산화질소(NO) 등이 있다.

49 다음 중 반도체가 아닌 원자를 기억소자로 활용하는 컴퓨터는?

① 하이브리드 컴퓨터　　② 양자 컴퓨터
③ 원자 컴퓨터　　　　　④ 엣지 컴퓨터

> **해설**
> 양자 컴퓨터는 양자역학의 원리에 따라 작동되는 미래형 첨단컴퓨터로 반도체가 아닌 원자를 기억소자로 활용한다. 고전적 컴퓨터가 한 번에 한 단계씩 계산을 수행했다면, 양자 컴퓨터는 모든 가능한 상태가 중첩된 얽힌 상태를 이용한다. 또한 2진법의 비트(Bit) 대신, 양자 정보의 기본단위인 큐비트를 사용한다.

50 기술의 발전으로 인해 제품의 라이프 사이클이 점점 빨라지는 현상을 이르는 법칙은?

① 스마트 법칙　　　② 구글 법칙
③ 안드로이드 법칙　④ 애플 법칙

> **해설**
> 구글이 자사의 운영체계인 안드로이드를 무료로 이용할 수 있게 하면서 다른 스마트폰 제조업체들의 제품 출시가 쉬워졌고, 이에 따라 신제품 출시 주기가 빨라져 제품 수명주기가 짧아진 것을 안드로이드 법칙이라고 한다.

51 시간과 장소, 컴퓨터나 네트워크 여건에 구애받지 않고 네트워크에 자유롭게 접속할 수 있는 IT 환경을 가리키는 말은?

① 텔레매틱스　② 유비쿼터스
③ ITS　　　　 ④ 스니프

> **해설**
> 라틴어로 '언제, 어디에나 있는'을 의하는 유비쿼터스(Ubiquitous)는 사용자가 시공간의 제약 없이 자유롭게 네트워크에 접속할 수 있는 환경을 말한다.

52 컴퓨터 전원을 끊어도 데이터가 없어지지 않고 기억되며 정보의 입출력도 자유로운 기억장치는?

① 램　　　　　　② 캐시 메모리
③ 플래시 메모리　④ 롬

> **해설**
> 플래시 메모리(Flash Memory)는 전원을 끊더라도 데이터가 없어지지 않는 메모리를 말하며, PC의 소형화 등에 꼭 필요한 반도체 소자이다. 전원이 끊어져도 저장된 데이터를 보존하는 기능이 있는 '롬'과 정보의 입출력이 자유롭다는 장점을 가진 '램'의 특성을 모두 갖고 있다.

53 허가받은 IP를 도용한 뒤 승인된 사용자로 위장해 시스템에 접근하거나 가짜 웹사이트를 구성해 일반 이용자의 방문을 유도하는 해킹방식은?

① 스피어피싱
② 디도스
③ 스푸핑
④ 크래킹

해설
스푸핑(Spoofing)은 해킹을 목표로 하는 시스템이나 네트워크의 호스트를 속여서 접속하는 것을 말한다.

54 BcN은 음성·데이터, 통신·방송·인터넷 등이 융합된 품질보장형 광대역 멀티미디어 서비스를 언제 어디서나 끊김 없이 안전하게 이용할 수 있는 차세대 통합네트워크를 말한다. 한국은 세계에서 BcN을 몇 번째로 시행한 나라인가?

① 첫 번째
② 두 번째
③ 세 번째
④ 네 번째

해설
한국은 BcN(Broadband convergence Network : 광대역통합망) 기술을 네 번째로 시행한 나라이며 BcN은 전화, 가전제품, 방송, 컴퓨터, 종합 유선방송 등 다양한 기기를 네트워크로 연결해 서비스를 제공할 수 있도록 만드는 인프라로, 정부가 정보통신기술의 최종목표로 삼고 있다.

55 다음 중 RAM에 대한 설명으로 옳지 않은 것은?

① 컴퓨터의 주기억장치로 이용된다.
② 크게 SRAM, DRAM으로 분류할 수 있다.
③ 'Random Access Memory'의 약어이다.
④ DRAM이 SRAM보다 성능이 우수하나 고가이다.

해설
SRAM은 DRAM보다 속도가 훨씬 빠르지만, 가격이 비싸고 집적도가 낮아 CPU 캐시 등 소량의 고속 메모리로 사용된다.

56 인터넷상 기관 형태에 따른 도메인 네임 중 한국의 연구기관을 나타내는 것은?

① edu
② gov
③ mil
④ re

해설
도메인 네임의 종류
- co.kr : 영리기관(회사) 또는 개인
- or.kr : 비영리기관
- ac.kr : 대학 및 교육기관(학교)
- ne.kr : 네트워크
- re.kr : 연구기관
- go.kr : 정부, 행정, 입·사법기관

정답 49 ② 50 ③ 51 ② 52 ③ 53 ③ 54 ④ 55 ④ 56 ④

57 컴퓨터의 소프트웨어는 상용화 과정을 거쳐 다양한 버전을 일반인들에게 공개해 사용할 수 있는 기회를 제공한다. 이 버전에는 각기 다른 명칭이 있는데 다음 중 잘못된 설명은?

① 베타버전 : 프로그램을 정식으로 공개하기 전에 단순히 테스트할 목적으로 한정된 집단 또는 일반에 공개하는 버전
② 셰어웨어 : 사용 기능이나 기간에 제한이 있어서 일정 기간 동안 사용해보고 계속 사용하고 싶은 경우에만 정식 등록을 통해 구입할 수 있는 버전
③ 프리웨어 : 무료로 사용할 수 있는 소프트웨어로 영리를 목적으로 배포 가능한 버전
④ 트라이얼 : 셰어웨어와 같은 개념으로 다수의 기능 중 일부만을 사용할 수 있도록 만들어준 버전

> **해설**
> 프리웨어(Freeware)는 별도의 라이센스 없이 무료로 배포되는 소프트웨어이며, 사용에 따른 돈을 지불할 필요는 없지만 영리 목적으로 배포할 수는 없다.

58 일반 브라우저가 아닌 특정 브라우저를 통해서만 접속할 수 있어 익명성이 보장되도록 고안된 웹은?

① 서피스 웹
② 다크 웹
③ 토르 네트워크
④ 핵티비스트

> **해설**
> 다크 웹(Dark Web)은 보통의 일반적인 브라우저로는 접속할 수 없는 웹으로 IP 추적이 불가능하고 익명성이 보장되도록 고안됐다. 토르 브라우저(TOR Browser)라는 특수한 브라우저를 통해 접속할 수 있고, 표면화되지 않는 방대한 정보들이 숨어있는 것으로 알려져 있다. 이러한 특징 때문에 마약판매, 총기거래, 불법영상 공유 등을 비롯한 각종 범죄에 악용된다는 문제가 있다.

59 인터넷 주소창에 사용하는 'http'의 의미는?

① 인터넷 네트워크망
② 인터넷 데이터 통신규약
③ 인터넷 사용경로 규제
④ 인터넷 포털 서비스

> **해설**
> HTTP(Hyper Text Transfer Protocol)는 WWW상에서 클라이언트와 서버 사이에 정보를 주고받는 요청·응답 프로토콜로 '인터넷 데이터 통신규약'을 말한다. 클라이언트인 웹브라우저가 HTTP를 통해서 서버로부터 웹페이지나 그림 정보를 요청하면, 서버는 이 요청에 응답하여 필요한 정보를 해당 사용자에게 전달하게 된다.

60 컴퓨터의 정보 보안을 위해 정보통신망에 불법으로 접근하는 것을 차단하는 시스템은?

① 아스키
② DNS
③ 방화벽
④ 아이핀

해설
화재가 발생했을 때 불이 번지지 않게 하기 위해서 차단막을 만드는 것처럼, 네트워크 환경에서도 기업의 네트워크를 보호해 주는 하드웨어 · 소프트웨어 체제를 '방화벽'이라 한다.

61 하나의 디지털 통신망에서 문자, 영상, 음성 등 각종 서비스를 일원화하여 통신 · 방송서비스의 통합 등 부가가치가 높은 서비스를 추구하는 종합통신 네트워크는?

① VAN
② UTP케이블
③ ISDN
④ RAM

해설
VAN(Value Add Network)은 '부가가치통신망'이라고도 하며, 공중 전기통신사업으로부터 통신회선을 차용하여 독자적인 네트워크로 각종 정보를 문자 · 영상 · 음성 등으로 교환하고 정보를 축적 또는 복수로 전송하는 등 단순 통신이 아니라 부가가치가 높은 서비스를 하는 것이다.

62 다음 중 LNG(Liquefied Natural Gas)에 대한 설명으로 틀린 것은? **출제유형**

① 폭발위험이 비교적 낮다.
② 주성분은 메탄(CH_4)이다.
③ LPG보다 운반이 편리하다.
④ LPG보다 액화시키기 어렵다.

해설
LPG는 액화하기 쉬워 운반이 편리하고 비용이 저렴한 반면, LNG는 메탄을 주성분으로 하고 액화가 어려우며 비싸다.

63 달은 타원형 궤도를 돌기 때문에 지구와 달 사이의 거리가 달라지는데 달과 지구의 거리가 가장 가까워질 때 볼 수 있는 크고 밝은 보름달을 가리키는 말은?

① 블루문(Blue Moon)
② 블러드문(Blood Moon)
③ 슈퍼문(Super Moon)
④ 마이크로문(Micro Moon)

해설
슈퍼문은 달과 지구 사이가 가장 가까워졌을 때의 크고 밝은 보름달이다.
① 블루문 : 달의 공전주기(27.3일)가 양력 한 달보다 짧아서 한 달에 두 번 보름달이 뜨는 현상
② 블러드문 : 지구의 그림자 속에 달이 들어가는 개기월식 때 달이 붉게 보이는 현상
④ 마이크로문 : 가장 작은 보름달

64 스마트TV와 인터넷TV 각각의 기기는 서버에 연결되는 방식이 서로 달라 인터넷망 사용의 과부하가 발생할 수밖에 없다. 이와 관련해 통신사와 기기회사 사이에 갈등이 빚어지기도 했는데 그 원인은?

① 프로그램 편성
② 요금징수체계
③ 수익모델
④ 망 중립성

해설
망 중립성은 네트워크 사업자가 관리하는 망이 공익을 위한 목적으로 사용돼야 한다는 원칙을 말한다. 통신 사업자는 막대한 비용을 들여 망 설치를 하여 과부하로 인한 망의 다운을 막으려고 하지만 스마트TV 생산회사들은 이에 대한 고려 없이 제품 생산에만 그쳐, 망 중립성을 둘러싼 갈등이 불거졌다.

65 의학적으로는 진통제로 사용되지만 헤로인보다 80배, 모르핀보다 200배 이상 강한 중독성과 위험성으로 전 세계적으로 오남용이 사회문제로 떠오른 합성 마약은?

① 코카인
② 헤로인
③ 펜타닐
④ 프로포폴

해설
펜타닐(Fentanyl)은 강력한 합성 오피오이드계 진통제로 의료 현장에서는 극심한 통증 완화에 사용된다. 그러나 극미량으로도 강한 환각·중독 증상을 유발해 불법 제조·유통 시 사망 위험이 매우 높은 약물로 분류된다. 최근에는 해외뿐 아니라 국내에서도 마약성 진통제 남용 사례가 늘어나며 사회적 경각심이 커지고 있다.

66 해안으로 밀려 들어오는 파도와 다르게, 해류가 해안에서 바다 쪽으로 급속히 빠져나가는 현상을 일컫는 말은?

① 파송류
② 이안류
③ 향안류
④ 연안류

해설
① 파송류 : 바람에 의해 해파가 형성되어 바람의 방향으로 물이 이동하는 해류
③ 향안류 : 바다 밑에서 해안으로 흐르는 해류
④ 연안류 : 해안으로부터 먼 곳에서 나타나는 해안과 평행한 바닷물의 흐름

67 미국 항공우주국(NASA)에서 발사한 최초의 우주왕복선은?

① 디스커버리호 ② 콜럼비아호
③ 아틀란티스호 ④ 챌린저호

해설
미국 항공우주국(NASA)가 발사한 우주왕복선은 콜럼비아호(우주왕복선 1호), 챌린저호(우주왕복선 2호), 디스커버리호(우주왕복선 3호), 아틀란티스호(우주왕복선 4호), 엔데버호(우주왕복선 5호) 순서로 발사됐다.

68 버스가 갑자기 서면 몸이 앞으로 쏠리는 현상과 관련이 있는 것은?

① 관성의 법칙
② 작용·반작용의 법칙
③ 가속도의 법칙
④ 원심력

해설
관성의 법칙은 물체가 원래 운동 상태를 유지하고자 하는 법칙으로, 달리던 버스가 갑자기 서면서 몸이 앞으로 쏠리는 것은 관성 때문이다.

69 2025년 3월 발사된 미국 항공우주국(NASA)과 한국천문연구원이 공동으로 개발한 우주망원경은?

① 팔콘9 ② 케플러 망원경
③ 딥 임팩트 ④ 스피어엑스

해설
스피어엑스(SPHEREx)는 미국 NASA와 한국천문연구원이 공동으로 개발한 근적외선 우주망원경으로, 2025년 3월 SpaceX의 팔콘9 로켓을 통해 발사되어 현재 지구 저궤도에서 임무를 수행 중이다. 전 우주를 관측하며 은하의 형성과 진화, 우주의 팽창, 별과 행성의 기원을 연구하는 것을 목표로 한다.

70 우리나라 최초의 인공위성은?

① 무궁화 1호 ② 우리별 1호
③ 온누리호 ④ 스푸트니크 1호

해설
우리나라 최초의 인공위성은 우리별 1호(KITSAT-1)이고, 세계 최초의 인공위성은 스푸트니크 1호이다.

정답 64 ④ 65 ③ 66 ② 67 ② 68 ① 69 ④ 70 ②

71 다음 중 뉴턴의 운동법칙이 아닌 것은?

① 만유인력의 법칙
② 관성의 법칙
③ 작용 · 반작용의 법칙
④ 가속도의 법칙

해설
뉴턴의 운동법칙으로는 제1법칙 관성의 법칙, 제2법칙 가속도의 법칙, 제3법칙 작용 · 반작용의 법칙이 있다. 만유인력의 법칙은 뉴턴의 운동법칙에 포함되지 않는다.

72 매우 무질서하고 불규칙적으로 보이는 현상 속에 내재된 일정 규칙이나 법칙을 밝혀내는 이론은?

① 카오스 이론
② 빅뱅 이론
③ 엔트로피
④ 퍼지 이론

해설
카오스 이론은 예측 불가능한 뒤죽박죽의 상태 속에서 질서정연함을 밝히는 것이다.

73 다음 중 게놈에 대한 설명으로 옳지 않은 것은?

① 유전자(Gene)와 염색체(Chromosome)의 합성어이다.
② 생물의 유전형질을 나타내는 모든 유전정보가 들어있다.
③ 1게놈 속에는 상동염색체가 포함되어 있다.
④ 하나의 세포만을 분석하여 게놈정보를 전체적으로 알 수 있다.

해설
게놈(Genome)은 한 세트의 염색체군, 즉 생물체의 모든 유전정보를 담은 염색체 한 세트를 말한다. 상동염색체는 서로 다른 두 게놈에서 온 염색체가 쌍을 이룬 것이므로, 1게놈에는 상동염색체가 포함되어 있지 않다.

74 대기 중에 이산화탄소가 늘어나는 것이 원인이 되어 발생하는 온도 상승 효과는?

① 엘니뇨 현상
② 터널 효과
③ 온실 효과
④ 오존층파괴 현상

해설
온실 효과는 대기 중에 탄산가스, 아황산가스 등이 증가하면서 대기의 온도가 상승하는 현상으로 생태계의 균형을 위협한다.

75 다음 중 N스크린(N-Screen)에 대한 설명으로 바르지 못한 것은?

① 멀티미디어 콘텐츠를 여러 개의 기기에서 연속적으로 즐길 수 있는 기술 또는 서비스를 의미한다.
② 일종의 클라우드 서비스이므로 컴퓨터나 스마트폰이 인터넷에 연결되지 않아도 언제 어디서든 콘텐츠를 감상할 수 있다.
③ N스크린의 N은 아직 결정되지 않은 어떤 숫자를 의미하는 미지수 N에서 유래했다.
④ 우리나라의 대표적인 N스크린 서비스는 티빙, 웨이브 등이 있다.

해설
N스크린은 사용자가 정식 구매한 멀티미디어 콘텐츠를 자신의 IT 기기가 아닌 이동통신사의 미디어 서버에 올려놓고 필요에 따라 인터넷을 통해 접근하는 일종의 '클라우드 서비스'이므로, 인터넷만 연결된다면 다양한 단말기를 통해 언제 어디서든 콘텐츠를 감상할 수 있다.

76 제트기류의 흐름이 느려져 공기 덩어리가 정체하는 현상을 가리키는 것은?

① 블로킹 현상
② 기온역전 현상
③ 엘니뇨 현상
④ 라니냐 현상

해설
블로킹 현상(Blocking Effect)은 약 10km 상공에서 빠르게 도는 제트기류의 흐름이 느려져 공기 덩어리가 정체하는 현상을 의미한다.

77 엘니뇨 현상에 대해 올바른 설명은?

① 도심 지역의 온도가 다른 지역보다 높게 나타나는 현상
② 예년과 비교할 때 강한 무역풍이 지속돼 일어나는 기후 변동 현상
③ 남미의 페루 연안에서 적도에 이르는 태평양상의 수온이 상승해 세계 각지에서 홍수 또는 가뭄 등이 발생하는 기상이변 현상
④ 고층 빌딩들 사이에서 일어나는 풍해 현상

해설
엘니뇨 현상은 전 지구적으로 벌어지는 대양-대기 간의 기후 현상으로, 평년보다 섭씨 0.5도 이상 해수면 온도가 높은 상태가 5개월 이상 지속되는 이상 해류 현상이다. 이 현상이 크리스마스 즈음해서 발생하기 때문에 '작은 예수' 혹은 '남자아이'라는 뜻에서 유래했다. 엘니뇨가 발생하면 해수가 따뜻해져 증발량이 많아지고, 이로 인해서 태평양 동부 쪽의 강수량이 증가한다. 엘니뇨가 강할 경우 지역에 따라 대규모의 홍수가 발생하기도 하고 극심한 건조 현상을 겪기도 한다. ①은 열섬 현상, ②는 라니냐 현상, ④는 빌딩풍해 현상이다.

정답 71 ① 72 ① 73 ③ 74 ③ 75 ② 76 ① 77 ③

78 다음 중 올바르게 설명한 것은?

① 아리랑 1호는 우리나라가 발사한 최초의 다목적 실용 인공위성으로 1999년 러시아에서 발사되었다.
② 우리나라 최초의 우주인 이소연 씨가 탑승한 우주선은 스푸트니크호이다.
③ 세종기지는 북극 노르웨이령 스발바르 제도에 설립된 과학기지이다.
④ 나로호(KSLV-Ⅰ)는 과학기술위성 2호를 지구 저궤도에 올려놓는 임무를 수행한 대한민국 최초의 우주발사체로, 2013년 발사에 성공했다.

해설
① 1999년 12월 21일 미국 캘리포니아주에서 발사됐다.
② 이소연은 2008년 소유즈 TMA-12호를 타고 출발하여, 국제우주정거장(ISS)과의 도킹에 성공했다.
③ 다산기지에 대한 설명이다.

79 아미노산인 트립토판에서 유도된 화학물질로서, 혈액이 응고할 때 혈소판으로부터 혈청 속으로 방출되는 혈관 수축작용을 하는 신경전달물질은?

① 세로토닌(Serotonin)
② 엔도르핀(Endorphin)
③ 도파민(Dopamine)
④ 옥시토신(Oxytocin)

해설
세로토닌(Serotonin)은 아미노산인 트립토판에서 유도된 화학물질로 혈액이 응고할 때 혈소판으로부터 혈청 속으로 방출되어 혈관 수축작용을 한다.

80 다음 중 괄호 안에 들어갈 말로 옳은 것은?

> (   )은/는 컴퓨터 디자인 프로그램으로 만든 설계도를 바탕으로 실물의 입체 모양 그대로 찍어내는 기술이다. 어떤 제품 아이디어든 설계도만 있으면 다양한 소재로 1시간에서 하루 사이에 실물로 만들 수 있다.

① 스컴블링
② 핀테크
③ 3D 프린팅
④ 사물인터넷

해설
3D 프린팅은 입체적으로 만들어진 설계도만 있으면 종이에 인쇄하듯 3차원 공간 안에 실제 사물을 만들어 낼 수 있는 프린팅 기술이다. 1984년 미국에서 처음 개발됐다.

06 한국사·세계사

01 〈한서지리지〉에 다음의 법 조항을 가진 나라로 소개되는 국가는?

- 사람을 죽인 자는 즉시 사형에 처한다.
- 남에게 상처를 입힌 자는 곡물로써 배상한다.
- 남의 재산을 훔친 사람은 노비로 삼고, 용서받으려면 한 사람당 50만 전을 내야 한다.

① 고구려 ② 고조선
③ 발 해 ④ 신 라

해설
보기는 고조선의 〈8조금법〉의 내용이다. 현재 3개의 조항만 전해지는 8조금법을 통해 고조선은 사유재산제의 사회로서 개인의 생명 보호를 중시했으며, 계급사회였음을 알 수 있다.

02 다음 중 금관가야에 대한 설명으로 옳은 것은?

① 전성기 때 왕이 김해 지역을 중심으로 신라를 정복했다.
② 대가야보다 늦게 성장하여 가야 연맹의 중심이 됐다.
③ 백제와 연합해 고구려를 멸망시켰다.
④ 해상 무역이 발달했다.

해설
금관가야(가락국)는 김수로왕이 세운 나라로, 낙동강 하류 김해 지역을 중심으로 번영했다. 풍부한 철 생산력과 해상 교통의 요충지라는 이점을 바탕으로 낙랑·왜 등과 활발한 무역을 전개했다. 그러나 세력이 약화되면서 6세기 초 신라 법흥왕 때 병합되어 멸망했다.

03 삼국 중 신라의 성장이 가장 늦었던 이유를 다음 보기에서 모두 고르면?

㉠ 중국 세력의 침략을 자주 받았다.
㉡ 한반도의 동남쪽에 치우쳐 있었다.
㉢ 활발한 정복활동으로 왕권이 약화됐다.
㉣ 여러 세력 집단이 연합하여 국가적 통합이 늦었다.

① ㉠, ㉡ ② ㉠, ㉢
③ ㉡, ㉢ ④ ㉡, ㉣

해설
신라는 한반도의 동남쪽에 치우쳐 있어 중국의 선진 문물을 받아들이는 데 불리했고, 여러 세력 집단이 연합하여 이루어진 나라였기 때문에 체제의 정비와 국가의 통합이 고구려나 백제에 비해 늦었다.

04 다음과 같은 업적을 남긴 신라의 왕은?

- 관료전 지급, 녹읍 폐지
- 진골귀족 세력의 반란 진압
- 9주 5소경 체제의 지방 행정조직 완비

① 무열왕 ② 문무왕
③ 신문왕 ④ 법흥왕

해설
삼국 통일 후 전제 왕권을 확립한 신문왕의 업적이다.

05 다음 괄호 안에 들어갈 인물은 누구인가?

〈왕오천축국전〉은 신라 성덕왕(또는 경덕왕) 때 승려 (　　)이/가 인도의 5천축국을 순례하고 그 행적을 적은 여행기이다.

① 지눌 ② 의천
③ 혜초 ④ 혜심

해설
8세기 초에 쓰여진 혜초의 〈왕오천축국전〉은 세계 4대 여행기로도 손꼽히며 또한 그중에서도 가장 오래된 것이기도 하다. 혜초는 723년부터 727년까지 4년간 인도와 중앙아시아, 아랍을 여행했다.
세계 4대 여행기
세계 4대 여행기는 혜초의 〈왕오천축국전〉과 13세기 후반에 쓰여진 마르코 폴로의 〈동방견문록〉, 14세기 초반의 오도릭의 〈동방기행〉, 그리고 14세기 중반의 〈이븐 바투타 여행기〉를 손꼽는데, 이 중 혜초의 것이 가장 오래됐다.

06 다음 중 발해 무왕의 활동으로 옳은 것은?

① 일본에 사신을 보내 '해동성국'이라 불리게 됐다.
② 장문휴로 하여금 당나라의 등주를 공격하게 했다.
③ 천손(天孫)을 자처하며 국호를 '대진국'으로 바꿨다.
④ 신라와 연합하여 요동 지역을 차지했다.

해설
발해 무왕은 국력을 강화하고 적극적인 대외정책을 펼친 왕이었다. 그는 장문휴에게 명하여 당나라의 산둥 지방인 등주를 공격하게 하는 등 당의 세력 확장을 견제하고, 남쪽으로는 신라와 대립하며 세력을 넓혔다.

07 다음 중 고려 예종이 실시한 교육 장학제도에 대한 설명으로 옳은 것은?

① 문묘를 세우고 성균관을 국립대학으로 개편했다.
② 유학교육 진흥을 위해 국자감 내에 양현고를 설치했다.
③ 12목에 지방관을 파견하여 지방 통치를 강화했다.
④ 관학 진흥책으로 서적포를 설치하여 책을 간행했다.

해설
고려 예종은 유학 진흥과 관료 양성을 위해 여러 교육 제도를 정비했으며, 양현고는 일종의 장학기관이다. 양현고는 1119년(예종 14년)에 설치된 교육 재단으로, 국자감의 학생들에게 장학 재정을 지원하기 위해 설립됐다.

08 다음 중 고려 광종 때 실시한 노비안검법에 대한 설명으로 옳은 것은?

① 지방의 주·현을 단위로 해마다 바치는 공물과 부역의 액수를 정한 법
② 해방된 노비를 다시 노비로 되돌리기 위하여 제정하고 실시한 법
③ 양인이었다가 노비가 된 사람을 다시 조사하여 양인이 될 수 있도록 조처한 법
④ 전국의 노비에게 과거 응시자격을 부여한 법

해설
노비안검법은 고려 광종 7년(956년)에 실시된 법제로서, 원래 노비가 아니었는데 전쟁에서 포로로 잡혔거나, 빚을 갚지 못하여 강제로 노비가 된 자를 이전의 상태로 돌아가게 하는 법이다. 이것은 당시 호족(귀족)의 세력 기반을 억제하면서 왕권을 강화하고 국가 수입 기반을 확대하기 위한 정책이었다.

09 공민왕의 개혁정치에 대한 설명으로 옳지 않은 것은?

① 불법적인 농장을 없앴다.
② 원·명 교체의 상황에서 개혁을 추진했다.
③ 신진사대부를 견제하기 위해 정방을 설치했다.
④ 관제를 복구하고 몽골식 생활풍습을 금지했다.

해설
공민왕의 개혁정치

반원 자주	• 기씨 일족을 비롯한 친원세력 제거 • 몽골 풍속 금지, 고려의 관제와 복식 회복 • 정동행성의 이문소 폐지, 쌍성총관부 공격(철령 이북의 땅 회복)
왕권 강화	• 정방 폐지 • 신돈 등용 → 전민변정도감 설치 • 유학 교육 강화, 과거제도 정비 → 신진사대부 등 개혁세력 양성

정답 04 ③ 05 ③ 06 ② 07 ② 08 ③ 09 ③

10 다음에서 설명하는 세력에 대한 설명으로 옳지 않은 것은?

> 세조가 단종을 몰아내고 왕위에 오르는 일에 협력하거나 지지했던 공신과 그 자손들이었다.

① 많은 토지와 노비를 소유했다.
② 조선 건국에 참여한 신진사대부이다.
③ 정치적으로는 중앙 집권을 추구했다.
④ 지방의 중소지주 출신으로, 부국강병을 주장했다.

해설
제시문은 훈구세력에 대한 설명으로, 훈구세력은 많은 토지와 노비를 소유했다. 지방의 중소지주 출신은 사림세력이다.

11 조선시대 기본법전인 〈경국대전〉에 관한 설명으로 옳지 않은 것은?

① 세조가 편찬을 시작하여 성종 대에 완성됐다.
② 조선 최초의 공적 법전인 〈경제육전〉의 원전과 속전 및 그 뒤의 법령을 종합해 만들었다.
③ 〈형전〉을 완성한 뒤, 재정·경제의 기본이 되는 〈호전〉을 완성했다.
④ 〈이전〉·〈호전〉·〈예전〉·〈병전〉·〈형전〉·〈공전〉의 6전으로 이루어졌다.

해설
1460년(세조 6) 7월에 먼저 재정·경제의 기본이 되는 〈호전〉을 완성했고, 이듬해 7월에는 〈형전〉을 완성해 공포·시행했다.

12 교육기관 중 다음 (가)에 들어갈 알맞은 것은?

> 〈유학교육기관의 변천〉
> 고구려(태학) → 통일신라(국학) → 고려(국자감) → 조선(　가　)

① 경당
② 향교
③ 학당
④ 성균관

해설
고구려 태학, 통일신라 국학, 고려 국자감 모두 중앙교육기관이다.
조선시대 교육기관
• 초등교육기관 : 서당(사립)
• 중등교육기관 : 4부 학당(중앙), 향교(지방, 1군 1향교)
• 고등교육기관 : 성균관(국립대학, 고급관리 양성)

13 조선시대 국가의 주요 행사 내용을 그림을 통해 자세하게 기록한 서책은?

① 〈조선왕조실록〉
② 〈승정원일기〉
③ 〈조선왕실의궤〉
④ 〈일성록〉

해설
〈조선왕실의궤〉는 조선시대 왕실에서 거행된 여러 가지 의례를 자세하게 기록한 책이다. 왕비·세자 등의 책봉이나 왕실의 혼례와 같은 주요 행사들을 그림 등을 활용해 기록했으며 현재 유네스코 세계기록유산으로 지정되어 있다.

14 다음 설명에 해당하는 서원은?

- 우리나라 최초의 서원이다.
- 최초의 사액서원이다.

① 도산서원
② 무성서원
③ 병산서원
④ 소수서원

해설
1541년(중종 36)에 풍기군수로 부임한 주세붕이 이듬해에 이곳 출신 유학자인 안향을 배향하기 위해 사묘를 설립했다가 1543년에 유생교육을 겸비한 백운동서원을 설립한 것이 소수서원의 시초이다.

15 조선시대 4대 사화를 시대순으로 바르게 연결한 것은?

① 무오사화 → 기묘사화 → 갑자사화 → 을사사화
② 무오사화 → 갑자사화 → 기묘사화 → 을사사화
③ 갑자사화 → 무오사화 → 을사사화 → 기묘사화
④ 갑자사화 → 기묘사화 → 갑자사화 → 을사사화

해설
조선시대 4대 사화

구분	발생 시기	원인
무오사화	1498년(연산군)	연산군의 실정, 세조의 왕위 찬탈을 비판한 김종직의 조의제문
갑자사화	1504년(연산군)	연산군의 모친인 폐비 윤씨의 복위 문제
기묘사화	1519년(중종)	조광조의 급진적 개혁정치에 대한 훈구파의 반발
을사사화	1545년(명종)	왕위 계승 문제를 둘러싼 외척의 갈등

정답 10 ④ 11 ③ 12 ④ 13 ③ 14 ④ 15 ②

16 다음에서 설명하는 사단칠정론을 주장한 학자는?

> 사단(四端)이란 맹자가 실천도덕의 근간으로 삼은 측은지심(惻隱之心) · 수오지심(羞惡之心) · 사양지심(辭讓之心) · 시비지심(是非之心)을 말하며, 칠정(七情)이란 〈예기(禮記)〉와 〈중용(中庸)〉에 나오는 희(喜) · 노(怒) · 애(哀) · 구(懼) · 애(愛) · 오(惡) · 욕(慾)을 말한다.

① 율곡 이이
② 퇴계 이황
③ 화담 서경덕
④ 다산 정약용

해설
이황은 사단이란 이(理)에서 나오는 마음이고 칠정이란 기(氣)에서 나오는 마음이라 했다. 또한 인간의 마음은 이와 기를 함께 지니고 있지만, 마음의 작용은 이의 발동으로 생기는 것과 기의 발동으로 생기는 것 두 가지로 구분했다. 즉, 인성(人性)에 있어 본연의 성(性)과 기질(氣質)의 성(性)이 다른 것과 같다고 하여 이른바 주리론적(主理論的) 이기이원론(理氣二元論)을 주장했다.

17 다음 중 임진왜란 이후 조선의 정세로 옳지 않은 것은?

> 임진왜란으로 수많은 인명이 살상됐으며, 기근과 질병으로 인한 백성들의 유망으로 인구가 크게 줄어들었다. 또한 전국의 많은 논밭이 황무지로 변해 식량 문제가 심각했으며, 농민의 살림은 물론 나라의 재정까지 어려워졌다.

① 납속책을 확대했다.
② 공명첩을 발급했다.
③ 호적을 재정비했다.
④ 과전법을 제정했다.

해설
임진왜란(1592~1598) 이후 악화된 재정을 확보하기 위해 정부는 납속책 · 공명첩과 같은 신분 매매를 확대하였고, 호적 정비 및 양전 사업을 실시했다. '과전법'은 고려 말에서 조선 초까지 운영됐던 토지제도다.

18 조선시대 이순신 장군은 임진왜란 때 일본군을 물리치는 데 큰 공을 세운 명장이다. 다음 중 이순신 장군이 참전하지 않은 전투는?

① 행주대첩
② 옥포대첩
③ 명량대첩
④ 노량해전

해설
이순신 장군은 옥포대첩, 사천포해전, 당포해전, 1차 당항포해전, 안골포해전, 부산포해전, 명량대첩, 노량해전 등에서 승리했다.
행주대첩
임진왜란 때 행주산성에서 권율이 지휘하는 조선군과 백성들이 일본군을 싸워 크게 이긴 전투이다. 행주대첩은 진주대첩, 한산대첩과 함께 임진왜란 3대 대첩(크게 이긴 전투)으로 불린다.

19 조선 후기 조세제도의 개편 내용으로 옳은 것은?

① 대동법은 처음부터 전국적으로 실시했다.
② 정부는 폐단이 심했던 공납제도만 개편했다.
③ 대동법의 실시로 지주와 농민의 부담이 크게 줄어들었다.
④ 균역법의 시행으로 농민 장정은 1년에 군포 1필을 부담했다.

> **해설**
> ① 대동법은 경기도에서 처음 실시된 이래 점차 확대되어 100년 뒤에 황해도에서 실시됨으로써 전국적으로 시행됐다.
> ② 조선 후기에 조세제도는 영정법(전세), 대동법(공납), 균역법(군역)으로 개편됐다.
> ③ 대동법의 실시로 지주의 부담은 늘어났지만, 농민들의 부담은 줄어들었다.

20 다음의 설명에 해당하는 조선 후기의 실학자는 누구인가?

- 농민을 위한 제도 개혁을 주장한 중농학파
- 〈목민심서〉, 〈경세유표〉 편찬
- 과학기술의 발전을 주장하고 실학을 집대성

① 유형원
② 이 익
③ 정약용
④ 박지원

> **해설**
> 〈목민심서〉는 정약용이 관리들의 폭정을 비판하며 수령이 지켜야 할 지침을 밝힌 책이며, 〈경세유표〉는 정약용이 행정기구의 개편과 토지제도·조세제도 등 제도의 개혁 원리를 제시한 책이다.

21 탕평책에 대한 설명으로 옳지 않은 것은?

① 영조와 정조 때 실시됐다.
② 왕권 강화와 민생 안정에 기여했다.
③ 당의 인재를 고루 등용하는 정책이었다.
④ 탕평책의 실시로 붕당정치의 폐단이 근본적으로 해결됐다.

> **해설**
> 영·정조의 탕평책은 강력한 왕권으로 붕당 사이의 치열한 다툼을 일시적으로 억누른 것에 불과했기 때문에 정조가 갑작스럽게 사망한 뒤 왕권이 약해지자 세도정치가 나타나게 되었다.

정답 16 ② 17 ④ 18 ① 19 ④ 20 ③ 21 ④

22 다음 조항이 포함된 조약에 대한 설명으로 옳지 않은 것은?

> 제1관 조선국은 자주국이며, 일본국과 평등한 권리를 가진다.
> 제4관 조선국은 부산 이외 두 곳의 항구를 개항하고 일본인이 왕래 통상함을 허가한다.
> 제10관 일본국 인민이 조선국이 지정한 각 항구에서 죄를 범할 경우 일본국 관원이 재판한다.

① 일본에게 최혜국 대우를 인정했다.
② 외국과 맺은 최초의 근대적 조약이다.
③ 원산과 인천을 개항하는 계기가 됐다.
④ 치외법권을 인정한 불평등한 조약이다.

해설
보기의 조항은 최초의 근대적 조약인 강화도 조약(1876)의 조항으로, ①의 최혜국 대우는 포함되지 않았다.

23 다음 중 〈홍범 14조〉에 관한 설명으로 옳지 않은 것은?

① 갑오개혁 이후 정치적 근대화와 개혁을 위해 제정된 국가기본법이다.
② 일본에 의존하는 생각을 끊고 자주독립의 기초를 세울 것을 선포했다.
③ 납세를 법으로 정하고 함부로 세금을 거두어 들이지 못하도록 했다.
④ 종실·외척의 정치관여를 용납하지 않음으로써 대원군과 명성황후의 정치개입을 배제했다.

해설
〈홍범 14조〉는 갑오개혁(1894~1895) 후 선포된 우리나라 최초의 근대적 헌법이다. 청에 의존하는 것을 끊음으로써 조선에 대한 청나라의 종주권을 부인했고, 종실·외척의 정치개입 배제 및 조세법정주의 등을 담고 있다.

24 조선 후기에 발생한 사건들을 시대순으로 바르게 나열한 것은?

① 임오군란 → 갑신정변 → 동학농민운동 → 아관파천
② 임오군란 → 아관파천 → 동학농민운동 → 갑신정변
③ 갑신정변 → 임오군란 → 아관파천 → 동학농민운동
④ 갑신정변 → 아관파천 → 임오군란 → 동학농민운동

해설

임오군란(1882)	별기군 창설에 대한 구식 군인의 반발, 청의 내정간섭 초래
갑신정변(1884)	급진적 개혁 추진, 청의 내정간섭 강화
동학농민운동(1894)	반봉건·반침략적 민족운동, 우금치 전투에서 패배
아관파천(1896)	명성황후 시해 이후 고종과 왕세자가 러시아 공관으로 대피

25 밑줄 그은 '이 섬'에 대한 설명으로 옳은 것을 〈보기〉에서 고른 것은?

> 우리나라의 가장 동쪽에 위치하고 있는 이 섬은 울릉도로부터 87.4km 떨어져 있으며, 동도와 서도라는 2개의 큰 섬과 여러 개의 작은 섬으로 이루어져 있다. 숙종 때 안용복은 울릉도와 이 섬이 우리 영토임을 일본 막부가 인정하도록 활약했으며, 1900년에는 대한제국이 칙령 제41호를 반포하여 우리 영토임을 분명히 하였다.

보기
ㄱ. 영국군이 점령하였다가 철수했다.
ㄴ. 삼별초가 대몽항쟁을 전개한 곳이다.
ㄷ. 세종실록지리지에 우산(于山)이라고 기록되어 있다.
ㄹ. 러일 전쟁 때 일본이 불법으로 자국 영토로 편입시켰다.

① ㄱ, ㄴ
② ㄱ, ㄷ
③ ㄴ, ㄷ
④ ㄷ, ㄹ

해설
'이 섬'은 독도를 나타내는 것으로 ㄱ은 거문도, ㄴ은 강화도와 진도, 제주도에 해당되는 내용이다.

독도 영유권 문제

삼국시대	신라 지증왕 때 이사부가 우산국 정복(〈삼국사기〉)
고 려	〈고려사〉에 우산 기록 존재, 고려가 우산국 사신에게 관직 하사
조 선	• 울릉도와 독도를 강원도 울진현으로 편성 • 안용복의 담판(숙종 때 안용복이 일본에 건너가 우리 영토임을 담판) • 각종 기록 존재(〈세종실록지리지〉, 〈동국여지승람〉, 〈동국문헌비고〉, 〈동국지도〉, 〈강계고〉 등)
대한제국	일본 어민의 불법 침범 증가 → 관리 파견, 육지 주민 이주, 칙령 제41호(1900)로 울릉도를 군으로 승격시키고 독도 관할
강 탈	• 러일 전쟁 발발(1904) 이후 일본이 '시마네현고시'를 발표하여 독도를 불법 편입(1905) • 을사조약(1905)으로 외교권 박탈 → 외교적 항의 무력화

26 '시일야방성대곡'이 최초로 실린 신문은 무엇인가?

① 〈한성순보〉
② 〈황성신문〉
③ 〈독립신문〉
④ 〈대한매일신보〉

해설
'시일야방성대곡(1905)'은 을사조약의 부당함을 알리고 을사오적을 규탄하기 위해 장지연이 쓴 논설로, 〈황성신문〉에 게재됐다. 이 논설로 〈황성신문〉은 일제에 의해 발행이 정지되기도 했다.

정답 22 ① 23 ② 24 ① 25 ④ 26 ②

27 다음 중 3·1 운동에 관한 설명으로 옳지 않은 것은?

① 2·8 독립선언과 미국 윌슨 대통령의 민족자결주의에 영향을 받았다.
② 1919년 3월 1일 33인의 민족대표가 태화관에서 독립선언서를 발표했다.
③ 비폭력 시위에서 인원과 계층이 늘어나면서 폭력투쟁으로 발전했다.
④ 일제의 억압으로 전국으로 확산되지는 못했다.

해설
3·1운동은 일제의 탄압에도 불구하고 전국적으로 확산된 대규모 항일운동이었다. 서울에서 시작된 시위는 수개월에 걸쳐 전국 각지로 퍼졌고, 학생·상인·농민·종교인 등 각계각층의 민중이 참여했다. 이를 계기로 민족운동은 한층 조직적이고 체계적인 형태로 발전하여, 민족의 정통성을 계승한 대한민국 임시정부가 수립되는 계기가 됐다.

28 조소앙이 정립한 대한민국 임시정부 건국강령의 기본이념은?

① 자유민주주의
② 삼균주의
③ 공화주의
④ 민족자결주의

해설
삼균주의(三均主義)는 독립운동가 조소앙이 제창한 정치 이념이다. 조소앙은 개인과 개인, 민족과 민족, 국가와 국가가 '완전 균등'해야 한다고 보았다. 개인 간의 균등은 정치·경제·교육의 균등을 통해, 민족 간의 균등은 민족자결을 통해, 국가 간의 균등은 모든 국가들이 서로 간섭·침탈 행위를 하지 않음으로써 이룩된다고 했다. 이 사상은 한국독립당의 주요 강령이었으며, 1941년 대한민국 임시정부 건국강령의 기본이념으로 채택됐다.

29 농지개혁법에 의해 추진된 정책에 대한 설명으로 옳은 것을 〈보기〉에서 고른 것은?

> 1949년 6월 21일에 공포된 농지개혁법은 농지를 농민에게 적절히 분배함으로써, 농민생활을 향상시키고 국민경제를 발전시키는 것을 목적으로 제정됐다.

보기
ㄱ. 소작쟁의가 증가하게 됐다.
ㄴ. 자작농이 늘어나는 계기가 됐다.
ㄷ. 유상매입, 유상분배가 원칙이었다.
ㄹ. 친일파, 일본인의 토지가 몰수됐다.

① ㄱ, ㄴ
② ㄱ, ㄷ
③ ㄴ, ㄷ
④ ㄴ, ㄹ

해설

농지개혁(1950)

목적	• 농민적 토지 소유 실현 • 지주층에 대한 보상금을 통해 토지 자본의 산업자본화
특징	유상매입, 유상분배
의의	지주제 폐지, 자영농 증가, 소작쟁의 불식
한계	농민에 불리(유상분배), 지주에 유리(유상매입)

30 청동기 문화를 배경으로 기원전 3000년을 전후해 큰 강 유역에서 발생한 4대 문명에 해당하지 않는 것은?

① 메소포타미아 문명
② 잉카 문명
③ 황하 문명
④ 인더스 문명

해설

4대 문명의 비교

구분	발생 시기	지역
메소포타미아 문명	기원전 3500년	티그리스강, 유프라테스강
이집트 문명	기원전 3000년	나일강
황하 문명		황하강
인더스 문명	기원전 2500년	인더스강

정답 27 ④ 28 ② 29 ③ 30 ②

31 춘추전국시대의 혼란 속에서 등장한 유가·도가·법가·묵가 등 다양한 사상가와 학파들을 통칭하는 용어는 무엇인가?

① 주자학
② 유가사상
③ 백가쟁명
④ 제자백가

> **해설**
> 춘추전국시대(기원전 770~기원전 221년)에는 봉건 질서가 붕괴하고 제후국 간의 경쟁이 격화되면서, 부국강병과 정치 개혁을 모색하는 수많은 사상가와 학파가 등장했다. 이 시기에 학설을 세운 학자들과 사상을 통틀어 제자백가(諸子百家)라 하며, 대표적으로 유가(공자·맹자), 도가(노자·장자), 묵가(묵자), 법가(한비자) 등이 있다.

32 중세 서유럽 문화에 대한 설명으로 옳지 않은 것은?

① 신학이 학문의 중심이었다.
② 크리스트교를 바탕으로 발전했다.
③ 기사들의 영웅담이나 사랑을 노래한 기사도 문학이 유행했다.
④ 비잔티움 양식의 특징을 잘 나타내는 파리 노트르담 대성당 등이 건축됐다.

> **해설**
> 중세 서유럽의 모든 문화는 크리스트교를 바탕으로 발달했다. 중세 서유럽의 대표적인 건축물인 파리 노트르담 대성당의 건축 양식은 고딕 양식이다.

33 십자군 원정의 결과로 옳지 않은 것은?

① 교황권과 영주의 세력이 강화됐다.
② 동방 무역이 활발해지며 동양에 대한 관심이 커졌다.
③ 상공업도시가 성장하면서 장원이 해체됐다.
④ 이슬람 문화가 유입되면서 유럽인들의 시야가 확대됐다.

> **해설**
> 1096~1270년까지 총 8차례의 십자군 원정 과정에서 십자군의 무자비한 살육과 약탈이 발생했으며, 목적 또한 퇴색되어 갔다. 십자군 원정 결과 교황권과 영주의 세력이 약화된 반면 국왕의 권위가 강화됐다.

34 다음 중 원나라에 대한 설명으로 옳지 않은 것은?

① 몽골족이 세운 나라로 몽골어를 공용어로 사용했다.
② 이슬람으로부터 화약과 나침반, 인쇄술을 들여왔다.
③ 과거제를 폐지하고 강남 지방에 많은 세금을 부과했다.
④ 홍건적의 난으로 쇠퇴하였으며 명나라에 의해 축출됐다.

해설
원나라는 몽골족이 세운 나라로, 동서문화 교류에 크게 이바지했다.

원 → 이슬람(서양)	화약, 나침반, 인쇄술 전파
이슬람(서양) → 원	이슬람의 수학과 천문학 유입

35 14세기부터 15세기까지 약 100여 년 동안 벌어진 잉글랜드와 프랑스 간의 전쟁으로, 봉건 귀족 중심 사회의 쇠퇴를 가져온 전쟁은?

① 장미전쟁 ② 종교전쟁
③ 백년전쟁 ④ 나폴레옹전쟁

해설
백년전쟁(1337~1453)은 잉글랜드와 프랑스 간 왕위 계승권과 영토 분쟁에서 비롯된 장기 전쟁이다. 전쟁 초기에는 잉글랜드가 우세했으나 잔 다르크의 활약에 힘입은 프랑스가 승리하여 영국으로부터 프랑스 영토를 회복했다. 전쟁의 장기화로 봉건 귀족의 몰락과 상비군 중심의 중앙집권 체제가 발전하면서, 유럽은 근대 국민국가로 나아가는 전환점을 맞이했다.

36 다음 글이 설명하고 있는 사건은?

> 신항로 개척 이후 아시아와 아프리카의 값싼 원료와 상품 시장의 확보로 유럽의 경제가 크게 성장했으며, 근대적 기업이 성장하고 상업 자본이 발달하는 등 근대 자본주의 경제 발달의 발판이 마련됐다.

① 르네상스
② 과학혁명
③ 상업혁명
④ 가격혁명

해설
신항로 개척 이후 나타난 유럽의 상업과 금융업 발달 등의 획기적인 경제 발전을 상업혁명이라고 한다. 상업혁명 이후 16~17세기의 유럽 대륙에는 방대한 금과 은이 신대륙으로부터 유입되어 물가가 급격하게 상승하는 가격혁명이 일어났다.

정답 31 ④ 32 ④ 33 ① 34 ② 35 ③ 36 ③

37 미국의 독립혁명에 대한 설명으로 옳지 않은 것은 무엇인가?

① 보스턴 차 사건을 계기로 시작됐다.
② 프랑스·스페인·네덜란드 등의 지원을 받아 요크타운 전투에서 승리했다.
③ 1783년 파리 조약으로 평화협정을 맺고 영국이 독립을 인정했다.
④ 프랑스 혁명과 달리 영국으로부터 독립하는 것만을 목적으로 했다.

> **해설**
> 미국 독립혁명(1775)은 영국의 식민지였던 미국 13개 주가 협력하여 영국군에 항전한 것으로, 영국으로부터 독립하는 것이 주된 목적이었으나 절대군주제에 대항하며 자연적 평등과 권리를 주장했다. 민주적인 정치형태를 수립하고자 한 점에서 프랑스 혁명과 유사하다.

38 다음 중 청 말기 서양 기술의 도입으로 부국강병을 이루고자 한 근대화 운동은 무엇인가?

① 양무운동
② 태평천국 운동
③ 의화단 운동
④ 문화혁명

> **해설**
> 당시 아편전쟁과 애로호 사건을 겪으며 서양의 군사적 위력을 알게 된 청조는 서양 문물을 도입하고 군사·과학·통신 등을 개혁(양무운동)함으로써 부국강병을 이루고자 했으나 1894년 청일 전쟁의 패배로 좌절됐다.

39 1911년 쑨원을 중심으로 일어나 청 왕조를 무너뜨리고 아시아 최초의 공화국인 중화민국을 세운 혁명은?

① 태평천국운동
② 의화단운동
③ 신해혁명
④ 5·4운동

> **해설**
> 신해혁명은 1911년 중국에서 일어난 근대 민주혁명으로, 청 왕조를 무너뜨리고 중화민국이 수립됐다. 쑨원이 혁명의 지도자로 활약했으며, 이는 중국의 군주제가 종식되고 공화정이 시작되는 계기가 됐다.

40 다음 중 가장 먼저 일어난 사건은 무엇인가?

① 청교도 혁명
② 갑오개혁
③ 프랑스 혁명
④ 신해혁명

> **해설**
> 시간순으로 나열하면 청교도 혁명(1640~1660년) → 프랑스 혁명(1789~1794년) → 갑오개혁(1894~1896년) → 신해혁명(1911년)이 된다.

정답 37 ④ 38 ① 39 ③ 40 ①

CHAPTER 02 | 제1회 | 실전모의고사

01 국제사회에서 북한의 유엔 제재 위반과 회피 사례를 감시하고 보고하기 위해 2024년 10월 설립한 다국적 감시 기구는?

① JMMC
② FSB
③ INCB
④ MSMT

02 다음 중 북한 정권이 발사한 미사일의 이름이 아닌 것은?

① 노 동
② 화 성
③ 원 산
④ 무수단

03 친족 간에 발생한 재산범죄에 대해 형을 면제하거나 고소를 해야 공소를 제기할 수 있도록 한 특례는?

① 친족상도례
② 유류분
③ 친고죄
④ 불가벌적 사후행위

04 레임덕에서 한 단계 더 나아간 의미의 용어로 권력 공백 상태를 뜻하는 것은?

① 마이티덕
② 롤링덕
③ 데드덕
④ 시팅덕

05 서로 밀접하게 연결되어 있던 두 경제가 더 이상 같은 방향으로 움직이지 않고 독자적인 흐름을 보이는 현상은?

① 리커플링
② 디커플링
③ 오프쇼어링
④ 골든크로스

06 비용이 많이 드는 애물단지 사업을 뜻하는 용어는?

① 검은 백조
② 검은 코끼리
③ 회색 코뿔소
④ 하얀 코끼리

07 한국은행의 통화신용정책의 주요 사항을 심의·의결하는 정책결정기구는?

① 중앙재정경제위원회
② 조세재정연구원
③ 금융통화위원회
④ 금융소비자보호처

08 다음 중 더위로 농작물의 가격이 상승하는 현상을 뜻하는 용어는?

① 히트플레이션
② 팬플레이션
③ 왝플레이션
④ 바이플레이션

09 멸종위기에 처한 야생동식물의 국제거래를 막기 위한 협약의 약자는?

① NDC
② IUCN
③ CITES
④ ICBP

10 냄새를 맡으면 특정 과거의 기억과 당시의 감정이 되살아나는 현상은?

① 피그말리온 효과
② 호손 효과
③ 프루스트 효과
④ 골렘 효과

11 2024년 우리나라의 다섯 번째 고도(古都)로 지정된 도시는?

① 고 령
② 합 천
③ 익 산
④ 김 해

12 다음 중 국가소방동원령에 대한 설명으로 옳지 않은 것은?

① 대규모 재난이나 재해 발생 시 발령한다.
② 발령 시 소방청장은 전국의 소방 인력과 장비를 통합 지휘할 수 있다.
③ 산불이나 화재 등 단일 재난에는 발령할 수 없다.
④ 재난이 종료되면 소방청장이 해제한다.

13 관광지의 관광객 과잉이 유발하는 피해를 뜻하는 용어는?

① 볼런투어리즘
② 젠트리피케이션
③ 다크투어리즘
④ 오버투어리즘

14 다음 중 세계 3대 문학상에 해당하지 않는 것은?

① 뉴베리상
② 노벨문학상
③ 부커상
④ 공쿠르상

15 영화나 소설 등 기존 작품에서 세계관을 차용해 새로운 작품을 만드는 것을 뜻하는 용어는?

① 리메이크
② 리부트
③ 클리셰
④ 스핀오프

16 우리나라에서 열대야를 판정하는 최저기온 기준은?

① 23℃ 이상
② 25℃ 이상
③ 27℃ 이상
④ 29℃ 이상

17 수요 감소, 과잉 투자 등으로 반도체 산업이 침체되는 시기를 나타내는 말은?

① 반도체 사막
② 반도체 겨울
③ 슈퍼사이클
④ 다운사이클

18 다음 중 컴퓨터 메모리의 단위를 작은 것부터 바르게 나열한 것은?

① 테라 – 제타 – 페타 – 엑사
② 테라 – 페타 – 엑사 – 제타
③ 제타 – 페타 – 엑사 – 테라
④ 제타 – 테라 – 페타 – 엑사

19 조선 정조가 왕실서적을 보관할 목적으로 강화도에 설치한 도서관은?

① 집현전
② 외규장각
③ 사정전
④ 장용영

20 이승만 정권이 국민 사상통제를 위해 조직한 반공단체는?

① 서북청년회
② 국민보도연맹
③ 대동청년단
④ 한국자유총연맹

CHAPTER 02 제2회 | 실전모의고사

01 상대 정당의 주장을 모두 거부하는 극단적 정치를 뜻하는 말은?

① 로그롤링
② 치킨호크
③ 네포티즘
④ 비토크라시

02 다음 중 개발도상국의 경제 발전과 복지 향상을 돕기 위해 선진국 정부나 공공기관이 자금, 기술 등을 지원하는 국제 협력 활동은?

① 자유무역협정
② 국제통화기금
③ 세계무역기구
④ 공적개발원조

03 강대국 사이에서 한쪽으로 치우치지 않고 유연하게 균형을 잡는 외교 방식을 가리키는 말은?

① 잔랑외교
② 조용한 외교
③ 샤프 파워
④ 대나무 외교

04 다음 중 예상보다 기업의 실적이 저조하게 발표되어 주가에 영향을 주는 현상은?

① 패닉셀
② 가이던스
③ 어닝서프라이즈
④ 어닝쇼크

05 다양한 금융상품을 하나의 계좌에서 운용할 수 있는 통장은?

① ETF
② MMF
③ CMA
④ ISA

06 공정거래위원회가 공시대상 기업집단으로 지정하는 자산규모의 기준은?

① 자산총액 1조 원 이상
② 자산총액 5조 원 이상
③ 자산총액 7조 원 이상
④ 자산총액 10조 원 이상

07 첨단기술이 초기시장에서 널리 사용되기 전에 일시적으로 수요가 정체되는 현상은?

① 죽음의 계곡
② 캐 즘
③ 티핑포인트
④ 캐시버닝

08 생산량이 늘어날수록 단위당 생산비용이 줄어드는 현상은?

① 규모의 경제
② 한계효용 체감의 법칙
③ 기회비용
④ 비교우위

09 탄산음료나 과자 등 당이 많이 함유된 식품에 부과하는 세금은?

① 설탕세
② 과당세
③ 비만세
④ 탄소세

10 재활용품에 디자인 또는 활용도를 더해 그 가치를 더 높은 제품으로 만드는 것은?

① 사이클링
② 리자인
③ 리사이클링
④ 업사이클링

11 스마트폰, SNS 콘텐츠 등 강한 자극에 과도하게 노출되어 현실의 느린 자극에 흥미를 느끼지 못하는 현상은?

① 팝콘 브레인
② 디지털 디톡스
③ 블루 고스트
④ 온디바이스

12 심리 현상 중 하나로 보편적인 성격특성을 자신의 성격과 일치한다고 믿는 현상은?

① 크레스피 효과
② 베블런 효과
③ 바넘 효과
④ 스놉 효과

13 65세 이상 인구수가 전체 인구수의 20%를 차지하는 초고령화 시대를 뜻하는 말은?

① 실버에이지
② 골든에이지
③ 글로벌에이지
④ 슈퍼에이지

14 1969년 노벨문학상을 수상한 사무엘 베케트의 대표적인 희곡작품은?

① 〈욕망이라는 이름의 전차〉
② 〈고도를 기다리며〉
③ 〈갈매기〉
④ 〈세일즈맨의 죽음〉

15 2년마다 한 번씩 열리는 국제 미술 전시회로, 1895년 시작된 베니스 국제 미술전에서 유래된 용어는?

① 트리엔날레
② 아트페어
③ 비엔날레
④ 프릭션

16 우주에서 생명체가 거주할 수 있을 만한 환경을 갖춘 공간 범위를 뜻하는 말은?

① 자오선
② 라그랑주 점
③ 도플러 존
④ 골디락스 존

17 우리나라 최초의 달 탐사선의 이름은?

① 창 어
② 나로호
③ 누리호
④ 다누리

18 고체, 액체, 기체와 더불어 제4의 물질로 불리는 것은?

① 희토류
② 자유전자
③ 초전도체
④ 플라스마

19 조선 시대의 최고 행정·의결 기관으로, 왕의 명을 받아 국정을 심의하고 정책을 결정하던 기관은?

① 사헌부
② 의정부
③ 승정원
④ 홍문관

20 을사늑약에 저항해 70세가 넘은 고령의 나이로 의병을 일으킨 조선 말기의 문인은?

① 신돌석
② 최제우
③ 최익현
④ 이항로

CHAPTER 02 실전모의고사 정답 및 해설

제1회 실전모의고사

01	02	03	04	05	06	07	08	09	10
④	③	①	③	②	④	③	①	③	③
11	12	13	14	15	16	17	18	19	20
①	③	④	①	④	②	②	②	②	②

01   정답 ④

MSMT(Multilateral Sanction Monitoring Team)는 대북제재를 효과적으로 이행하기 위해 2024년 10월 출범한 다자간 감시기구다. '다국적 제재 모니터링팀'이라고도 한다. 2024년 4월 상임이사국인 러시아의 거부권 행사로 폐지된 유엔안전보장이사회 대북제재위원회(1718 위원회) 전문가 패널을 대신하기 위해 구성됐다. MSMT에는 한국·미국·일본·프랑스·영국·독일·이탈리아·네덜란드·캐나다·호주·뉴질랜드 등 총 11개국이 참여하고 있다.

02   정답 ③

'화성'은 북한이 개발·운용하고 있는 탄도미사일의 제식 명칭이다. 우리나라와 미국 정부 측은 이 미사일이 발사된 장소의 이름을 따 명칭을 짓는데, 화성-7은 '노동', 화성-10은 '무수단'으로 이름 붙였다. 원산은 북한 측 강원도에 위치한 중심도시이며, 조선인민군의 탄도미사일 기지가 소재한다.

03   정답 ①

친족상도례(親族相盜例)란 8촌 이내의 혈족이나 4촌 이내 인척, 배우자 간에 발생한 절도·사기죄 등 재산범죄에 대해 형을 면제하거나, 고소하지 않으면 공소를 제기할 수 없는 형법상 특례를 말한다. 1953년 형법 제정 당시 '가족 내부에서 일어난 재산범죄에는 국가가 최대한 개입하지 않는다'라는 원칙에 의해 도입됐다. 그러나 2024년 6월 헌법재판소가 친족상도례 규정에 헌법불합치 판결을 내리면서 관련 조항의 법 적용이 중지됐다.

04   정답 ③

레임덕(Lame Duck)이 정부수반 등의 임기 말 권력누수 현상을 뜻한다면, 데드덕(Dead Duck)은 이보다 더 심각한 권력 공백상태를 뜻하는 말이다. 데드덕은 영어에서 '가망이 없는 사람'을 의미하기도 한다.

05   정답 ②

디커플링(Decoupling)은 탈동조화라고도 부르며, 경제·금융 분야에서 서로 밀접하게 움직이던 두 개의 시장이나 지표가 더 이상 같은 흐름을 보이지 않는 현상을 뜻한다. 예를 들어, 과거에는 미국의 경기 침체가 전 세계로 확산되는 경우가 많았지만, 신흥국 경제가 성장 동력을 자체적으로 확보하면 미국과의 경기 연동성이 약화될 수 있다.

06   정답 ④

하얀 코끼리는 비용이 많이 들고 관리가 어려운 애물단지를 표현하는 말로 고대 태국에서 왕이 미워하는 신하에게 귀한 하얀 코끼리를 선물해 기르게 하던 관습에서 유래했다. 이와 유사하게 경영에서는 관리·운영비용이 너무 많이 들어 결국에는 수익을 기대하기 어려운 사업을 뜻하는 말로 사용된다.

07   정답 ③

금융통화위원회는 한국은행의 통화신용정책에 관한 주요 사항을 심의·의결하는 정책결정기구로서 한국은행 총재 및 부총재를 포함하여 총 7인의 위원으로 구성된다. 한국은행 총재는 금융통화위원회 의장을 겸임하며 국무회의 심의와 국회 인사청문을 거쳐 대통령이 임명한다.

08   정답 ①

히트플레이션(Heatflation)은 열을 뜻하는 '히트(Heat)'와 가격 상승을 의미하는 '인플레이션(Inflation)'을 합친 신조어다. 세계적인 폭염으로 농작물 생산이 감소해 가격이 상승하게 되는 현상이다. 폭염이 지속되면 작황에도 악영향을 끼치게 되고, 농작물을 먹여 기르는 가축의 생산에도 지장이 발생한다. 아울러 폭염에 따른 냉방전력 수요가 폭증해 에너지 가격 상승에도 영향을 줄 수 있다.

09   정답 ③

CITES는 '멸종위기에 처한 야생동식물종의 국제거래에 관한 협약(Convention on International Trade in Endangered Species of Wild Flora and Fauna)'의 약자다. 이 협약의 부록인 부속서에는 국제무역이 중지되지 않으면 멸종되거나 멸종될 우려가 있는 약 33,000여 종의 동식물이 등록되어 있다. 1975년 발효됐고, 우리나라는 1993년 가입했다.

10   정답 ③

프루스트 효과는 프랑스 작가 마르셀 프루스트의 소설 〈잃어버린 시간을 찾아서〉에서 유래한 심리 효과다. 작중 주인공은 홍차에 적신 마들렌 향기를 맡고 어린 시절을 추억하게 되는데, 이처럼 특정한 향기 또는 냄새가 과거의 기억과 당시의 감정 등을 불러일으키는 심리 현상을 말한다. 후각신경이 기억을 담당하는 변연계와 의식을 담당하는 대뇌피질로 정보를 보내 이 같은 현상이 발생한다.

11   정답 ①

우리 국가유산청은 과거 우리 민족의 정치·문화의 중심지로서 중요한 역할을 했던 지역을 고도(古都)로 지정해 주민 활동과 역사문화공간 조성사업 등을 지원하고 있다. 2024년 7월 국가유산청은 대가야의 정치·문화의 중심지였던 고령을 고도로 20년 만에 신규 지정한다고 밝혔다. 앞서 2004년에 당시 문화재청은 경주와 부여, 공주, 익산을 고도로 동시 지정한 바 있다.

12   정답 ③

국가소방동원령은 대형 재난·재해 등으로 지방 소방력만으로 대응이 어려울 때 소방청장이 행정안전부 장관의 승인을 받아 발령하는 제도다. 산불이나 대형 화재처럼 단일 재난의 경우에도 필요시 국가소방동원령을 발령할 수 있다. 발령되면 전국의 소방 인력과 장비가 통합 동원되어 재난 현장에 투입된다. 재난 상황이 종료되면 소방청장이 해제한다. 지난 2025년 8월 강릉시 가뭄 사태로 국가소방동원령을 발령한 바 있다.

13   정답 ④

오버투어리즘(Overtourism)이란 관광지가 수용 가능한 범위를 넘어선 관광객 수요 때문에 물가가 상승하고 현지 주민이 피해를 입는 일련의 현상을 뜻하는 용어다. 관광객이 많을 경우 지역상권은 활성화되지만, 그로 인해 지역의 땅값이 올라 지역 주민들이 쫓겨나기도 하고, 교통체증과 물가 상승에 시달리는 등 삶의 질이 떨어지는 문제가 발생할 수 있다.

14   정답 ①

세계 3대 문학상은 노벨상 중 문학 부문에 수여하는 '노벨문학상', 프랑스 4대 문학상 중 하나인 '공쿠르상', 영국 부커사에서 제정한 '부커상'을 말한다. 뉴베리상은 1922년부터 미국 아동문학(소설, 시집, 논픽션)에 공헌한 작가에게 시상하는 상이다. 수상대상은 미국 시민이나 미국에 거주하는 사람의 작품이다.

15 정답 ④

스핀오프(Spin Off)는 기존의 작품에서 파생된 작품을 의미하며, 기존작의 세계관 등을 차용해 새로운 작품을 만들어내는 것을 말한다. 초기에는 단순히 파생작을 뜻했지만, 현재는 부수적으로 나오는 부산물이라는 개념을 포함해 그 뜻이 넓게 쓰이고 있다.

16 정답 ②

열대야(Tropical Night)란 한여름 일일 최고기온이 30℃를 넘어서는 가운데, 밤의 최저기온도 열대지방처럼 25℃ 이상을 기록하는 현상을 말한다. 우리나라는 장마 이후 북태평양 고기압이 세력을 키울 때 나타난다. 낮 동안의 복사열로 발생한 수증기와 이산화탄소가 밤에도 대기 중에 머물러 복사열 방출을 막고 지상으로 되돌려 보냄으로써 발생한다.

17 정답 ②

반도체 겨울(Semiconductor Winter)은 경기 침체나 IT 수요 감소, 공급 과잉 등으로 반도체 가격이 하락하고 기업 실적이 악화되는 시기를 가리킨다. 2024년 8월 미국 투자은행 모건스탠리가 발표한 보고서 〈메모리, 겨울이 오고 있다〉를 계기로 주목받은 개념이다.

18 정답 ②

컴퓨터의 디지털 정보를 나타내는 최하위 단위는 비트(Bit)이며 8비트가 모이면 바이트(Byte)가 된다. 바이트는 각각 1,000배씩 늘어나며 새로운 단위를 만들어낸다. 테라(Tera)바이트는 1조, 페타(Peta)바이트는 1,000조, 엑사(Exa)바이트는 100경, 제타(Zetta)바이트는 10해의 배수를 뜻한다.

19 정답 ②

외규장각은 조선왕실 도서관인 규장각의 부속 도서관으로 1782년 정조가 왕실 관련 서적을 보관할 목적으로 강화도에 설치했다. 이곳에는 조선왕실의 주요 행사 내용과 과정을 기록한 의궤 등이 보관됐다. 1866년 병인양요 때에는 강화도에 침입한 프랑스군이 의궤와 기타 왕실서적을 약탈하고 불태우기도 했다.

20 정답 ②

국민보도연맹은 1948년 12월 시행된 국가보안법을 바탕으로 이승만 정권이 국민의 사상을 통제하기 위해 조직한 반공단체. 국가적인 반공운동과 함께 전향한 좌익인사들을 교화하기 위한 활동을 벌였다. 대한민국 정부를 절대 지지하고 조선민주주의인민공화국(북한)과 공산주의 사상을 배격하도록 국민을 대상으로 강압적인 교육을 펼쳤다.

제2회 실전모의고사

01	02	03	04	05	06	07	08	09	10
④	④	④	④	④	②	②	①	①	④
11	12	13	14	15	16	17	18	19	20
①	③	④	②	③	④	④	④	②	③

01 정답 ④

비토크라시란 '거부(Veto)'와 '민주주의(Democracy)'를 합친 말로, 상대 정당에 대한 정책과 입장을 모두 거부하는 극단적인 파당정치를 말한다. 즉, 상대 정당을 반대하기 위해 반대하는 것이다. 이러한 비토크라시 상황에서는 정당 간의 협치와 소통은 사라지고, 입법 등 국정운영 과정에서도 큰 차질을 빚게 된다.

02 정답 ④

공적개발원조(ODA)는 정부나 공공기관이 개발도상국의 경제발전과 복지증진을 주된 목표로 하여 증여, 저리 차관 또는 기술협력 형태로 제공하는 국제원조 활동이다. 우리나라는 1987년 7월에 유상원조를 담당하는 대외경제협력기금(EDCF)을 설립하였으며, 1991년 4월에 무상원조를 지원하는 한국국제협력단(KOICA)을 설립하며 수혜국에서 공여국으로 전환했다.

03 정답 ④

대나무 외교는 강대국 간 경쟁 속에서도 대나무처럼 유연하게 균형을 잡는 외교 전략을 뜻한다. 대나무가 바람에 휘어도 부러지지 않듯, 어느 한쪽에도 완전히 의존하지 않으면서 국익을 지키는 현실적 외교 노선을 비유한 표현이다. 주로 베트남이 사용하는 전략이며 2016년 응우옌푸쫑 베트남 서기장이 베트남의 외교정책 노선을 설명하며 처음 사용한 데서 시작됐다.

04 정답 ④

어닝쇼크(Earning Shock)란 기업이 실적을 발표할 때 시장에서 예상한 수치보다 저조한 실적을 발표하는 것을 뜻한다. '어닝(Earning)'은 기업의 실적, '쇼크(Shock)'는 충격을 의미한다. 예상보다 실적이 저조하면 아무리 좋은 실적이라도 주가가 하락할 수 있고, 반대로 저조한 실적을 발표해도 예상치보다 나쁘지 않으면 주가는 상승할 수 있다. 실적이 예상보다 높은 경우에는 '어닝서프라이즈(Earning Surprise)'라는 표현을 사용한다.

05 정답 ④

개인종합자산관리계좌(ISA)는 2016년 정부가 국민에게 자산형성의 기회를 제공하고 노후를 대비한 자금을 마련하는 것을 돕기 위해 도입한 제도로 다양한 금융상품을 한 계좌에서 운용할 수 있다. 소득에 상관없이 19세 이상이라면 가입이 가능하며, 15~19세이더라도 소득이 있으면 가입할 수 있다. 수익에 대한 비과세 혜택도 받을 수 있다.

06 정답 ②

공정거래위원회는 동일 기업집단 소속 국내회사들의 직전 사업연도 재무상태표상의 자산총액 합계액이 5조 원 이상인 기업집단을 '공시대상 기업집단'으로 지정하고 있다. 여기서 기업집단이란 '동일인이 사실상 사업내용을 지배하는 회사의 집단'으로 최소 2개 이상의 회사로 구성된 것을 말한다. 공정거래위원회는 매 사업연도 말을 기준으로 대규모 기업집단에 소속된 계열사들의 지분율과 재무제표를 제출받아 매년 발표한다.

07 정답 ②

본래 캐즘(Chasm)이란 지질학에서 지층의 균열을 뜻하는 말이다. 이 용어가 경영에서는 첨단기술을 이용한 상품이 새로운 상품을 찾는 혁신적 소비자가 지배하는 초기시장에서 널리 애용되기 전에 일시적으로 수요가 정체되거나 후퇴하는 현상을 표현하는 데 쓰인다. 다시 말해 새롭게 개발된 첨단기술 제품이 대중에게 받아들여지고 시장에 정착하기 전에 겪는 침체기를 뜻하는 것이다.

08 정답 ①

규모의 경제란 산출량을 늘릴수록 한 단위당 생산비용이 줄어들어 이익이 증가하는 현상을 말한다. 대량 구매를 통한 원자재 단가 인하, 생산 설비의 효율적 이용, 전문화된 인력 배치 등을 통해 기업은 원가 경쟁력을 확보하고 시장 점유율을 확대할 수 있다.

09 정답 ①

설탕세는 설탕이나 감미료 등 당류가 많이 들어간 식품·음료에 부과하는 세금으로, 소비를 억제해 국민건강을 보호하고 의료비 부담을 줄이기 위한 목적을 가진다. 노르웨이, 핀란드, 멕시코 등 여러 나라가 이미 시행 중이며 우리나라에서도 건강에 대한 사회적 관심이 높아지면서 설탕세 도입 논의가 활발해지고 있다.

10 정답 ④

업사이클링(Up-cycling)은 단순히 쓸모없어진 것을 재사용하는 리사이클링(Recycling)의 상위 개념으로 디자인 또는 활용도를 더해 전혀 다른 제품으로 생산하는 것을 말한다.

11 정답 ①

팝콘 브레인(Popcorn Brain)은 끊임없이 자극적인 디지털 콘텐츠에 노출된 뇌가 즉각적 쾌감에 길들여진 상태를 말한다. 팝콘이 순간적으로 튀어 오르듯, 자극적인 정보에는 즉각 반응하지만 느리고 지속적인 현실이나 타인의 감정에는 무감각해지는 현상을 뜻한다. 최근에는 숏폼(Short-form) 영상 등 빠른 자극에 익숙해진 청소년들 사이에서 도파민 중독과 함께 '팝콘 브레인' 현상이 심화되고 있다는 우려가 제기되고 있다.

12 정답 ③

바넘 효과(Barnum Effect)는 누구에게나 보편적으로 적용되는 성격의 특성이 자신의 성격과 꼭 맞는다고 믿는 심리 현상이다. 1949년 미국의 심리학자 '포러'가 대학생들을 대상으로 한 실험을 통해 규명되었다. 포러는 대학생들에게 동일한 내용의 성격검사 결과지를 나눠주고, 자신의 성격과 얼마나 일치하는지 평가했다. 그 결과 대부분의 대학생이 자신의 성격과 매우 일치한다고 답변했다.

13 정답 ④

슈퍼에이지(Super Age)는 65세 이상의 인구수가 전체연령 인구수의 20%를 차지하는 초고령화 사회를 뜻하는 말이다. 인구통계학자 브래들리 셔먼이 만든 신조어다. 그는 앞으로의 세상은 노년층이 강력한 소비층으로 떠오르면서, 고령화로 인한 암울한 미래가 아닌 새로운 산업발전의 기회가 찾아올 수도 있다는 전망을 내놨다.

14 정답 ②

아일랜드 출신의 작가 사무엘 베케트는 1969년 노벨문학상을 수상했다. 그의 대표적 희곡인 〈고도를 기다리며〉는 부조리극의 대명사로서 이전에는 볼 수 없었던 새로운 구성의 희곡으로서 찬사를 받았다.

15   정답 ③

비엔날레(Biennale)는 '2년마다'를 뜻하는 이탈리아어에서 유래한 말로, 2년 주기의 국제 미술·문화 행사를 의미한다. 그 기원은 1895년 베니스에서 처음 열린 '베니스 비엔날레'로, 이후 세계 각국에서 유사한 형식의 행사가 확산됐다. 트리엔날레(Triennale)는 3년마다, 쿼드리엔날레(Quadriennale)는 4년마다 개최되는 국제 예술행사를 뜻한다.

16   정답 ④

골디락스 존(Goldilocks Zone)은 '생명가능지대'라고도 불리며, 우주에서 생명체가 탄생하고 살아가기에 적합한 환경을 갖춘 우주의 공간범위를 뜻하는 말이다. 모항성을 중심으로 도는 행성과 행성들 간의 공간 가운데서 생명체가 거주 가능한 중력, 온도, 대기 등 갖가지 적합한 환경을 갖춘 공간이다.

17   정답 ④

다누리는 2022년 8월 5일 미국 케이프커내버럴 우주군 기지에서 발사된 우리나라 최초의 달 탐사선(궤도선)으로 발사 145일 만인 2022년 12월 27일 임무궤도에 성공적으로 안착해 현재 여러 임무를 수행하고 있다.

18   정답 ④

플라스마(Plasma)는 제4의 물질로 불리며, 기체 상태의 중성 물질이 고온에서 이온핵과 자유전자의 집합체로 바뀌는 상태를 말한다. 고체에 열을 가하면 액체가 되고, 액체에 열을 가하면 기체가 되며, 기체에 계속해서 열을 가하면 플라스마가 된다.

19   정답 ②

의정부는 조선 시대의 최고 의사결정 및 행정기관으로, 왕을 보좌하며 국가의 주요 정책을 심의·결정했다. 정승(영의정, 좌의정, 우의정) 3명이 중심이 되어 국정을 운영했으며, 실무는 육조(이·호·예·병·형·공조)에서 담당했다.

20   정답 ③

1833년 출생한 조선 말기 문신 최익현은 바른 것을 지키고 사악한 것을 배척한다는 '위정척사사상'으로 유명한 인물이다. 그는 1905년 일제가 조선의 외교권을 강탈한 '을사늑약'이 체결되자 곧장 이를 비판하며 을사오적을 처단할 것을 상소로 주장했다. 이듬해에는 73세라는 고령으로 의병을 일으켜 항일운동을 펼쳤으나, 같은 해 체포되어 대마도로 유배됐다. 그는 유배기간 동안에도 단식투쟁을 하며 저항하다 끝내 순국했다.

부록 시험 전날 펴보는 필수상식

월드컵(FIFA World Cup)
FIFA에 가입된 축구 협회의 남자 축구 국가대표팀이 참가하는 국제 축구 대회

국제축구연맹이 4년마다 개최하는 세계적인 축구 대회로 소속 등에 상관없이 선수 개인의 국적에 따라 출전하는데, 단일 종목 대회로는 세계에서 가장 큰 규모. 예선을 거쳐 본선에 진출한 국가들의 경기가 개최국 곳곳에서 약 한 달에 걸쳐 진행되는데, 이때 전 세계인의 관심이 월드컵에 집중될 만큼 인기가 있다.

> **FIFA(국제축구연맹)**
> 축구 분야의 국제기구로, 국제올림픽위원회·국제육상연맹과 함께 세계 3대 체육기구로 불린다. 각종 국제 축구 대회를 주관하며 국제 경기의 원활한 운영을 목적으로 한다.

[역대 월드컵 개최국과 우승국]

회	연도	개최국	우승국	준우승국
25회	2034	사우디아라비아	-	-
24회	2030	모로코, 스페인, 포르투갈	-	-
23회	2026	미국, 캐나다, 멕시코*	-	-
22회	2022	카타르*	아르헨티나	프랑스
21회	2018	러시아*	프랑스	크로아티아
20회	2014	브라질*	독일	아르헨티나
19회	2010	남아프리카공화국*	스페인	네덜란드
18회	2006	독일*	이탈리아	프랑스
17회	2002	한국, 일본*	브라질	독일
16회	1998	프랑스*	프랑스	브라질
15회	1994	미국*	브라질	이탈리아
14회	1990	이탈리아*	독일	아르헨티나
13회	1986	멕시코*	아르헨티나	독일
12회	1982	스페인	이탈리아	독일
11회	1978	아르헨티나	아르헨티나	네덜란드
10회	1974	서독	서독	네덜란드
9회	1970	멕시코	브라질	이탈리아

8회	1966	잉글랜드	잉글랜드	서 독
7회	1962	칠 레	브라질	체 코
6회	1958	스웨덴	브라질	스웨덴
5회	1954	스위스*	서 독	헝가리
4회	1950	브라질	우루과이	브라질
3회	1938	프랑스	이탈리아	헝가리
2회	1934	이탈리아	이탈리아	체 코
1회	1930	우루과이	우루과이	아르헨티나

* 대한민국 본선 진출 대회

올림픽(Olympic Games)
국제올림픽위원회가 4년마다 개최하는 국제 스포츠 대회

프랑스의 쿠베르탱(Pierre de Coubertin)은 프로이센과의 전쟁에서 패배한 프랑스를 재건하기 위해 고심하던 중 고대 그리스의 체육에 매료되어 고대 그리스의 제전경기인 올림피아제를 근대적 형식으로 부활시킬 것을 계획한다. 이후 1894년에 국제올림픽위원회(IOC)를 창설했고, 1896년에 '인류평화의 제전'이라는 구호로 그리스 아테네에서 제1회 올림픽을 개최했다. 이후 IOC는 4년마다 올림픽을 개최했고, 국제 대회로서의 면모를 갖춘 1908년 런던 올림픽 이후 규모가 커지기 시작해 오늘날에는 거의 모든 국가가 참가할 정도로 규모면에서 세계 최대의 대회가 됐다.

[역대 동·하계 올림픽 개최지]

하계올림픽			동계올림픽		
회	연 도	개최지	회	연 도	개최지
35회	2032	호주 브리즈번	-	-	-
34회	2028	미국 LA			
33회	2024	프랑스 파리			
32회	2021	일본 도쿄(연기)			
31회	2016	브라질 리우데자네이루			
30회	2012	영국 런던			
29회	2008	중국 베이징	27회	2034	미국 솔트레이크시티
28회	2004	그리스 아테네	26회	2030	프랑스 알프스
27회	2000	호주 시드니	25회	2026	이탈리아 밀라노, 코르티나담페초
26회	1996	미국 애틀랜타	24회	2022	중국 베이징
25회	1992	스페인 바르셀로나	23회	2018	대한민국 평창
24회	1988	대한민국 서울	22회	2014	러시아 소치
23회	1984	미국 LA	21회	2010	캐나다 밴쿠버

22회	1980	소련 모스크바	20회	2006	이탈리아 토리노
21회	1976	캐나다 몬트리올	19회	2002	미국 솔트레이크시티
20회	1972	독일 뮌헨	18회	1998	일본 나가노
19회	1968	멕시코 멕시코시티	17회	1994	노르웨이 릴레함메르
18회	1964	일본 도쿄	16회	1992	프랑스 알베르빌
17회	1960	이탈리아 로마	15회	1988	캐나다 캘거리
16회	1956	호주 멜버른	14회	1984	유고슬라비아 사라예보
15회	1952	핀란드 헬싱키	13회	1980	미국 레이크플래시드
14회	1948	영국 런던	12회	1976	오스트리아 인스부르크
13회	1944	2차 세계대전으로 무산	11회	1972	일본 삿포로
12회	1940		10회	1968	프랑스 그르노블
11회	1936	독일 베를린	9회	1964	오스트리아 인스부르크
10회	1932	미국 LA	8회	1960	미국 스쿼밸리
9회	1928	네덜란드 암스테르담	7회	1956	이탈리아 코르티나담페초
8회	1924	프랑스 파리	6회	1952	노르웨이 오슬로
7회	1920	벨기에 앤트워프	5회	1948	스위스 생모리츠
6회	1916	1차 세계대전으로 무산	–	1944	2차 세계대전으로 무산
5회	1912	스웨덴 스톡홀름	–	1940	
4회	1908	영국 런던	4회	1936	독일 가르미슈파르텐키르헨
3회	1904	미국 세인트루이스	3회	1932	미국 레이크플래시드
2회	1900	프랑스 파리	2회	1928	스위스 생모리츠
1회	1896	그리스 아테네	1회	1924	프랑스 샤모니

노벨상(Nobel Prizes)

수상 부문	생리의학, 물리학, 화학, 경제학, 문학, 평화	
주최	스웨덴 왕립과학아카데미, 노르웨이 노벨위원회	
시작 연도	1901년	
시상식 장소	스웨덴 스톡홀름(단, 평화상은 노르웨이 오슬로)	
시상식 일정	매년 12월 10일	
심사	생리의학	카롤린스카 의학연구소
	물리학·화학·경제학	스웨덴 왕립과학아카데미
	문학	스웨덴 아카데미(한림원)
	평화	노르웨이 노벨위원회

세계 3대 영화제

구 분	특 징	우리나라 주요 수상내역
베니스 영화제 (이탈리아)	• 1932년 시작된 후 매년 8~9월에 개최되는 가장 오래된 영화제 • 황금사자상 · 은사자상 · 볼피컵상 등 시상 • 예술성이 주된 평가기준	• 〈씨받이〉(1987) : 강수연(여우주연상) • 〈오아시스〉(2002) : 이창동(감독상), 문소리(신인여우상) • 〈피에타〉(2012) : 김기덕(황금사자상)
칸 영화제 (프랑스)	• 1946년 시작된 후 매년 5월에 개최 • 황금종려상 · 심사원대상 · 남우주연상 · 여우주연상 등 시상 • 감독의 재능과 창의성을 중점적으로 평가	• 〈취화선〉(2002) : 임권택(감독상) • 〈올드보이〉(2004) : 박찬욱(심사위원대상) • 〈밀양〉(2007) : 전도연(여우주연상) • 〈기생충〉(2019) : 봉준호(황금종려상) • 〈헤어질 결심〉(2022) : 박찬욱(감독상) • 〈브로커〉(2022) : 송강호(남우주연상) • 〈첫여름〉(2025) : 허가영(라 시네프 1등상)
베를린 영화제 (독일)	• 1951년 시작된 후 매년 2월에 개최 • 금곰상 · 은곰상 · 주연상 · 조연상 등 시상 • 비평가 위주의 예술작품 발굴을 중시	• 〈사마리아〉(2004) : 김기덕(은곰상) • 〈밤의 해변에서 혼자〉(2017) : 김민희(여자연기자상) • 〈벌새〉(2019) : 김보라(제너레이션 14플러스 그랑프리상) • 〈도망친 여자〉(2020) : 홍상수(은곰상) • 〈인트로덕션〉(2021) : 홍상수(은곰상) • 〈소설가의 영화〉(2022) : 홍상수(은곰상) • 〈여행자의 필요〉(2024) : 홍상수(은곰상)

국내 5대 국제영화제

구 분	특 징
부산 국제영화제	• 1996년 시작된 한 · 중 · 일 최대의 비경쟁 영화제 • 모든 영화가 초청 대상, 어떤 영화든 2회 상영이 기본 • 서구에 눌려 있던 아시아 영화인의 연대를 실현
전주 국제영화제	• '취향의 다양성', '새로운 영화 체험'을 가치로 내걸어 2000년 출범 • 재능 있고 혁신적인 감독의 작품을 통해 영화의 예술적 · 기술적 · 매체적 진화를 체험할 수 있도록 함 • 새로운 대안적 영화 소개, 디지털 영화 상영 및 지원
부천 국제판타스틱 영화제	• 1997년부터 부천 국제영화제조직위원회 주관으로 개최 • 우리 영화를 세계에 알리고, 저예산 및 독립영화의 국제적 메카를 지향하며, 시민이 중심이 되는 수도권 축제의 이미지를 완성하려는 목적으로 기획 • '사랑, 환상, 모험'을 주제로 한 대중적 · 창의적 · 미래지향적인 프로그램 구성
제천 국제음악 영화제	• 2005년 시작된 국내 최초의 음악영화제 • 부문 경쟁을 포함한 비경쟁 국제영화제로 영화와 음악을 동시에 즐기는 축제 • 국내외의 다양한 음악영화를 가장 먼저 소개하는 창구
서울 국제여성 영화제	• 1997년 사단법인 여성문화예술기획을 주최로 시작 • 세계 여성영화의 흐름과 아시아 지역의 국제여성영화 네트워크를 소개하기 위한 목적 • 아시아 여성영화 인력 발굴, 여성영화 제작지원

유네스코 지정 한국의 유산

구 분	등재 현황
세계문화유산	석굴암·불국사(1995), 해인사 장경판전(1995), 종묘(1995), 창덕궁(1997), 수원 화성(1997), 경주 역사유적지구(2000), 고창·화순·강화 고인돌 유적(2000), 제주 화산섬과 용암동굴(2007), 조선왕릉(2009), 안동하회·경주양동 마을(2010), 남한산성(2014), 백제역사유적지(2015), 산사 한국의 산지승원(2018), 한국의 서원(2019), 한국의 갯벌(2021), 가야고분군(2023), 반구천의 암각화(2025)
세계기록유산	훈민정음(1997), 조선왕조실록(1997), 직지심체요절(2001), 승정원일기(2001), 해인사 대장경판 및 제경판(2007), 조선왕조의궤(2007), 동의보감(2009), 일성록(2011), 5·18 민주화운동 기록물(2011), 난중일기(2013), 새마을운동 기록물(2013), KBS 특별생방송 〈이산가족을 찾습니다〉 기록물(2015), 한국의 유교책판(2015), 조선왕실 어보와 어책(2017), 국채보상운동 기록물(2017), 조선통신사 기록물(2017), 4·19 혁명 기록물(2023), 동학농민혁명 기록물(2023), 제주 4·3 기록물(2025), 산림녹화 기록물(2025)
인류무형문화유산	종묘제례 및 종묘제례악(2001), 판소리(2003), 강릉단오제(2005), 강강술래(2009), 남사당놀이(2009), 영산재(2009), 처용무(2009), 제주칠머리당영등굿(2009), 가곡(2010), 대목장(2010), 매사냥(2010), 택견(2011), 줄타기(2011), 한산모시짜기(2011), 아리랑(2012), 김장문화(2013), 농악(2014), 줄다리기(2015), 제주해녀문화(2016), 씨름(2018), 연등회(2020), 매사냥(2021, 확장등재), 한국의 탈춤(2022), 한국의 장 담그기 문화(2024)

국보·보물·명승·국가무형문화재

구 분	제1호	제2호	제3호	제4호	제5호
국 보	서울 숭례문	서울 원각사지 십층석탑	서울 북한산 신라 진흥왕 순수비	여주 고달사지 승탑	보은 법주사 쌍사자 석등
보 물	서울 흥인지문	옛 보신각 동종	서울 원각사지 대원각사비	안양 중초사지 당간지주	중초사지삼층석탑 (1997년에 해제)
사 적	경주 포석정지	김해 봉황동 유적	수원 화성	부여 가림성	부여 부소산성
명 승	명주 청학동 소금강	거제 해금강	완도 정도리 구계등	해남 대둔산 일원 (1998년에 해제)	승주 송광사·선암사 일원 (1998년에 해제)
국가무형문화재	종묘제례악	양주별산대놀이	남사당놀이	갓 일	판소리

UN(국제연합, United Nations)

설립일	1945년 10월 24일
설립목적	전쟁 방지 및 평화 유지, 정치·경제·사회·문화 등 모든 분야의 국제협력 증진
주요 활동	평화유지활동, 군비축소활동, 국제협력활동
본부 소재지	미국 뉴욕
공용어	영어, 프랑스어, 스페인어, 아랍어, 중국어, 러시아어

주요 기구	총회	• UN의 최고 의사결정기관 • 9월 셋째 화요일에 정기총회 개최(특별한 안건이 있을 경우에는 특별총회 또는 긴급총회 소집)
	안전보장이사회 (안보리, UNSC)	• UN 회원국의 평화와 안보 담당 • 5개의 상임이사국(미국·영국·프랑스·러시아·중국)과 10개의 비상임이사국으로 구성됨
	경제사회이사회 (ECOSOC)	• 국제적인 경제·사회 협력과 개발 촉진, UN 총회를 보조하는 기구 • 유엔가맹국 중 총회에서 선출된 54개국으로 구성
	국제사법재판소 (ICJ)	• 국가 간의 법률적 분쟁을 재판을 통해 해결 • 네덜란드 헤이그에 위치함
	신탁통치이사회	신탁통치를 받던 팔라우가 1994년 독립국이 된 이후로 기능이 중지됨
	사무국	UN의 운영과 사무 총괄
전문 기구		국제노동기구(ILO), 국제연합식량농업기구(FAO), 국제연합교육과학문화기구(UNESCO), 세계보건기구(WHO), 국제통화기금(IMF), 국제부흥개발은행(세계은행, IBRD), 국제금융공사(IFC), 국제개발협회(IDA), 국제민간항공기구(ICAO), 만국우편연합(UPU), 국제해사기구(IMO), 세계기상기구(WMO), 국제전기통신연합(ITU), 세계지적재산권기구(WIPO), 국제농업개발기금(IFAD), 국제연합공업개발기구(UNIDO), 세계관광기구(UNWTO), 세계은행(WB), 국제투자분쟁해결센터(ICSID), 다자간투자보증기구(MIGA)

국가별 수도 및 화폐단위

국가명(Country)	수도(Capital)	화폐단위(Currency)
가 나	아크라	세 디
과테말라	과테말라시티	케 찰
그리스	아 텐	유로(이전 드라크마)
나미비아	빈트후크	나미비아 달러
남아프리카공화국	프리토리아(행정) 케이프타운(입법) 블룸폰테인(사법)	랜 드
네덜란드	암스테르담	유로(이전 길다)
네 팔	카트만두	네팔 루피
노르웨이	오슬로	노르웨이 크로네
뉴질랜드	웰링턴	뉴질랜드 달러
니카라과	마나과	코르도바오르
대 만	타이페이	대만 달러
덴마크	코펜하겐	크로네
독 일	베를린	유로(이전 도이치 마크)
동티모르	딜 리	미국 달러
라오스	비엔티안	키 프
라이베리아	몬로비아	라이베리아 달러

라트비아	리 가	유로(이전 라트)
러시아	모스크바	루 블
레바논	베이루트	레바논 파운드
루마니아	부쿠레슈티	레 이
룩셈부르크	룩셈부르크	유로(이전 룩셈부르크 프랑)
르완다	키갈리	르완다 프랑
리비아	트리폴리	리비아 디나르
리투아니아	빌뉴스	유로(이전 리타스)
리히텐슈타인	파두츠	스위스 프랑
마다가스카르	안타나나리보	마다가스카르 프랑
멕시코	멕시코시티	멕시코 페소
모나코	모나코	유 로
모로코	라바트	디 람
모리셔스	포트루이스	모리셔스 루피
모잠비크	마푸투	메티칼
몬테네그로	포드고리차	유 로
몰디브	말 레	루 피
몰 타	발레타	유로(이전 몰타 리라)
몽 골	울란바토르	투그릭
미얀마(버마)	네피도(양곤)	바레인 디나르
바티칸시국	바티칸시티	유 로
바하마	나 소	바하마 달러
방글라데시	다 카	타 카
베네수엘라	카라카스	볼리바르
베트남	하노이	동
벨기에	브뤼셀	유로(이전 벨기에 프랑)
벨라루스	민스크	벨로루시 루블
보스니아헤르체고비나	사라예보	마 카
볼리비아	라파스(행정) 수크레(사법)	볼리비아노
부 탄	팀 푸	눌트룸
불가리아	소피아	레 프
브라질	브라질리아	헤 알
브루나이	반다르스리브가완	브루나이 달러
사우디아라비아	리야드	리 알
세네갈	다카르	CFA 프랑
세르비아	베오그라드	디나르
세이셸	빅토리아	세이셸 루피
소말리아	모가디슈	소말리아 실링
수 단	하르툼	수단 디나르

스리랑카	콜롬보	루 피
스웨덴	스톡홀름	크로나
스위스	베 른	스위스 프랑
스페인	마드리드	유로(이전 페세타)
슬로바키아	브라티슬라바	유로(이전 코루나)
슬로베니아	류블랴나	유로(이전 쿠나)
시리아	다마스쿠스	시리아 파운드
시에라리온	프리타운	리 온
싱가포르	싱가포르	싱가포르 달러
아랍에미리트(UAE)	아부다비	아랍에미리트 디르함
아르헨티나	부에노스아이레스	페 소
아메리카 합중국(USA)	워싱턴 D.C.	US 달러
아이슬란드	레이캬비크	크로나
아일랜드	더블린	유로(이전 아일랜드 파운드)
아제르바이잔	바 쿠	마나트
아프가니스탄	카 불	아프가니
알바니아	티라나	레 크
알제리	알 제	디나르
에스토니아	탈 린	유로(이전 크룬)
에콰도르	키 토	US 달러
에티오피아	아디스아바바	비 르
엘살바도르	산살바도르	US 달러
영 국	런 던	파운드
예멘 아랍 공화국	사 나	예멘 리얄
오 만	무스카트	오만 리얄
오스트리아	비엔나	유로(이전 실링)
온두라스	테구시갈파	온두라스 렘피라
요르단	암 만	요르단 디나르
우간다	캄팔라	우간다 실링
우루과이	몬테비데오	우루과이 페소
우즈베키스탄	타슈켄트	숨
우크라이나	키이우(키예프)	그리브나
이라크	바그다드	이라크 디나르
이 란	테헤란	리 알
이스라엘	예루살렘(분쟁 중)	세 겔
이집트	카이로	이집트 파운드
이탈리아	로 마	유로(이전 리라)
인 도	뉴델리	루 피
자메이카	킹스턴	자메이카 달러
조지아	트리빌시	라 리

국가	수도	통화
중국	베이징	위안 / 인민폐
중앙아프리카공화국	방기	CFA 프랑
짐바브웨	하라레	짐바브웨 골드(짐바브웨 달러)
체코	프라하	코루나
칠레	산티아고	칠레 페소
카메룬	야운데	CFA 프랑
카자흐스탄	아스타나	텡게
카타르	도하	카타르 리얄
캄보디아	프놈펜	리엘
캐나다	오타와	캐나다 달러
케냐	나이로비	케냐 실링
코소보	프리슈티나	유로(이전 마르크)
코스타리카	산호세	콜론
코트디부아르	아비장	CFA 프랑
콜롬비아	보고타	콜롬비아 페소
쿠바	아바나	쿠바 페소
쿠웨이트	쿠웨이트시티	쿠웨이트 디나르
크로아티아	자그레브	유로(이전 쿠나)
키르기스스탄	비슈케크	솜
키리바시	타라와	호주 달러
키프로스	니코시아	유로(이전 키프로스 파운드)
탄자니아	도도마(정치) 다르에스살람(행정)	탄자니아 실링
태국	방콕	바트
튀니지	튀니스	튀니지 디나르
튀르키예	앙카라	튀르키예 리라
파나마	파나마시티	발보아, US 달러
파라과이	아순시온	과라니
파키스탄	이슬라마바드	파키스탄 루피
파푸아뉴기니	포트모르즈비	키나
팔라우	멜레케오크	US 달러
페루	리마	누에보솔
포르투갈	리스본	유로(이전 에스쿠도)
폴란드	바르샤바	즐로티
프랑스	파리	유로(이전 프랑스 프랑)
피지	수바	피지 달러
핀란드	헬싱키	유로(이전 마르카)
필리핀	마닐라	페소
헝가리	부다페스트	포린트
호주	캔버라	호주 달러

빈출 인물 리스트

No	이름	특징	출제기관
1	아웅 산 수치	미얀마의 실질적인 지도자로, 평범한 삶을 살다가 1988년 미얀마 민주화운동에 뛰어들며 본격적인 정치활동을 시작했다. 민주화를 위한 공로를 인정받아 1991년 노벨평화상을 받았으나 로힝야족 문제로 인해 세계적인 비난을 받기도 했다.	경기도경제과학진흥원, 부산교통공사
2	일론 머스크	테슬라의 CEO로, 영화 〈아이언맨〉의 실제 모델이다.	장애인고용공단
3	김환기	한국 근현대 미술사를 대표하는 서양화가로, 국내 근현대 미술 경매에서 매우 높은 낙찰가를 기록하기로 유명하다.	대전도시철도공사
4	이중섭	한국의 서양화가로, 향토성이 강한 소재를 사용해 시대적 아픔과 자신의 소망을 표현했다. 다양한 '소'를 그린 작품들이 유명하다.	주택도시보증공사
5	김수근	한국 현대 건축의 선구자로, 종합예술잡지 〈공간〉을 창간하기도 했다. 남산 자유센터, 한국일보 사옥, 부여박물관, 올림픽 주경기장 등을 설계했다.	주택도시보증공사
6	윤이상	경남 통영 출신의 세계적인 작곡가로, 동백림 사건으로 추방당한 후 독일 귀화한 후 돌아오지 못하다가 2018년 그의 유해가 고향인 통영으로 돌아왔다.	대구시설관리공단
7	피델 카스트로	2016년에 사망한 쿠바의 전 국가평의회 의장으로, 1959년 바티스타 정권을 무너뜨리고 총리가 된 후 미국과 단교했으며 공산주의 정책을 추진했다. 49년간 집권하여 세계적인 장기 집권자로 꼽힌다.	전남신용보증재단
8	앨빈 토플러	미국의 미래학자로, 2016년 사망할 때까지 다양한 저서를 통해 시대를 꿰뚫는 통찰력으로 미래를 예견했다. 대표작으로는 〈제3의 물결〉, 〈미래의 충격〉, 〈권력이동〉, 〈부의 미래〉 등이 있다.	부산교통공사
9	레제프 타이이프 에르도안	2014년 튀르키예 역사상 최초로 치러진 직선제 대통령 선거에서 당선된 튀르키예의 대통령으로서 2023년 3선에 성공해 현재까지 집권 중이다.	경기콘텐츠진흥원
10	에마뉘엘 마크롱	2016년 중도 성향의 정당인 앙마르슈를 창당하고, 39세의 나이로 대통령이 된 프랑스의 25대 대통령이다.	서울시설관리공단
11	시진핑	중화인민공화국의 정치인으로 국가주석과 공산당 중앙군사위원회 주석을 겸한다. 2013년 3월 국가주석에 오르며 당·정·군 3대 권력을 장악했다.	국립산림과학원
12	황병기	'가야금 명인'이라 불리는 가야금 연주자이자 창작 가야금 음악의 창시자이다. 대표곡으로는 〈침향무〉, 〈미궁〉, 〈비단길〉, 〈숲〉 등이 있다.	한국문화예술위원회
13	한 강	2016년 부커상 인터내셔널 부문에 이어 2024년 노벨문학상을 수상한 소설 〈채식주의자〉의 작가로서, 작품으로는 〈소년이 온다〉, 〈여수의 사랑〉, 〈붉은 꽃 이야기〉, 〈희랍어 시간〉, 〈가만가만 부르는 노래〉 등이 있다.	전남신용보증재단
14	우르줄라 폰 데어 라이엔	독일의 의사 출신 정치인으로 2003년 주의원으로 당선되면서 정치에 입문했다. 2005~2009년 앙겔라 메르켈 내각에서 가족노인여성청소년부 장관을 역임했으며, 2009~2013년에는 노동부 장관을 역임했다. 2013년부터 2019년까지는 민간출신이자 여성 최초로 국방부 장관을 역임하기도 했다. 2019년 제13대 유럽연합(EU) 집행위원장으로 취임, 2024년 7월 연임에 성공했다.	부산광역시공무직
15	에드워드 스노든	미국의 전 국가안보국(NSA) 요원이다. 2013년 6월 NSA의 도·감청 기밀문서를 폭로하여 미국 NSA가 영국·캐나다·호주·뉴질랜드 정보기관과 협력해 벌인 다양한 첩보활동의 실태가 드러났다.	전국택시공제조합

한국사&세계사 빈출 인물

No	이름	특 징	출제기관
1	신채호	일제강점기의 역사가·언론인이자 독립운동가로, 영웅전이나 역사 논문으로 민족의식 고취에 앞장섰다. 의열단의 독립투쟁 노선 등을 천명하는 '조선혁명선언'을 집필했으며, 저서로는 〈조선상고사〉, 〈조선사연구초〉, 〈을지문덕전〉 등이 있다.	경기도시공사, 한국보훈복지의료공단, 부산교통공사
2	공민왕	고려의 31대 왕으로서, 원의 지배로부터 벗어나기 위해 과감한 개혁정치를 단행했다. 몽골풍을 금지하고 기철 등 친원파들을 숙청했으며, 쌍성총관부를 되찾았으나 아내 노국공주가 죽은 후 실의에 빠져 기행을 일삼다 살해됐다.	한국산업단지공단, 부산교통공사, 한국서부발전
3	신문왕	통일신라시대의 명군으로 삼국통일 후 신라 왕권의 기틀을 잡았다. 중앙교육기관인 국학을 설치하고 지방 제도인 9주 5소경 체제를 확립했다. 녹읍을 폐지하고 관료전을 지급해 골품제를 약화시키고, 계급보다는 직급 위주의 기반을 다졌다.	한국중부발전, 한국동서발전, 주택도시보증공사
4	흥선대원군	조선시대 고종의 아버지로 섭정을 했다. 세도가를 몰아내고 당백전을 발행해 경복궁을 중건하는 등 왕권 강화를 시도했다. 대외적으로는 쇄국 정책을 실시하고 천주교를 박해했다. 이것이 외세를 자극해 병인양요와 신미양요가 일어나기도 했다.	대전도시공사, 한국산업인력공단, 한국서부발전
5	안중근	1879년생, 대한제국 독립군 소속의 독립열사다. 1909년 중국 하얼빈역에서 조선 총독 이토 히로부미를 암살했다. 이후 뤼순으로 끌려가 일본에 의해 사형된다. '爲國獻身軍人本分(위국헌신 군인본분)'이라는 휘호를 남겼고 이는 국군의 슬로건이 됐다.	대구시설관리공단, 한국보훈복지의료공단
6	원 효	통일신라시대 승려로 젊은 시절 태학에서 유교를 공부하다가 출가하여 승려가 됐다. 당나라 유학을 가던 길에 '일체유심조(一切唯心造)'의 진리를 깨닫고 귀국해 가르침을 전파하고 저서를 남긴다. 이두를 규정한 설총의 아버지이기도 하다.	공무원연금공단, 한국동서발전
7	묘 청	고려 인종 때의 승려로, 왕의 신임을 얻어 '서경(평양) 천도 운동'을 주도했다. 천도 이유는 당시 문벌귀족 김부식 세력을 견제하기 위해서였던 것으로 평가된다. '대위국(大爲國)'으로 국호를 변경하여 고려가 황제국임을 천명하기도 했지만 천도가 좌절되자 '묘청의 난'을 일으켰다.	한국자산관리공사, 대구시설관리공단
8	세 종	훈민정음을 창제한 조선의 4대 임금이다. 의정부 서사제를 실시하였으며, 관습도감을 두어 음악을 정리했다. 〈농사직설〉을 통해 민생을 살폈고, 장영실을 통해 과학 발전을 장려했다. 대외적으로는 여진을 몰아내고 4군 6진을 개척하였으며 왜국의 대마도를 정벌하기도 했다.	한국수력원자력, 한국산업기술시험원
9	서 희	고려 성종 때의 문신으로, 993년 거란이 쳐들어온 1차 여요전쟁에서 소손녕과 담판을 벌였다. 당시 거란의 의도가 고려와의 통상·강화임을 알아채어 이를 이용해 강동 6주를 공여받는 공을 이뤘다.	보훈교육연구원
10	광 종	고려 4대 임금으로 고려 최초로 중국의 연호를 사용하지 않고 '광덕', '준풍'의 독자적인 연호를 사용했다. 또한 처음으로 과거제도를 실시하였으며 노비안검법으로 귀족을 견제하고 여러 노비를 해방시켜 민생 안정을 이끌었다.	광주광역시공무직
11	김수로왕	가야(가락국)의 시조이다. 설화에 따르면 하늘에서 떨어진 6개의 알 중 하나에서 부화했으며 이후 여섯 가야국의 왕으로 추대됐다고 한다. 이후 김수로는 신라 왕족과 혈통이 연결되어 문무왕 때에 신라의 종묘에 봉향됐다는 기록이 있다.	부산교통공사
12	광해군	후금과 명나라 사이에서 중립외교를 펼친 조선의 15대 임금이다. 선조 때에 왕세자로 임진왜란 도중에는 각지를 누비며 의병을 모집했다. 왕으로 즉위한 뒤 군소세력이었던 북인과 결탁하여 왕권 강화를 모색했으나, 인조반정이 일어나 폐위됐다.	서울신용보증재단
13	서재필	1864년생, 한국의 독립운동가이다. 1882년 18세의 나이로 과거에 급제해 관직에 올랐으나 갑신정변의 실패로 미국으로 망명한다. 미국 시민권자가 되고 이후 귀국해 1896년 조선 최초의 민간신문인 〈독립신문〉을 발간했다.	한국보훈복지의료공단

14	근초고왕	백제의 전성기를 이끈 13대 왕으로, 고구려의 평양성을 쳐 고국원왕을 전사시키기도 했으며, 왜와 중국으로 진출하기도 해 백제의 외교적 역량을 강화하기도 했다. 왜국에는 '칠지도', '칠자경'을 하사하기도 했다.	서울공공보건의료재단
15	성왕	백제의 제26대 왕으로 국가의 중흥을 목적으로 도읍을 웅진에서 사비로 재천도했다. 이를 통해 왕권 강화와 지배질서 확립, 체제 정비를 추진하고자 했다. 이후 신라와 손잡고 고구려를 공격했으나 신라의 배신으로 한강 유역을 빼앗겼으며, 신라와의 관산성 전투에서 전사했다.	광주광역시도시공사
16	성종	고려 6대 임금으로 최승로의 〈시무 28조〉를 받아들여 유교적 국가 정치제도의 틀을 마련했다. 연등회, 팔관회 등의 불교 행사를 폐지하고 유교 제사를 실시했다. 12목을 설치해 왕권을 강화했으며 노비환천법을 실시해 부곡민 체제와 장원 제도를 강화했다.	경기도시공사
17	최승로	고려 초기의 문신으로 최치원의 후손이기도 하다. 성종 때에 〈시무 28조〉를 올려 유교를 통한 정치 구현을 왕에게 간언했으며, 이로 인해 성종 때에 억불정책이 실시됐다.	대구보훈병원
18	지증왕	신라 제22대 왕으로 농사에 소를 활용하는 우경을 실시해 생산력을 향상시키고, 국명을 신라로 확정했다. 또 전국에 주·군·현을 설치하는 행정제도인 군현제를 실시하고, 실직주 군주로 임명된 이사부를 우산국으로 보내 점령하도록 했다.	대전광역시공공기관
19	의천	고려시대 승려. 고려 문종의 아들로 아버지의 명에 의해 불가에 귀의했다고 한다. 당시 요나라와 송나라를 유학하여 불법을 배웠고 선종 때에 귀국하여 고려에 천태종을 설파했다. 이후 고려의 국사(國師)가 되어 후학 양성에 힘썼다.	한국보훈복지의료공단
20	칭기즈칸	몽골 제국의 초대 칸으로 몽골의 부족을 통합해 금나라를 무너뜨리고 중국 대륙의 패자가 됐으며, 중앙아시아와 유라시아의 여러 국가들을 정복했다. 철저한 능력 위주의 인사 정책을 실시했으며, 정복민을 통치하기 위한 각종 포섭·친화·기만·공포 정책에 능했다.	부산교통공사
21	전태일	한국의 노동운동을 상징하는 인물이다. 청계천 평화시장의 재단사로 일하며 열악한 노동조건을 개선하기 위해 노력했으며, 1970년 11월 '노동자는 기계가 아니다'라고 외치며 분신했다. 이는 당시 장시간 저임금노동에 시달렸던 노동환경을 고발하는 동시에 한국 노동운동 발전에 주요한 계기가 됐다.	부산보훈병원

좋은 책을 만드는 길, 독자님과 함께하겠습니다.

2026 시대에듀 공기업 일반상식 단기완성

개정16판1쇄 발행	2026년 01월 05일 (인쇄 2025년 10월 27일)
초 판 발 행	2013년 03월 05일 (인쇄 2013년 02월 01일)
발 행 인	박영일
책 임 편 집	이해욱
편 저	시사상식연구소
편 집 진 행	김준일 · 남민우
표지디자인	조혜령
본문디자인	임아람 · 고현준
발 행 처	(주)시대고시기획
출 판 등 록	제10-1521호
주 소	서울시 마포구 큰우물로 75 [도화동 538 성지 B/D] 9F
전 화	1600-3600
팩 스	02-701-8823
홈 페 이 지	www.sdedu.co.kr
I S B N	979-11-434-0286-8 (13030)
정 가	21,000원

※ 이 책은 저작권법의 보호를 받는 저작물이므로 동영상 제작 및 무단전재와 배포를 금합니다.
※ 잘못된 책은 구입하신 서점에서 바꾸어 드립니다.

공기업 전공필기 분야의 독보적인
COMPACT 시리즈

공기업 전공필기 시리즈로 공부하고 합격하자!

COMPACT 공기업 전공필기
기출적중 경제학

COMPACT 공기업 전공필기
기출적중 경영학

COMPACT 공기업 전공필기
기출적중 행정학

※ 도서의 이미지 및 구성은 변동될 수 있습니다.

공기업 전공시험의 최적대비서

[핵심이론]
확실한 기본기를 잡아주는 핵심이론 수록

[기출분석문제]
최신 기출경향을 빠르게 파악할 수 있는 기출분석문제 수록

[하프모의고사]
완벽한 최종점검과 실전경험을 위한 하프모의고사 수록

가장 빠르게 합격하고 싶다면?

합격의 지름길로 안내하는 **취업 베스트** 도서!

기출로 공부하는 일반상식 통합기본서
- 빈출상식 194선 + 무료동영상(최신시사특강)
- 공사공단 · 언론사 · 기업체 취업 대비를 위한 일반상식 종합서

공기업 일반상식 · 한국사 기출 500제
- 최근 출제된 상식만 모아서 500개 문제 공략
- 대표 공기업 상식 출제경향 분석표 제시

일반상식 만점 비법! 단기완성 시리즈

시험에 필요한 **모든 것을 한 권에** 담았다! 기출의 빈틈을 채우는 상식

공기업 일반상식 단기완성
- 공기업 일반상식 필기시험 완벽 대비
- 최신기출문제로 본 일반상식 공략 비법 제공
- 빈출상식 키워드 + 출제예상문제 정리

7일 속성 취업 일반상식
- 필기 · 논술 · 면접 대비를 위한 취업 일반상식 필독서
- 공기업 · 기업체 · 언론사 기출 및 빈출상식 공략
- 7개 분야를 3단계 학습으로 7일 만에 완전 정복

신문으로 공부하는
말랑말랑 시사상식 시리즈

어려운 상식 키워드를 **쉬운 설명**과 **출제 기사**로 말랑말랑하게 공부하자!

시사상식 종합편
- 각 분야 155개 키워드를 쉽고 재밌게 정리
- 읽으면서 정리하는 신문 공부법 노하우 전수

시사상식 청소년
- 사고를 넓히는 시사상식으로 대입·토론 최적화
- 선생님도 훔쳐보는 시사상식의 모든 것

시사상식 경제·경영
- 시사 경제·경영 상식을 자연스레 암기
- 경제 키워드와 기초 경제학 이론까지 함께 공부

시사상식 과학·IT
- 과학 시사상식을 신문으로 재미나게!
- 과학·IT 상식을 손쉽게 쌓을 수 있는 방법!

센스 있는 지성인이 되고 싶다면?

빈틈없이 상식을 채워주는 **필수** 잇템으로 상식 마스터!

뇌가 섹시해지는 꿀잼 상식퀴즈
- 청소년부터 직장인까지 누구에게나 유용한 상식 퀴즈!
- 평소 찾기 힘들지만 알아두면 도움이 되는 문제를 분야별로 수록!
- 각종 퀴즈대회를 섭렵할 수 있는 절호의 기회

하루 30개씩 한 달 PLAN 하루상식
- 하루하루 쌓아 한 달이면 상식 완전 정복!
- 취업 및 각종 시험에 필요한 상식 핵심 공략!
- 최신 이슈, '핫!이슈 시사상식' 수록

※ 도서의 이미지 및 구성은 변동될 수 있습니다.

대한민국 모든 시험 일정 및 최신 출제 경향·신유형 문제

꼭 필요한 자격증·시험 일정과 최신 출제 경향·신유형 문제를 확인하세요!

출제 경향·신유형 문제

시험 일정 안내

◀ 시험 일정 안내 / 최신 출제 경향·신유형 문제 ▶

- 한국산업인력공단 국가기술자격 검정 일정
- 자격증 시험 일정
- 공무원·공기업·대기업 시험 일정

합격의 공식
시대에듀